THE HISTORICAL CONSTRUCTION OF "THE LOGIC OF COLLAPSE"

"崩溃的逻辑"的历史建构

阿多诺早中期哲学思想的文本学解读

A Textual Interpretation of Adorno's Early and Middle-Period Philosophical Thoughts

张亮 著

南京大学出版社

图书在版编目(CIP)数据

"崩溃的逻辑"的历史建构：阿多诺早中期哲学思想的文本学解读 / 张亮著. — 南京：南京大学出版社，2023.10
 ISBN 978-7-305-26899-1

Ⅰ.①崩… Ⅱ.①张… Ⅲ.①阿多诺(Adorno, Theodor Wiesengrund 1903—1969)-哲学思想 Ⅳ.①B516.59

中国国家版本馆 CIP 数据核字(2023)第 070854 号

出版发行	南京大学出版社		
社　　址	南京市汉口路 22 号	邮　编	210093
出 版 人	王文军		

BENGKUI DE LUOJI　DE LISHI JIANGOU ADUONUO ZAO-ZHONGQI ZHEXUE SIXIANG DE WENBEN XUE JIEDU
书　　名　"崩溃的逻辑"的历史建构：阿多诺早中期哲学思想的文本学解读
著　　者　张　亮
责任编辑　施　敏

照　　排　南京南琳图文制作有限公司
印　　刷　江苏苏中印刷有限公司
开　　本　718 mm×1000 mm　1/16　印张 25.5　字数 376 千
版　　次　2023 年 10 月第 1 版　2023 年 10 月第 1 次印刷
ISBN 978-7-305-26899-1
定　　价　120.00 元

网址：http://www.njupco.com
官方微博：http://weibo.com/njupco
官方微信号：njupress
销售咨询热线：(025) 83594756

* 版权所有，侵权必究
* 凡购买南大版图书，如有印装质量问题，请与所购图书销售部门联系调换

目 录

第三版序言
  阿多诺研究在中国的过去、现在与未来——纪念阿多诺诞辰 120 周年 i

导论："崩溃的逻辑"、"否定的辩证法"与阿多诺 001

第一章 "崩溃的逻辑"的力场图绘 044
  第一节 新音乐空间中的哲学建构 045
    一、"不协和音的解放"：时代精神在音乐中的显现 045
    二、作为"历史哲学"的新音乐哲学 050
    三、生产力、技术与爵士乐 055
  第二节 辩证法内部的争论：阿多诺和《历史与阶级意识》 057
    一、物化：从马克思、青年卢卡奇到阿多诺 058
    二、物化意识与资产阶级哲学 063
    三、反对总体性辩证法：一个辨析 066
  第三节 阿多诺与早期本雅明：后灵氛时代的辩证法 071
    一、文化悲剧时代的总体性 071

二、后灵氛时代的艺术和真理 …………………………………… 076
　　三、"崩溃的逻辑"与《德国悲苦剧的起源》 …………………… 080
第四节　阿多诺与尼采 …………………………………………………… 087
　　一、尼采、启蒙与资本主义市场经济 …………………………… 088
　　二、从形而上学批判到同一性批判 ……………………………… 092
　　三、视角主义的哲学文体：从格言到"论说文" ……………… 097

第二章　克尔凯郭尔解码：唯心主义的改头换面 ………………… 101
第一节　克尔凯郭尔与唯心主义 ………………………………………… 102
　　一、克尔凯郭尔在何种意义上是一个哲学家？ ………………… 103
　　二、无客体的内在性的唯心主义本质 …………………………… 109
　　三、对内在性的唯物主义解释 …………………………………… 114
第二节　生存概念：唯心主义的新面具 ………………………………… 119
　　一、生存与真理，或克尔凯郭尔与海德格尔的差异 …………… 120
　　二、克尔凯郭尔的自我概念与德国古典唯心主义 ……………… 125
　　三、辩证法："生产关系"与"生产力"、直接性与中介 ……… 129
第三节　审美对象的建构与生存的政治 ………………………………… 132
　　一、"境界的逻辑"：再论克尔凯郭尔与黑格尔的关系 ……… 132
　　二、牺牲：是信仰的还是理性的？ ……………………………… 137
　　三、生存的政治 …………………………………………………… 141

第三章　"崩溃的逻辑"的形变之旅 ………………………………… 145
第一节　作为"哲学的现实性"的"崩溃的逻辑" ……………………… 145
　　一、唯心主义的陷阱：从胡塞尔到海德格尔 …………………… 146
　　二、什么是"哲学的现实性"？ ………………………………… 151
　　三、"自然历史观念"：阿多诺的唯物辩证法 ………………… 155
　　四、"崩溃的逻辑"与霍克海默的早期批判理论 ……………… 159
　　五、"崩溃的逻辑"与"否定的辩证法"：一个比较 ………… 163

第二节　阿多诺的"启蒙辩证法"及其经济学基础……………… 167
　一、波洛克的政治经济学与批判理论的逻辑转换 ………… 168
　二、阿多诺"启蒙辩证法"的三个关键词 ………………… 175

第四章　胡塞尔的元批判：同一性强制下的现象学 ……………… 188
第一节　第一哲学的神话：对胡塞尔先验现象学的三个追问 … 189
　一、"第一"的暴力：尼采"批判"胡塞尔 ………………… 191
　二、第一哲学与市场体制：马克思"批判"胡塞尔 ………… 195
　三、"复制的现实主义"：黑格尔"批判"胡塞尔 …………… 199
第二节　逻辑绝对主义与同一性 ……………………………… 203
　一、逻辑绝对主义、科学与工具理性 ……………………… 204
　二、物化的逻辑和逻辑的物化 ……………………………… 208
　三、逻辑与资本 ……………………………………………… 212
第三节　胡塞尔与唯心主义：从本质现象学到先验现象学 …… 216
　一、意向性的逻辑演进与唯心主义 ………………………… 217
　二、先验唯心主义视域中的被给予性概念 ………………… 222
　三、纯粹自我：唯心主义的终结？ ………………………… 225

第五章　座架黑格尔：否定性的力量之源 ……………………… 230
第一节　"我们是黑格尔的同时代人" ……………………… 231
　一、是"思辨"的唯心主义，还是"思辨"的现实主义？ … 232
　二、黑格尔的劳动概念与资本的统治 ……………………… 236
　三、黑格尔与海德格尔：面对资本主义的两种不同姿态 … 241
第二节　黑格尔的"经验"：否定性的力量之源 ……………… 245
　一、黑格尔的"经验"对经验主义和唯心主义的双重超越 … 246
　二、"修正了的辩证法观念" ………………………………… 250
　三、否定性：辩证法的力量之源 …………………………… 254
第三节　解读黑格尔或《否定的辩证法》的方法 ……………… 257

一、清晰性的暴力本质……………………………………… 258
　　二、含混性中的解放兴趣……………………………………… 261
　　三、论说文:"修正了的辩证法观念"的实现形式……………… 264

结束语:哲学何为? ……………………………………………… 267

主要参考书目 …………………………………………………… 270

附录 ……………………………………………………………… 289
　　哲学的现实性 ………………………………………………… 291
　　自然历史观念 ………………………………………………… 306
　　胡塞尔与唯心主义问题 ……………………………………… 322
　　什么是现代艺术的本质?
　　　　——阿多诺的艺术真理论及其与海德格尔的潜在对话………… 336
　　福柯、阿多诺和跨文化研究观念
　　　　——谨以此文纪念阿多诺诞辰 110 周年 ……………………… 350
　　关于阿多诺哲学贡献的当代中国思考 ……………………… 361

第三版序言

阿多诺研究在中国的过去、现在与未来
——纪念阿多诺诞辰 120 周年

张 亮

1969 年 8 月 6 日,西奥多·阿多诺(1903—1969)因心脏病突发去世,时年 66 岁。去世前的阿多诺遭遇了作为思想家的滑铁卢:读着霍克海默和他领导创立的批判理论走上历史舞台的新左派学生指责他背叛了革命运动,许多亲炙弟子纷纷离批判理论而去、找寻各自的新道路,他的去世在象征意义上成为批判理论终结的讣告。[①] 作为思想家的阿多诺还有未来吗?在阿多诺诞辰 80 周年之际出版的简明思想传记中,法兰克福学派史研究第一人、美国思想史学者马丁·杰做出了基本否定的回答:不是思想家在作品中遭受了失败,而是历史本身否定了作品,从而否定了思想家;阿多诺是一只被扔进大海,或许可能被再一次捡回来的漂流瓶。[②] 历史证明马丁·杰错了:仅仅 5 年后,就有

[①] [德]魏格豪斯:《法兰克福学派:历史、理论及政治影响》,孟登迎等译,上海人民出版社 2010 年版,第 856 页。

[②] 参见[美]马丁·杰《阿多诺》,瞿铁鹏等译,中国社会科学出版社 1992 年版,第 255 页。

学者提出"返回阿多诺"①的口号,阿多诺随即在 20 世纪 90 年代的西方迎来自己的复兴②;更重要的是,早在 1980 年前后,阿多诺这只漂流瓶就被冲到中国的沙滩上,被中国学术界所知晓,此后 40 余年间,中国学界一直保持着对阿多诺的关注,并以波浪式前进的方式经历了四个发展阶段,当前,第四个阶段正处于快速上升期。2023 年适逢阿多诺诞辰 120 周年,慎终追远,以明今日之事,回顾、总结中国的阿多诺研究史,显然是一种恰当的纪念方式。

一、少人问津的边缘静置期

1978 年,"西方马克思主义"作为一种思潮开始被译介进入中国,相关研究随即生机勃勃地发展起来,包括阿多诺在内的大多数西方马克思主义思想家就是在这一时间节点前后逐渐被国内学界知晓的。1980 年,刚刚复刊的《现代外国哲学社会科学文摘》第 1 期刊发摘编文章,介绍了苏联学者关于法兰克福学派历史发展的最新观点,其中提到阿多诺的悲情去世及其象征意义③,同期还配发了一篇法兰克福学派主要人物简介,含一个半页篇幅的阿多诺简介④。不久,该杂志第 5 期摘编介绍了苏联学者关于阿多诺《否定的辩证法》的一篇书评,称赞《否定的辩证法》对萨特的存在主义、海德格尔的存在哲学等现代资产阶级哲学主流进行了成功的批判⑤,阿多诺其人其经历其思想就是在此前后开始被国内学界所了解。总的看来,在 1993 年《否定的辩证法》第一个中译本出版之前,国内学界对阿多诺的研究兴趣比较淡漠:12 年间,期刊上发表的译文、研究文章不过 10 余篇,包含与阿多诺有关章节的译著、专著、文集不超过 10 种,此时的阿多诺在中国经历了一个与其思想史地位不相称的边缘静置期。那么,这一阶段的阿多诺研究为什么会少人问津呢?

---

① Robert Hullot-Kentor, "Back to Adorno", *Telos* 81 (Fall 1989).
② 参见张亮:《国外阿多诺研究的历史、现状与模式》,《哲学动态》2001 年第 3 期。
③ 王克千摘译:《法兰克福学派的形成及其重要的历史阶段》,《现代外国哲学社会科学文摘》1980 年第 1 期,第 19—20 页。
④ 于汛:《法兰克福学派主要人物》,《现代外国哲学社会科学文摘》1980 年第 1 期,第 21 页。
⑤ 林一摘译:《评阿多诺著〈否定的辩证法〉》,《现代外国哲学社会科学文摘》1980 年第 5 期,第 61 页。

首先,当时国内学界主要是依据20世纪七八十年代欧美新左派的论述理解、定位"西方马克思主义"思想家,而此时欧美新左派学界恰恰是贬抑、远离阿多诺的。1968年学生运动后,欧美新左派大举进入学术界并掌握了话语权,开始构建关于"西方马克思主义"的新左派历史叙事。在这种历史叙事中,马尔库塞、弗洛姆、哈贝马斯等支持新左派运动或为新左派运动提供思想资源的"西方马克思主义"者受到褒扬,阿多诺则因为其生前对新左派运动持批判态度而被贴上另类标签。例如,在1974年的《西方马克思主义探讨》这一深刻影响了中国学界"西方马克思主义"观的小册子中,佩里·安德森尽管肯定马尔库塞和阿多诺是当时最重要的两个人物,但其抬马尔库塞压阿多诺的意图却是显而易见的。① 在1979年的《西方马克思主义概论》中,本·阿格尔根据马尔库塞后期的政治哲学建立了自己的评价标准及体系,判定霍克海默和阿多诺领导创立的批判理论已经落后于时代,只适合"作为早期垄断资本主义的纪念品"而被记住②,随后率先评析了阿多诺1966年的《否定的辩证法》,其对阿多诺的不满、不屑表露无遗。欧美新左派的观点直接影响了当时国内学者的学术判断:国内"西方马克思主义"研究的主要创立者之一,徐崇温研究员在《法兰克福学派述评》(生话·读书·新知三联书店1980年版)和《西方马克思主义》(天津人民出版社1982年版)中,留给阿多诺的篇幅及对阿多诺的评价都不高;在江天骥教授主持编译的《法兰克福学派——批判的社会理论》(上海人民出版社1981年版)中,阿多诺和霍克海默实际上被排除出法兰克福学派最重要的思想家之列,真正重要的人物早期是弗洛姆和马尔库塞,后期则是哈贝马斯。

其次,改革开放初期国内学术界具有较强的理论自觉,愿意根据国内思想文化领域正在发生的重大理论讨论有选择地译介、研究当代国外思想家和思潮,而阿多诺与20世纪80年代的几个重大理论热点问题都较少交集,自然难入学术界法眼。20世纪70年代末80年代初,人道主义和异化是国内理论界

---

① [英]佩里·安德森:《西方马克思主义探讨》,高铦等译,人民出版社1981年版,第46页。
② [加]本·阿格尔:《西方马克思主义概论》,慎之等译,中国人民大学出版社1991年版,第237页。

关注的重大焦点问题,卢卡奇、萨特、弗洛姆、马尔库塞等因其著作中富含能够直接为国内学术争论服务的理论资源而备受关注,相比之下,阿多诺思想就显得相关性不足、重要性不大了。20世纪70年代末至80年代中,国内出现第二次美学热潮,知识界开始大量引入、翻译20世纪西方美学,但留下丰富美学和音乐社会学遗产的阿多诺却几乎被无情地忽略了!何也?根本原因就在于当时国内美学热潮的艺术根基是现代主义之前的、哲学基础是本质主义的,而阿多诺基于现代主义艺术的美学理论恰恰是反本质主义的,因而是难以理解、无法流行的。在整个20世纪80年代,辩证法研究都是一门显学,得到马克思主义哲学和西方哲学研究者们的共同关注。按理说,阿多诺及其《否定的辩证法》应当受到较高关注,但实际情况是,当国内学界从西方学者那里获悉阿多诺的辩证法并非黑格尔意义上的辩证法[1],进而从留欧回国学者那里听闻"他(阿多诺)的'辩证法'实际上是否定客观辩证法的唯心主义的主观辩证法,他的哲学的思辨性质和理论脱离实际的特点,代表了批判理论乃至'新马克思主义'的基本倾向"[2]后,就打了退堂鼓,直到90年代初才出现国内学者关于阿多诺"否定的辩证法"起源与本质的自主研究。[3]

最后,阿多诺的代表作具有鲜明的抗拒同一性理解的形式特征,有不可翻译、难以理解的"恶名"[4],直接劝退了许多国内学者的翻译冲动,导致其著作的翻译工作进展缓慢,在客观上进一步抑制了国内学界的研究热情。1990年,重庆出版社出版了霍克海默和阿多诺合著《启蒙辩证法:哲学片段》的第一个中译本,这也是阿多诺代表性论著的第一个中译本。该译本让国内读者直接确证了阿多诺思想的艰深晦涩,然后就被束之高阁,基本没有发挥什么推进阿多诺研究的作用。

如果仅从成果的数量和质量上看,边缘静置期的阿多诺研究确实乏善可

---

[1] [法]N·泰尔图利安:《阿多尔诺与德国古典哲学——评〈否定的辩证法〉一书的中心思想》,《哲学译丛》1985年第3期。
[2] 李忠尚:《"新马克思主义"析要》,中国人民大学出版社1987年版,第188页。
[3] 王凤才:《阿多尔诺否定的辩证法研究》,《山东大学学报》1991年第6期。
[4] [美]马丁·杰:《阿多诺》,瞿铁鹏等译,中国社会科学出版社1992年版,第4—5页。

陈,不过,在单薄的成果背后,我们发现了若干有光明前景的青年学者的名字:章国锋、王杰、王才勇、杨小滨、王凤才等,他们出身外国文学、文艺学、哲学、音乐学等相关专业,已经完成硕士研究生教育,了解国际学术研究的前沿动态,能够使用英语甚至德语文献进行研究,发表的成果具有高度的专业性和学理性。这些青年学者后来都继续投身学术研究,在国外大学或国内大学完成博士训练,成为未来法兰克福学派研究或国外马克思主义文艺理论研究等领域的领军人物。

二、安静的蓄势待发期

在《否定的辩证法》(张峰译,重庆出版社1993年版)第一个中译本出版后至国内学者第一部研究专著《无调式的辩证想象:阿多诺〈否定的辩证法〉》(张一兵著,生活·读书·新知三联书店2001年版)出版之前,是阿多诺研究之安静的蓄势待发期。在这一阶段里,国内学界对阿多诺的关注度缓慢提升,相关期刊论文、译文从每年0篇或1、2篇逐步达到每年接近10篇,还有10余种专著、文集、研究性教材包含与阿多诺有关的章节。较之于上个阶段,发展变化只能说是温和的、不引人注目的,但在这种安静的表象下面,深刻的变化正在孕育之中,最终造就了2001年的井喷式发展。

首先,1992年以后,随着社会主义市场经济的不断繁荣发展,中国的社会主义现代化进程加速演进,作为思潮的"西方马克思主义"与中国的时序关系发生了深刻变化。"西方马克思主义"本质上是关于20世纪上半叶欧美发达资本主义社会的批判理论,阿多诺则是这一批判理论的逻辑终结者。[①] 改革开放以后,"西方马克思主义"与其他当代西方思潮一起涌入中国,此时中国尚处于现代化进程的较初级阶段。从表面上看,"西方马克思主义"与社会主义中国拥有共同的思想根基即马克思主义,看似毋庸置疑的同时代人,但在历史发展逻辑上,两者实际上处于现代化的不同阶段,存在巨大的不同时代性。因此,对于改革开放初期的中国学界来说,阿多诺等"西方马克思主义"思想家是

---

① 张亮:《阿多诺和西方马克思主义的逻辑终结》,《福建论坛》2000年第4期。

遥远的异乡人,他们的思想是缺乏共同经验基础的远方传奇,只能依靠理性去想象,而不能运用身体去经验。1992年以后,中国的现代化进程因社会主义市场经济得以加速推进,与孕育"西方马克思主义"的资本主义现代化发展阶段的历史距离迅速缩小,最终成为真正的同时代人。此时,"西方马克思主义"不再仅仅是别人的故事,也镜像出了我们自己的故事,"西方马克思主义"研究因此超越猎奇成为我们的内在需要。这是包括阿多诺研究在内的"西方马克思主义"研究能够在20世纪90年代以后的中国勃然而兴、不断走向深入的深厚历史基础。

其次,20世纪90年代以后,阿多诺研究在西方迎来复兴,国内阿多诺研究的外部学术环境发生显著变化。苏东剧变后,曾经批判阿多诺背叛革命的欧美新左派学者突然意识到,他们过去的乐观主义已经变得不合时宜,阿多诺的悲观主义反倒是睿智的、深刻的、现实的。早在1990年,美国新左派理论家杰姆逊就率先出版《晚期马克思主义:阿多诺,或辩证法的韧性》一书,一改20世纪70年代的反对立场,认为阿多诺的思想恰恰是今天人们所需要的榜样。[①] 随后,阿多诺从被遗忘、被贬抑的状态中走出来,其在思想史上的地位和作用得到重新评估,其生平著作思想随之得到越来越充分的研究。20世纪90年代中期以后,阿多诺研究复兴的讯号传导到中国,国内学界对此做出积极回应,开始调整对阿多诺的认识和评价,确认阿多诺在"西方马克思主义"发展史乃至整个20世纪西方思想史上拥有重要地位,其思想具有持久而又广泛的当代价值,同时,日益丰富的西方研究文献也为国内阿多诺研究的蓄势待发提供了良好的外部支撑。

再次,国内阿多诺研究的中文文献基础开始得到改善。改革开放以后,国内的当代西方思想家研究的发展轨迹一般可以分为三个阶段:以中文文献为主的发轫期,此时,中文文献的供给会影响、限制研究的规模和水平;以英文文献为主的深化期,此时,相关研究的规范化和学术化水平均得到实质性提高;

---

① Fredric Jameson, *Late Marxism: Adorno, or, the Persistence of the Dialectic*, London: Verso, 1990, p. 249.

以思想家母语文献为主的成熟期,此时,国内研究基本上与国际研究同步甚至融合了。万事开头难。某一当代西方思想家的代表性著作如果没有中译本,通常表明此时国内学界对他的评价还不高,相关研究的受重视程度还较低,进而导致研究工作进展比较缓慢。上一阶段的阿多诺研究就是一个例证。1993年和1998年,阿多诺后期最重要的两部代表作《否定的辩证法》和《美学理论》(王柯平译,四川人民出版社1998年版)的第一个中译本分别问世。当时和现在的学术界对这两个译本都不乏微词,认为它们基于最早的英译本转译而来,译文质量并不尽如人意。不过,正是这两个译本的出现,改变了国内阿多诺研究无米可炊的窘况,为下一阶段的勃发提供了必需的文献基础。此外,马丁·杰关于法兰克福学派早期历史发展的名著 *Dialectical Imagination: A History of the Frankfurt School and the Institute of Social Research*, 1923—1950 以《法兰克福学派史》(单世联译,广东人民出版社1996年版)之名中译出版也值得一提,因为它完善了中国学界对法兰克福学派的思想史认知,确证了阿多诺在法兰克福学派发展史上的核心地位和作用。

最后,国内阿多诺研究的人员结构得到优化。上一个阶段,阿多诺研究的主体是硕士研究生和硕士学位获得者。20世纪90年代中期以后,随着中国博士研究生教育的发展,开始有博士研究生以阿多诺为主题撰写学位论文。1998年和2000年,北京大学和南京大学分别有1份以阿多诺为主题的博士学位论文获得通过,并被授予哲学博士学位。较之于硕士研究生,博士研究生拥有更宽厚的学术基础、更高的外语水平、更国际化的学术视野、更强的创新能力,从而能够为阿多诺研究的发展提供更强劲的动力。

三、在喷发中走向中心的第一次高潮期

2001年,国内阿多诺研究迎来一次井喷式的发展:国内学者撰写的第一部阿多诺研究专著《无调式的辩证想象:阿多诺〈否定的辩证法〉》出版,关于阿多诺的期刊论文史无前例地超过30篇,其中CSSCI期刊论文16篇。此后,阿多诺研究呈现一派繁荣景象,迎来第一次高潮期,其时间下限大约可以划在《否定的辩证法》(王凤才译,商务印书馆2019年版)第二个中译本出版之前。

正是在这一阶段,阿多诺研究实现从边缘向中心的逆袭:以最能体现我国人文社会科学高端研究的现状与发展趋势的博士学位论文选题为例,2001年至2018年间,有54篇关于阿多诺的博士学位论文获得通过,在20世纪西方思想家中,这一数字仅低于海德格尔和哈贝马斯(两者均接近100篇),与胡塞尔大体相当,略高于维特根斯坦和福柯(两者均接近50篇),同时远高于马尔库塞(23篇)、阿尔都塞(17篇)、卢卡奇(16篇)、萨特(16篇)、葛兰西(15篇)、本雅明(14篇)、弗洛姆(11篇)等其他"西方马克思主义"思想家。也就是说,阿多诺在这一阶段的中国学术界实现完美逆袭,超过同时代"西方马克思主义"思想家,跻身最受关注"西方马克思主义"思想家乃至最受关注20世纪西方思想家之列。

第一次高潮期的阿多诺研究在三个方面取得了值得肯定的成绩。

首先,学术生产始终比较活跃且有质量。一是原著翻译取得显著进展,总计翻译出版了6种论著及20余篇单篇论文或著作选译,其中《启蒙辩证法:哲学断片》(渠敬东、曹卫东译,上海人民出版社2006年版)、《道德哲学的问题》(谢地坤、王彤译,人民出版社2007年版)、《克尔凯郭尔:审美对象的建构》(李理译,人民出版社2008年版)、《新音乐的哲学》(曹俊峰译,中央编译出版社2017年版)由德文翻译,《权力主义人格》(李维译,浙江教育出版社2002年版)由英文翻译,《音乐社会学导论》(梁艳萍等译,中央编译出版社2018年版)依据德文、参考日文和俄文翻译,这些翻译作品总体质量可靠,有力支撑了国内阿多诺研究的深入开展。二是国外研究文献的中文版翻译更加活跃,与阿多诺、法兰克福学派有关的翻译作品接近20种,其中以《阿多诺:一部政治传记》(洛伦茨·耶格尔著,陈晓春译,上海人民出版社2007年版)为代表的传记提供了更完整、更富细节、更中立的阿多诺传记形象,以《法兰克福学派:历史、理论及政治影响》(魏格豪斯著,孟登迎等译,上海人民出版社2010年版)为代表的学派史著作提供了与新左派不一样的、更为客观的思想史叙事,以《剑桥阿多诺指南》(汤姆·休恩编,张亮等译,北京师范大学出版社2018年版)为代表的研究性论著则让国内学界对国外研究的前沿进展有了更全面的认识。三是原创性论著出版喜人,以阿多诺为主题的专著超过20种,包含关于阿多诺专章的论著超过 70 种,其中张一兵著《无调式的辩证想象:阿多诺〈否定的辩证法〉的文本学解读》对天书般的《否定的辩证法》进行了深入系统的全面阐释,让国内学界充分领略了阿多诺的哲学力量,这是国内阿多诺研究史上的一部里程碑式著作,张亮著《"崩溃的逻辑"的历史建构:阿多诺早中期哲学思想的文本学解读》(中央编译出版社 2003 年版)对阿多诺当时不为国内学界所熟悉的早中期哲学思想发展历程进行了具有补白意义的深入探究,孙斌著《守护夜空的星座——美学问题史中的 T・W・阿多诺》(复旦大学出版社 2004 年版)、丁乃顺著《阿多诺道德哲学研究》(中国社会科学出版社 2015 年版)分别对阿多诺的美学理论、道德哲学进行了有深度的探索,等等。四是相关期刊论文发表保持长期活跃。据不完全统计,这一时期以阿多诺为主题的期刊论文、集刊论文大约超过 1000 篇,其中 CSSCI 期刊论文 259 篇,年均 14.3 篇。从图 1 可以看出,CSSCI 期刊论文的发文呈波动式缓慢增长态势,早期中位数约是 10 篇/年,后期中位数约是 15 篇/年。

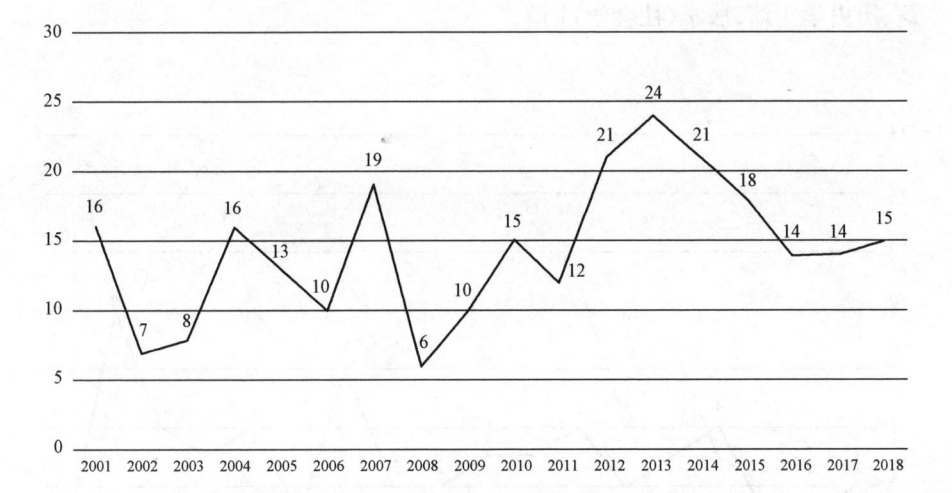

图 1　阿多诺主题的 CSSCI 期刊论文数量变化(2001—2018)

其次,形成了规模和结构均较为合理的研究者群体。研究开展得怎么样归根结底取决于研究者的规模和水平怎么样。进一步分析阿多诺主题 CSSCI 期刊论文的作者构成,我们发现总计有近 150 位作者,其中占比四分之一的高发文作者(发文超过 2 篇)贡献了超过总数一半的发文量。这些高发文作者均为博士学位获得者,其中60%的人博士学位论文主题是阿多诺,25%的人博士学位论文包含关于阿多诺的专章,另有3位作者指导过有关阿多诺的博士学位论文。也就是说,这一时期的阿多诺研究之所以能够繁荣发展,很重要的一个原因就在于有接受过系统专业学术研究训练的青年学者持续不断地加入,保证了研究者群体的规模适度增长和专业化水平的稳定提高。从图2可以看出,这一时期阿多诺主题的博士学位论文有54篇、硕士学位论文有121篇,两者均呈波浪式平稳增长态势。图3显示,54篇博士论文来自26个培养单位。25个培养单位为大学,其中21所为"双一流"建设高校。121篇硕士论文来自61个培养单位。图4显示,硕士论文超过2篇的25个培养单位贡献了85篇论文,占总量的近65%,这25个单位均为大学,其中20所为"双一流"建设高校。此外,54篇博士论文分别出自4个学科,其中哲学27篇、文学18篇、法学(马克思主义理论)7篇、艺术学2篇,121篇硕士论文分别出自6个学科,其中哲学55篇、文学41篇、法学(马克思主义理论)12篇、艺术学11篇、历史学1篇、法学(社会学)1篇。

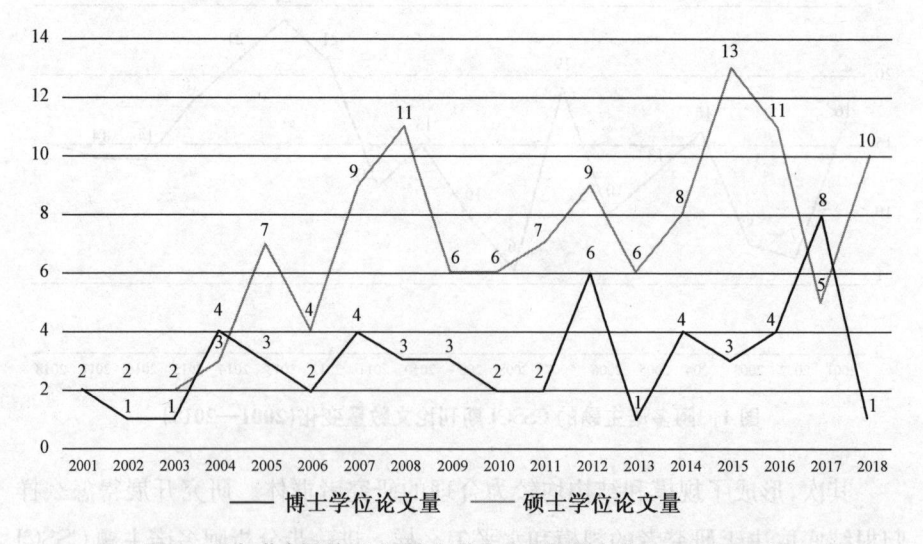

图 2 阿多诺主题的硕士、博士学位论文数量变化(2001—2018)

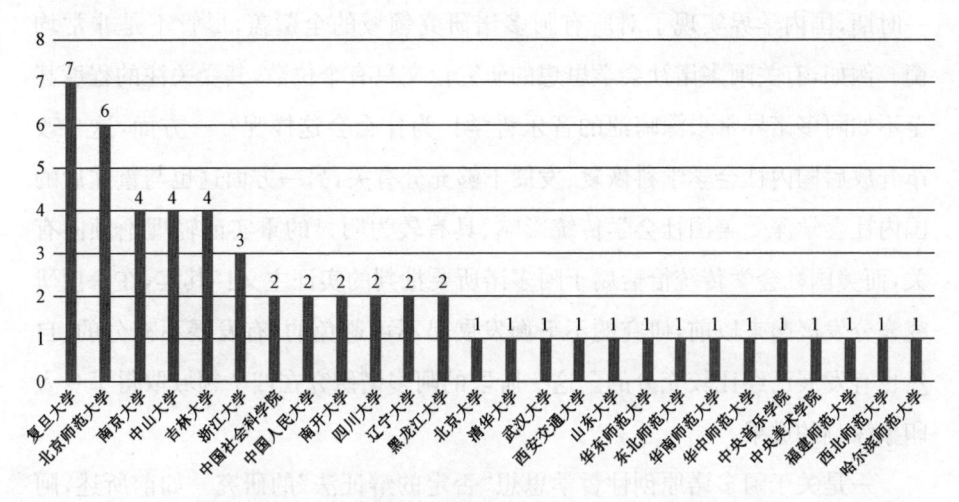

图3　阿多诺主题博士学位授予机构构成图(2001—2018)

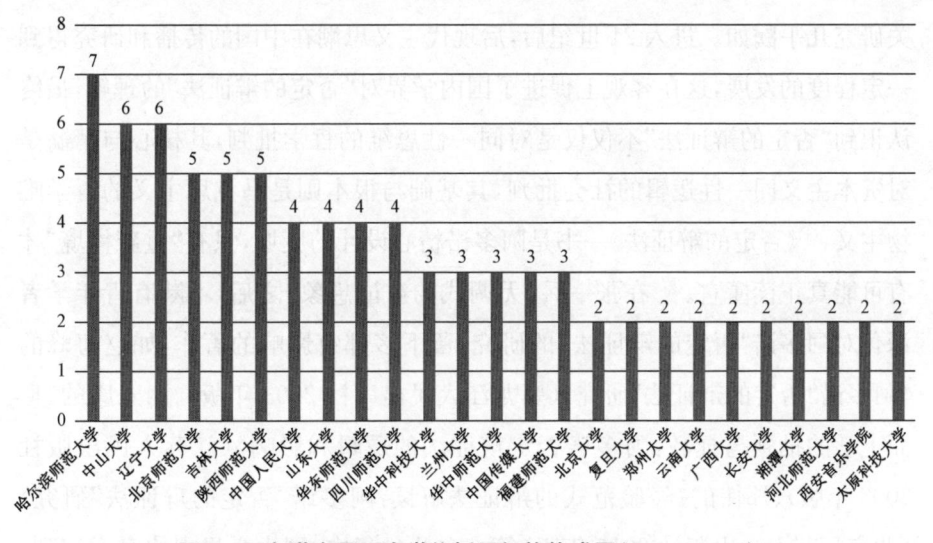

复旦大学 7、北京师范大学 6、南京大学 4、中山大学 4、吉林大学 4、浙江大学 3、中国社会科学院 2、中国人民大学 2、南开大学 2、四川大学 2、辽宁大学 2、黑龙江大学 2、北京大学 1、清华大学 1、武汉大学 1、西安交通大学 1、山东师范大学 1、华东师范大学 1、华南师范大学 1、华中师范大学 1、中央音乐学院 1、中央美术学院 1、福建师范大学 1、西北师范大学 1、哈尔滨师范大学 1

图4　阿多诺主题硕士学位授予机构构成图(2001—2018)

哈尔滨师范大学 7、中山大学 6、辽宁大学 6、北京师范大学 5、吉林大学 5、陕西师范大学 5、中国人民大学 4、山东大学 4、华东师范大学 4、四川大学 4、华中科技大学 3、兰州大学 3、华中师范大学 3、中国传媒大学 3、福建师范大学 3、北京大学 2、复旦大学 2、郑州大学 2、云南大学 2、广西大学 2、长安大学 2、湘潭大学 2、河北师范大学 2、西安音乐学院 2、太原科技大学 2

最后，研究领域在基本全覆盖的同时实现重点突破，形成若干成果斐然的富集区。阿多诺作为思想家在诸多领域都留下了自己的深刻印记，除了哲学、美学、大众文化批判等国内学界在这一时期以前就了解较多的领域，他在音乐哲学、传播学、社会学等领域也都有重要成果行世，但此前国内学界对这些领域关注较少、研究较浅，有的甚至可以说还是一片空白。令人欣喜的是，在这一时期，国内学界实现了对所有阿多诺研究领域的全覆盖，尽管不是非常均衡。例如，有关阿多诺社会学思想的研究论文只有个位数，其受关注的程度甚至不如阿多诺异常艰深晦涩的音乐哲学！为什么会这样呢？一方面，这与改革开放后国内社会学学科恢复、发展不够充分有关，另一方面这也与重建后的国内社会学深受美国社会学传统影响、具有较为明显的重实证轻理论倾向有关，而美国社会学传统恰恰属于阿多诺所要批判的实证主义！其实，在一项研究充分发展起来以前，研究的不平衡发展是不可避免的，有发展不充分的，自然也有发展已经比较充分的。这一阶段的阿多诺研究在四个领域取得了令人印象深刻的成果。

一是关于阿多诺原创性哲学思想"否定的辩证法"的研究。如前所述，阿多诺极具颠覆性的"否定的辩证法"此前没能得到国内学界的理解和认同，相关研究几乎阙如。进入 21 世纪后，后现代主义思潮在中国的传播和研究得到一定程度的发展，这在客观上促进了国内学界对"否定的辩证法"的理解，最终认识到"否定的辩证法"不仅仅是对同一性思维的哲学批判，其核心与精髓是对资本主义同一性逻辑的社会批判，其基础与根本则是马克思主义的哲学唯物主义，[①]《否定的辩证法》一书是阿多诺精心设计的废墟，只有"重新构境"才有可能真正读懂它。[②] 在张一兵《无调式的辩证想象》之后，不断有青年学者深化对阿多诺"否定的辩证法"的研究，留下多部有影响的著作，如赵海峰的《阿多诺"否定的辩证法"研究》（黑龙江人民出版社 2003 年版）、谢永康的《形而上学的批判与拯救：阿多诺否定辩证法的逻辑和影响》（江苏人民出版社 2008 年版）、郑伟的《经验范式的辩证法解读：阿多诺"否定的辩证法"研究》（北京师范大学出版社 2015 年版）等。在此过程中，国内学界很快又意识到，阿多诺对"否定的辩证法"的正面阐发是以对同时代以及之前时代的哲学家的批判继承为前提的。于是，研究者们迅速将目光投向这个维度，围绕阿多诺与

[①] 张亮:《关于阿多诺哲学贡献的再思考——从当代中国的视角看》，《北京师范大学学报》2022 年第 3 期。

[②] 张一兵:《无调式的辩证想象——阿多诺〈否定的辩证法〉的文本学解读》，生活·读书·新知三联书店 2001 年版，第 5 页。

其重点批判的哲学家如海德格尔、胡塞尔、黑格尔、康德以及克尔凯郭尔等的关系,展开深入的探究,留下相当数量的期刊论文。尤其值得一提的是,青年学者马迎辉还出版专著《先验性的界限——对阿多诺〈认识论元批判〉的现象学审思》(中国社会科学出版社 2018 年版),力图对阿多诺的胡塞尔现象学批判给出自己的现象学回应。总的看来,围绕"否定的辩证法"展开的相关哲学和哲学史研究,是这一时期国内阿多诺研究中成果最多、成就最大的一个领域,其学术水平足以和国际同行平等对话。

二是关于阿多诺美学理论的研究。1998 年《美学理论》中译出版后,国内学界对它感到既陌生又熟悉:说它陌生,因为其核心思想非常现代甚至后现代,其文体形式充满对抗性、难以把握;说它熟悉,是因为其内容宏富,笔锋触及美学史上的大多数基本问题,人们很容易从中找到自己熟悉的话题。好在这一阶段国内学界已经对西方现代主义和后现代主义思潮有了较好认知,于是在第三次美学热潮余波的推动下,发起对阿多诺《美学理论》的攻坚战,形成了一批有质量的期刊论文和近 10 部学术专著,代表性著作除了前述孙斌的《守护夜空的星座——美学问题史中的 T·W·阿多诺》,还有李歇的《非总体的星丛:对阿多诺〈美学理论〉的一种文本解读》(上海人民出版社 2008 年版)、凌海衡的《交往自由与现代艺术:重读阿多诺的审美批判理论及其政治意义》(中国社会科学出版社 2009 年版)、陈波的《真理与批判——阿多诺〈美学理论〉研究》(四川大学出版社 2011 年版)、杨丽婷的《虚无主义的审美救赎:阿多诺的启示》(社会科学文献出版社 2015 年版)等。

三是关于阿多诺文化工业理论的研究。阿多诺的文化工业理论是法兰克福学派早期批判理论的重要组成部分,相关文献数量并不多,且严格来说,可以归并为阿多诺美学理论的一个组成部分。不过,这一时期国内学界对此问题显然充满了浓厚的兴趣,不仅发表了数十篇论文,还出版了若干部专著,如孙利军的《作为真理性内容的艺术作品——阿多诺审美及文化理论研究》(湖南大学出版社 2004 年版)、寇瑶的《文化批判与审美乌托邦:阿多诺"文化工业"批判理论研究》(中国社会科学出版社 2017 年版)等,包含专章论述的著作则超过了 20 种,以至于我们完全有必要将它单列出来讨论。这一时期国内学界为什么会如此关注文化工业问题呢？从根本上讲，这是因为进入 21 世纪后中国的大众文化产业迅猛发展，许多方面展现出了和 20 世纪西方类似的特征，促使国内学界寻找理论资源加以阐释和批判，阿多诺基于精英主义立场的文化工业批判理论显然是一件称手的武器。同时，20 世纪 90 年代以后，英国伯明翰学派的文化研究传入中国，促进了中国文化研究热的形成和发展。关于大众文化，伯明翰学派与法兰克福学派、霍尔与阿多诺提供了截然不同的分析思路，得出了大相径庭的结论，面对这种理论张力，国内学界出现立场分化和理论冲突，在某种程度上也推动了对阿多诺文化工业理论的深入研究。

四是关于阿多诺道德哲学的研究。阿多诺有道德哲学吗？类似的问题是，马克思主义有道德哲学吗？很显然，不同的人有不同的回答。尽管对前述两个问题都不支持给出肯定性的回答，但我深知：首先，阿多诺晚年确实对道德问题进行过深入思考，留有《道德哲学的问题》讲稿，并且他从第二次世界大战期间就开始思考一个根本问题即什么样的生活是值得过的，其基本结论是"错误的生活无法被正确地度过"①；其次，20 世纪 70 年代以后，马克思主义与道德、正义的关系问题历史地成为英美马克思主义阵营的核心论题之一；最后，受前者的影响，近十余年来国内理论界也开始热烈讨论这些问题。因此，我完全理解并积极评价国内同行这一时期就阿多诺道德哲学或者说阿多诺有关道德问题的哲学思考所展开的探索，因为这些工作，如前述丁乃顺的《阿多诺道德哲学研究》以及罗松涛的《在通向正确生活的途中：阿多诺道德哲学的基本问题》（中国社会科学出版社 2017 年版），不仅是哲学史的，在某种程度上也是哲学的，其中的创新自觉令人赞赏。

四、第二次高潮期的意外开启

2019 年，商务印书馆"当代德国哲学前沿丛书"收录出版了王凤才翻译的《否定辩证法》，此为《否定的辩证法》的第二个中译本。从"译后记"中可以了

---

① ［德］阿多诺：《最低限度的道德：对受损生活的反思》，丛子钰译，上海人民出版社 2020 年版，第 29 页。

第三版序言

解到,王凤才很早就有翻译《否定的辩证法》的想法,但至2011年才真正动手,他根据1996年德文全集版和2015年德国袖珍版进行翻译,历经5年而成,其间译稿得到不少学界同行以及研讨班学员的评鉴,以求信达雅。① 说实话,当年收到赠书,我只是为终于有根据德文翻译的更精良译本而感到欣喜,并没有往其他方面深想。然而,4年后的今天回头再看,我认为,阿多诺研究的第二个高潮期已经开始了,而这个译本的出现很大程度上可以标定为本次高潮出现的起点!

迄今为止,第二次高潮期最引人注目的成就是阿多诺著作翻译的爆发式涌现。2019年以来仅仅4年,已经面世的翻译作品有:新译的阿多诺著作9种,已有中译著作的新译本或不同译本3种,通信集1种,国内学者选编的阿多诺文集2种,以及散见于期刊、集刊的新译文20余篇,数量超过前三个时期近40年翻译量的总和! 深入分析可以发现几个新动向新特点。一是出版社的热情高涨,事实上出现了几家出版社相互竞争的良性局面。2020年,上海人民出版社推出了谢永康主编的"阿多诺选集"丛书,目前已出版9种,6种为新译,3种为旧译新出。同时,浙江大学推出了"阿多尔诺文集"系列,目前出版新译2种,编译文集2种。此外,商务印书馆已出阿多诺著作2种,华东师范大学出版社和广西师范大学出版社各1种。二是翻译质量总体优良。新出著作不少直接根据权威德文版本翻译,有些根据德文版、参考英文版翻译,还有些则是根据英文版、参考德文版翻译校订,翻译质量有了更好的保证。个别作品如罗逍然译《新音乐的哲学》(商务印书馆2022年版),还增加了较为详细的考订性注释,使得该著作对中国读者而言更具可理解性。三是阿多诺音乐学著作翻译已成规模。除了前述2个版本的《新音乐的哲学》和《音乐社会学导论》,《探究瓦格纳》(夏凡译,浙江大学出版社2021年版)、《贝多芬:阿多诺的音乐哲学》(彭淮栋译,华东师范大学出版社2022年版)、《论马勒和瓦格纳》(陈蓓译,上海人民出版社2022年版)、《论电影音乐》(刘斐译,上海人民出版社2022年版)也都有了中译本,涵盖阿多诺关于古典主义、浪漫主义和先锋派

---

① 王凤才:"译后记",载阿多尔诺:《否定辩证法》,王凤才译,商务印书馆2019年版,第491—493页。

音乐研究的诸多方面,使得国内学者可以更方便地了解阿多诺的音乐哲学和音乐社会学思想。四是青年学者发挥了主力军作用。这一时期阿多诺著作的译者多为 70 后、80 后学者,原本就从事阿多诺或相关领域研究,学而优则译,不仅保证了翻译质量,也为阿多诺研究的可持续发展奠定了厚实的基础。

第二次高潮期为什么会首先以著作翻译的爆发式发展表现出来？首先,这与较资深研究者的大力引领有关。在前三个时期成长起来的阿多诺研究者,有的像旅行者,把阿多诺作为路过的一处风景,风景欣赏结束就会继续往前赶路;有的像牧羊人,把阿多诺作为一块丰美的草场,会周期性地造访;有的像地质学家,把阿多诺作为一座高峰,栖身大山长期坚持探究。后两种研究者往往对阿多诺研究具有更深的情怀、更大的抱负,一旦条件成熟、时机具备,他们就会将自己由来已久的意愿转化为实际行动,首当其冲就是对阿多诺著作的翻译甚至系统翻译。例如,王凤才当年硕士论文的主题就是《否定的辩证法》,虽然后来成为法兰克福学派第三、四代理论家研究的开拓者,但始终心系《否定的辩证法》的翻译,终于在 2019 年阿多诺逝世 50 周年之际完成该译著的出版,得偿所愿。南开大学谢永康当年博士论文研究的就是《否定的辩证法》,此后长期坚持耕耘阿多诺研究,当他主持的《阿多诺哲学文献的翻译与研究》2020 年获得国家社科基金重大项目资助后,随即与上海人民出版社合作推出了"阿多诺选集"。2021 年,华东师范大学朱国华教授主持的《阿多诺文艺美学著作翻译、笺注与研究》同样获得国家社科基金重大项目资助,相关翻译工作也即将全面展开。其次,这与出版社的大力推动有关。2019 年以后,为什么会有多家出版社杀入阿多诺著作的翻译大军？除了阿多诺的思想史地位和出版价值外,很重要的原因就在于阿多诺逝世 50 年后其著作进入公版领域,出版社的活动空间顿时增大且成本压力直线下降,从而激发了它们的参与热情。最后,这与阿多诺诞辰 120 周年即将到来有关。每逢重要思想家的重要时间点(诞辰纪念、逝世纪念、代表性著作出版纪念等),国内学界通常会采取行动加以纪念,如举行研讨会、出版原著或研究性著作等。阿多诺诞辰 100 周年、110 周年到来时都是如此。2019 年适逢阿多诺逝世 50 周年纪念,离阿多诺诞辰 120 周年纪念只有 5 年,此时启动翻译出版显然是合适的。

"冬天已经来了,春天还会远吗?"国内的西方当代思想家研究的学术发展轨迹反复证明,翻译出版的高潮开始后,新的研究成果涌现的高潮自然会随之而来。这一点今天已经越来越清晰可辨了。

五、寄语阿多诺研究的未来

面对正在展开的阿多诺研究的第二次高潮期,我的心绪是复杂的:首先肯定是感到欣慰,因为我的学术生涯就起步于阿多诺研究,并曾以自己的方式为阿多诺研究的第一次高潮期做出了至今还被同行记得的些许贡献,目睹第二次高潮期的遽然开启,自然欢欣鼓舞,感到与有荣焉;接下来则是感到有点失落,因为在过去20年间尽管不时向阿多诺致敬,但我终究是一个旅行者,已经决定性地离开阿多诺研究、法兰克福学派研究,探索并开发了属于自己的新的研究疆域,如今面对盛况将临,只能在旁观礼而不再能躬身其间,不能不说是一种遗憾。不过,旁观也有旁观的好处,除了能呐喊助威,还能以更加超然的眼光审视现状,为阿多诺研究第二次高潮期的未来建言献策。

一是未来的阿多诺著作翻译应当具有更高的质量追求和更明确的发展规划。德文版《阿多诺全集》总计23卷,目前有一半左右的内容已经有了中译文(相信随着相关团队工作的不断推进,这个数据会被不断刷新),且覆盖了阿多诺思想的基本方面。对于多数阿多诺研究者来说,这些中文文献已经大体够用了。此时,翻译工作的目标应当从解决有无转向追求更好:首先,宜基于德文版《阿多诺全集》进行翻译,以求在权威版本基础上确保翻译的信达雅;其次,宜加强翻译的统合工作,尽量消除因为翻译的时间跨度、译者的理解差异造成的统一性、规范性不强问题,为中文读者创造更好的阅读体验;再次,宜优先面向青年学者学生的研习需要,尽快编译出版规模适当、选目精当的阿多诺文集,以更有力地推动阿多诺研究第二次高潮期的深入开展;最后,宜有更远大的抱负,在合适的时间点上开始谋划中文版《阿多诺全集》的编译出版工程。

二是未来的阿多诺研究应当具有更自觉的当代立场和中国视野。阿多诺的生平、著作和思想具有完成性和确定性,但对它们的理解和评价却是随着时代环境的变化而变化的。为什么欧美学术界会在20世纪90年代之前和之后对阿多诺形成迥然不同的评价？归根结底是因为在发生显著变化的时代背景中，阿多诺思想的现实性有了新的呈现。今天，随着世界百年未有之大变局的深度展开，世界的时代背景较之于20世纪发生了历史性的变化。未来的阿多诺研究必须在充分继承既有研究成果的基础上立足全新的当代，重新审视阿多诺思想及其当代价值，做出新的判断。在这一过程中，我们必须重新校正与阿多诺的时序关系，以同时代人而非追随者的身份与阿多诺"对话"，激发出其思想中的中国意蕴和中国价值。

三是未来的阿多诺研究应当推动更深度的国际参与。国内的阿多诺研究能够走到今天，一个很重要的经验就是及时吸收借鉴了欧美学者的研究成果。如果说过去我们主要做"引进来"的工作，努力倾听欧美同行的声音，那么未来，在继续"引进来"和倾听的基础上，我们必须有"走出去"开展对话的自觉和担当，在国际学术舞台上发出关于阿多诺研究的中国声音。——对于音乐哲学这种极具20世纪上半叶欧洲特色的专门理论，我们或许暂时还未拥有充分的话语权，但对于马克思主义理论本身，我们毫无疑问已经拥有足够的话语权，是合格的对话者。

四是未来的阿多诺研究应当适当关注阿多诺的理论创新道路。1978年，在谈及阿多诺和霍克海默领导创立的批判理论时，福柯曾感慨地说："如果能早些读到这些著作，我就能节约很多宝贵时间。想来，有些东西我就不会写，有些错误我也就不会犯了。"[1]显然，让福柯叹服的是阿多诺和霍克海默的那些创新理论，但他想吸收继承的却不是现成的创新理论，而是能够导向这些创新理论的创新道路。这一道路就是马克思开创的"哲学与社会科学联盟"道路。[2] 未来的阿多诺研究也应当像福柯那样，将注意力、兴奋点从阿多诺的创新理论适时转向阿多诺的理论创新道路本身，努力像阿多诺那样去探索、创造关于21世纪资本主义社会的马克思主义批判理论。

---

[1] Michel Foucault, *Remarks on Marx: Conversations with Duccio Trombadori*, Trans. R. James Goldstein and James Cascaito, New York: Semiotext(e), 1991, p.119.

[2] 参见张亮《通向哲学与社会科学的联盟之路——马克思哲学道路的当代阐释》，中国人民大学出版社2022年版。

导论:"崩溃的逻辑"、"否定的辩证法"与阿多诺

1969年8月,依旧处在象征性弑父阴影笼罩下的阿多诺(Theodor W. Adorno)因心脏病突发去世,此时他的创造力还远远没有穷竭。① 对于这一事件的文化隐喻,阿多诺值得称道的思想传记作家马丁·杰(Martin Jay)的评论颇具代表性:不是思想家在作品中遭受了失败,而是历史本身否定了作品,从而否定了思想家;阿多诺是一只被扔进大海,或许可能被再一次捡回来的漂流瓶。② 这原本是阿多诺用来评价晚期勋伯格(Arnold Schoenberg)的一则评语。③ 不过,时间的川流似乎有些偏爱阿多诺,仅仅过了20年他便重现人间:"在已经过去但依旧属于我们的这个世代中,阿多诺对'总体体系'的预见,最终不折不扣地以出人意料的形式变成了现实。……阿多诺的马克思主义虽然

---

① 阿多诺去世前正在全力修改《美学理论》的手稿,并打算在1970年年中最后定稿(Adorno Theodor W., *Aesthetic Theory*, trans., C. Lenhardt, London: Routledge & Kegan Paul, 1984, p. 493/604. ——本书中《美学理论》的引文,都根据英文本并参考四川人民出版社1998年版的王柯平译本给出,有一定改动,"/"之后的数字是中文本的页码,以后凡引用不再说明)。

② 参见[美]马丁·杰《阿多诺》,瞿铁鹏等译,中国社会科学出版社1992年版,第255页。

③ 勋伯格晚年背叛自己无调音乐时期的革命立场,开始进一步与统治力量和解,阿多诺认为,"这不是作曲家在作品中遭受了失败,而是历史本身在否定作品。"(Adorno Theodor W., *Philosophy of Modern Music*, trans., Anne G. Mitchell and Wesley V. Bloomster, New York: Sheed & Ward, 1973, p. 99.)

在以往的岁月中无甚裨益,却可能正是我们今天所需要的东西。"①杰姆逊(Fredric Jameson)的上述言论不仅代表他个人的晚期马克思主义见解,并且在事实上引发了阿多诺在20世纪90年代的复兴。②

对于坚持和发展马克思主义而言,阿多诺的复兴显然是具有积极意义的。因为马克思主义是资本主义内在的自我批判,面对与马克思(Karl Marx)生活的时代相比已经有了重大变化的当代资本主义,无论是赞同还是反对,我们都有义务去认真面对像阿多诺这样的西方马克思主义(Western Marxism)、后马克思思潮(Post-Marxism)、后现代马克思主义(Post-Modernist Marxism)、晚期马克思主义(Late Marxism)理论家,③在马克思"科学的历史批判理论"的基础上,批判地继承他们的理论遗产,为建构全球资本主义时代的马克思主义积累必要的经验质料、确立起码的理论边界。但是,我们却有充分的理由对阿多诺此次复兴持一种谨慎的怀疑态度——20世纪70年代,左、中、右三个理论阵营都宣告了他的元批判即"否定的辩证法"的死刑,从而取消了他的整

---

① Fredric Jameson, *Late Marxism: Adorno, or, the Persistence of the Dialectic*, Verso, 1990, p. 5.

② 这种复兴在出版物的数量上得到了最好的体现。据不完全统计,迄今为止,英语世界共翻译出版阿多诺的作品约30种(其中《美学理论》有1984年和1997年两个译本,《启蒙辩证法》和《否定的辩证法》的新英译本也都在进行之中),1947—1989年间共出版了13种:*Composing of Films*(1947); *The Authoritarian Personality*(1950); *Prisms*(1967); *The Dialectic of Enlightenment*(1972); *Negative Dialectics*(1973); *Philosophy of Modern Music*(1973); *The Jargon of Authenticity*(1973); *Minima Moralia: Reflections from Damaged Life*(1974); *Introduction to the Sociology of Music*(1976); *In Search of Wagner*(1981); *Against Epistemology: A Metacritique-Studies in Husserl and the Phenomenological Antinomies*(1983); *Aesthetic Theory*(1984); *Kierkegaard: Construction of the Aesthetic*(1989); 而1990年至今,则已经翻译出版了17种:*The Culture Industry: Selected Essays on Mass Culture*(1991); *Alban Berg: Master of the Smallest Links*(1991); *Mahler: A Musical Physiognomy*(1992); *Notes to Literature*(1991—1992); *Hegel: Three Studies*(1993); *The Stars Down to Earth and Other Essays on the Irrational in Culture*(1994); *Aesthetic Theory*(1997); *Critical Models: Interventions and Catchwords*(1998); *Beethoven: The Philosophy of Music*(1998); *Sound Figures*(1999); *Adorno Reader*(1999); *Introduction to Sociology*(2000); *Problems of Moral Philosophy*(2000); *Metaphysics: Concept and Problems*(2000); *Kant's Critique of Pure Reason*(2001); *The Complete Correspondence, 1928—1940*(2001)。

③ 在我们这个时代,"马克思主义"已经成为一种滑动的能指,并由此造成了许多不必要的纷争。有鉴于此,我申明:我的上述区划是建立在我的导师张一兵教授的界划基础之上的,具体参见张一兵:《西方马克思主义、后(现代)马克思思潮和晚期马克思主义》,载《福建论坛》2000年第4期。

个学说的历史的和哲学的合法性基础。可如今,根本没有得到伸张,形体却复活了。

历史地看,"否定的辩证法"确实是一个巨大的失败,但它是一个巨大的、在晚期资本主义时代重建马克思主义的任何尝试都必须面对的失败。[①] 因此,不管阿多诺这次复兴的性质如何、结局怎样,我们都有义务回到"否定的辩证法"这个被人遗忘的"滑铁卢",在对它的历史反思中酝酿马克思主义新的复兴。

一、"否定的辩证法"的历史性忘却

阿多诺,一位不合时宜的"当代大师"。他生前被认为是一位杰出的悲观的文化批判主义者,身后则更多的作为一位现代主义美学家或原始形态的后现代理论家被反复探讨,可是,他的元批判理论,即作为《启蒙辩证法》(*The Dialectic of Enlightenment*)中的文化批判和《美学理论》(*Aesthetic Theory*)中的美学批判的哲学基础和方法论原型的"否定的辩证法",[②]长期以来却招致来自各个方面的批评和质疑。新左派批评它是"一个巨大的失败"[③],向右转的哈贝马斯(Jürgen Habermas)指责它否认有"为他(阿多诺——引者注)含蓄地求助的理性概念提供系统基础的可能性"[④],而学院派的学者则同样说:"阿多诺自觉地追随勋伯格的模式,企图在哲学内部发动一场革命,但实际上却屈从了同样的命运,他反体系的原则本身已变成一种体系。……当否定的

[①] 在进行修订的时候,我在网上读到了美国学者邓尼斯·瑞特蒙版权标注为2001年的论著《全球风暴:阿多诺的〈否定的辩证法〉》(Dennis Redmond, *Global Storm: Theodor Adorno' Negative Dialectics*, http://efn.org/~dredmond/GS.html),其中的核心观点是:《否定的辩证法》是晚期资本主义时代的《资本论》。不管这个结论是否正确,但却说明一部分马克思主义理论家已经开始重新面对"否定的辩证法"了。

[②] 需要特别说明的是,本书只是将"否定的辩证法"作为阿多诺以《否定的辩证法》为代表的晚期哲学思想的一种命名,从而与本书经常引用的那些将之视为阿多诺全部哲学思想的代名词的西方学者构成了一种绝非可以忽略不计的差异,具体请参见"导论"第二部分的相关论述。

[③] [美]詹姆逊(亦译作杰姆逊、詹姆森):《马克思主义与形式》,李自修译,百花洲文艺出版社1995年版,第46页。

[④] Peter Dew, ed., *Autonomy & Solidarity: Interviews with Jürgen Habermas*, London: Verso, 1986, p.49.

辩证法成为总体的时候,哲学也将趋向静止,因而1960年代的新左派批评阿多诺把批判理论引向死胡同是公正的。"①由此我们看到,在阿多诺作为一个思想史对象被研究的30年中,"否定的辩证法"始终以各种方式被遗忘了:前20年,批评者们把它作为一个"丑闻"而刻意遮蔽了起来;在近10余年由杰姆逊发动的复兴运动中,它虽然被重新肯定,却被挪用,变成了理论斗争的新武器和通向美学政治的中转站,而其自身依旧晦暗不明。理论政治曾经实用主义地拒绝了"否定的辩证法",并因此经受了失忆的后遗症,然而,正确的疗治方案却不应是同样实用主义的挪用,可取的做法只能是回到被忘却的"否定的辩证法"本身。

1. 理论政治中的集体失忆:对阿多诺研究前20年的一般诊断

阿多诺在1966年的《否定的辩证法》(*Negative Dialectics*)中预告了西方马克思主义的逻辑终结,②之后,他以自己的死亡,为西方马克思主义、作为一个整体的法兰克福学派和批判理论发布了正式讣告。这并不是说它们的理论影响和社会影响就此消失了,事实上,它们所提供的精神传统即使在1970年代还被欧美新左派视为一个"未知的向度"、一个当代文化斗争中依旧有用的思想武器。③ 这一年,《启蒙辩证法》出版了英文版,一年后《否定的辩证法》也被译成英文出版,而在更早一些时候,《新左派评论》(*New Left Review*)、《最终目的》(*Telos*)和《新德国批评》(*New German Critique*)等杂志已经开始刊载他的某些论著和相关评论文章了。阿多诺研究就此发端。20世纪七八十年代,阿多诺研究历经浮沉,先后涌现出了三种影响深远、相互冲突的模式,但有一点是共同的,即"否定的辩证法"作为某种禁忌或者丑闻,从理论政治的集体记忆中被抹去了。

阿多诺研究一开始就充满了燃烧瓶的残余气味。在1968年的学生运动

---

① Susan Buck-Morss, *The Origin of Negative Dialectics: Theodor W. Adorno, Walter Benjamin, and the Frankfurt Institute*, New York: The Free Press, 1977, pp. 189–190.

② 参见张亮《阿多诺与西方马克思主义的逻辑终结》,载《福建论坛》2000年第4期。

③ Dick Howard and Karl E. Klare, ed., *The Unknown Dimension: European Marxism Since Lenin*, New York: Basic Books, 1972.

中,有左派学生指责晚年阿多诺"已经背叛革命事业"。为此,A. 施密特(Alfred Schmidt)着重强调了阿多诺思想的唯物主义本质,[1]以期捍卫自己导师的正统马克思主义立场。1972年,施密特出任社会研究所所长,整个1970年代他基本上是在与自己的同学哈贝马斯的争论中度过的。针对哈贝马斯关于阿多诺和霍克海默(Max Horkheimer)存在分歧乃至对立的批评,施密特着力证明了阿多诺的批判理论与霍克海默设想的连续性。[2] 通过对"唯物主义"的思想史探索,[3]他提出:霍克海默和阿多诺都是马克思主义者,他们所创立的批判理论是适用于资本主义当代阶段的"历史唯物主义的变体"。[4] 在胡塞尔(Edmund Husserl)和海德格尔(Martin Heidegger)之后,阿多诺重提唯物主义之最重大的命意即在于:在打破同一性的思想专制之后,为重建主客体之间的星丛(Constellation/Konstellation)关系确立一个支点。[5] 过于强烈的辩护意识妨碍了施密特对阿多诺意图的准确领会,因此,在对唯物主义的哲学史描述中,他更多地退到了费尔巴哈(Ludwig Feuerbach)的立场上,辩证法却被遗忘了。

与此相对应,一批新左派从《关于费尔巴哈的提纲》出发,抨击"否定的辩证法"具有太多的思辨唯心主义残余,只是满足于解释世界,而把改造资产阶

---

[1] 1960年,施密特在阿多诺和霍克海默的联合指导下完成了题为《马克思的自然概念》(欧力同等译,商务印书馆1988年版)的博士论文。它比较忠实地贯彻了阿多诺的理论意向,因此,我们看到,在极少进行理论标注的《否定的辩证法》中,阿多诺专门在第二部分的"主观还原的转变"一节中为该书做了一个注释。在某种意义上,我们不妨将《马克思的自然概念》看作"否定的辩证法"的一种理论前导。

[2] 参见《论批判理论的观念》(*Zur Idee der Kritischen Theorie*, München, 1974)和《作为历史哲学的批判理论》(*Die Kritische Theorie als Geschichtphilosophie*, München, 1976)。

[3] 参见《解放了的感性——费尔巴哈的人类学唯物主义》(*Emanzipatorische Sinnlichkeit: Ludwig Feuerbachs Anthropologischer Materialismus*, München, 1973)、《什么是唯物主义》(*Was ist Materialismus*, München, 1975)和《论唯物主义的三篇论文——叔本华、霍克海默、幸福问题》(*Drei Studien über Materialismus: Schopenhauer, Horkheimer, Glückproblem*, München, 1977)。

[4] 唯物主义问题同时也是哈贝马斯关注的焦点,1976年他出版了题为《重建历史唯物主义》的文集,虽然没有直接点名,不过很清楚,他认为霍克海默和阿多诺的唯物主义已经过时了,参见哈贝马斯《重建历史唯物主义》,郭官义译,社会科学文献出版社2000年版。

[5] "星丛"是阿多诺从本雅明那里接受过来的一个核心观念,其基本含义是强调构成序列或结构的要素(概念、观念、质料等)之间平等的、共同决定的辩证关系,具体可以参见陈胜云《星丛:理性的修复——阿多诺的批判理论研究》,南京大学1999年博士论文。

级社会的使命忘在了脑后。特别地,"在阿多诺这里,辩证法变得非历史化,以包含作为概念统治的起源的整个西方文明。因此,批判理论甚至不再企图通过详细描绘未来得以发生的必要中介环节以预想未来了,它变成为一种纯粹防御性的理论。最终,它退到一个无可退却之处,以保卫特殊性、自律性和非同一性不受据说已经被总体管理的社会的侵害。在这样的社会里,思维作为一个可有可无的奢侈品消失了"①。在1971年的《马克思主义与形式》(*Marxism and Form*)中,杰姆逊批评"否定的辩证法"是"一个巨大的失败",这一失败归根结蒂是因为它"表现一种挽救自身和哲学化观念的意图,使它们摆脱时间上的盲目崇拜,摆脱停滞和持久的视力幻觉"②。

与新左派的解读模式直接冲突的是哈贝马斯对阿多诺的解读。哈贝马斯认为,西方马克思主义和批判理论由于在马克思的资本主义理论传统中掺杂了韦伯(Max Weber)合理性理论的内容,因此不可避免地偏离了马克思的逻辑;阿多诺最为彻底地贯彻了这一理论逻辑,从而走向了一种无为的寂静主义。③ 也就是说,在哈贝马斯看来,现代性,即资本主义制度,是一项尚未完成的规划,它具有自我修复的功能,可以走向一个更加合理性的状态;④阿多诺在对启蒙理性的批判道路上走得太远,从实践退缩回理论,否认有"为他含蓄地求助的理性概念提供系统基础的可能性",从而走向了一种虚无的美学乌托邦。⑤ 他认为,阿多诺在1930年代就基本形成了自己"否定的辩证法",这与

---

① Paul Piccone:"General Introduction", Andrew Arato and Eike Gebhardt, ed., *The Essential Frankfurt School Reader*, New York: Urizen Books, 1978, p. xviii.

② [美]詹姆逊:《马克思主义与形式》,李自修译,百花洲文艺出版社1995年版,第46页。

③ 参见 Jürgen Habermas, *The Theory of Communicative Action*, Volume 1, trans., Thomas McCarthy, Cambridge: Polity Press, 1986, pp. 339 - 403; Seyla Benhabib, "Modernity and the Aporias of Critical Theory", *Telos* 49 (Fall 1981); Peter U. Hohendahl, "The Dialectic of Enlightenment Revisited: Habermas' Critique of the Frankfurt School," *New German Critique* 34 (Winter 1985)。

④ 参见[德]哈贝马斯《论现代性》,载王岳川、尚水编《后现代主义文化与美学》,北京大学出版社1992年版,第9—24页。

⑤ 参见 Albrecht Wellmer, *The Persistence of Modernity*, trans., David Midgley, Cambridge, MA: The MIT Press, 1991, chapter 1, 2. 维尔默是1980年代前后哈贝马斯最重要的学生和追随者,他的美学研究在很大程度上就是对哈贝马斯学说的补充、论证和说明。

霍克海默主张哲学与社会科学联盟的批判理论从起点上就不一样,以《启蒙辩证法》为标志,阿多诺最终背离了霍克海默的设想,[1]因此,应当抛弃《否定的辩证法》回到批判理论的原初旨趣,在变化了的社会现实基础上重建历史唯物主义。[2]

在哈贝马斯与利奥塔(Jean-Francois Lyotard)关于现代性的争论发生之后,一些英美学者突然在争论的中心发现了一个后结构主义(解构主义)的阿多诺,在他们看来,"解构主义和阿多诺之间的相似之处特别引人注目。[3] 在当下的时尚风靡之前很长一段时间里,阿多诺就一直坚持承认那些被概念之网滤去的异质碎片的力量,抛弃所有同一性哲学,拒绝把阶级意识看作令人愉快的'肯定',否定意义的意向性。真的,当代解构主义几乎没有一个主题不曾在他的著作中被充分地阐述过。——阿多诺或许是法国文化和德国文化的相互偏狭性的指示者,现在,具有讽刺性的是,它们只是在盎格鲁—撒克逊世界里才越来越多地走向融合"[4]。正是在这种旨趣的引导下,这些学者对阿多诺以《启蒙的辩证法》为代表的文化批判和以《美学理论》为代表的美学艺术批

---

[1] 苏珊·巴克-摩尔斯是美国康奈尔大学教授,曾经参与了《阿多诺全集》的编辑工作。在1977年出版的《"否定的辩证法"的起源:阿多诺、本雅明和法兰克福研究所》中,她着重研究了阿多诺20世纪二三十年代的手稿和著作,指出"否定的辩证法"的思想雏形在30年代早期就已经大致形成了。这一研究成果后来被广泛引用,很多学者(包括哈贝马斯)由此得出了阿多诺"反对"霍克海默的结论。我们高度评价她的这一研究成果,但认为其中存在严重的必须加以解决的方法论问题。

[2] 关于《重建历史唯物主义》与批判理论的关系问题,可以参见张亮《为了告别的重建》,载《中国图书商报〈书评周刊〉》2001年1月18日。

[3] 后结构主义(解构主义)与阿多诺的非同一性批判的相似性确实是显而易见的,不过,任何简单的类比都将是危险的,因为它们的基础毕竟是不同的[参见 Peter Dews, "Adorno, Post-Structuralism and the Critique of Identity", *New Left Review* 157 (May-June 1986)]。历史地看,德里达从来没有正面评论解构主义与阿多诺的关系,而在1973年题为《作为恶魔的阿多诺》[Jean-Francois Lyotard, "Adorno as Devil", *Telos* 19 (spring 1973)]的论文中,利奥塔则从他当时尼采式的哲学立场出发批判了阿多诺的否定哲学。意味深长的是,只是在1980年代中后期即与哈贝马斯关于现代性的争论发生之后,利奥塔方才肯定自己对形而上学的批判与阿多诺的亲缘关系。福柯或许是一个例外,他不仅承认自己曾受到过法兰克福学派的影响(参见马丁·杰《阿多诺》,瞿铁鹏等译,中国社会科学出版社1922年版,第22页),更重要的是,这种影响在他晚期关于主体的论述中还是比较明显的(参见杨大春《文本的世界——从结构主义到后结构主义》,中国社会科学出版社1998年版,第六章)。

[4] Terry Eagleton, *Walter Benjamin or Towards a Revolutionary Criticism*, London: Verso, 1981, p.141, note 59.

判表示出了极大的敬意和兴趣,而他的"否定的辩证法"则作为对法西斯主义的过度反应,①被撇在了一边。这一模式极力推崇阿多诺对宏大叙事、体系、同一性思维和理性的抗拒姿态,但刻意弱化了这一姿态与反资本主义的共产主义乌托邦之间的内在同一性,从而阉割了"否定"的西方马克思主义取向,使之与后现代体制化的否定混同在了一起。确认"否定的辩证法"这个社会历史的元批判已经过时,这是哈贝马斯模式和后结构主义(解构主义)模式共同的基础,只不过,在前者把阿多诺连根拔起、抛在一边的地方,后者则在对他被截去根部的躯体进行无限制的"戏仿"。

虽然理论旨趣殊异,但人们对于"否定的辩证法"的集体失忆,其口实却是一致的:基于一种对现代资本主义的不正确估判,阿多诺放弃了理论和实践统一的正确立场,一味揭露和否定,却不从事建构,回避政治实践,采取了一种退缩主义的"冬眠战略"②。向右转的哈贝马斯非常看重马克思"理论一经掌握群众,也会变成物质力量"③的观点,强调哲学应当为他所理解的"社会主义"提供肯定性的论证:"马克思主义的理论家们,从来就没有用像科学那样的明确语言,把哲学传统算作资本主义世界的生产潜力,而这种生产潜力也应该出现在新的社会主义社会中。"④批判当然是需要的,因为正是通过批判理性,现代性才能达成自我修复、自我完善和自我肯定。但是,"否定的辩证法"将理性批判偏激化到自我指涉的程度,一开始就摧毁了自己的社会根基及与交往实践的联系,使自己蜷缩在理性的范围之内;因此,阿多诺不得不"试图使用由意识哲学衍生出的未受压迫的综合概念作为乌托邦观点移向对话理性(discursive reason)之界域:未受损害的主体间性,未经强迫的多样性的总和,使得近与远,同一性与个体之差异的同时并存成为可能,呈现出一种乌托邦之

---

① 参见[英]伊格尔顿《美学意识形态》,王杰等译,广西师范大学出版社1997年版,第357页。
② "阿多诺寻求一种冬眠战略,其显而易见的弱点在于它的防御特征。"[Jürgen Haberrmas, "Consciousness-Raising or Redemptive Criticism—The Contemporaneity of Walter Benjamin", *New German Critique* 17 (Spring 1979) p. 43],进一步的评论则可以参见 Tetsuo Kogawa, "Adorno's Strategy of Hibernation," *Telos* 46 (Winter 1980—1981)。
③ 《马克思恩格斯全集》第1卷,人民出版社1956年版,第460页。
④ [德]哈贝马斯:《重建历史唯物主义》,郭官义译,社会科学文献出版社2000年版,第44页。

映象"。① 也就是说,"否定的辩证法"是基于对资本主义本质的不公正判断对形而上学发动的一次失败的攻击。因此,一方面,阿多诺在对理性进行一种西西弗斯式的绝对否定;另一方面,他却不得不不断地返回理性,"否定的辩证法也只能从黑格尔那里诉求非同一性的复归,因为非同一性已经包含在黑格尔的程序之中了"②。

而在新左派看来,在现时代,哲学世界化的时机已经成熟了,共产主义者所需要做的就是把理论与实践统一起来,但是,"阿多诺所实际发生的是他失去了信念。他不再相信普遍历史的可能性,感到必须抛弃黑格尔(Georg W. F. Hegel)的神学,回到康德(Immanuel Kant)那既不能解释自身也不能实现它的伦理理想的抽象的道德主义",因此,"否定的辩证法"从集体主体的理论退却,只能是"那日益过时的、妨害有意义的实践结果的社会距离的避难所"③。阿多诺没有认识到,资本主义已经从资本家之间的自由竞争阶段发展到了垄断阶段,其中已经具有了很强的社会主义因素,晚期胡塞尔的"生活世界"学说深刻地标示出了这一转变。由于他既不直接投身革命实践,又没有能对晚期胡塞尔哲学做出正确的评价,所以,他的哲学自然与历史发展和实践脱了节。"否定的辩证法"的实际历史定位应当是 20 世纪 30 年代,"它的贡献是第二次世界大战期间激进的社会理论的最高表现,虽然'二战'以后的思想发展已经超越了它,但它依旧是一个需要批判地继承的当代遗产"④。而我们现在应当要做的就是建立一种"以生活为基础的批判理论"(a life-grounded critical theory)。⑤

---

① Peter Dew, ed., *Autonomy & Solidarity: Interviews with Jürgen Habermas*, London: Verso, 1986, p. 157.

② Jürgen Haberrmas, *Postmetaphysical Thinking: Philosophical Essays*, trans., W. M. Hohengarton, Cambridge: Polity Press, 1992, p. 130.

③ Paul Piccone, "Beyond Identity Theory", ed., John O'Neill, *On Critical Theory*, New York: The Seabury Press, 1976, pp. 137-138.

④ Paul Piccone, "Beyond Identity Theory", ed., John O'Neill, *On Critical Theory*, Bew York: The Seabury Press, 1976, p. 142.

⑤ 这是因《西方马克思主义概论》一书而为国内学界所熟悉的加拿大学者本·阿格尔在 1990 年代初期还坚持的一种看法,参见 Ben Agger, *The Discourse of Domination: From Frankfurt School to Postmodernism*, Evanston, Illinois: Northwestern University Press, 1992。

众所周知,法兰克福学派的批判理论是青年卢卡奇(Georg Lukács)、柯尔施(Karl Korsch)和葛兰西(Antonio Gramsci)之后的西方马克思主义主流,它的理论纲领是由霍克海默在1937年的《传统理论和批判理论》(*Traditional and Critical Theories*)中确立的,在《启蒙辩证法》之后,阿多诺代替了霍克海默的位置成为学派的领导者和批判理论的旗手,也就是说,**阿多诺的"否定的辩证法"是历史地成为后期批判理论的纲领的**。在批判"否定的辩证法"的时候,上述三种研究模式更多是出于自己的理论政治利益对它进行相当简单的价值评判,而没有去认真对待如下问题:**首先,"否定的辩证法"对理性的批判无疑是颠覆性的,但它是否就像哈贝马斯所说的那样是一种意识哲学?其次,它与1930年代以后的社会历史关系怎样?它何以能够超越阿多诺的个人喜好,历史地成为西方马克思主义的阶段性纲领?**

2. 忘却的代价

很显然,左与右的攻击对象都是《否定的辩证法》正文最初那几句话:"一度似乎过时的哲学因为实现它的时机被错过了而得以继续生存。简要的判决是:它只是解释了世界,在现实面前的退缩使它弄残了自身。在改变世界的尝试流产之后,这一判决变成了理性的失败主义。"[①]阿多诺的意思是说:较之于马克思的时代,资本主义已经发生了重大改变,传统意义上的无产阶级革命已不再可能发生,哲学因此错失与实践的统一或者实现自己的世界化的历史机遇,因为从经济、政治、意识形态到文化、社会心理,资本已经实现了对社会的唯一的抽象统治,即使是原先最具批判性的哲学,也"随着社会极其广大的扩张和由自然科学导致的进步,似乎成了晚期工业资本主义阶段简单的易货贸易的遗物"[②],换言之,它已经被市场机制同一化,失去了自身批判的功能,"重新成为一门具体科学"。虽然阿多诺在哲学无情的自我批判中寄托了自己对

[①] Adorno, Theodor W., *Negative Dialectics*, trans., E. B. Ashton, London: Routledge & Kegan Paul, 1973, p. 3/1.——本书所有《否定的辩证法》的引文,都根据英文本并参考重庆出版社1993年版的张峰译本给出,有较大改动,"/"之后的数字是中文本的页码,以后凡引用不再说明。

[②] Adorno, Theodor W., *Negative Dialectics*, trans., E. B. Ashton, London: Routledge & Kegan Paul, 1973, p. 3/1 - 2.

于人类命运无希望的希望,但归根结底,他对现代资本主义这个全面"被管理的社会"的历史前景的看法是悲观的。我们看到,迄今为止的现实历史发展已经在相当大的程度上印证了阿多诺的预言,尽管这并不能证明"冬眠战略"是唯一正确的,不过却足以推翻对它的责难了。左与右都为自己的失忆领受了随之而来的后遗症:对哈贝马斯来说是帝国主义本质的大曝光,对于新左派而言则是向着阿多诺的不得已的回归。

哈贝马斯认为,全面"被管理的社会"只是对现代性的片面总结,理性固然在自身的发展中走向自己的初衷的反面成为人的敌人,但它同样为自己的赎回提供了契机。因为虽然理性在纯粹的理论层面上仍旧缺乏绝对客观的标准,但至少在实践层面上,通过适当的交往、对话和批判,依旧展现了超越客观主义与相对主义而达到某种和谐统一的潜力。哈贝马斯在某种意义上回到了康德的实践理性,在一种伪造的社会主义理念的支撑下,[①]为"个体的自我实现和自主"奠定了基础。新左派同样是乐观的。他们受1960年代的学生运动和1970年代的能源危机的激励,坚信无产阶级革命新的高潮已经来临,认为只要组织一次暴动,资本主义就会土崩瓦解,在这种历史时刻,理论的功能应当就是为实践呐喊。新左派在事实上通过《历史与阶级意识》回到了黑格尔主义,在一种普遍规律的身上寄托了实现共产主义的理想。在全球化成为一种不可逆转的历史趋势的今天,我们看到20世纪70年代资本主义深重的经济危机和全面的社会危机并没有使之崩溃,经过一次革命风暴,它反而走向了一种更加稳定的状态,社会主义运动陷入了一次空前的低潮之中。同样,资本的全球扩张也没有为理性的自我修复提供任何契机,相反,阿多诺所忧虑的同一性的牢笼已经在"社会的麦当劳化"的形式下获得了更加广泛和深入人心的发展。[②]

既然失忆是由于政治引起的,那么,它也将在其中显现出后果来。20年是一段足够长的时间了。前苏东的解体对左与右来说都是一个划时代的思想

[①] 关于哈贝马斯社会主义理念的资产阶级本质,可以参见艾四林《哈贝马斯》,湖南教育出版社1999年版,第250—251页。

[②] 参见[美]里茨尔《社会的麦当劳化》,顾建光译,上海译文出版社1999年版。

事件,不过,它对哈贝马斯似乎更有利些,因为这无疑证实了他对现代性的信仰。在1992年出版的《事实与规范》(Faktizität und Geltung)这一法哲学巨著中,他直接挑明了自己的康德思路,认为道德原则必须能普遍化。可是,在一个后形而上学的多元社会里,综合性世界观与有集体约束力的道德标准已经瓦解,在这样的社会中幸存的后传统的道德良心不再能替代一度以宗教和形而上学为基础的自然法。因此,民主生产法律的程序是法律合法性的唯一后形而上学根源。而这种合法性力量则来自问题和意见、信息和理性的自由交流,来自每一个公民在公共领域中的自由对话和讨论,来自社会每一个成员以平等的身份积极参与。如此美妙的未来实在让人向往,不过,这种过于理想化和形式化的"交往"、"对话"让人不免怀疑它的可行性。终于,1999年的科索沃战争让我们看到了它的现实可操作性,即在人权高于主权旗帜下对一个独立主权国家的公然侵略和对平民的野蛮屠杀。哈贝马斯自觉充当了帝国主义战争的意识形态卫道士,[1]这是其现代性理论必然的政治结局。

至于左派,如果他不顽固地坚持自己幼稚倾向,就会向杰姆逊那样承认"难以克服的困境"已经出现,但是希望并没有消失,至少我们可以像阿多诺那样"从否定的角度去关注这一困境,关注可望出现新事物的那个地方"[2]。杰姆逊向那些还没有意识到这一点的"很悲观的朋友""温和地提建议":"我们不需要把尼采留给敌人,我们可以在尼采的坚定不移的信念中找到我们自己的慰勉,即最深刻的悲观是真正力量的来源。我们必须对这个体系保持深刻和连续的悲观,就像我的东方朋友对另一个体系所持的态度一样。乐观主义,甚至最微弱的乐观主义,只能推荐给那些愿意让人利用和操纵的人。"[3]

---

[1] 参见张汝伦《哈贝马斯和帝国主义》,载《读书》1999年第9期。不过,我们同时也注意到,30年前,对于越南战争,当时还是一个西方马克思主义者的哈贝马斯持有一种坚定的反对态度,认为这是一场"不人道的、血腥的、肮脏的、不正当的和不明智的战争"。三十年河东,三十年河西,变化不可谓不大!

[2] [美]杰姆逊:《论现实存在的马克思主义》,载俞可平主编《全球化时代的"马克思主义"》,中央编译出版社1998年版,第84页。

[3] [美]詹明信(亦译杰姆逊、詹姆逊):《马克思主义:后冷战时代的思索》,张京媛译,牛津大学出版社1994年版,第19页。

3. 复兴后的问题及其解决之道

20世纪80年代,西方马克思主义所蕴藏的革命潜能已经消耗殆尽,现代性取代革命成为社会的理论主题。尽管现代性是一个聚讼纷纭的难题,不过,它归根结底指的就是与危机相联系的现代社会的本质,因此,虽然它首先是在哈贝马斯和利奥塔这两个资产阶级思想家之间发生的,但它很快就迫使马克思主义者加入进来,表明自己的立场。在这场论战中,杰姆逊成为当代马克思主义的主要发言人。他反对所谓后现代,认为现时代是资本主义走向灭亡的"晚期资本主义"[1],那么,在这种"后革命"的"弹性生产时代",革命何以可能?马克思主义何以可能?[2] 争论最终又折射到了阿多诺身上。

1990年,杰姆逊出版了一部争议很大的作品《晚期马克思主义:阿多诺,或,对辩证法的坚持》(*Late Marxism: Adorno, or, the Persistence of the Dialectic*)。在这里,他从1970年代的反对立场走向拥护,开创了阿多诺的晚期马克思主义解读模式。[3] 晚期马克思主义解读既反对哈贝马斯关于阿多诺走向理性的对立面的指控,又反对后结构主义(解构主义)关于阿多诺反对总体性和同一性的理解,认为阿多诺的作品是"90年代的辩证法模型","在他自己建构时代精神的旨趣中,完全过时的垄断资本的学说,在我们自己的表象缺席的情况下,也许正是我们所需要的表象,因为它激励他对这种制度进行了最深入细致的探讨,少了些偏执,多了几分效率,仍然可以为那些因当前无中心的状况而萎靡不振的人们树立榜样"[4]。晚期马克思主义解读模式一经出台

---

[1] 作为一个历史哲学的分期概念,"晚期资本主义"因为比利时著名马克思主义经济学家厄内斯特·曼德尔1972年出版的同名著作而闻名,可事实上,当1968年辞去德国社会学学会会长职务时,阿多诺所做的去职演讲的题目就是"晚期资本主义,还是工业社会?"在他看来,当代西方社会并不是什么超越了资本主义的工业社会,而不过是资本主义生产方式的一个最新形态。

[2] "后革命"、"弹性生产"是美国当代晚期马克思主义者阿里夫·德里克的核心概念,他的"新激进主义"的目的是在1970年代以来资本主义发生了剧烈变化的条件下提供一种更为现实的资本主义替代方案,具体参见胡大平《后革命氛围与全球资本主义——德里克"弹性生产时代的马克思主义"研究》,北京师范大学出版社2017年版。

[3] 参见陈永国《文化的政治阐释学——后现代语境中的詹姆逊》,中国社会科学出版社2000年版,第70—99页。

[4] Fredric Jameson, *Late Marxism: Adorno, or, the Persistence of the Dialectic*, London: Verso, 1990, p. 249.

就引起巨大反响：一方面它重新唤起人们对阿多诺的关注，客观上引起阿多诺的复兴；另一方面，它也招致巨大批评："从方法论的角度看，它被两个主要特征所刻画：一是以美文学式的分析引起哲学的位移，二是把价值批判以联想的实用主义方式还原为若干可以干涉当代理论争论的重要的概念参数"，杰姆逊实际是在利用阿多诺阐发自己的晚期马克思主义理论。[1] 情况确实如此。一方面如上所述，是因为现实政治的发展使杰姆逊切身地认识到了自己早期政治策略的幼稚及对阿多诺评价的失当，另一方面，是因为他清楚地意识到，哈贝马斯和后现代思潮已经成为晚期资本主义意识形态互为表里的双方面，通过对处于两者张力连接点上的阿多诺的重新解读，既可以说明尾随哈贝马斯康德式的现代性幻象而至的不过是同一性的"资本逻辑的复活"，又可以说明阿多诺已经通过对实证主义、"初级阶段的后现代主义"的严厉批判，先行拒绝了后现代主义，[2]从而为第一世界处于"理论的缺席"中的知识分子预支了一种马克思主义，因为正如阿多诺所指出的那样，"理论的缺席"是能够变成物质力量的。也就是说，在《马克思主义与形式》出版19年之后，现实历史发展迫使杰姆逊重新回到阿多诺、回到"否定的辩证法"。透过在《政治无意识》(*The Political Unconscious*)中形成的三重解释系统[3]，杰姆逊对"否定的辩证法"作了两点基本准确的判定：它是阿多诺无可替代的理论贡献，其本质在于用经济体系或生产方式的话语分析了哲学和意识形态；它是阿多诺的哲学基础和方法论原型，《启蒙辩证法》、《否定的辩证法》和《美学理论》因此是同时性并立的。不过，问题在于，除了断章取义和借题发挥之外，杰姆逊非文本的美文学解读并没有令人信服地证明："否定的辩证法"就是1990年代的辩证法模型，尽管我们认为真理或许就在他的手中。

---

[1] 参见 Peter Osborne, "A Marxism for the Postmodern? Jameson's Adorno", *New German Critique* 56 (Spring-Summer 1992); Eva Geulen, "A Matter of Tradition," *Telos* 89 (Fall 1991); Robert Hullof-Kenter, "Suggested Reading: Jameson on Adorno", *Telos* 89 (Fall 1991); John Pizer, "Jameson's Adorno, or the Persistence of the Utopian", *New German Critique* 58 (Winer 1993)。

[2] 参见 Fredric Jameson, *Late Marxism: Adorno, or, the Persistence of the Dialectic*, London: Verso, 1990, p.24。

[3] 参见[美]詹姆逊《政治无意识》，王逢振等译，中国社会科学出版社1999年版。

导论:"崩溃的逻辑"、"否定的辩证法"与阿多诺 015

我们注意到,在1989年其实就有学者提出应当"返回阿多诺"了,①杰姆逊引发的争论是一个契机,它使得一批对阿多诺研究现状早就心怀不满的欧美学者挺身而出,表达自己的不同见解。他们要求打破与阿多诺之间的政治(理论)距离,把阿多诺作为一个客观的思想史研究对象,认识论地"返回阿多诺"。"对这些学者而言,对阿多诺作品的回复在美国思想争论中标示出了一个决定性的转折点。'返回阿多诺'发出了一个信号,表明:辩证的、唯物主义的理论曾在20世纪80年代杰姆逊、伊格尔顿和哈贝马斯的著作中失落了,如今,返回它的时代来临了。"②近10年来,认识论主义解读模式应当说取得了重大成果,这特别体现在对阿多诺音乐社会学的研究上,③可是,阿多诺被人忘却的"辩证的、唯物主义的理论"并没有像原来预言的那样"返回"。究其缘由,是因为这些人实际上和杰姆逊一样,只是意识到了"否定的辩证法"的现实意义,而没有办法真正地"返回",因此不得不像杰姆逊那样,借助美学来讽议现实。

复兴后产生的问题其实也就是阿多诺研究30年留下来的一个根本问题。对于"否定的辩证法",人们其实知道它**"说"**了什么,却无法理解它**为什么这么说**:一是觉得它无中生有般地突然出现,然后又如幽灵一般在历史的表面上飘荡,缺乏应有的时代确定性,从而使得人们总是要问:从1930年代到1960年代,"否定的辩证法"究竟属于那个时代?④ 二是觉得阿多诺故弄玄虚,在自己的周围刻意设置不必要的障碍,拒绝释义。上述第一种批评或者说意见具有某种一般性,它表明了研究阿多诺特别是"否定的辩证法"的主要困境,事实上,即使是哈贝马斯,也不得不借助苏珊·巴克-摩尔斯(Susan Buck-Morss)

---

① 参见 Robert Hullot-Kentor, "Back to Adorno", *Telos* 81 (Fall 1989)。
② 参见 Peter U. Hohendahl, "Adorno Criticism Today", *New German Critique* 56 (Spring-Summer 1992), p.10。
③ 参见 Max Paddison, *Adorno's Aesthetics of Music*, London: Cambridge University Press, 1993; Alastair Williams, *New Music and the Claims of Modernity*, Burlington VT: Ashgate Publishing House, 1997; Robert W. Witkin, *Adorno on Music*, Routledge, 1998。
④ 参见 Fredric Jameson, *Late Marxism: Adorno, or, the Persistence of the Dialectic*, London: Verso, 1990, p.5。

和吉利安·罗斯(Gillian Rose)的研究成果,以说明阿多诺与霍克海默一开始就有区别的"否定的辩证法"的思想雏形早在1930年代初就已经基本形成了。① 虽然我们认为将阿多诺的早期哲学思想称为"'否定的辩证法'的思想雏形"是一种很成问题的说法,但我们同样看到,从1925年到维也纳学习作曲在无调音乐中获得建构"崩溃的逻辑"(Logik des Zerfalls/logic of collapse)的理论灵感,②到1966年的《否定的辩证法》,"否定的辩证法"的形成确实长达40年。前《否定的辩证法》的理论探索决不是一个可有可无的史前史,它们毋宁说是理解《否定的辩证法》的一个"导论",只有在这里,我们才能发觉"否定的辩证法"诞生的秘密和找到理解它的钥匙。因此,不理解阿多诺的哲学思想在现实的政治发展和意识形态斗争中的历史嬗变,想正确理解、评价、发展他的"否定的辩证法"几乎是不可能的。可是,除了巴克-摩尔斯在1977年的

---

① 参见 Habermas, *The Theory of Communicative Action*, Volume 1, pp. 451-452, notes 28, 30。

② 在《否定的辩证法》中,阿多诺曾明确指出:"否定的辩证法"的逻辑是一种"崩溃的逻辑"(Adorno, Theodor W., *Negative Dialectics*, trans., E. B. Ashton, London: Routledge & Kegan Paul, 1973, p. 145/142)。我们特别注意到,在这一节的标题中,"崩溃的逻辑"是被加上引号的,这说明它应当有某种出处。根据该书德文版附录的说明,我们得知,"崩溃的逻辑"是阿多诺中学时代就萌发的一种哲学意象,它显然是他从以表现主义为代表的现代艺术中所获得的一种决非独一无二的、在一定程度上甚至可以说是具有某种普遍性的"印象"。在这个问题上,我们只需要指证一下比阿多诺小3岁的现代主义作家塞缪尔·贝克特就可以了(参见[美]罗伊丝·戈登《塞缪尔·贝克特和他的世界》,唐盈等译,敦煌文艺出版社2000年版)——阿多诺原想把自己的《美学理论》题献给他(Adorno, Theodor W., *Aesthetic Theory*, trans., C. Lenharolt, London: Routledge & Kegan Paul, 1984, p. 498/611)——不过,最终将这种意象上升为哲学的也就是阿多诺一人罢了,正是在这个意义上,马丁·杰说"唯有阿多诺可以合情合理地自称为现代主义作家"([美]马丁·杰:《阿多诺》,瞿铁鹏等译,中国社会科学出版社1992年版,第12页)。如果我们把"崩溃的逻辑"看作阿多诺哲思的起点,而将"否定的辩证法"看作终点,那么,我们就会发现:虽然起点和终点具有某些一致的理论取向和很多相同的要素,但它们决不是雏鸡和鸡的关系,也就是说,在它们之间并不存在什么进化论—目的论式的发展道路或可能性;面对不断变化的世界历史情势,生成了"崩溃的逻辑"的"力场"随之发生相应变化,并在经历了几次过渡性的和尝试性的改变之后,最终完成彻底调整,从而实现了对既有理论取向和思想要素的全新建构,"否定的辩证法"就此凸现;历史地看,也就是在1960年代初期,阿多诺方才实现力场的全新布局,开始"否定的辩证法"的本然建构,我们因此将阿多诺在此之前的哲学思考作为"否定的辩证法"的"史前史",并将它们都归于"崩溃的逻辑"的名下。如果说张一兵教授的《无调式的辩证想象——阿多诺〈否定的辩证法〉的文本学解读》(生活·读书·新知三联书店2001年版)是对美丽的蝴蝶的彻底解剖,那么,本书即将展开的研究则应是对蝴蝶或许不那么美丽的准备阶段(卵、幼虫、蛹)的历史性文本学考察。

《"否定的辩证法"的起源：阿多诺、本雅明和法兰克福研究所》(*The Origin of Negative Dialectics, Theodor W. Adorno, Walter Benjamin, and the Frankfurt Institute*)中,对阿多诺20世纪二三十年代的思想发展进行过一次开创性的总体研究之外,他的早期哲学思想的发展史基本上还处于隐晦之中。这事实上给一般研究者和读者正确理解《否定的辩证法》造成了比较大的障碍。

也正是因为第一种批评,在后现代氛围中,第二种批评才不胫而走,最终造出一个"《否定的辩证法》是不可理解的"新神话。在我们看来,阿多诺确实在自己的周围刻意设置了大量障碍,以拒斥任何想廉价购买他的思想的企图。不过,这只是问题的一个方面。更重要的是,阿多诺学术传统的复杂性和独特性大大超出了绝大多数读者的阅读期待,人们难以在自己的思想图谱中对他进行有效的完全匹配,从而留下了超量的理解剩余。这些剩余与其说是阿多诺的,倒不如说是属于主体自身设定的,因为拒绝承认"客体的辩证的首要性"的人们,总是希望按照自己的"主体理性的需要"去"构成"客体,"这些剩余物就是他们主观地组织起来的操纵过程的产物"。① **阿多诺不过是为了维护自己作为客体的尊严而拒绝了企图冒充客体的自恋主体**。听起来似乎有些荒谬,但阿多诺确实是为那些能够理解"否定的辩证法"的读者而写《否定的辩证法》的,因此,为了能够理解它,人们就必须进入它的历史。

正像杰姆逊已经提示的那样,在晚期资本主义时代的阿多诺的核心意义或价值就在于"否定的辩证法",然而它如今依旧未向人们敞现。原因虽然有两个,但其实只是一个,即**"否定的辩证法"需要用自己的历史来界说自己的合法性**。不管出于什么样的动机,理解阿多诺的关键就在于理解"否定的辩证法",而理解"否定的辩证法"的唯一选择就是回到"否定的辩证法"的历史本身。

二、从"崩溃的逻辑"到"否定的辩证法"

在阿多诺哲学思想的发生学研究中,巴克-摩尔斯的《"否定的辩证法"的

---

① Adorno: "Subject and Object", Andrew Arato and Eike Gebhardt, ed., *The Essential Frankfurt School Reader*, New York: Urizen Books, 1978, p. 506.

起源》无疑是奠基性的,因为正是这本开创性的著作使世人认识到了阿多诺的早期思想。我们注意到,巴克-摩尔斯一方面称阿多诺的早期哲学思想为"没有同一性的辩证法"(dialectic without identity),从而将它与阿多诺后期的"否定的辩证法"区分开来;但另一方面,她又不断地告诉我们,"没有同一性的辩证法"就是"否定的辩证法"的雏形。也就是说,在她的心目中,**阿多诺从来就是"否定的辩证法"的创立者**,他一生的理论探索都是为了这个"目的"而进行的。她根据这种目的论式的研究所得出的结论(或者说潜在结论)对后人的影响是巨大而且有害的,因为人们由此普遍认为:阿多诺的思想是没有时间性的,从"没有同一性的辩证法"到《否定的辩证法》,它并没有发生根本变化,而只是表现为其潜在结构在自然时间中的逻辑展开。① 事实真的就是这样吗?当我们彻底抛弃这种目的论模式,重新审视阿多诺的全部思想发展历程的时候,就会发现:1960年代之前,阿多诺的哲学理念一直处于明显的结构变形之中,"否定的辩证法"的基本构想只是在1960年代初"崩溃的逻辑"的成熟之处方才破茧而出,获得自己的真实存在,因此,我们在上文所提出之"**回到'否定的辩证法'的历史本身**"的呼吁,准确地说,应当是回到"崩溃的逻辑"的历史中去。②

1. 思想起点:在哲学和音乐之间

托马斯·曼(Thomas Mann)认为③,作为一个才华出众的人,阿多诺始终拒绝在哲学和音乐之间做出取舍,因为他认为自己在两者之中所追求的东西

---

① 我们特别注意到,这种观点在当下依旧占据着阿多诺研究的主导地位:在西蒙·贾维斯受人称赞的新著《阿多诺:一个批判性的导论》中,他依旧认为阿多诺的思想具有惊人的内在一致性,其不同时期的作品可以交叉起来阅读(Simon Jarvis, *Adorno: A Critical Introduction*, Cambridge: Polity Press, 1998, pp. 1 - 3)。

② 为了让国内学界能够对阿多诺哲学思想发展的总体历程有一个大致清晰的轮廓,我们特意设置了这一节。由于我们的论述将主要从1930年代早期开始,所以对于阿多诺此前的思想发展我们将给予比较详细的描述,而对于在此之后的那些思想发展阶段的刻画则尽可能简短,以免与正文中相关章节的论述造成重复。

③ 在流亡美国期间,托马斯·曼与阿多诺交从甚密,阿多诺对以勋伯格为代表的现代音乐的评论、对贝多芬作品的独特理解,为托马斯·曼创作《浮士德博士》提供了很多灵感。下面的引文就是托马斯·曼为阿多诺撰写的简短传记中的一段话。

是同一的。① 也就是说,阿多诺的思想发展具有哲学和音乐两种来源。首先是哲学。分析哲学、现象学、西方马克思主义和结构主义无疑是20世纪西方最重要的四个哲学运动。② 其中,现象学和西方马克思主义不仅都诞生在德国,而且它们都是从一个共同的哲学运动即19世纪末20世纪初的新康德主义中生发出来的。③ 因此,和卢卡奇、霍克海默等德国其他早期西方马克思主义者一样,阿多诺也是从新康德主义开始自己的思想发展的。

1918—1919年间,当阿多诺还上中学的时候,就在自己年长的朋友克拉考尔(Siegfried Kracauer)的指导下学习康德的《纯粹理性批判》。克拉考尔的思想受到西美尔(Georg Simmel)和韦伯的深刻影响,也属于新康德主义运动中的一员,他主张应当把理论视为一种被加密的文本,从其赖以产生的社会历史条件中,赢得其中的真理。④ 这一点给阿多诺留下了非常深刻的印象,他1933年出版的第一部哲学论著《克尔凯郭尔:审美对象的建构》(*Kierkegaard: Construction of the Aesthetic*)就是题献给克拉考尔的。1921—1924年,阿多诺进入法兰克福大学学习,在科内利乌斯(Hans Cornelius)教授的指导下研究哲学。科内利乌斯是一个比康德还要康德的新康德主义者,他把康德的"物自体"学说作为形而上学的残余而加以拒绝,从而更多地回到了康德之前的英法经验主义。他既谴责唯心主义的"片面性",又批判唯心主义者和唯物主义者的"独断主义",而坚持经验的重要性。⑤ 在他看来,哲学研究的主体不是一致的先验的普遍性,而是唯一的鲜活的个别性。所有知识都建立在先验的经验基础上,因此是不完全的;哲学不是封闭的体系,也没有存在论的绝对;既没

---

① 参见 Adorno, Theodor W., *Philosophy of Modern Music*, trans., Anne G. Mitchell and Wesley V. Bloomster, New York: Sheed & Ward, 1973, p. xii。

② 参见 Habermas, *Postmetaphysical Thinking: Philosophical Essays*, trans., William Mark Hohengarten, Cambridge: Polity Press, 1992, pp. 14 – 16。

③ 参见 Lucien Goldmann, *Lukács and Heidegger: Towards a new philosophy*, trans., William Q. Boelbower, London: Routledge & Kegan Paul, 1977, pp. 1 – 2。

④ 参见 Adorno, Theodor W., "The Curious Realist: On Siefried Kracauer", *Notes To Literature*, Vol. Two, trans., B. W. Nicholsen, New York: Columbia University Press, 1991。

⑤ 关于这个问题,可以参见列宁在《唯物主义和经验批判主义》(《列宁选集》第2卷,人民出版社1972年版,第222—224页)中的相应批判。

有独立于意识的存在，也没有独立于存在的意识，也就是说，第一性的哲学原则是不存在的。科内利乌斯的这一观念与青年阿多诺深受影响的表现主义艺术实践无疑是一致的，它对"崩溃的逻辑"有着毋庸置疑的影响。在1922年科内利乌斯主持的胡塞尔研讨班上，霍克海默宣读了一篇关于胡塞尔的论文，阿多诺认为他"真的很有才气"，于是与之结交并开始了终身的友谊。在霍克海默的影响下，阿多诺于1924年向科内利乌斯提交了一篇名为《胡塞尔现象学中的先验物和先验意向相关项》(*Die Transzendenz des Dinglichen und Noematischen in Husserls Phanomenologie*)的博士论文并获得通过。他对胡塞尔1913年出版的《纯粹现象学和现象学哲学的观念》(*Ideen zu einer reinen Phänomenologie und Phänomenologischen Philosophie*)第一卷和科内利乌斯1916年出版的《先验体系：对建立认识论所进行的考察》(*Grundlagen der Erkenntnistheorie: Transcendentale Systematik*)进行比较，发现了胡塞尔先验现象学的事物理论的不充分性，[1]因为在这里，直接被呈现之物的明证性为评价一切知识奠定了最后的基础。从这种观点出发，阿多诺认为胡塞尔的先验现象学是建立在一个矛盾之上的：既然"一方面，通过把所有事物还原为直接的被给予之物，他考察了它们的基础；另一方面，他认为事物是只有在它们与意识的关系中才能在认识论上区别自我的'绝对先验之物'，但是，它们适当的存在却从根本上被假定是独立于意识的"[2]。也就是说，胡塞尔声称心灵是直接经验的绝对起源，但事实上直接性领域不过是一种遁词，因为他通过设置一个绝对客体——然后，它被研究之外的一个方法论禁忌所取代——而排除了客体的结构方面，这已经引入一个综合的中介性的精神功能了。阿多诺由此批评了胡塞尔的逻辑绝对主义，同时也肯定，较之于同时代人，胡塞尔更加清晰地表明了当代哲学所遭遇的困境。一般说来，阿多诺此时的思想基本处于科内利乌斯的完全笼罩之下，还谈不上什么独立思想，这一点可以从其博士

---

[1] 参见 Adorno, Theodor W., *Gesammelte Schriften* I, Frankfuit am Main: Suhrkamp Verlag, 1973, S. 11 – 12。

[2] Adorno, Theodor W., *Gesammelte Schriften* I, Frankfuit am Main: Suhrkamp Verlag, 1973, S. 75。

论文轻易就获得通过中得到证实。**主体并不拥有优于客体的第一性,现象学运动并没有超越主客体关系从而达到直接性,这是他当时最重要的两点哲学体认**,前者内在地包含了他稍后关于重建主客体的星丛关系的哲学和政治要求,后者则使他可以消除一切幻影,把捉到从胡塞尔到海德格尔的现代哲学主流的阿喀琉斯之踵。

尽管阿多诺受到了科内利乌斯的深刻影响,但是他终究没有像后者那样走向现象学。这与霍克海默的关系似乎不大——霍克海默是建立"社会研究所"的坚定支持者,这说明他起码在1922年左右就倾向于马克思主义了,但他成为西方马克思主义者的时间并不比阿多诺早,因为直到1926年冬季还在科内利乌斯的影响下讲授正统的康德哲学。① 阿多诺在大学期间还受到了布洛赫(Ernst Bloch)、罗森茨威格(Franz Rosenzweig)和本雅明(Walter Benjamin)等人的影响,他们共同的乌托邦精神成为新康德主义重要的制约力量。布洛赫是当时德国很有影响的政治评论作家,他高度评价黑格尔要求克服主客体异化的辩证法,藐视那些公正和冷静的学者,因为他们把主体和客体之间冰凉的隔绝关系永恒化了。他的《乌托邦的精神》(*Geist der Utopie*)一书把哲学概念和争论从学院的象牙塔中拯救出来,要求它们与时代的政治、宗教和美学等联系起来。② 阿多诺在进入大学的第一年就读了《乌托邦的精神》,对这本书留下了非常深刻的印象。罗森茨威格1920年出版的《救赎星》(*The Star of Redemption*)是一部在犹太教神秘的救世主义倾向上与《乌托邦的精神》有异曲同工之处的作品,他要求把哲学从当代萎缩中解救出来。③ 与黑格尔的总体性观念不同,他认为现实是碎片化的,由丰富的个别的不同迹象组成。关于客体的知识是与"名称"密切关联的,是单一的和特殊的,"不能被完全吸收到概念之中,因为对它而言并不存在一个从属于它的范畴,它是它

---

① 参见[德]贡尼等《霍克海默》,任立译,中国社会科学出版社1992年版,第26、22页。
② 关于布洛赫的乌托邦理论及其影响,参见 Dick Howard, *The Marxian Legacy*, London: The Macmillan Press, 1977, pp. 66 - 90;陆俊《理想的界限——"西方马克思主义"现代乌托邦社会主义理论研究》,社会科学文献出版社1998年版,第一章"布洛赫:唤醒乌托邦意识"。
③ 关于罗森茨威格的生平和思想,可以参见 Gillian Rose, *Judaism and Modernity*, Malden, MA: Blackwell, 1993, pp. 127 - 154;傅有德等《现代犹太哲学》,人民出版社1999年版,第86—137页。

自己的范畴";知识是"启示",它"回头窥视过去……但是,过去只有当且正当启示以现在之光照耀进它的时候,才对启示变得可见"。[①] 不过,罗森茨威格只是间接地通过他的朋友本雅明才对阿多诺形成影响的。"如果阅读布洛赫打开了阿多诺的视野,使之看到当代学院哲学的不足,那么,正是本雅明为克服它们指明了出路"[②]。当然,本雅明对阿多诺的真正思想影响是在1927年以后发生的,那时候,他已经出版了《德国悲苦剧的起源》(*The Origin of German Tragic Drama*),沿着西美尔和早年卢卡奇开辟的道路,在唯物主义的方向上把美学社会批判发展到了一个新的高度。

总的看来,在大学毕业之前,阿多诺在主客体关系、第一性哲学的本质和个别性的乌托邦等问题上已经具有了相当明确的认识,而且已经和即将形成并产生重大影响的西方马克思主义运动建立起了密切联系,也就是说,如果不出意外,他肯定会成为一个西方马克思主义者,但可能没有多少理论特色。这时候出现了一个重要的机遇,即他可以成为勋伯格的学生贝尔格(Alban Berg)的学生,去做一名向往已久的新音乐家,于是他毫不犹豫地抓住了。[③] 作为时代精神的一种回响,勋伯格的新音乐以"不协和音的解放"为口号,要求把人从历史形成的模式中解放出来。这一解放似乎仅仅是形式的变革,但它却是思想的真正革命,是不均等有中心乐音这一传统观念的破灭。在西方音乐中,任何不协和音都具有依附性,它只是短暂的波动和偏离,随后就是向着逻辑中心的回归。勋伯格以一种彻底的方式,瓦解了已经走到自我崩溃的边缘的这种等级制:他抬高那些被认为是不重要的非本质因素的地位,把它们从从属的依附性中解放出来,使之获得与本质因素同等重要的意义。为此,勋伯格创造出了十二音技法来实践这一解放。阿多诺指出,作为对调性的克服,十二音技法是音乐素材自身发展的必然结果,"伴随着音乐素材的解放,出现了

---

① 参见 Franz Rosenzweig, *The Star of Redemption*, trans., W. W. Hallo, Holt, New York: Rinehart and Winston, 1970, pp. 186 – 187。

② Susan Buck-Morss, *The Origin of Negative Dialectics: Theodor W. Adorno, Walter Benjamin, and the Frankfurt Institute*, New York: The Free Press, 1977, p. 6.

③ 参见 Susan Buck-Morss, *The Origin of Negative Dialectics: Theodor W. Adorno, Walter Benjamin, and the Frankfurt Institute*, New York: The Free Press, 1977, p. 11。

各种技法处理的可能性。音乐扔掉了最后那种它的主体要照之行事、被称之为自然力量的东西,现在可以自由地、有意识地、开放性地控制它们了。作曲家将他们自身连同他们的声音一起解放了出来"①。从旋律—节奏、和声、对位法、配器色彩到曲式结构,十二音技法彻底消解掉了中心观念,为不协和音的解放提供了一整套与传统决裂的革命方法。我们以为,**新音乐的理念与方法对"崩溃的逻辑"具有一种极为重要的原型启示作用,它使"崩溃的逻辑"中原有之强调客体的重要性、否定性和个别性等诸多因素得到了空前的突显,使之与同时代强调辩证法的主体向度的西方马克思主义者拉开了一定的距离**,只是在这个意义上,帕迪生(Max Paddison)说的是对的:**在1920年代对新音乐的研习中,阿多诺的哲学观念已经先于它的学理确证而初具形态了**。②

2. 从新康德主义到西方马克思主义

阿多诺在维也纳的音乐生涯并不顺利,因为他对理论的严肃性实在是让他的老师们感到有些不可思议,于是在1927年他返回法兰克福重新致力于哲学研究,③不过,他从勋伯格无调音乐中获得的启示已经成为一种必须加以实现的精神力量了。同年,阿多诺向科内利乌斯提交了一篇题为《先验精神学说中的无意识概念》(*Der Begriff des Unbewussten in der transcendentalen Seelenlehre*)的教职论文。该论文的创作意图其实是想以科内利乌斯牌号的新康德主义去确定一种无意识哲学理论的可能性,这一点是康德的原初理论所不具备的。④ 在这里,阿多诺试图运用科内利乌斯的先验心理学去证明,精神分析学的无意识概念是反对生命主义的有机理想的,因为前者的无意识对于理性是可以考察的,而后者的恰恰只是直觉的。在对那些反对精神分析学

---

① Adorno, Theodor W., *Philosophy of Modern Music*, trans., Anne G. Mitchell and Wesley V. Bloomster, New York: Sheed & Ward, 1973, p.52.

② 马克斯·帕迪生在《阿多诺的音乐美学》一书中认为,阿多诺的基本哲学模型在1920年代中后期的音乐学论著中就已经基本成形了,参见 Max Paddison, *Adorno's Aesthetics of Music*, Cambridge: Cambridge University Press, 1993, especially chapter 1.

③ 参见[美]马丁·杰《阿多诺》,瞿铁鹏等译,中国社会科学出版社1992年版,第29—31页。

④ 参见 Adorno, Theodor W., *Gesammelte Schriften* I, Frankfurt am Main: Suhrkamp Verlag, 1973, S.105.

的学院派学者的批判中,他明确运用了意识形态批判的方法:"我们不要认为这些理论是孤立的,实际上它们与历史境遇密切相连,因为它们不能脱离它们的创造者的倾向和幻想独自生发出来。不仅如此,它们将只能在特定的社会现实中实现一种被精确决定的功能。"①这些非理性主义的无意识学说与占统治地位的经济秩序在功能上相互补充,"理论想来是弥补现实中所缺乏的,换言之,它在作为意识形态被利用着"②。它们以四种途径在支持资产阶级的社会现状:首先,它们使人相信,经济因素是独立于意识的不重要的力量,完全可以从经济竞争的洪水中撤退出来回到专为个人建立的群岛上。其次,鼓励人们都像有钱人那样回避经济压力、社会关系及其转变的可能性,遁入私人的内在性空间;使人觉得现存社会秩序是由自然驱动力决定的。最后,以尼采(Friedrich Nietzsche)和施宾格勒(Oswald Spengler)为例,它们对法西斯主义意识形态进行了至为清晰的哲学表述。③ 阿多诺之所以要保卫弗洛伊德(Sigmund Freud),是因为他对无意识的祛魅和解神话具有政治和学术双重内涵,同时,阿多诺也看到了这一理论的政治局限性:"我们不能以(弗洛伊德)已经对占统治地位的无意识理论形成巨大打击这种希望来自我取悦:在公共舆论领域,有太多强大的利益在发挥作用以保卫这些学说。……诚然,对错误理论的实践后果的克服不可能由理论独自引发,但是,洞察理论的荒谬本质、在原先的地方建构更加正确的理论无疑是一个先决条件。"④尽管教职论文是题献给科内利乌斯的,但后者却以这个问题没有意义为理由拒绝接受它,真正的原因其实很清楚:它在对无意识理论进行社会分析与批判的道路上走得太远,已经超越后者所能容忍的范围了——阿多诺离西方马克思主义已经越来

---

① Adorno, Theodor W., *Gesammelte Schrifen* I, Frankfurt am Main: Suhrkamp Verlag, 1973, S. 317.
② Adorno, Theodor W., *Gesammelte Schrifen* I, Frankfurt am Main: Suhrkamp Verlag, 1973, S. 318.
③ 参见 Adorno, Theodor W., *Gesammelte Schrifen* I, Frankfurt am Main: Suhrkamp Verlag, 1973, S. 318-319。
④ Adorno, Theodor W., *Gesammelte Schrifen* I, Frankfurt am Main: Suhrkamp Verlag, 1973, S. 322.

越近了。

在1924年6月的第五次代表大会上,第三国际开始批判《历史与阶级意识》(History and Class-Consciousness)这一就作者本义而言是希望返回"马克思主义正统"的著作,① 布哈林(Nicolai Bukharin)和季诺维也夫(G. Zinoviev)公开指责卢卡奇"重新陷入老黑格尔主义","是理论上的修正主义",欧洲各国共产党内部随后也出现了一场"在哲学战线上反对卢卡奇的斗争",批判之后就扩散到非党的左派知识分子中去,于是,一种卢卡奇未曾料及的马克思主义异端传统被"批判"出来了,并迅即流传开来,西方马克思主义就此发端。阿多诺也就是在这种情况下和他的朋友们一起成为西方马克思主义者的。当然,想要在阿多诺从新康德主义转变为西方马克思主义的过程中划定一个明确的界限是困难的,因为在1927年以后的四年间,阿多诺写作和发表的主要都是音乐学和音乐社会学论文,我们只能说,在1931年完成的新的教职论文《克尔凯郭尔:审美对象的建构》和同时期的一些演讲中,"崩溃的逻辑"第一次获得了明确自觉的表述。可不管怎样,**由《历史与阶级意识》开创的理论传统,对阿多诺转变为西方马克思主义者的决定性影响是不可置疑的,正是在这里,阿多诺从新音乐中获得的启示找到了自己现实的母壤,开始了自己的哲学生长**。首先,他在马克思主义政治经济学批判中为自己抽象的哲学批判找到了社会历史的"本体"基础,使他所关注的近现代资产阶级哲学始终锚泊在资本主义市场经济这个无所不在的幽灵统治身上,从而把自己与对资本主义文化的一般批判界划开来。其次,物化和拜物教学说揭示了资本从经济向政治、文化、社会心理领域扩张的基本机制,从而使"崩溃的逻辑"获得了在经济批判、哲学批判和思维方式批判之间进行自由转换的理论权力。再次,《历史与阶级意识》对从康德到黑格尔的德国古典哲学的批判,不仅为"崩溃的逻辑"指明了批判的方向,而且为它提供了必需的理论模型,即资产阶级哲学的二律背反。最后,马克思主义关于自由人联合体的思想无疑为个别性的乌托邦提供了政治落脚点。与此同时,本雅明的《德国悲苦剧的起源》也已正式

---

① 参见张亮《回到作为马克思主义者的卢卡奇》,载《江苏社会科学》2001年第1期。

出版,他的自然历史观念深刻揭示了当代资本主义意识形态强制的客观性,把阿多诺的注意力主要地吸引到了对这种客观强制的批判上,后者也由此修正了哲学的功能,使之把在历史的当下性中实现对历史真理的译码作为哲学的现实性,把星丛作为主客体关系的理想状态,并由此获得对文体的最后考虑。**本雅明是阿多诺的西方马克思主义传统的一个强有力的制约因素。**

3. "崩溃的逻辑"在西方马克思主义传统中的浮现

在旧教职论文被拒绝之后,阿多诺开始筹划新的教职论文,并在1931年从保罗·蒂利希(Paul Tillich)那里获得教职资格。新的主题为什么是克尔凯郭尔而非其他?

首先是因为他对克尔凯郭尔很早就有兴趣,曾表示要写一部关于他的作品。① 其次,也更重要的是,海德格尔的《存在与时间》已经发表,存在主义成为德国学术的主流,克尔凯郭尔因此具有了一种现实性。阿多诺与海德格尔哲学的关系问题一直没有得到应有的重视,仿佛阿多诺面对已经成为"本真的行话"的海德格尔哲学,真的是出于一时的羡妒,先在1964年的《本真的行话》(*The Jargon of Authenticity*)继而在《否定的辩证法》中对其严加批判似的。② 不过,萨弗兰尼斯基(Rüdiger Safranski)有一点说的是对的,即"否定的辩证法"与海德格尔哲学之间存在相近性,但他没有意识到这种相近性背后存在深刻对立。戈德曼(Lucien Goldmann)认为,《历史与阶级意识》无疑影响了《存在与时间》的写作,卢卡奇和海德格尔的共同之处在于:走出了古典哲学传统,在他们那里,"人不是作为认识或行动的主体与世界相对立,在他试图发现并使之普遍化的意义和他发现这个意义的存在之间并没有裂痕,这意味着个人和人类的生活,人的存在与世界的普遍意义是共同的,这个共同性就是历史"③。当时的马尔库塞(Herbert Mercuse)不仅看到了这种共同性,而且看

---

① 参见 Leo Loewenthal, "Recollections of Theodor W. Adorno", *Telos* 61 (Fall 1984) pp. 160 – 161。

② 参见[德]萨弗兰尼斯基《海德格尔传》,靳希平译,商务印书馆1999年版,第543—557页。

③ Lucien Goldmann, *Lukács and Heidegger: Towards a New Philosophy*, trans., William Q. Boelbower, London: Routledge & Kegan Paul, 1977, p.6.

到了它们的差异,即海德格尔所说的社会和历史都过于抽象,需要用马克思去改造,而他的教职论文《黑格尔的本体论和历史性理论》(*Hegel's Ontology and the Theory of Historicity*)的目的正在于此,阿多诺对这一论文的评价是:"由于这个主题,马尔库塞似乎决定性地离开了海德格尔的公开教义……他趋于从'存在的意义'转向揭露存在、从基础本体论转向历史哲学、从历史性转向历史",阿多诺的疑问是,马尔库塞按照海德格尔的思路真的能"沟通本体论和事实性之间的深谷吗?"①他的答案显然是否定的,因为受《历史与阶级意识》对古典哲学的批判的启示,他已经认定从胡塞尔到海德格尔的现代哲学并没有逃脱唯心主义的牢笼,海德格尔认识到了新哲学的使命,但并没有能够完成这一使命,他像黑格尔一样,需要一个后来者批判地继承他的遗产。从1930年代的《克尔凯郭尔:审美对象的建构》到1950年代的《认识论的元批判:胡塞尔和现象学二律背反研究》(*Against Epistemology: A Metacritique Studies in Husserl and the Phenomenological Antinomies*),我们看到,在《否定的辩证法》之前,阿多诺对现代哲学的两次严肃批判都是与海德格尔直接相关的,他无论是颠覆存在主义的思想起源(克尔凯郭尔),还是其方法论基础(胡塞尔),目的都是为了彻底解决海德格尔问题。在这个意义上,我们完全有理由认为,阿多诺始终是把海德格尔存在主义作为自己哲学对话的主要对手的。

"存在哲学实质上滥觞于基尔凯郭尔的宗教沉思。"②经过雅斯贝尔斯(Karl Jaspers)的宣扬,沉寂了半个多世纪的克尔凯郭尔不仅复活了,而且成为反对柏拉图(Plato)以来的古典哲学特别是黑格尔哲学的先锋。对于马克思主义而言,黑格尔哲学绝不仅仅是思想史上的一种哲学学说,它在本质上代表着资本主义社会的自我意识的顶点。因此,如果克尔凯郭尔对黑格尔哲学的批判超越是具有真理性的,那么,很显然,马克思及他之后的西方马克思主义对黑格尔哲学的批判继承,就丧失了自己之于资本主义社会的内在性和合

---

① Adorno, Theodor W., "Review of *Hegels Ontology und die Grundlegung einer Theorie der Geschichtlichkeit*", references to Herbert Marcuse, *Hegel's Ontology and the Theory of Historicity*, trans., Seyla Benhabib, Cambridge, MA: The MIT Press, 1987, p. xxxi.

② [法]让·华尔:《存在哲学》,翁绍军译,生活·读书·新知三联书店1987年版,第2页。

法性。因此,攻击已被树立为存在主义思想先驱的克氏的生存哲学,特别是其中作为黑格尔唯心主义的解毒剂的生存概念,无疑将能够取得一石二鸟的作用:"既剥夺当前存在主义的合法性,同时又论证了一种(修改过的)马克思主义选择的正确性"。① 所以,阿多诺主要围绕克尔凯郭尔对黑格尔的批判内在地展开了对他的反批判,而这种批判又始终是以海德格尔为背景、参照系和指向的。在他对克尔凯郭尔的批判中,有三个非常重要的基本理论质点。第一,现时代的异化和物化是资本主义发展的必然后果,试图脱离现实社会历史的发展来重新赢得人的完整意义与价值是一种纯粹的空想,它最终只能导致现实的内在化,克尔凯郭尔反对黑格尔哲学及其象征着的资本主义体制,但是他并"没有'征服'黑格尔的同一性体系;黑格尔只是被颠倒并内在化了"②。第二,如果不以对资本主义体制的批判和扬弃为前提,对异化和物化的批判就只能是对它们的注释,即没有"分析物化的必要性和合法性,也不分析纠正的可能性"③,这样的批判"是对一个紧密纠结在自身中、作为生存出现的体系的广泛组织的概览"④,是对资本主义体制的最终肯定。第三,在现时代,艺术与美学历史地具有了认识真理的功能,但是它们不应当"在现存世界的梦想中忘却,而是要以形象的力量去改造它"⑤,即它们应成为现实革命的前奏。

随后在1931年5月7日题为"哲学的现实性"(The Actuality of Philosophy)的就职演讲和1932年7月15日题为"自然历史观念"(The Idea of Natural History)的讲演中,阿多诺对自己的"崩溃的逻辑"进行了第一次正面阐述。他指出,现代的哲学家必须超越唯心主义和同一性思维,因为"没有

---

① Susan Buck-Morss, *The Origin of Negative Dialectics*: *Theodor W. Adorno, Walter Benjamin, and the Frankfurt Institute*, New York: The Free Press, 1977, p. 114.

② Adorno, Theodor W., *Kierkegaard*: *Construction of the Aesthetic*, trans., Robert Hullot-Kentor, Minneapolis, MN: University of Minnesota Press, 1989, p. 32.

③ Adorno, Theodor W., *Kierkegaard*: *Construction of the Aesthetic*, trans., Robert Hullot-Kentor, Minneapolis, MN: University of Minnesota Press, 1989, p. 39.

④ Adorno, Theodor W., *Kierkegaard*: *Construction of the Aesthetic*, trans., Robert Hullot-Kentor, Minneapolis, MN: University of Minnesota Press, 1989, p. 85.

⑤ Adorno, Theodor W., *Kierkegaard*: *Construction of the Aesthetic*, trans., Robert Hullot-Kentor, Minneapolis, MN: University of Minnesota Press, 1989, p. 131.

证明理性能在现实中重新发现自身,它的规则和形势把每一个要求都限定给理性;理性只是强辩地向认识者呈现自身就是总体实在,同时,它只准备在踪迹和废墟中遭遇合乎标准的、应当如此的实在。今天,如此呈现为实在的哲学只是遮蔽了实在,并把它的现存条件永恒化了"①。从胡塞尔到海德格尔,现代哲学努力克服唯心主义,但最终以失败告终,作为现代哲学的逻辑终点,海德格尔的故弄玄虚与其说"是语言的神秘性在最深处的自我奠基,倒不如说是古典唯心主义主客体同一主题的新伪装"②。现代哲学一方面正确地指出问题的关键就在于具体历史向着辩证自然的再转化,另一方面也以自己的失败表明,真理不能在同一性中得以显现,必须另寻出路。正如卢卡奇已经指出的那样,现时代的历史已经自然化,变成一个异化的、物化的、死亡了的世界即"第二自然",真理以一种密码的形式面对着我们。那么,如何才能获得其中的真理?阿多诺认为本雅明通过其"自然历史"观念指出了一条可行的道路:寓言。寓言的本质就是运用事物谜一般的"貌似"(Schein)介入我们的认识活动,让真理以直接可见的方式冲击我们被施魅的理性,使之祛魅重新获得活力、把握真理,"我由此提示你们注意貌似自身中原初历史的结构,在它如此存在中貌似证明自己是历史地产生的,或者用传统哲学术语来说,貌似是主客体辩证法的产物。第二自然在真理中就是第一自然。历史的辩证法不仅对被重新解释的历史质料具有更新过的兴趣,而就是历史质料把自己向着神秘的历史和自然历史的转化"③。

对于此时的"崩溃的逻辑",我们的基本判断是:第一,它是在《历史与阶级意识》所开启的西方马克思主义传统中进行建构的;第二,阿多诺此时对"崩溃的逻辑"的正面阐述主要是为了清理自己由来已久的"印象",他并无意创制一条新的理论逻辑去与霍克海默的批判理论竞争或对抗;④第三,在它对现实无

---

① Adorno, Theodor W., "The Actuality of Philosophy", *Telos* 31 (Spring 1977), p. 120.
② Adorno, Theodor W., "The Idea of Natural History", *Telos* 60 (Summer 1984), p. 117.
③ Adorno, Theodor W., "The Idea of Natural History", *Telos* 60 (Summer 1984), p. 124.
④ 这可以从两点事实上得到证明:一是上述两篇文献阿多诺生前从未公开发表,在当时业已形成的学派内部没有产生什么影响;二是在30年代中晚期与本雅明的争论中,阿多诺无论是在政治立场上还是理论立场上都与霍克海默保持了较高程度的一致性。

产阶级实践所保持着的更大的间距中,我们感到了一种理论的悲观主义,[1]正是其中同体蕴涵着的理论的现实主义,后来征服了处于历史转折关头、需要重新发明理论的批判理论,导致其自身的主题化和批判理论的逻辑转型。

4. "崩溃的逻辑"与批判理论的逻辑转型

众所周知,霍克海默1937年的《传统理论和批判理论》是早期批判理论的纲领,但在《启蒙辩证法》之后,学派的理论领导权和行政领导权就逐步转移到了阿多诺手中,这样,原先处于潜伏之中的"崩溃的逻辑"就走到前台,为学派的理论发展确立了新的方向,并最终在完全变化了的理论力场中转型成为"否定的辩证法"。面对这种逻辑转换,绝大多数学者(包括哈贝马斯在内)除了惊讶之外,很少会去思考它是怎样发生的,乃至或多或少产生了某种恶意的揣测。事实上,作为西方马克思主义的主流,批判理论决不是一种与当代世界历史发展进程无涉的、一成不变的、思辨的哲学阵营或血统,而是一场扎根时代的重大发展、与历史保持紧密批判关系、与时俱进的理论运动,其本质是关于垄断资本主义社会的批判认识。**从对《历史与阶级意识》的基本认同到霍克海默批判理论的确立,再到阿多诺"崩溃的逻辑"的主题化,法兰克福学派的这种不间断的逻辑转换,是以其对世界经济政治和国际社会主义运动的发展走向的清醒而悲观的判断为前提和基础的。**[2]

在霍克海默出任研究所所长前后,尽管对《历史与阶级意识》的某些立场存在不同的理解,但霍克海默等人还是比较完整地接受了它的理论立场和政治立场。然而,形势很快就发生了他们必须正视的变化。"大萧条"之后,德国无产阶级不仅没有获得革命的阶级意识,反倒有更多的人投了纳粹的赞成票。同时,苏联的发展让霍克海默等人感到,它既没有搞社会主义,理论上也不是

---

[1] 我们知道,与此同时,以霍克海默为首的其他批判理论家们正在从事哲学与社会科学的联盟工作,其隐含着的前提是:真理(哲学)已经发现,剩下来的就是寻找实现真理(革命)的具体途径了。与这种乐观主义相比,"崩溃的逻辑"表现出了一种显而易见的悲观倾向:在现时代,真理或许已经被发现,但(普通人民)对它的普遍认识其实还是一个问题呢!

[2] 以下关于批判理论从1930年至1945年的变化与现实社会历史发展的关系问题,具体请参见Dubiel 的 Theory and Political: Studies in the Development of Critical Theory (trans., Benjamin Gregg, Cambridge, MA: The MIT Press, 1985)的第一部分。

马克思主义的,更重要的是,它剥夺了其他共产党平等发展的权利,法西斯主义和现实社会主义似乎发生了合流,这些现实的变化决定性地改变了学派的理论定位。1937年"批判理论"概念的提出,"一方面,仅仅是霍克海默和马尔库塞为马克思主义理论传统引进的一个新名字;另一方面,它是学派自己的理论定位的名字,它最终阐明了学派关于陈述马克思主义传统的真正目的的要求"①。苏德和约的签订以及第二次世界发展的爆发,对于法兰克福学派是一个沉重的打击,因为它们事实上颠覆了前者对于现实社会主义运动的信心;流亡美国则使他们对资本主义的毁灭过程有了新的认识,这些都迫使他们去正视现实,重新发明理论。也就是在这个时候,阿多诺正式加入研究所。

阿多诺为新的理论发明提供的主要是一种新的方向即"崩溃的逻辑"中的悲观主义与现实主义精神,因为历史发展已经证明了它的预见性,**但新的理论发明本身决不是也决不可能由阿多诺一个人来完成**。1930年代后期,流亡中的法兰克福学派对当代资本主义进行了一次全方位的集体合作研究。首先,他们修正了对现实资本主义发展趋势的乐观主义判断,认为从总体上看,垄断资本主义并没有改变资本主义必然灭亡的命运,较之于自由资本主义时代,其危机也将更具毁灭性,但是其"自动的"毁灭却不再能够被预期了。其次,通过对当代资本主义的政治模式和文化模式的研究,他们看到,资本已经从经济的组织方式扩散为整个资产阶级社会的组织方式,这个"被管理的社会"已经变成一个均质同一的整体。只是在前两点的基础上,他们方才将现时代问题的症结归因于启蒙理性,提出了"启蒙辩证法"。对于他们而言,**"启蒙辩证法"首先而且最根本的是关于资本主义命运的历史哲学命题,然后才是一个文化命题**。② 在这一过程中,阿多诺的理论贡献主要在于:在尼采对形而上学的批判的影响下,将资本的普遍抽象统治命名为同一性,从而使得"启蒙辩证法"的出

---

① Dubiel, *Theory and Political: Studies in the Development of Critical Theory*, trans., Benjamin Gregg, Cambridge, MA: The MIT Press, 1985, p. 104.

② 在现时代,"启蒙辩证法"更多地被理解为了一种关于人类理性的命运的辩证法,这一点虽然可以从《启蒙辩证法》对原始文明的大量隐喻讨论中得到字面的证据,但却有违他们的精神实质。我们将在本书第三章第二节对此进行专门的辨说。

台成为可能。

作为"崩溃的逻辑"的一个新形态,"启蒙辩证法"的形成对阿多诺哲学思想的进一步发展具有显而易见的重要性:它显著地改变了"崩溃的逻辑"的理论力场,使"崩溃的逻辑"本身被主题化,同时将其中一些原来并未被阿多诺充分自觉到的理论取向凸现出来,从而为它的进一步发展确立了基本的方向。

5. 对胡塞尔的元批判与同一性观念的主题化

"二战"后,社会研究所返回德国。在阿多诺的领导下,学派的研究旨趣更多地转移到了经验的社会学研究上来,这一点可以从阿多诺本人长期担任德国社会学学会会长这一事实中得到有力的说明。不过,与同时期的霍克海默和马尔库塞等相比,他对当代哲学始终保持着高度关切。在这种关切中,我们既看到了阿多诺本人由来已久的哲学兴趣,更感受到了他对现时代革命前景难以掩盖的悲观预见:哲学将遥遥无期地继续幸存下去,因为哲学实现自身或消灭自身的前一个时机已经被错过,而下一个时机的来临业已被无限期地延宕下去了!阿多诺的这种悲观预见因为海德格尔哲学在 1950 年代的复兴而得到强化,因为在他看来,作为垄断资本主义时代德国哲学发展的逻辑终点,海德格尔哲学的复兴不过是垄断资本主义摆脱危机、进入一个更加稳定的发展阶段的表征罢了。

作为对海德格尔哲学复兴的一个回应,阿多诺决意继续他在 1930 年代就开始的对胡塞尔现象学的批判工作。那时侯,他流亡英国牛津大学,留下了一批手稿。如今,他决定把自己这些看来并没有过时的手稿发表出来。1956年,这些旧稿经过彻底改写后,以《认识论的元批判:胡塞尔和现象学中的二律背反研究》(*Zur Metakritik der Erkenntnistheorie: Studien über Husserl und die phänomenologischen Antinomien*)为题出版,其中"导论"和"辩证法中的认识论概念"章是新写的。通过对胡塞尔的元批判,阿多诺使已经形成的同一性观念得到主题化讨论,从而得到了如下重要结论。首先,作为纯粹哲学的典范,胡塞尔现象学同样包含二律背反,不管它怎样标榜自己的超越与先验,它都起源于脑力劳动和体力劳动的社会分工。① 其次,胡塞尔的第一哲学与资本具有同构性,第一哲学的自我扩张机制正是资本所固有的,②胡塞尔与现实经济政治发展的自觉疏离恰恰证明了资本的同一性统治的无所不在性。最后,资本不仅自我产生出了一种直接性幻象,而且还驱使人们将它作为前提接受下来,现象学将被给予性设置为直接性,以一种最思辨的方式真实再现了这种统治关系。

6. "否定的辩证法"在"崩溃的逻辑"中的成熟

作为其对当代哲学保持高度关切的另外一个表现,多年以来,阿多诺与霍克海默一直在法兰克福大学共同主持一个黑格尔哲学研讨班。对于他们这些"黑格尔主义马克思主义"者③,研究黑格尔始终具有一种自我反思的含义。以1956年黑格尔去世125周年为契机,阿多诺直接针对海德格尔在《林中路》(*Holzwege*)中所阐扬的对黑格尔的存在主义解读,④陆续公开了他的研究成果。对于黑格尔,他的基本看法是:虽然黑格尔已经死去,但他的哲学却依旧活着,因为其本质是资本主义社会的自我意识,就此而论,"我们依旧是黑格尔的同时代人";黑格尔哲学的现实性即在于其能够经验异质性的否定的辩证法,但这种辩证法的力量源泉并不在于抽象的否定概念自身,而在于被引入黑格尔哲学中来的经验的历史自身。⑤

如果我们以一种目的论的眼光来看待阿多诺对胡塞尔和黑格尔的研究,那就会很自然地得出一个结论:"否定的辩证法"至少在1950年代中期就形成了,因为在那个时候,同一性和非同一性观念这两个"否定的辩证法"的基本构

---

① 参见 Adorno, Theodor W., *Against Epistemology: A Metacritique Studies in Husserl and the Phenomenological Antinomies*, trans., Willis Domingo, Oxford: Basil Blackwell, 1982, p. 12。

② 参见 Adorno, Theodor W., *Against Epistemology: A Metacritique Studies in Husserl and the Phenomenological Antinomies*, trans., Willis Domingo, Oxford: Basil Blackwell, 1982, pp. 28-29。

③ 这是阿格尔对卢卡奇和法兰克福学派的一种命名,参见[加]阿格尔《西方马克思主义概论》第三、四章,慎之等译,中国人民大学出版社1991年版。

④ 参见[德]海德格尔《黑格尔的经验概念》,载《林中路》,孙周兴译,上海译文出版社1999年版。

⑤ 参见 Adorno, Theodor W., *Hegel: Three Studies*, trans., Shierry Weber Nicholsen, Cambridge, MA: The MIT Press, 1993。

件已经大致成熟了。可要是我们搁置这种成见就会看到:在本质上,它们是阿多诺在一个总体稳定的力场中,对"启蒙辩证法"的既有理论空间进行拓展的结果,是"崩溃的逻辑"的另外两个过渡性形态。

但是,在另一方面,我们也必须看到:阿多诺对"崩溃的逻辑"的理论探索趋于完成之时,也就是"崩溃的逻辑"终结之日。因为随着他与海德格尔论战的直接化,他所身处其中的理论力场发生了一次重大的方向性调整:他原本要求促进哲学的现实化、取消哲学、瓦解哲学,但现在,对于在"修正了的辩证法观念"的基础上建构一种批判的否定的哲学,他感到了一种必要性和迫切性,这一点在他 1962 年题为"哲学何为?"(Why Philosophy?)的广播演讲稿①和 1963 年为《黑格尔:三篇研究》(Hegel: Three Studies)撰写的序言中有着明确的表达。② "否定的辩证法"就此在"崩溃的逻辑"的成熟之处破茧而出,迎来自己本义的历史。

7. 关于《否定的辩证法》创作的一批新文献

对于《否定的辩证法》本身的创作史,长期以来,人们一直所知甚少,只是大约地知道其中批判海德格尔本体论的第一部分中的许多内容来自阿多诺 1960—1961 年冬季研讨班题为"本体论与辩证法"的系列演讲,在后来的写作中,这一部分剧烈膨胀,以至其篇幅和形制都不再能适应《否定的辩证法》的需要,最终在 1964 年以《本真的行话》为名单独出版。③ 结果,面对这个被精心制造出来的"废墟",极少有人能够真实地进入;即使有人侥幸进入并且精心绘制出了一幅地图,对于绝大多数读者来说,它依旧是一个难以征服的迷宫。

不过,随着时间的推移,这一状况出现了一丝好转的迹象。因为现在我们知道,在 1964—1966 年间,也就是在《否定的辩证法》的主要创作时间段里,阿

---

① 参见 Adorno, Theodor W., *The Adorno Reader*, ed., Brian O'Connor, New York: Blackwell Publishers Ltd, 2000, pp. 41-53.

② 参见 Adorno, Theodor W., *Hegel: Three Studies*, trans., Shierry Weber Nicholsen, Cambridge, MA: The MIT Press, 1993, p. xxxvi.

③ 参见 Adorno, Theodor W., *The Jargon of Authenticity*, trans., Knut Tarnowski and Frederic Will, Evanston, Illinois: Northwestern University Press, 1973, p. xix.

多诺曾结合主题做了三个系列的研讨班演讲：1964—1965年冬季学期的题目是"历史理论与自由"，大致对应于《否定的辩证法》第三部分论康德和黑格尔的第一、二章；1965年夏季学期的题目是"形而上学：概念与问题"，大致对应于第三部分的第三章"形而上学沉思"；1965—1966年冬季学期的题目是"否定的辩证法"大致对应于第二部分"否定的辩证法：概念与范畴"。[①] 由于这些演讲都是以录音磁带的方式被保存在"阿多诺档案馆"中，所以，长期以来一直不为外人所了解。1990年代中后期，也就是在《阿多诺全集》编辑出版完毕之后，以蒂德曼（Rolf Tiedemann）为首的全集编者开始陆续整理、编辑这些语音文献，到目前为止已经整理出版文献三种：《形而上学：概念与问题》（*Metaphysics: Concept and Problems*）、《道德哲学问题》（*Problems of Moral Philosophy*）和《康德的〈纯粹理性批判〉》（*Kant's Critique of Pure Reason*）。经过初步的研究，我们发现：《否定的辩证法》中那些令人困惑的挑战性判断与命题在这里大都可以找到自己被刻意删节掉的推理与论证过程，换言之，它们正是《否定的辩证法》那被阿多诺自觉销毁掉的施工蓝图！我们相信，随着这批文献的陆续出版及对它们的研究的深入展开，对于绝大多数一般读者来说，《否定的辩证法》终将有一天变得不再"不可理解"！

三、国内阿多诺研究的历史与现状、我们的任务与方法

早在1980年代初，阿多诺就与其他西方马克思主义理论家一起被引入国内学界，但总的看来，国内学界对他的研究要滞后得多：1990年代以来，他的三部最重要的作品都已经陆续有了中译本，[②] 不少研究西方马克思主义、20世纪美学和文论的著作都辟专章论述他的思想，可是，在2000年底之前，国内

[①] 参见 Adorno, Theodor W., *Metaphysics: Concept and Problems*, ed., Rolf Tiedemann, trans., Edmund Jephcott, Cambridge: Polity Press, 2000, pp. 146-147.
[②] 《启蒙辩证法》，洪佩郁、蔺月峰译，重庆出版社1990年版；《否定的辩证法》，张峰译，重庆出版社1993年版；《美学理论》，王柯平译，四川人民出版社1997年版。

学者没有出版一本有关他的研究性著作。① 尽管如此,国内阿多诺研究还是取得了一定进展的。1980年代是研究的草创时期。由于受意识形态的影响,这时的学界还主要是以传统教科书体系为标准,对阿多诺思想的"唯心主义"本质进行唯物主义批判。1990年代以后,他的文化理论和美学理论逐步取代哲学理论成为学界关注的中心,出现了一批在广度和深度上都颇为可观的作品,②但由于对他的哲学元批判的研究没有能够及时跟进,致使他被从自己的时代中超拔出来,成为思想史上的漂泊者。2000年以后,阿多诺研究进入了一个新的时期。一些学者已经自觉地认识到:阿多诺的思想是他那个时代的产物,不能脱离他的哲学元批判来奢谈他的文化批判和美学批判,因此,他的《否定的辩证法》就得到了迄今为止最为深入的文本学解读。当下对《否定的辩证法》的文本学解读为我们的发生学研究廓清了必要的理论地平、提出了新的问题并为解决问题提供了必需的方法。

1. 国内阿多诺研究的历史与现状

1981年春,佩里·安德森(Perry Anderson)关于西方马克思主义的小册子《西方马克思主义探讨》③被翻译成中文出版,正是在这里,国内学界大多数研究者第一次知道了法兰克福学派和阿多诺的名字。他们的思想显然超出了当时学界所能够理解和接受的范围,人们难以理解他们为什么会以这样的方式如此尖锐地批判资本主义制度和资本主义文化,更加不可思议的是,一向被人们视为家珍的辩证法居然变形成了那个样子。所以,尽管徐崇温先生从外文文献中得知法兰克福学派是西方马克思主义中"影响最大、持续时间最长"④的流派,但是,在他的《"西方马克思主义"》这一国内第一本系统介绍西

---

① 就我们目力所及,到当年底,中文版图书中只有两本研究阿多诺的专著,而它们都是翻译作品,一本是我们经常性引用的马丁·杰的《阿多诺》(此书另有湖南人民出版社1988年版)和法国学者马克·杰木乃兹的《阿多诺:艺术、意识形态与美学理论》(栾栋等译,远流出版社事业股份有限公司1990年版)。

② 其中,朱立元主编的《法兰克福学派美学思想论稿》(复旦大学出版社1997年版)、周宪的《20世纪西方美学》(南京大学出版社1999年版)和杨小滨的《否定的美学——法兰克福学派的文艺理论和文化批评》(上海三联书店1999年版)颇有可观之处。

③ [英]安德森:《西方马克思主义探讨》,高铦译,人民出版社1981年版。

④ 徐崇温:《"西方马克思主义"》,天津人民出版社1982年版,第298页。

方马克思主义的著作中,却只给该学派75页的篇幅,只比"存在主义马克思主义"部分多4页而已。我们特别注意到,在江天骥先生主编的《法兰克福学派》和徐崇温先生的《法兰克福学派述评》这两本最早的译介作品①中,讨论的核心其实是马尔库塞和哈贝马斯。这说明我国当时的学界对法兰克福学派的历史和理论性质是相当隔膜的,根本没有意识到霍克海默和阿多诺才是该学派的灵魂,正为他们所讨论着的马尔库塞和哈贝马斯之思想其实已经溢出了学派的理论边界。因此,对于阿多诺,也就根本谈不上什么研究了。与1990年代相比,当时的批判倒是主要集中在阿多诺的哲学理论上,我们应和着当时苏联学界的声音②,着重批判了他的反马克思主义的哲学唯心主义本质和对辩证法的唯心主义歪曲,认为"他的'辩证法'实际上是否定客观辩证法的唯心主义的主观辩证法,他的哲学的思辨性质和理论脱离实际的特点,代表了批判理论乃至'新马克思主义'的基本倾向"③。值得提及的是,当时学界还比较多地受到了哈贝马斯模式的影响,实际承袭1970年代正在朝"右"转的哈贝马斯的观点,从"左"的方面批评阿多诺不仅是浪漫主义的而且还是哲学唯心主义的。④ 这一模式对国内学界的影响是相当深远的,因为即使在1998年的西方马克思主义言说中,徐友渔先生还在重复哈贝马斯的那一套,告诫学界不要盲目接受和追随他的浪漫主义、乌托邦气质以及拒斥现代化的态度。⑤

总的看来,整个1980年代,阿多诺研究基本上还只处在一个准备阶段,我们既然连他在学派中、在整个西方马克思主义理论运动中的地位问题都还没有弄清楚,就更谈不上去追问他究竟想说什么进而对其进行科学的评判了。1989年,在徐崇温先生的主持下,一批西方马克思主义的原著开始翻译出版,在这个过程中,英语学界一些具有相当高的学术水平的著作也被引进,这促使

---

① 江天骥主编:《法兰克福学派》,上海人民出版社1981年版;徐崇温:《法兰克福学派述评》,生活·读书·新知三联书店1982年版。
② 参见[苏]别索诺夫《在"新马克思主义"旗帜下的反马克思主义》,德礼译,中国人民大学出版社1983年版。
③ 李忠尚:《"新马克思主义"析要》,中国人民大学出版社1987年版,第188页。
④ 参见徐崇温《"西方马克思主义"》,天津人民出版社1982年版,第326—329、365—368页。
⑤ 参见徐友渔《西方马克思主义在中国》,载《读书》1998年第1期。

西方马克思主义研究进入了一个新阶段,阿多诺研究也是如此。如果说1990年代的阿多诺研究有什么显著的外部特征的话,那么,这无疑就是人们总要无一例外地强调其作品的不可翻译性——言外之意,他是不可理解的,因此,如果说错了,那责任肯定不在我这里。在中文文献中,这一说法的出处有两个来源:一个是为《否定的辩证法》中文本收录进来的英译者阿什顿的按语,一个是马丁·杰的《阿多诺》导言中论文体的部分。① 也就是说,此时的学界在显性话语层面上又受到了所谓的后结构主义(解构主义)模式的影响。由于受到现代性和后现代性争论的强烈吸引,这一模式着意弱化了阿多诺的西方马克思主义特质,割裂了他反体系的形式与反资本主义体制的实质之间的内在同一性,片面强调与他尼采的关系,刻意把他打扮成一个反宏大叙事、反体系、反同一性和反理性的后现代资产者。它在国际范围内产生了广泛影响,与哈贝马斯模式构成了直接的冲突。在这两种模式的张力作用下,国内的阿多诺研究注定要走向一条分裂之路。

较之于1980年代,1990年代国内的阿多诺研究取得了长足的进步。借助一些高质量的翻译成果,学界已经基本明确阿多诺在法兰克福学派中的核心地位,力图去理解他的哲学思想进而做出某种评价。值得注意的是,此时的学界已经对他的哲学失去了兴趣,似乎这已经不再成为问题了,从而在当时蓬勃兴起的文化研究和后现代研究潮流中,对他的文化批判理论和美学批判理论投入了异乎寻常的热情。成果自然不少,据不完全统计,大约有超过10种的美学和文论著作辟专章论述了阿多诺的文化批判理论和美学批判理论。不过,所取得的成就很难说有多大,这不仅因为重复的东西太多,更重要的是,阿多诺的理论世界对于绝大多数研究者而言其实还是封闭着的:学界使用的文本主要就是《启蒙辩证法》、《否定的辩证法》、《美学理论》和一些单篇论文,总量约合3卷,大致为《阿多诺全集》23卷的13%,对于理解阿多诺至关重要的早期文献和数量庞大的音乐社会学作品始终处在人们的视域之外。即使对于

---

① 参见 Adorno, Theodor W., *Negative Dialectics*, trans., E. B. Ashton, London: Routledge & Kegan Paul, 1973, p. ix/2;[美]马丁·杰:《阿多诺》,瞿铁鹏等译,中国社会科学出版社1992年版,第4—5页。

已知文献,学界的运用其实也颇成问题——杰姆逊曾说,《启蒙辩证法》、《否定的辩证法》和《美学理论》"作为一个正在展现之中的体系的各部分","同时'围坐在大英博物馆的书桌边'"①。但是,其中的社会文化批判、哲学批判和美学批判之间的实际关系却并不像外表这样显明。哲学研究者一贯强调《否定的辩证法》的基础作用,认为"'否定的辩证法'的彻底的否定主义,已经渗透到法兰克福学派的社会理论中去了,换言之,'否定的辩证法'已经成为'批判的社会理论'分析当代社会的思考模型与方法"②。美学和文论研究者也持类似的观点:"阿多诺之所以要提出'否定的辩证法',据说是时代向他提出的要求,历史的发展需要一种主张绝对否定的理论,在他的'否定的辩证法'中体现了一种社会历史观……'否定的辩证法'为西方社会极左思潮的'大拒绝'的政治路线提供了哲学基础"③。也就是说,学界一般认为"否定的辩证法"是阿多诺的理论基础,它将被分别"推广"和"应用"到社会历史与美学领域,从而分别形成他的文化批判和美学批判。用阿多诺自己的话来说,这在重建一种等级制,依旧还是同一性思维!

不过,当时针指到 21 世纪第一个年头的时候,情形出现了一些非常可喜的变化,我们终于看到了一本在研究方法和观点立场上都与过去有所不同的作品:张一兵的《无调式的辩证想象——阿多诺〈否定的辩证法〉的文本学解读》。用一本书的篇幅去讨论一本书,这在迄今为止国内西方马克思主义哲学研究中可以说是绝无仅有的,事实上,这在整个马克思主义哲学研究中也是非常罕见的。作为一个见证了阿多诺的复活的研究者,张一兵首先追问:为什么"作为哲学上的巨大思想界碑,它总是孤魂野鬼似的躺在图书馆布满尘土的角落里"④?《否定的辩证法》为什么被认为是不可解读的? 在他看来,原因并不在于它是一只封闭的瓶子,而在于它被从大地上捡起并被抛弃到了海洋中,从

---

① Fredric Jameson, *Late Marxism: Adorno, or, the Persistence of the Dialectic*, London: Verso, 1990, p. 1.
② 欧力同、张伟:《法兰克福学派研究》,重庆出版社 1990 年版,第 181 页。
③ 马驰:《"新马克思主义"文论》,山东教育出版社 1998 年版,第 185 页。
④ 张一兵:《无调式的辩证想象——阿多诺〈否定的辩证法〉的文本学解读》,生活·读书·新知三联书店 2001 年版,序言第 3 页。

而失去了读解的凭借。因此,如果不为《否定的辩证法》"重新构境",我们就不可能真正读懂它。[①] 为此,他在三个层面上进行了"重新构境"。第一,重构《否定的辩证法》乃至整个西方马克思主义主流与现代资本主义同一性体制的批判关系。与苏联式马克思主义哲学的朴素性相比,从青年卢卡奇到法兰克福学派的西方马克思主义哲学主流无疑是抽象的,但这种抽象性恰恰是对抽象成为统治的现代资本主义社会的一种本质直观,它具有最大的现实性。由于以往的研究者没有能够真切理解这一点,因此他们总是在思辨哲学的层面上去理解那些需要进行社会直观的概念和理论,从而在将它们经院化的同时,窒息了它们的现实批判性和生命力。张一兵则不然。在切入主题之前,他首先恢复了阿多诺"否定的辩证法"与现代工业文明(工具理性)的对应关系,从而得以作为思的在场者进入它的文本蒙太奇之中,把握到它的丰富性。理论之"矢"因为重新得到了它的"的"而证明自身是批判的。第二,重构阿多诺或者说法兰克福学派与马克思的对话关系。如前述及,张一兵是在自己的西方马克思主义研究获得了相当大的成功之后"回到马克思"的,推动他这么做的原因有很多,其中非常重要的一点就是他在既有研究中获得的困惑:如果马克思主义像我们所看到的那样僵化、教条,那为什么还有这么多杰出的西方思想家愿意投身其中? 通过深入细致的文本学研究,他最终证明:马克思哲学活的灵魂是它作为方法的科学的历史批判理论,这一方法内在地要求与时俱进,面对变化了的资本主义现实作出实事求是的判断。当他带着这样的观念去重新审视法兰克福学派与马克思的关系的时候,就立刻透过其"意识哲学"的外观,发现了其长期以来一直被人们忘却的政治经济学批判基础,从而有力地证明:法兰克福学派特别是阿多诺始终力图运用马克思科学的历史批判理论去分析、批判当代资本主义同一性体制,在他们自己看来,他们的意识形态批判和美学批判其实是马克思的资本批判在意识形态和美学领域中必然而合理的运用或再生产。第三,重构阿多诺与德国现代哲学主流的批判关系。尽管西方

[①] 张一兵:《无调式的辩证想象——阿多诺〈否定的辩证法〉的文本学解读》,生活·读书·新知三联书店 2001 年版,第 5 页。

马克思主义不是一个地域概念,但我们却也不能脱离"西方"这个确定的政治、文化和意识形态地域性来理解它。但在以往的研究实践中,我们却实实在在地要求他们像生活在前现代的我们一样去思想、去言说,其结果自然是隔靴搔痒、削足适履、郢书燕说。张一兵的这一层重构说起来非常简单,就是让我们明白:阿多诺是一个德国有钱人的儿子,受过最好的大学教育,游学于名流大家,并在对这些名流大家的继承与批判中确立了自己的哲学思想。因为有了这种简单的还原工作,我们也就一下子看到:《否定的辩证法》这一看似杂乱无章的文本乱石场,实际是一个针对从胡塞尔到海德格尔的德国现代资产阶级哲学主流的八卦阵。

因为有了上述看似简单实则极其艰难的方法论反拨,张一兵也就相对轻松地实现了对以往阿多诺研究范式的突围,第一次对《否定的辩证法》进行了认真的文本分析和理论解码,使阿多诺哲学的深层语境和批判话语在瓦解的废墟中呈现出来,其中特别呈现了阿多诺对海德格尔哲学批判的深层语境,从而首次开启了阿多诺哲学的神秘之门。在此基础上,他得出了三点简单然而又极其惊人的结论:首先,《否定的辩证法》的深层理论和方法论基础是马克思《1857—1858年经济学手稿》中的"科学的历史批判理论",但他在马克思主要用以批判资本主义经济过程的地方,把它运用到了对资本主义社会的总体批判上;第二,阿多诺的哲学建构是在对海德格尔的批判过程中完成的,在这个意义上,阿多诺之于海德格尔犹如马克思之于黑格尔;第三,阿多诺是西方马克思主义哲学的终结者和后马克思思潮的开启者,不理解阿多诺的"否定的辩证法",我们是不可能真正理解后现代及其保守性的。

2. 我们的任务与方法

当张一兵得出了上述三个结论的时候,他实际上也就提出了另外两个问题:首先,从"科学的历史批判理论"到"否定的辩证法",阿多诺对马克思主义哲学的批判和发展在何种意义上是合理的,它与前者的真实关系究竟怎样?其次,"否定的辩证法",或者法兰克福学派的马克思主义哲学的新形态,为什么会在海德格尔哲学的批判继承中建构?他提出的问题就是我们当下的研究所需要完成的任务。我们将在西方马克思主义特别是法兰克福学派的历史发展的完整背景上，在它们与20世纪世界范围内的历史发展和资产阶级文化特别是哲学的交互运动中，在对阿多诺以《克尔凯郭尔：审美对象的建构》《哲学的现实性》《自然历史观念》《启蒙辩证法》《认识论的元批判：胡塞尔和现象学二律背反研究》和《黑格尔：三篇研究》为代表的"否定的辩证法"的"史前史"文献的文本学解读中，考察"崩溃的逻辑"的历史嬗变，从而为学术界正确地理解"否定的辩证法"的本质及其当代价值提供一个人思想史基础。

最后，必须申明的是：我们据以面对"崩溃的逻辑"的诸文献的方法也就是张一兵研究《否定的辩证法》、研究马克思的方法即"文本学方法"或"深层历史解读法"。"文本学方法"或"深层历史解读法"是南京大学哲学系孙伯鍨教授在20世纪六七十年代研究马克思恩格斯早期思想时运用的，并在1985年的《探索者道路的探索》一书中正式提出的一种解读马克思早期文本的新模式、新方法，经张一兵等后学的运用和发展，它最终成为南京大学哲学系马克思主义哲学专业研究马克思主义哲学文本乃至一般哲学文本的、具有标志性的基本方法。由于种种原因，国内学界不少同行对这一方法还存在一些不正确的理解，以为它就是固守文本的考据学。我们要说，"文本学方法"首先是**一种面对世界的哲学态度**，它决不因为历史的流逝而否定各种文本（客体）的客观性及其尊严，决不借口解释学循环而在视域融合的幌子下，当下地建构出一个本质上不过是主体自身所设立的、仅仅属于主体自身的、虚幻的文本视域，如果用阿多诺的话来说，它力图以客体为中心、重建主体（当代视域）和客体（文本视域）的平等的星丛关系。因此第二，"文本学方法"决不首先按照研究者自身的理论立场设立某种肯定如此的"先见"以匡算客体，而是在艰辛的文本解读中，重新激活存于文本的空白之处，然而又最终决定着文本的外在组织形式的内在理论逻辑，特别是它的历史转换，**这是对阿尔都塞静态的"症候阅读法"的历史主义改造**。与总是在线性逻辑中去讲述一个有始有终、连续同质的变化总体的传统思想史研究方法相比，"文本学方法"一如福柯的"知识考古学"，更加关注被前者有意删除的"零落的时间的印迹"，即非连续性，[①]因为"思想

---

① 参见［法］福柯《知识考古学》，谢强等译，生活·读书·新知三联书店1998年版，第8页。

发展中最真的东西,恰恰是话语的断裂、话语布展的边界和理论逻辑中独特的异质性"①。

---

① 张一兵:《回到马克思——经济学语境中的哲学革命》,江苏人民出版社1999年版,第1页。

第一章 "崩溃的逻辑"的力场图绘

"力场"(Kraftfeld/force fields)是阿多诺最喜欢的两个隐寓之一。它显然也是阿多诺从本雅明那里引入的,不过,与着重强调它的解释学内涵的本雅明不同,①阿多诺主要用它来指吸引和排斥的相互关联的作用,这种吸引和排斥的相互作用构成复杂现象的动态的相互转换的结构。在《被迫的和解》(Erpresste Versöhnung/Reconciliation under Duress)一文中,阿多诺曾在这一隐寓的指引下出色地分析了卢卡奇从青年到晚年的大跨度的思想变迁,②而现在,则该是我们据此发掘"崩溃的逻辑"的历史建构的时候了。我们首先要做的就是图绘"崩溃的逻辑"的基本力场构成。如果我们不是将阿多诺的全部批判理论而是将其中的核心与根本即"崩溃的逻辑"——"否定的辩证法"作为图绘的对象,③那么,我们就会发现:勋伯格的无调音乐、由《历史与阶级意识》开创的西方马克思主义传统、由本雅明彰显的美学社会学和尼采对传统

---

① 在题为《力场:在理智史和文化批判之间》的论文集的"导论"中,马丁·杰一开头就解释了"力场"这个词的本雅明渊源及其解释学内涵(Martin Jay, *Force Fields: Between Intellectual History and Cultural Critique*, London: Routledge, 1993, p.1)。

② 参见 Adorno, Theodor W., "Reconciliation under Duress", London: NLB, ed., *Aesthetics and Politics*, London: NLB, 1977, pp.151-176。

③ 马丁·杰的"五星"说显然是就阿多诺的全部批判理论而言的,参见[美]马丁·杰《阿多诺》,瞿铁鹏等译,中国社会科学出版社1992年版,第9—23页。

形而上学的批判，就是"崩溃的逻辑"在时间的川流中得以不断转换的基本力场构成。

第一节　新音乐空间中的哲学建构

音乐之于阿多诺，犹如经济学之于马克思、小说之于卢卡奇、绘画和电影之于本雅明。如果不理解阿多诺的新音乐哲学，并把它作为理解"崩溃的逻辑"——"否定的辩证法"的前提和补充，真正把握"崩溃的逻辑"——"否定的辩证法"的全部旨趣或许只能是一句响亮的口号而已。有鉴于此，我们将首先分析勋伯格的无调音乐观念和十二音技法，[1]以揭示它们对阿多诺"崩溃的逻辑"的原型启示作用。进而我们将通过分析阿多诺对勋伯格的音乐哲学考察，为完整理解"崩溃的逻辑"的理论旨趣提供一个"历史哲学"参照。最后，我们还将对阿多诺对爵士乐的批判进行评论，以说明：尽管阿多诺对生产力和技术的发展持一种真正悲观主义的看法，但是，在他看来，无论如何，音乐的解放、人类的解放只能建立在现代生产力和技术发展的基础之上。

一、"不协和音的解放"：时代精神在音乐中的显现

在阿多诺的心目中，勋伯格不仅是代表进步的音乐家，在一定意义上，他就象征着进步本身。因此，他所诠释的勋伯格与十二音技法（twelve-tone technique），就和现实的勋伯格与十二音技法保持了一定的张力。所以，我们看到，在1925—1926年间，阿多诺与勋伯格学派在维也纳相处得并不融洽，他

---

[1] 勋伯格（Arnold Schoenberg, 1874—1951），奥地利出生的作曲家，1941年加入美国籍。勋伯格被认为是"当代欧洲最大胆、最奇特的艺术家之一"（[法]朗多尔米：《西方音乐史》，朱少坤等译，人民音乐出版社1989年版，第337页），其早期作品受到瓦格纳和理查·施特劳斯的浪漫主义风格的深刻影响，稍后则开始了对无调音乐的探索，并在1920年代早期发展出了十二音技法。

对音乐理论的严肃性让他的教师们觉得有些不可思议。① 勋伯格本人对阿多诺这种把十二音技法与进步相联系的政治解读也不大以为然,1947 年他发表谈话指出,十二音技法也曾被别人用来赞颂纳粹帝国。② 不过,"不协和音的解放"确实宣告了西方音乐中"协和—不协和—协和"乐音运动模式的终结,表明"对立—征服"这一文艺复兴以来的启蒙理性信念的受挫,其背后的实质是"人的解放"这一时代精神。③

1600 年左右,音乐领域发生了一场真正的革命:歌剧取代复调音乐(polyphony)获得主导地位,其中最主要的发现就是现代意义的和声学的出现。④ 所谓复调就是多声部的组合,其基本特征是每一声部相对独立,而且在合成时努力展现自己的个性,它是音乐中的"共和制"。和声不是复调而是主调(homophony),它是多音同时发响的组合,但是却只能听到其中的主音,例如 C 大三和弦中的 C 音。这是音乐中的"君主制"。"和声意识的形成使音乐体系发生了根本改变。人们不再认为乐音乃是具有人声特点的独立单元,而是相互依存并按照一定空间关系排列的多音组合。"⑤ 在近代音乐这种不均等有中心观念的支配下,原本平等的乐音之间出现了分化。以调性结构为标准,乐音被区分为结构音与非结构音。在一个调性结构中,一旦出现非结构音,原有的均等就被破坏,就产生了部分,中心也就同时出现了。因此,调性音乐就表现为对由非结构音所导致的偏离的克服、征服,这在物理现象上展现为"稳定(协和)—不稳定(不协和)—稳定(协和)",在心理体验上就是"偏离—回归"。⑥ 这很容易让人联想到黑格尔的绝对精神的奥德塞式的回家历程。在

---

① 在朋友的介绍下,阿多诺于 1925—1926 年间到维也纳跟随勋伯格的学生贝尔格(Alban Berg,1881—1935)学习作曲,这是他并不成功但却意义重大的两年,参见 Susan Buck-Morss, The Origin of Negative Dialectics: Theodor W. Adorno, Walter Benjamin, and the Frankfurt Institute, New York: The Free Press, 1977, pp. 11-17。

② 参见 Robert W. Witkin, Adorno on Music, London: Routledge, 1998, p. 140。

③ 参见姚亚平《西方音乐的观念——西方音乐历史发展中的二元冲突研究》,中国人民大学出版社 1999 年版,第 161—196 页。

④ 参见[法]朗多尔米《西方音乐史》,朱少坤等译,人民音乐出版社 1989 年版,第 34—35 页。

⑤ [德]贝克:《音乐的故事》,马立等译,江苏人民出版社 1998 年版,第 61 页。

⑥ 参见[美]迈尔《音乐的情感与意义》,何乾三译,北京大学出版社 1991 年版。

法国大革命前后，典型地表现了调性观念的奏鸣曲式（sonata-form）走向成熟。典型的奏鸣曲式属于一种三部性结构：在呈示部中，所谓"主部"和"副部"的不同性质主题得到对比呈示；在展开部中，对比主题的矛盾冲突得以强化、发展；在第三部分，主题之间出现了新的关系，在对比陈述和剧烈发展之后，各主题趋向统一，"主部"得到鲜明的重申，这就是具有结论意义的再现部。奏鸣曲式是第三等级理想的音乐风格，和黑格尔同于1770年出生的贝多芬（Ludwig von Beethoven）极其成功地运用和发展了这一曲式，他的音乐和前者的哲学一起，经典地表现了资产阶级启蒙理性的信念：对立—征服。在1944年前后的几段笔记中，阿多诺对黑格尔与贝多芬的关系进行了极为精彩的点评。在阿多诺看来，"在只存在黑格尔哲学这个类似的意义上，西方音乐史中只有贝多芬"，"意志、使贝多芬的形式运动起来的力量，就是总体、黑格尔的世界精神"。不仅如此，他还认为，我们只有在黑格尔的《逻辑学》的意义上才能理解贝多芬的音乐，而在后者的音乐中，真理得到了比前者更多的保存。[①]

贝多芬之后的浪漫主义音乐与黑格尔之后的德意志意识形态具有某种相同之处，即后者都是在前者的基础上要求获得一种新的价值，这就是与理性对立的感性、与一般对立的个别、与类对立的个人。从形式、内容到理念，浪漫主义从根本上动摇了西方近代音乐的基础，不过，对传统的颠覆，最终还是由勋伯格来实现的，因为只有他真切地认识到，"为了人性，就必须用艺术的非人性去战胜这个世界的非人性"[②]。

在20世纪音乐史上，勋伯格以大胆革新而著名，他的无调音乐的目的是"不协和音的解放"，也就是对音乐形式中的非结构因素的排除。对勋伯格来说，协和与不协和、结构与非结构没有根本区别：非结构总是意味着对常规结构的偏离，而偏离所造成的悬浮和不确定印象往往是不协和与焦躁感受的心

[①] 参见 Adorno, Theodor W., *Beethoven: The Philosophy of Music*, trans., Edmund Jephcott, Polity Press, 1993, pp. 10-11. 这本著作实际上是对阿多诺1930年代中期之后有关贝多芬的笔记片段和相关文本的一个辑录，它的副标题"音乐哲学"表明了阿多诺对贝多芬的一贯看法，即它是一种用音乐表现出来的哲学。

[②] Adorno, Theodor W., *Philosophy of Modern Music*, trans., Anne G. Mitchell and Wesley V. Bloomster, New York: Sheed & Ward, 1973, p. 132.

理根源。不协和音解放的后果是:多样性变得统一、无序变得有序、复杂变得简单,乐音关系由于非结构因素的排除,而成为一种更为严密、更为单纯的结构体系。1907年,乐团在公演勋伯格的自由无调性时期的作品《d小调四重奏》的时候,遭到观众的强烈反对,①因为它触犯了人类的"自然的"听赏习惯——只是在近代才逐步形成的听赏习惯在市场过程中被上升为人类的自然习惯,并具有了决定音乐家命运的力量,这充分说明,"音乐是权力的必要属物,它具有和权力一样的形式:是发自某一强制性的、纯粹语法的论述的单一中心,那论述可以使它的听众意识到一种共通性——但也可以使它的听众反对它"②。所以,"不协和音的解放"绝不仅仅是形式的变换,而是一场深刻的革命,是近代音乐史上不均等有中心乐音观念的破灭,它内在地要求把不协和音(现时代的个人)从近代音乐观念(资本的同一性原则、启蒙理性的"对立—征服"观念)中彻底解放出来,使每一个乐音都获得平等的地位。③

"不协和音的解放"就是使音乐从调性中解放出来,变成无调性的,从结构上看,这是向古代复调音乐的回归。④ 1908年的《三首钢琴曲》是勋伯格第一首完整的无调性作品,之后,他还创作了其他一些成功的作品,但很快就意识到了无调音乐在技术上的困难。为了能够取消调性,无调音乐必须得在和声、曲式和节奏等方面克服传统调性音乐的三段论,然而,现有的音乐技术既不能彻底克服调性因素强大的无意识影响,又不能代替调性成为新的"结构力"。经过差不多10年的实验,勋伯格终于在1923年发表了《钢琴组曲》,这表明十二音技法已经建构完成,无调音乐获得了一种有规可循的技术。"从本质上说,这种在二十年代初期由阿诺德·勋伯格发展起来的十二音技术是控制非

---

① 参见[法]朗多尔米《西方音乐史》,朱少坤等译,人民音乐出版社1989年版,第338页。
② [法]阿达利:《噪音——音乐的政治经济学》,宋素凤等译,上海人民出版社2000年版,第36页。
③ 我们注意到,作为一个表现主义者,勋伯格坚持以情感论音乐美学作为自己的指导思想,他指出:"艺术价值所要求的可理解性并非仅仅为了理性上的满足,同时也是为了情感上的满足。然而,无论创作者要激发的情绪是什么,他的想法一定要表达出来。"([奥]勋伯格:《用十二音作曲》,转引摩根斯坦《作曲家论音乐》,茅于润译,人民音乐出版社1986年版,第198页)这样,我们也就不难理解他为什么会对阿多诺的诠释感到反感了。
④ 关于复调音乐,请参见[德]贝克《音乐的故事》,马立等译,江苏人民出版社1998年版,第29—38页。

调性音乐线条和织体的另一种方法。从此这种技术将半音阶十二个音级的有序排列发展成一种实际上包含着对这些音在力度、发音法和音值方面作特别安排的所谓'序列音乐'。"①对于十二音技法，我们需要做如下说明：第一，它是西方音乐发展到现代的必然产物，而决非某个人的标新立异，对此，勋伯格本人就曾说："用十二音写作，仅仅是为了便于理解，别无其他目的"。② 因此第二，尽管它与古代的复调音乐存在结构性的一致，但差别在于，它不是自发的，而是音乐技术高度发展的结果。所以第三，它是在严格的技术规则基础上去克服传统调性、实现不协和音的真正的解放。最后，勋伯格的否定精神衰落了，十二音技法也对其后继者成了创作的教条，"错误的并不是说方法自身——如果他没有用自己的耳朵感受到十二音技法的重力，那么，就没有人再能作曲——毋宁说是它的实体化……可以确信，要忠于勋伯格就得对所有十二音训练保持警惕"③。

不管当时有人怎样苛评勋伯格，他的尝试都代表着西方音乐发展的内在走向，1910 年代以后，人们就逐步承认这一点了。就此而论，阿多诺的音乐训练和研究可以说一开始就处于勋伯格的影响之下，这样我们就不难理解，始终拒绝在音乐和哲学之间进行取舍的阿多诺，在 1924 年遇到可以追随勋伯格成为新音乐家的机会的时候，何以会毫不犹豫地选择音乐了。阿多诺此时的思想状态中有两点是非常明确的：在柯内利乌斯新康德主义的影响下形成的对客体的独立性的尊重，以及在布洛赫、罗森茨威格和本雅明的影响下获得的乌托邦精神。这些理念与无调音乐的理念是一致的，它们在促进阿多诺理解无调音乐、接受十二音技法的同时，非常自然地会受到那些音乐理念和方法的影响。正是在这种交互作用中，"崩溃的逻辑"就在新音乐中被孕育成型了，④仅

---

① [美]马逖斯：《20 世纪的音乐语言》，蔡松琦译，人民音乐出版社 1992 年版，第 119 页。
② [奥]勋伯格：《用十二音作曲》，转引摩根斯坦《作曲家论音乐》，茅于润译，人民音乐出版社 1986 年版，第 198 页。
③ Adorno, Theodor W., *Prisms: Culture Criticism and Society*, trans., Samuel and Shierry Weber, Cambridge, MA: The MIT Press, 1981, p. 166.
④ 参见 Max Paddison, *Adorno's Aesthetics of Music*, Cambridge: Cambridge University Press, 1993, especially chapter 1.

仅在上述意义上,我们确实可以说:"崩溃的逻辑"就是无调音乐观念的一种哲学转述。

二、作为"历史哲学"的新音乐哲学

1990年,美茵河畔法兰克福的苏赫坎普出版社出齐了23卷《阿多诺全集》,其中后12卷是阿多诺有关音乐的论著。[1] 阅读、理解这部分文献无疑是我们正确理解阿多诺哲学的一个必要条件,问题的关键是怎样阅读。把它们作为一般意义上的音乐学显然是不行的,因为几乎没有什么正统音乐学家愿意承认它们的真理性。现在人们看到,它们更多的是一种"历史哲学",阿多诺试图以音乐技术的发展为线索,展现黑格尔之后的资本主义社会(或者说是"奏鸣曲式中的社会")的历史发展及其历史前途。[2] 那么,音乐何以能够再现社会、成为观测历史发展的合法依据？在1921年出版的遗著《音乐的理性基础和社会基础》(*The Rational and Social Foundations of Music*)中,韦伯详尽分析了音乐和理性、资本主义精神的关系。[3] 在韦伯的这种音乐社会学和青年卢卡奇特别是本雅明的文学社会学的影响下,[4]阿多诺抛弃了自己原有

---

[1] 在《阿多诺的音乐美学》的附录中,帕迪生详细说明并逐年排列了阿多诺音乐学论述的写作、发表情况。

[2] 这一"历史哲学"阅读方式被20世纪90年代的阿多诺研究普遍采用,它已经被证明是有效的。参见帕迪生的 *Adorno's Aesthetics of Music* (1993)、威廉姆斯(Alastair Williams)的 *New Music and the Claims of Modernity* (Burlington, VT: Ashgate Publishing House, 1997)和魏特金的 *Adorno on Music* (1998)。

[3] 参见 Max Weber, *The Rational and Social Foundations of Music*, trans., Don Martindale, Carbondale: Southern Illinois University Press, 1958。

[4] 文学社会学是由青年卢卡奇在《心灵与形式》和《小说理论》等早期作品中创立的(具体可以参见张溟久《青年卢卡奇的文学社会学批判理论》,载《南京社会科学》2000年第2期),在《历史与阶级意识》之后,它获得了马克思主义的基础。它在西方马克思主义阵营中产生了两个积极的后果:一是吕西安·戈德曼的文学社会学(参见戈德曼《文学社会学方法论》,段毅等译,工人出版社1989年版);再一个就是法兰克福学派的文艺社会学。20世纪30年代初期,本雅明提出了文学生产理论,这对法兰克福学派的文艺社会学产生了极大影响,它的直接后果就是阿多诺的音乐哲学和洛文塔尔的文学社会学(参见[德]洛文塔尔《文学与社会》,载张英进等编《现当代西方文艺社会学探索》,海峡文艺出版社1987年版,第67—80页)等。

音乐社会学中的心理主义倾向。①大约在"二战"期间,也就是差不多与《启蒙辩证法》同时期形成了作为"历史哲学"的音乐哲学,其代表作品就是1948年出版的《新音乐哲学》。"这本书可以被看作霍克海默《启蒙辩证法》的一个扩展了的附录",②在前者揭示了资产阶级启蒙理性的自反性之后,它希望说明,勋伯格式的立场和姿态,也就是"崩溃的逻辑"的立场和姿态,是现时代真正革命的进步的立场和姿态。

作为上层建筑,音乐以及其他西方马克思主义者所分析的其他文艺形式,何以具有诊断社会、预见未来的合法性?在1937年的《作为生产者的作者》(The Author as Producer)一文中,③通过引入生产方式概念,本雅明提供了一种为后来许多西方马克思主义者所接纳的解答。这种解答认为,在资本主义特别是发达资本主义社会,随着资本的抽象的唯一统治的形成,精神生产都具有了自律和他律两种性质。从起源上说,精神生产依赖于一定的社会条件和物质生产状况,但就其现实发生而言,在肯定物质生产的制约的前提下,它则是在自身的生产力和生产关系、形式和内容、创作技术和创作理念的矛盾作用中自我发展的。也就是说,这里的上层建筑"已经在它自身内部带有对立面,一种作为含蓄对比的,并通过自身的建构,把同社会—经济基础或基础结构的关系问题,当成它作为一种思想的完整性的先决条件"④。阿多诺接受了本雅明的分析模式并把它运用到了艺术生产中去,⑤在他看来,调性和无调性这些音乐质料(musical material)是音乐生产中的生产力,而理性的征服和个人的解放这些内在的理念和动机则是生产关系,贝多芬之后的音乐发展就是在这些生产力和生产关系的矛盾作用下展开的。依据魏特金(Robert W.

---

① 参见[法]杰木乃兹《阿多诺:艺术、意识形态与美学理论》,栾栋等译,远流出版事业股份有限公司1990年版,第28页。
② 参见 Adorno, Theodor W., *Philosophy of Modern Music*, trans., Anne G. Mitchell and Wesley V. Bloomster, New York: Sheed & Ward, 1973, p. xvii。
③ Benjamin, "The Author as Producer", Andrew Arato and Eike Gebhardt, ed., *The Essential Frankfurt School Reader*, New York: Urizen Books, 1978, pp. 254-69。
④ [美]詹姆逊:《马克思主义与形式》,李自修译,百花洲文艺出版社1995年版,第2页。
⑤ 参见 Lambert Zuidervaart, *Adono's Aesthetic Theory: The Redemption of Illusion*, "Ⅱ.5 Art as Social Labor", Cambridge, MA: The MIT Press, 1991, pp. 93-121。

Witkin)的研究,①阿多诺对贝多芬之后的西方音乐发展史进行了如下分期:在贝多芬及其前后,传统的生产力(调性)和生产关系(理性的征服)相互适应、相互促进,调性音乐达到顶峰;瓦格纳(Richard Wagner)的音乐表现了个人与同一性的社会力量之间毫无希望的抗争,充分暴露了调性音乐(资本主义、启蒙理性)的自反性;瓦格纳之后是传统调性音乐生产方式的崩溃时期;马勒(Gustav Mahler)是无调音乐这种新的生产方式建立的第一阶段,在这个时期,新的生产关系(个人的解放)已经先于新的生产力(无调性)而得到确认;勋伯格是无调音乐的第二阶段,这时候,新的生产力(无调性)由于十二音技法的发展而获得长足进步,新的生产方式真正建立起来;勋伯格和斯特拉文斯基(Igor Stravinsky)②是现代音乐的双方面,前者代表着进步,后者代表着倒退——我们不妨在社会主义和资本主义这两种社会发展前途的意义上来理解这双方面。

同样都是现代音乐的代表人物,为什么勋伯格代表进步,而斯特拉文斯基代表倒退呢?"是真理还是谬误,是勋伯格还是斯特拉文斯基,"阿多诺说,"不可能仅仅讨论诸如无调性、十二音技法或新古典主义这样一些范畴便可做出决定;只能根据这些范畴在音乐自身结构中的具体成型来判断。"③这句看似明白的话里包含了太多需要申明的前提。首先是音乐与社会的关系问题。从精神生产的两重性出发,阿多诺反对还原论,认为艺术是以一种非概念的方式内在地再现了外部社会,"在艺术作品中出现的是它的内在时间,它是这种在现象的爆破中发生的内在时间的连续性。艺术和真实历史的链接就是艺术作品像单子一样被结构出来这一事实。历史可以被称作艺术作品的内容。分析

---

① 参见 Robert W. Witkin, *Adorno on Music*, London: Routledge, 1998, chapter 3-9。
② 斯特拉文斯基(Igor Stravinsky,1882—1971)是俄罗斯著名作曲家和指挥家,1934年加入法国籍,1939年移居美国并于1945年加入美国籍。他的创作分三个阶段:1908—1923年的俄罗斯时期;1923—1953年的新古典主义时期;1953—1968年的序列主义时期。其早期创作在反浪漫主义和对无调性的探索方面与勋伯格具有很大的类似性,但就在勋伯格创立的十二音技法的同时,他转向了新古典主义。不过,令阿多诺的批判多少有些难堪的是,斯特拉文斯基的晚期创作又折回到其早期方向上去了。
③ Adorno, Theodor W., *Philosophy of Modern Music*, trans., Anne G. Mitchell and Wesley V. Bloomster, New York: Sheed & Ward, 1973, pp. 4-5。

它们同时就是对存储其中的内在历史有所意识"①。因此,音乐是有历史性的,它需要历史地去再现时代精神,反之,只有那些再现了时代精神的音乐才是具有真实性的。所以,贝多芬是那个时代的英雄,因为他的音乐真实地再现了时代对于总体性的渴望:"在贝多芬那里,特殊具有向着同一性的运动。对于大多数特殊而言,它们都因为与总体的关系而成其为所是。"②面对全面物化、异化的商品社会和启蒙理性的破产,反对异化和人的解放成为新的时代精神,那么,只有那反对物化、异化,要求个人从总体性中解放出来的现代音乐才是真正的"好音乐"。其次是音乐与技术的问题。无论是勋伯格的十二音技法,还是斯特拉文斯基的新古典主义,在一定意义上它们都是"复古"的,不过,关键在于这种复古是否是真实的,即是否是音乐本身发展的要求,因为技术归根结底影响着音乐对社会真实性的再现。根据上面两条来判断,勋伯格的无调音乐自然就是"好音乐"。首先,勋伯格拒绝与社会统一,对前者采取了否定的立场,着力表现出时代个人的孤立、孤独、恐惧的主观感受,但是,就在表现主义与社会的隔绝中,"社会被表现了"③。相反,斯特拉文斯基牺牲主体去表达"客观性",不过,这种超主观性的客观性只是一个"空壳"、一个"虚幻的现实主义",就是"异化"。④ 因此第二,斯特拉文斯基的新古典主义的"复古"只是在与历史调情,它"实际上停止从事'生产',使自己满足于客观的、不再属于它的音乐语言的空洞回音"⑤。十二音技法似乎是"复古",可它其实是隐藏在音乐质料之中的音乐生产力发展的必然结果,它使作曲家彻底克服调性的束缚和压力,获得真正的自由。"伴随着音乐质料的解放,出现了各种技法处理的

---

① Adorno, Theodor W., *Aesthetic Theory*, trans., C. Lenhardt, London: Routledge & Kegan Paul, 1984, p. 127/154.

② Adorno, Theodor W., *Aesthetic Theory*, trans., C. Lenhardt, London: Routledge & Kegan Paul, 1984, p. 265/319.

③ Adorno, Theodor W., *Philosophy of Modern Music*, trans., Anne G. Mitchell and Wesley V. Bloomster, New York: Sheed & Ward, 1973, p. 48.

④ 参见 Adorno, Theodor W., *Philosophy of Modern Music*, trans., Anne G. Mitchell and Wesley V. Bloomster, New York: Sheed & Ward, 1973, pp. 171 - 172。

⑤ Adorno, Theodor W., *Philosophy of Modern Music*, trans., Anne G. Mitchell and Wesley V. Bloomster, New York: Sheed & Ward, 1973, p. 182.

可能性。音乐扔掉了最后那种它的主体要照之行事、被称之为自然力量的东西,现在可以自由地、有意识地、开放性地控制它们了。作曲家将他们自身连同他们的声音一起解放了出来。"①与贝多芬的音乐确切地有所获得的肯定的革命性不同,无调音乐的革命性只能是否定性的:一方面,它"体会到亲自参与并赖以取得自身进步的启蒙过程的粉碎一切的后果",另一方面,它实际能做的,"就是毫不让步地反映社会所希望忘却的一切,从而把它推入意识的焦距之中"②。

对于阿多诺的元批判,始终存在一种广泛流传的偏见,即认为它是脱离革命实践的知识分子出于个人感受而形成的一种历史悲观主义和理论保守主义。阿多诺的确与无产阶级革命实践保持着距离,但是,他并没有脱离现实历史发展。虽然他没有马克思的《资本论》,但他有自己的音乐哲学,他实际上以不同于马克思的方式和角度,深入分析了历史发展的走向。因此,在极有预见性地看到资本主义的统治将前所未有地加强、西欧共产主义运动将长时期陷入低潮的情况下,阿多诺选择了一种否定性的理论姿态和理论策略,一方面是现实主义的,另一方面也是革命主义的。我们看到,在战争就要胜利的1944年,阿多诺写下了一段并不意气风发的札记:"如果人们把物质现实称为交换价值的世界,而且,文化无论如何也拒不服从这个世界的统治,那么,只要实存之物依旧存在,这种拒绝就是真的只是幻觉。不过,既然自由的、诚实的交换本身只是谎言,那么,否定它同时也就是说出了真理:面对商品世界的谎言,甚至谴责它的谎言也成为正确的了。"③阿多诺其实在借评论勋伯格为自己的理论立场进行辩白:在现时代,理论只能是"从遇难的船只上发出的依旧幸存的绝望信息"④。

---

① Adorno, Theodor W. , *Philosophy of Modern Music*, trans. , Anne G. Mitchell and Wesley V. Bloomster, New York: Sheed & Ward, 1973, p. 52.

② 参见 Adorno, Theodor W. , *Philosophy of Modern Music*, trans. , Anne G. Mitchell and Wesley V. Bloomster, New York: Sheed & Ward, 1973, pp. 13–14。

③ Adorno, Theodor W. , *Minima Morlia: Reflections from Damaged Life*, trans. , E. P. N. Jephcott, London: NLB, 1974, p. 44.

④ Adorno, Theodor W. , *Philosophy of Modern Music*, trans. , Anne G. Mitchell and Wesley V. Bloomster, New York: Sheed & Ward, 1973, p. 133.

三、生产力、技术与爵士乐

尽管阿多诺指名道姓地抨击了斯特拉文斯基，可它引起的反应并不大，[①]因为后者离现代人的日常生活过于遥远了。阿多诺对爵士乐的批判就不同了，事实上，它引起了曾经历过 1960 年代的美国知识分子几乎一致的反对，[②]因为他们都真切地感受过爵士乐和摇滚乐的革命力量，这其中也包括马尔库塞[③]。阿多诺对爵士乐的认识确实有局限，[④]因为从个人感受性上讲，爵士乐[⑤]和摇滚乐要比任何源于欧洲的现代音乐更能让人感到什么是自由、反叛或革命——对此，勋伯格曾说："爵士乐是人类精神胜利的象征，而非其堕落的象征。它是沼泽中的百合花。"——事实上，它们在现代历史上确实曾经象征过革命，但问题在于，首先，阿多诺对爵士乐的否定性评论是有其隐含的理论针对性的，[⑥]其次，爵士乐和摇滚乐现在已经衰变并印证了阿多诺的批判，即只是一种流行音乐、一种文化工业的产品。

与对斯特拉文斯基的分析一样，阿多诺对爵士乐的分析也是从音乐的生产力方面即技术角度出发的，几乎他所有的反对者都没有充分注意这一点。从技术上讲，爵士乐是黑人音乐和白人音乐融合的产物，是原始的非洲音乐、欧洲中世纪的复调的宗教音乐（灵歌）和近代调性音乐的混合，它借助前两个因素摆脱了后者严格的调性。阿多诺在分析了爵士乐的这种调性实验后指

[①] 米兰·昆德拉或许是一个例外，这个爵士乐手出身的小说家曾颇为不平地评论了阿多诺对斯特拉文斯基的批判，参见《背叛的遗嘱》，孟湄译，上海人民出版社 1995 年版，第二章"向斯特拉文斯基即兴致意"。

[②] 参见［美］格拉西克《阿多诺、爵士乐、流行音乐的接受》，载王逢振主编《摇滚与文化》，天津社会科学院出版社 2000 年版；Nick Nesbitt, "Sounding Autonomy: Adorno, Theodor W., Coltrane and Jazz", *Telos* 116 (Summer 1999)。

[③] 参见［美］马尔库塞《论新感性》，载马尔库塞《审美之维》，李小兵译，生活·读书·新知三联书店 1989 年版。

[④] 参见［美］马丁·杰《法兰克福学派史》，单世联译，广东人民出版社 1996 年版，第 213—216 页。

[⑤] 关于爵士乐的起源、发展和特征等，请参见瓦里美《爵士乐》，王秋海译，生活·读书·新知三联书店 1987 年版；［法］马尔松等《爵士乐》，严璐等译，商务印书馆 1998 年版。

[⑥] 参见 U. Schonherr, "Adorno and Jazz: Reflections on a failed encounter", *Telos* 87 (Spring 1991)。

出,爵士乐利用切分对调性进行修饰,但不管怎样,主要的节奏还是被维护并通过低音鼓一再被强化,所以,尽管爵士乐也有发展变化,但是,"这并没有改变爵士乐在本质上是有固定程式的这一事实"①。爵士乐的即兴演奏是为了获得解放,但是,由于缺乏真正革命性的技术支持,这种解放走到了它的反面成为一种伪个性化。正是由于这种内在的机制,爵士乐被白人上层所接受开始成为流行音乐,其实,它不是在表达解放,而是在鼓励异化的个人去认同它的文化现实。它用超越异化的形式去强化异化,是用集体代替个人幻想的假民主。②如果说爵士乐也有否定的因素的话,那么,它也只存在于其潜在而含混的性含义中,受到弗洛伊德熏陶的阿多诺勉强承认这其中蕴涵的超越家长制权威主义的可能性,但他终究认为它是向现有秩序的全面投降。也就是说,阿多诺坚持认为,解放决不是一种主观意愿,它应当在有现实的生产力、技术发展所提供的现实的运动,并且它只有与这种生产力和技术结合起来,才可能获得客观的解放。

阿多诺对爵士乐的批判实际上触及这样一个问题,即什么样的否定才是真正革命的、能够产生积极结果的? 落实到具体的社会问题,是否应当支持1968年学生的"革命暴力"? 我们看到,1969年2月至8月即阿多诺猝死之前,他一直在与马尔库塞就这一问题进行书信对话。在5月5日的信中,阿多诺赞同马尔库塞关于理论将被实践推进的看法,但他反驳说,"这样的境遇今天既不客观存在,而且,我们在这里所面对的不结果实的、残酷的务实主义对理论也没有丝毫促进",在现时代,暴力否定只能导致纳粹对犹太人的屠杀、斯大林主义,他进而提醒马尔库塞,"你不仅应当抗议凝固汽油弹,也应抗议越共一直实行的不可言说的中国式折磨。如果你不把那也公布出来,那么,你对美国人的抗议就会呈现意识形态的特征"③。很清楚,阿多诺一方面认为当时革

---

① Adorno, Theodor W., *Prisms: Culture Criticism and Society*, trans., Samuel and Shierry Weber, Cambridge, MA: The MIT Press, 1981, p.121.
② 参见 Adorno, Theodor W., "On Jazz", *Discourse*, vol. 12, no. 1, pp. 45-69。
③ 参见 Adorno, Theodor W., "To Herbert Marcuse" (5 May 1969), *New Left Review*, No. 233 (January-February 1999), p.127。

命的时机并不成熟,另一方面则对学生脱离现实的所谓革命暴力表示反对。

如果说《历史与阶级意识》张扬人的主体性和革命的主观方面,使历史辩证法一度被第二国际教条主义遮蔽了的主体向度得以凸现出来的话,那么,**面对已经过度膨胀的主体性及其暴力,"崩溃的逻辑"则试图通过回到事物(客体)本身以修复被主体性施魅的理性,重新回到历史辩证法的客体向度**。用杰木乃兹这个革命青年的话来说,阿多诺的错误不是逃避革命,而在于满足于彻底揭露这种行动,并在这里裹足不前。① 历史地看,"崩溃的逻辑"及后来的"否定的辩证法"的共同的致命之处都在于,在反对主体性的同一性暴力的同时,失落了革命的现实主体。

第二节 辩证法内部的争论:阿多诺和《历史与阶级意识》

尽管勋伯格的无调音乐对"崩溃的逻辑"具有难以替代的原型启示作用,并且"崩溃的逻辑"在一定意义上就是对无调音乐的哲学转述,但正像大量既有研究已经指出的那样,由青年卢卡奇和柯尔施肇始的"西方马克思主义的异端传统"是阿多诺思想星丛中最明亮的一颗,② 正是在这一理论传统中,阿多诺的音乐—哲学理念才获得了向着哲学进行转化的基础和现实性,③ 因此,

---

① 参见[法]马克·杰木乃兹《阿多诺:艺术、意识形态与美学理论》,栾栋等译,远流出版事业股份有限公司1990年版,第17页。

② 参见[美]马丁·杰《阿多诺》,瞿铁鹏等译,中国社会科学出版社1992年版,第10页。

③ 阿多诺离开维也纳之后经常停留在柏林,在这里,他与由本雅明、克拉考尔、布洛赫等人组成的"柏林小组"保持着密切往来,他们专门讨论过《历史与阶级意识》,这本书就像深刻地影响了同时代其他左派知识分子一样深刻地影响了阿多诺,尽管阿多诺对它不是毫无保留地赞同(参见 Susan Buck-Morss, *The Origin of Negative Dialectics*: *Theodor W. Adorno, Walter Benjamin, and the Frankfurt Institute*, New York: The Free Press, 1977, pp. 20 - 21)。在此之前,霍克海默也已经基本上接受了《历史与阶级意识》的思想,其中的异端马克思主义实际成为法兰克福学派最重要的理论来源(参见[美]马丁·杰《法兰克福学派史》,单世联译,广东人民出版社1996年版,第二章),批判理论从1930年到1945年的发展过程,在一定意义上,就是不断远离甚至是反对《历史与阶级意识》的过程(参见 Helmut Dubiel, *Theory and Political*: *Studies in the Development of Critical Theory*, trans., Benjamin Gregg, Cambridge, MA: The MIT Press, 1985)。

"崩溃的逻辑"及由此衍生出来的"否定的辩证法"应当说是由《历史与阶级意识》所催生出来的 20 世纪马克思主义辩证法的一个新形态。但众所周知,在后来的"否定的辩证法"中,阿多诺明确反对"总体性"、"历史的主客体"和"总体性辩证法",要求回到历史辩证法的客体向度,并实际在《否定的辩证法》中宣告了由《历史与阶级意识》开启的西方马克思主义的逻辑终结。[①] 我们现在讨论《历史与阶级意识》对阿多诺的思想影响,就必须廓清上述这种继承与反对的辩证关系。

一、物化:从马克思、青年卢卡奇到阿多诺

在 20 世纪的马克思主义理解史上,物化(异化)可能是最具歧义性的一个概念了。它是马克思哲学本身所固有的一个概念,不过在马克思思想发展的不同时期,其性质、地位和作用是存在本质区别的。[②] 但是,由于《1844 年哲学经济学手稿》和《1857—1858 年经济学手稿》只是到了 1930 年代以后才陆续公开发表,因此马克思的这个概念及其内在差异长期不为人所知。而在此之前,青年卢卡奇已经沿着韦伯的合理性思路,提出了一种反响巨大的物化理论,并成为后人理解马克思相应概念的一个尺度,这样三种本质上有所不同的物化概念就历史性地纠结在一起了。阿多诺固然是从卢卡奇这里首先获得物化概念的,不过,以法兰克福学派对马克思经济学的深入研究为基础,在本雅明和西美尔的中介下,他实际上更加本源地回到了马克思的物化概念。

严格经济学意义上的劳动概念即雇佣劳动概念,不仅是马克思剩余价值理论的基石,而且也为马克思科学的历史批判理论提供了逻辑起点和方法论基础。[③] 从劳动的二重性到商品的二重性,马克思自然地区分出了两种物化:

---

① 参见张亮《阿多诺与西方马克思主义的逻辑终结》,载《福建论坛》2000 年第 4 期。
② 关于马克思物化(异化)概念的发展变化及不同时期用法的本质差异,可以参见孙伯鍨先生的如下相关论述:《探索者道路的探索》,安徽人民出版社 1985 年版,第四章;《马克思主义哲学史》第 2 卷,北京出版社 1991 年版,第二章。
③ 关于马克思的劳动概念及其方法论意义,请分别参见杨建平《马克思的劳动概念》,南京大学博士论文 1998 年;[苏]阿凡纳西耶夫《马克思的伟大发现——劳动二重性学说的方法论作用》,李元亨译,山东人民出版社 1991 年版。

与具体劳动相对应的对象化的物化,和与抽象劳动相对应的异化的物化。至于异化,马克思则依据雇佣劳动对其进行了一种历史性区分。在他看来,由于分工和交换的发展,社会关系在从人与人的关系转变为物与物的关系之后,就成为一种独立于人的意识之外的、支配人的意识,进而支配人的行为的社会力量,这种异化是人们在相当长的历史时期都必须面对的普遍现象。随着生产力的发展,劳动力本身成为商品,货币也就在事实上成为资本,异化也就发展到了一个新的阶段:社会财富集中到少数人手中,被少数人支配,用来控制、支配和奴役社会上绝大多数劳动者,突出的表现就是资本的异化。在马克思看来,商品异化、货币异化和资本异化是有区别的,因此,在《资本论》中他没有泛泛地批判商品和货币,而集中批判资本。他预见资本将在全社会和全世界的范围内实现自己的唯一统治,这样的社会就是资本主义社会,但他还主要是生活在并反映着资本家占统治地位的社会即资产阶级社会。① 只是在西美尔和韦伯生活的年代,资本才发展到足以要求包括国家政治体制内在的社会生活的各个方面都必须适应自己的方式、按照自己的原则来重新组织的程度,随着企业官僚主义和国家官僚主义的合并,资本也就从单纯的经济组织原则上升为社会的组织原则,这样的社会是一个在性质上与资产阶级社会存在区别的资本主义社会。因此,我们可以肯定地说,韦伯所总结出来的作为资本主义社会一般原则的合理性,是对马克思所描述的资本的原则的一个非批判的继承。② 由于韦伯坚持新康德主义的哲学路线,拒绝承认物自体的存在,因此,他就不得不在把合理性作为经验事实接受下来的同时,把它设置为了属人的

---

① 资产阶级社会是一个法权概念,而资本主义社会则已经上升到了社会理论和历史哲学的高度。关于马克思对这两个概念的使用问题,可以参见张一兵、王浩斌《马克思没有使用过"资本主义"概念吗?》,载《南京社会科学》1999 年第 4 期。

② 1970 年,德国学者 Julius. I. Loewenstein 出版了一本题目极具煽动性的书《马克思反对马克思主义》,在这里,他提出了一个非常具有挑战性的观点,即马克斯·韦伯是其同时代唯一一个将马克思的著作从其教条主义的解释中拯救出来并产生科学硕果的学者,而这一成果最终被卢卡奇以降的西方马克思主义者所继承(参见 Marx against Marxism, trans., Harry Drost, London: Routledge & Kegan Paul, 1980, pp. 109ff)。他的这一研究在 1980 年代被翻译成英文后产生了非常大的影响。正是在前者研究的影响下,英国学者约翰·基恩在《马克斯·韦伯的遗产》一文中,详细论述了韦伯合理化理论的思路,从而使得我们更加清晰地发现了韦伯之于马克思的承继关系,参见《公共社会与晚期资本主义》,马音等译,社会科学文献出版社 1999 年版,第 27—79 页。

自然法则,从而在合理化和铁笼之间陷入两难境地。

一般而言,马克思的物化是对资本拜物教的发生学分析,韦伯的合理性则是对资本的运作法则的经验总结,它们之间存在深刻的异质性。卢卡奇显然没有意识到这种异质性的存在,因此,在《历史与阶级意识》中,他对两者进行了一种非法对接。① 为了使非批判的合理化能够获得必要的批判张力,卢卡奇从西美尔那里引入了社会分工。西美尔所讨论的不是具体的历史的分工,而是"一般的个体化进程",因此,他批评马克思《资本论》中的拜物教理论是狭隘的:"马克思归于商品生产时代的经济客体的'拜物教特征'只是我们文化内容的这种一般宿命的一个特殊的缓和的实例"②。也就是说,在马克思历史地批判资本异化的地方,西美尔却在泛化地批判一般异化。正是在西美尔上述思想的影响下③,《历史与阶级意识》构思出来一个与《1844年经济学哲学手稿》中基于分工的异化学说具有异曲同工之妙的物化学说。从物化到物化意识,卢卡奇指证"近代批判哲学是从意识的物化结构中产生出来的"④,资产阶级思想陷入了它的生存基础的二律背反之中,只是尽可能地表达了这种背反,而没有解决也不可能解决这种背反。总体性辩证法在方法论上克服了资产阶级思想的局限性,并在无产阶级这个历史的主客体身上找到了克服二律背反的现实承担者。正如卢卡奇晚期自己回忆的那样,物化、异化问题很快就成了哲学争论的中心,⑤从海德格尔到法兰克福学派,当时的学术界普遍受到它的深刻影响。尽管法兰克福学派后来对卢卡奇的这个概念颇多批评,但我们还是应当把他们放置在一个统一体中加以观照,"在这个统一体中,法兰克福学派思想家深化和扩充了卢卡奇的物化概念和虚假意识概念,也正是卢卡奇的

---

① 参见[匈]卢卡奇《历史与阶级意识》,杜章智等译,商务印书馆1992年版,第143—154页。
② Simmel, "The Concept and Tragedy of Culture", *Simmel On Culture: Selected Writings*, ed., David Frisby and Mike Featherstone, Thousand Oaks: SAGE Publication, 1997, p.70.
③ 参见 D. Frisby, "Introduction to Translation", Simmel, *The Philosophy of Money*, trans., D. Frisby, London: Routledge, 1990, pp. 19-20。
④ [匈]卢卡奇:《历史与阶级意识》,杜章智等译,商务印书馆1992年版,第177页。
⑤ 参见[匈]卢卡奇《历史与阶级意识》,杜章智等译,商务印书馆1992年版,"新版序言",第17页。

这些思想促使他们放弃革命集体主体和阶级激进主义的理论"①。

阿多诺典型性地代表了法兰克福学派对卢卡奇物化概念的辩证关系。他一方面肯定"辩证法意味对所有物化的不妥协"②，另一方面却又严厉地批评说，"就像我们不能把辩证法还原为任何别的孤立的范畴一样，不管怎样激烈地争辩，我们也不能把辩证法还原为物化。同时，在关于物化的挽词中，人类苦难的原因不是被公开废止，而是被伪饰起来了"③。惟其如此，是因为阿多诺对物化现象的形成和本质有着自己独特的见解。

尽管卢卡奇的物化概念是在马克思《1857—1858 年经济学手稿》的导言和《资本论》的影响下形成的，④但是，他本人对于马克思的经济学说却没有什么专业认识，也正是因此他才会异质性地引入西美尔的分工去说明物化的形成。阿多诺则不然。他所从属的学术团体不仅有经济学研究的传统，其中的格罗斯曼（Henryk Grossman）和波洛克（Friedrich Pollock）更是当时重要的马克思主义经济学家。⑤ 格罗斯曼是学派早期主要的经济学发言人，他曾积极参与 1920 年代关于"资本主义崩溃"的辩论，其 1929 年出版的《资本主义制度积累和崩溃的规律》（Das Akkumulations-und Zusammenbruchsgesetz des kapitalistischen Systems）是当时最严肃的政治经济学作品，⑥虽然他与波洛

---

① [加]阿格尔：《西方马克思主义概论》，慎之等译，中国人民大学出版社 1991 年版，第 192 页。
② Adorno, Theodor W., *Prisms: Culture Criticism and Society*, trans., Samuel and Shierry Weber, Cambridge, MA: The MIT Press, 1981, p. 31.
③ Adorno, Theodor W., *Negative Dialectics*, trans., E. B. Ashton, London: Routledge & Kegan Paul, 1973, p. 190/188.
④ 《1857—1858 年经济学手稿》的导言部分第一次发表于《新时代》1902—1903 年第 1 卷第 23—25 期上。
⑤ 在我们能够看到的英文研究文献中，美国著名马克思主义学者道格拉斯·凯尔纳在其《批判理论、马克思主义与现代性》（Douglas Kellner, *Critical Theory, Marxism and Modernity*, Combridge: Polity Press, 1989）的第三章"经济、国家与社会：关于资本主义和法西斯主义的新理论"中，特别突出了政治经济学研究对于法兰克福学派独特的批判理论的形成过程中的奠基作用。他的这一见识无疑是非常深刻的。
⑥ 参见[南斯拉夫]弗兰尼茨基《马克思主义史》（下），生活·读书·新知三联书店 1963 年版，第 381—387 页。

克(或者说其他较为年轻的一些成员)之间当时存在一定的分歧,[1]不过总的思路却是基本一致的(起码在整个学派流亡到美国之前是这样的),所以,在《社会研究杂志》(Zeitschrift für Sozialforschung)第一期上,他和波洛克关于现实资本主义制度的论述作为整个学派的经济学基础被放置在了杂志的开头。[2] 因此,阿多诺始终明确地把物化作为现代资本主义制度的产物并在这一制度内部去寻找它的成因,虽然在本雅明的影响下,他也回到了西美尔的形式和内容的二元论,不过他并没有像前者那样抽象地要求回到远古以克服商品拜物教,而是在资本主义交换体制下具体地分析了这一现象的起源。他指出:"交换原则,即把人类劳动向着平均劳动时间这一抽象的普遍概念的还原,从根本上讲与同一化原则是类似的。交换是这一原则的社会模式,没有这一原则也就不会存在任何交换。正是通过交换,非同一的个体和劳动成果成为可通约的和同一的。这一原则的扩展把成为同一的、成为总体的作为义务强加给整个世界。"[3]因此,阿多诺所理解的物化其本质就在于:在资本主义交换体制下,交换价值压倒使用价值,成为事物的本质,事物自身的本质却消失了。他的理论基础是《资本论》第一卷第二章"交换过程"。[4] ——从交换来理解物化似乎是法兰克福学派的一个主导意见,因为在早期批判理论中,霍克海默不仅从交换经济出发来分析当代资产阶级哲学中的真理问题,[5]而且直接把政治经济学中的简单商品交换观念作为批判理论的起点。[6] 当然,马尔库塞是

---

[1] 在变化了的世界历史情势中,这种分歧不断被凸现出来,最终导致经济学主导发言权从格罗斯曼向波洛克的易手、学派政治经济学基础和理论逻辑的转换,具体参见第三章第二节的相关论述。

[2] 参见[美]马丁·杰《法兰克福学派史》,单世联译,广东人民出版社1996年版,第25、35页。关于法兰克福学派的马克思主义政治经济学基础,参见 David Held, *Introduction to Critical Theory: Horkheimer to Habermas*, London: Hutchinson & Co. (Publishers) Ltd, 1980, pp. 40 - 44。

[3] Adorno, Theodor W., *Negative Dialectics*, trans., E. B. Ashton, London: Routledge & Kegan Paul, 1973, p. 143/146.

[4] 参见《马克思恩格斯全集》第23卷,人民出版社1972年版,第102—111页。

[5] 参见 Horkheimer, "On the Problem of Truth", *Between Philosophy and Social Science: Selected Early Writings*, trans. G. Frederick Hunter, Matthew S. Kramer, and John Torpey, Cambridge, MA: The MIT Press, 1993, pp. 177 - 215。

[6] 参见 Horkheimer, *Critical Theory: Selected Essays*, trans., Matthew J. O'connell and Others, The Continuum Publishing Corporation, 1982, p. 226/215。——"/"后为《批判理论》中译本(李小兵等译,重庆出版社1989年版)页码,以后凡引用不再说明。

一个例外。①

我们现在一提到《历史与阶级意识》肯定就会想到物化,但对于卢卡奇而言,物化只是一个工具性的理论,它其实是为后面的组织问题服务的,是具体的历史情境把它推到了最显眼的地方。阿多诺开始接受物化的时候,他的精细理解或许是卢卡奇根本没有想过的。从科内利乌斯关于在主客体之间不存在第一性的重要教诲以及无调音乐的理念出发,**物化最为显要的一点就是主体的交换价值凌驾于客体的使用价值之上**,因此,**在卢卡奇要求主体与主体之间平等的地方,阿多诺首先要求的是主体和客体之间的平等**,这一点在"否定的辩证法"即将破"崩溃的逻辑"之壳而出的 1960 年得到了一次非常明确的表述:"客体的首要性是间接知觉(intentio obliqua)的间接知觉,而非再次提出的直接知觉(intentio recta)。它是对主体还原的纠正,而非对主体方面的否定。客体也是中介的,不过,它是按照自己的概念而不像主体依赖客体那样完全依赖主体。唯心主义忽视这些差别,结果使作为伪装服务于抽象的精神化变得粗糙了。这就导致对盛行于传统理论中的对待主体的立场的修正。"②

二、物化意识与资产阶级哲学

对于马克思而言,物化是人们在主体生存状态上观照到的一定的社会历史发展过程,尽管它是后者的表现,具有某种次生性,但它无疑是一种**在经济基础之中**的社会存在。社会存在决定社会意识,物化必然会在社会的意识层面上得到表现。在《德意志意识形态》和《资本论》及其手稿中,马克思曾经对资产阶级意识形态进行过一般论述,指出:意识形态没有自己的历史,它随着自己赖以产生的物质生产和物质交往的变化而变化。不过,由于资产阶级社会本身还是从封建社会到资本主义社会的一个过渡性阶段,在这里,意识形态还保持着某种相对独立性或者说是滞后性,意识形态领域中的阶级斗争还没

---

① 马尔库塞和卢卡奇一样,也是从分工来理解物化的,参见他的论文《论经济学劳动概念的哲学基础》,载[美]马尔库塞《现代文明与人的困境》,李小兵等译,上海三联书店 1989 年版。

② Adorno:"Subject and Object", Andrew Arato and Eike Gebhardt, ed., *The Essential Frankfurt School Reader*, New York: Urizen Books, 1978, p. 502.

有达到足够激烈的程度,因此,马克思还没有能够对它与资本主义生产方式之间的关系进行更深入的研究。而在卢卡奇生活的时代,这种深入研究的条件已经具备了,所以我们看到,卢卡奇在自己的物化学说基础上对资产阶级意识形态问题进行了一次极为深入的社会分析,这为后来的西方马克思主义所继承,成为其意识形态批判的一般模型。

卢卡奇指出,物化现实必然要在意识领域中表现自己而形成物化意识,但物化意识的形成具有一定的滞后性,它只有在整个社会都彻底物化之后才能达到自己的普遍性。因此,"只有当商品问题不是仅仅表现为个别的问题,也不是仅仅表现为按专门科学理解的经济学的核心问题,而是表现为资本主义社会生活各个方面的核心的、结构的问题时,它才可能达到这种普遍性。因为只有在这种情况下,才能在商品关系的结构中发现资本主义社会一切对象性形式和与此相适应的一切主体性形式的原形"①。那么,物化意识是在什么时候达到自己的普遍性的呢?出于策略的需要,卢卡奇认为那是在德国古典哲学发生发展的时期。"德国古典哲学的伟人、矛盾和悲剧正在于,它不再像斯宾诺莎那样——把每一个既定的事实当作不存在的东西,并让它们消失在知性创造的理性形式的宏伟建筑后面,而是相反,它把握住了概念的既定内容的非理性特征,牢牢地抓住这种特征,超越和克服这种证明,力求建立体系。"②但是,从康德到黑格尔,古典哲学表现了资产阶级意识形态力图突破自身的物化现实的失败尝试,它的积极成果就是在方法论上找到了克服物化的辩证法。然后,卢卡奇引证恩格斯的结论,指出马克思主义哲学和无产阶级是德国古典哲学真正的继承人,它们在无产阶级这个历史的主客体身上找到了突破二律背反的现实承担者。

如果说卢卡奇把从康德到黑格尔的德国古典哲学视为资产阶级意识形态克服自身的失败之旅的话,那么,阿多诺则把这一过程搬到了从胡塞尔到海德格尔的德国当代哲学身上,不同的是,这是关于唯心主义的一次失败之旅。阿

---

① [匈]卢卡奇:《历史与阶级意识》,杜章智等译,商务印书馆1992年版,第143页。
② [匈]卢卡奇:《历史与阶级意识》,杜章智等译,商务印书馆1992年版,第186页。

多诺批判唯心主义和霍克海默重建唯物主义其实一个问题的两个方面，它们都是要说明资本主义交换体制、物化是一个不可回避但需要超越和扬弃的社会存在"本体"。基于学派内部的分工默契，对德国当代哲学的清算显然是由阿多诺来承担的。1930年代阿多诺就明确指出，从胡塞尔到海德格尔的当代哲学主流的基本问题就是反对唯心主义。胡塞尔哲学是"一个从内部摧毁唯心主义的尝试，一个以意识根据去击穿先验分析之墙，同时又试图尽可能完成这一分析的尝试"，但是，"本质学说被认为是胡塞尔反唯心主义的最后一击，但它却揭示自身为唯心主义的顶点：纯粹本质。它似乎是驱除了任何主观构成的客观性，其实却不过就是它的抽象性中的主观性、思维的纯粹功能、康德意识统一意义上的'我思'"。① 就此而论，现象学已经为自身的解体做好了准备。以舍勒(Max Scheler)为中介，当代哲学发展到海德格尔阶段的时候，"客观理念和客观存在问题已经被主观的问题置换了。质料本体论的挑战被缩减到主观性领域内，被缩减到了在实在之开放的丰富性中它找不到它能够定位的东西的深处"②。在"导论"中我们曾经说明过，阿多诺1930年代以后的哲学思想发展是始终围绕着与海德格尔的对话展开的，在这个意义上，它与海德格尔哲学的关系犹如马克思哲学与黑格尔哲学的关系，它需要在从内在颠覆海德格尔哲学之后重建哲学的现实性，所以，《否定的辩证法》的第一部分就是对海德格尔哲学的批判，"否定的辩证法"正是在这个基础上得以展开的。依照对这一部分已有之深入的文本学解读，③我们看到，阿多诺首先揭露了海德格尔颠覆传统本体论这一"哥白尼式的革命"的本质，即他不过是以一种更加隐秘的逻辑座架使本体论成为不可摆脱的内在需要；海德格尔用存在去超越存在物，可存在物却又原封不动地被掩盖在存在中，并在存在的名目下禁止人们去认识和超越。这个存在具有神圣的本质，面对它的光芒，现实的存在即物

---

① 参见 Adorno, Theodor W., "Husserl and the Problem of Idealism", *The Journal of Philosophy*, Vol. xxxvii, No. 1 (1940), pp. 6 - 18.

② Adorno, Theodor W., "The Actuality of Philosophy", *Telos* 31 (Spring 1977), p. 123.

③ 参见张一兵《无调式的辩证想象——阿多诺〈否定的辩证法〉的文本学解读》，生活·读书·新知三联书店2001年版，第二章"批判海德格尔：颠覆本体论哲学的颠覆"。

化世界显得是卑鄙的、非内在的,因此也就是不值得改变的,只要忘却就可以了。由此,阿多诺指出,当代哲学最终在海德格尔这里以一种貌似革命的形式与资本主义制度、物化世界达成共谋。

物化的提出同时就期待着物化的扬弃。由于面临着的社会历史情景的差异,对马克思而言,物化必然会在社会历史发展的客观进程中被扬弃,物化意识的扬弃即意识形态斗争只是一个附属问题;而对卢卡奇和阿多诺来说,物化意识的扬弃是扬弃物化的理论政治前提,正是在这个问题上,阿多诺拒绝了卢卡奇作为物化意识解决方案的总体性辩证法,他的这种拒绝在《启蒙辩证法》之后逐渐明朗化和深化,最终在《否定的辩证法》中演变成了对总体性辩证法的批判。

三、反对总体性辩证法:一个辨析

阿多诺拒绝、反对总体性辩证法这原本是一个非常清楚的思想史问题,但是我们注意到,在后现代氛围中,这个问题已经被搞乱了:总体性和总体性辩证法、总体性和同一性被等而视之,因此,阿多诺对同一性和总体性辩证法的反对就被简单地、非法地转换成了对总体性的反对,他就此被演绎成了一个后现代主义者。我们希望能够在对卢卡奇的总体性观念、阿多诺的同一性观念的多重内涵进行揭示的基础上,澄清"否定的辩证法"反对总体性辩证法的本义。

我们可以肯定地说,《历史与阶级意识》中的总体性观念主要指的就是总体性辩证法,[①]马丁·杰正是在这个意义上描述了总体性概念从卢卡奇到哈贝马斯的历险,[②]但这决不是青年卢卡奇总体性观念的全部内涵。[③] 依照他

[①] 关于这个问题,可以参见孙伯鍨先生《卢卡奇与马克思》(南京大学出版社 1999 年版)一书的第三章"总体性与辩证法"。

[②] 参见 Martin Jay, *Marxism and Totality*: *The Adventure of a Concept from Lukács to Habermas*, Calif.: University of California Press, 1984。

[③] 澳大利亚学者 John E. Grumley 在他题为《卢卡奇和总体性:一个概念的历史变形》的博士论文中,对总体性观念的历史源流及青年卢卡奇所理解的总体性观念进行了极为出色的分析,他的一个基本观点是:《历史与阶级意识》中的总体性观念固然是黑格尔—马克思式的,即是一种辩证法,但它同时包容了青年卢卡奇在此之前赋予总体性观念的本体论意义和乌托邦冲动。该论文以《历史与总体性:从黑格尔到福柯的激进历史主义》为名出版(*History and Totality*: *Radical Historicism from Hegel to Foucult*, London: Routledge, 1989)。值得一提的是,这篇论文的指导老师是晚年卢卡奇的重要弟子格奥尔格·马库斯。

的内在理路,总体性首先指的是**当下发生的社会历史的本体论建构过程**,也就是《资本论》所描述的**资本的抽象统治**,我们权且称之为总体性Ⅰ。在资本运动过程中,社会中的个人和各个组成部分被整合为一个有机整体,被纳入资本的全面统治之下。尽管个人在客观上成为总体的,但是,在主观感受上,他却是原子化的、碎片化的,因为在资本主义条件下,人已经失去了存在的意义和价值,所以,总体性接着就指向一个**人本主义的乌托邦理想**,这也就是总体性Ⅲ。它一方面成为历史前进的目标,另一方面则构成了对当下的批判。**作为《历史与阶级意识》中的显性话语的总体性辩证法**其实是总体性Ⅱ,它处于上述两种观念之间。它反对由于分工的发展而导致的实证主义认识论,因为它只是直观地反映现实,从而既不能认识到现实(真理)是总体的(总体性Ⅰ),也不能认识到历史发展的方向是总体的(总体性Ⅲ),从而在客观上发挥了维护现实的意识形态功能。尽管总体性辩证法是一个方法论概念,但它必须突破方法论,在现实中找到自己的物质承担者即作为历史主客体的无产阶级,就此而论它是一个具有实践品格的"革命原则"。至于同一性,在《否定的辩证法》的一个注释中,阿多诺区分了现代哲学中同一性的三种意思:同一性Ⅰ是指**个人意识的统一性**,即心理学层面上的 A=A;同一性Ⅱ是**社会意识的统一性**,即上升到逻辑学的 A=A;同一性Ⅲ是**认识论上的主客体一致性**,也即哲学唯心主义的另一种说法。[①] 当阿多诺说同一性是意识的首要形式,它的本质就是对纯存在物的强暴的时候,他显然不是在说同一性Ⅰ和同一性Ⅱ,因为尽管它们本质上也具有暴力色彩,但是它们却是人类思想得以形成、交流和发展的必要的心理基础和思维基础,只要人类继续存在,它们就会继续存在下去并发挥实际的作用。他要批判的其实是有意识的强暴即同一性Ⅲ,换言之,就是现代资本主义社会中占据主导地位的同一性思维。同一性Ⅲ要求从概念出发,但是这种要求不能从思维本身得到解释,而只能由社会事实来解释,[②] 这就是

[①] 参见 Adorno, Theodor W., *Negative Dialectics*, trans., E. B. Ashton, London: Routledge & Kegan Paul, 1973, p. 142/139。

[②] 参见 Adorno, Theodor W., *Negative Dialectics*, trans., E. B. Ashton, London: Routledge & Kegan Paul, 1973, p. 140/137。

作为同一性原则的交换原则即同一性Ⅳ。① 由此可见，在阿多诺提及的四种同一性中，前三种合起来与总体性Ⅱ处于一个逻辑层面上，其中同一性Ⅲ大致相当于总体性Ⅱ；同一性Ⅲ与同一性Ⅳ相关并由此指向总体性Ⅰ；而非同一性乌托邦则基本对应于总体性Ⅲ。

可以肯定，在1930年代初正式确立的"崩溃的逻辑"中，就已经内在地蕴涵着对总体性辩证法的反对了，但是，它由"崩溃的逻辑"转变为"否定的辩证法"、由阿多诺的个人观念转化为批判理论的晚期纲领、从对主流哲学的意识形态批判上升到同一性批判，是有一个过程的，在本质上，这是变化了的世界历史格局的要求和选择，同时又是阿多诺在尼采的影响下深化自己既有思想的一个结果。无论如何，在《启蒙辩证法》之后，随着法兰克福学派对变化了的形势的历史悲观主义解释的形成，对总体性辩证法的批评也就提上日程了。

"否定的辩证法"对总体性辩证法的批判的本质是对传统革命路线的理论反思。我们知道，卢卡奇所反对的物化意识主要是指实证主义认识方法，因为它直接反映了分工的要求，满足于对合理化的部分的认识，而不能认识到整体的不合理，因此它在客观上发挥着妨碍无产阶级认识客观总体真理、阻挠无产阶级的阶级意识成熟的意识形态功能；总体性辩证法将把无产阶级从资产阶级意识形态的束缚中解放出来，使之认识到具体的总体真理，从而促进其阶级意识的成熟，按照卢卡奇的意思，接下来就应当是革命、消除物化和社会主义。然而，1930年代的现实却是：总体真理已经摆在无产阶级的面前，但是后者却在自觉逃避即将获得的自由，转而支持独裁的国家社会主义。从权威、纳粹到大众文化，法兰克福学派在20世纪三四十年代的一系列经验研究所要解决的就是这个现实困境。在这些经验研究的基础上，霍克海默和阿多诺在《启蒙辩证法》中给出了一个历史哲学的解答。在他们看来，实证主义是理性的一个例证，"对于代表了受启蒙的理性的裁决法庭的实证主义而言，离开实证旨趣进

---

① 参见 Adorno, Theodor W., *Negative Dialectics*, trans., E. B. Ashton, London: Routledge & Kegan Paul, 1973, p. 147/144。

入可理解的世界不再仅仅是被禁止的,而且是毫无意义的无聊举动"①。如果说实证主义只是让人局限在片段的现象,那么,理性主义让人认识的只是它设置出来的幻象。因为卢卡奇只是停留在分工关系即劳动工作过程中的人与人的关系层面,而没有深入到人与自然的关系之中,所以他没有能够意识到,"统治不仅仅是以人同被统治的自然的异化为代价的,而且,随着精神的对象化,人与人之间的关系,甚至是人与自身的关系也被施魅了"②。这也就是说,人在统治自然的过程中形成了对人自身的统治,"在抽象的齐一化统治(它使自然界中的一切变成可以重复的)和工业的齐一化统治(抽象注定为了它而不断重复)下,被解放者本身最终就变成了黑格尔称之为启蒙的结果的'部队'"③。换言之,总体性辩证法只是看到了"可见的"意识形态,可却依旧处于"不可见的"意识形态的控制中。

因此,"否定的辩证法"反对总体性辩证法就意味着要把批判深入到为后者遗忘的客体向度中去。这是因为,"第一次客观的抽象并非完全发生在科学思维当中,而是发生在交换体系本身的普遍发展当中;它独立于生产者和消费者对质的态度,独立于生产方式甚至独立于需要而发生,社会机制作为次要的副产品往往能够满足这种需要。利润是首要的。人类被塑造成一个巨大的消费网络,拥有实际需要的人们被事先社会地构成了,这是天真的人们所难以想象得到的,而且,这不仅仅是由于工业发展的水平,也是由于人们所进入的经济关系本身所致,尽管这在经验中是很难得到证实的。撇开一切特殊形式的社会差异不谈,市场体系中暗含的抽象代表了一般对特殊、社会对其被囚禁的成员的控制"④。客体向度的问题自然应当首先得到解决。但是,我们看到,

---

① Horkheimer and Adorno, Theodor W., *Dialectic of Enlightenment*, John Cumming, New York: The Continuum Publishing Corporation, 1972, p. 25/22.

② Horkheimer and Adorno, Theodor W., *Dialectic of Enlightenment*, John Cumming, New York: The Continuum Publishing Corporation, 1972, p. 28/24.

③ Horkheimer and Adorno, Theodor W., *Dialectic of Enlightenment*, John Cumming, New York: The Continuum Publishing Corporation, 1972, p. 13/11.

④ Adorno, Theodor W., "Society", *Salmagundi*, Nos 10 - 11 (Fall 1969—Winter 1970), p. 148.

在马克思科学地提出雇佣劳动概念,从而为正确地消除资本主义社会的物化问题指明了出路——在生产资料所有制革命的基础上实现社会的总体革命——的地方,阿多诺却陷入了交换这个次生的、不断循环似乎没有终止的领域中,对历史发展失去了信心,因此,在马克思要求进入生产这个客体向度进行现实的革命的地方,阿多诺却进入了自然——作为对象的客体——这个客体向度,主张进行批判——意识革命。鉴于启蒙理性的本质缺陷就是"人类的统治要求压抑了对他自己的自然存在的记忆"[①],因此,"否定的辩证法"的解决之道就是通过恢复对自然的记忆来重建主体和客体的平等的、伙伴式的星丛关系,以打破理性的同一性强制。

在阿多诺研究中,哈贝马斯开辟了一个非常恶劣的倾向,就是把《否定的辩证法》和《美学理论》贯通起来,影射阿多诺怀疑理性、抛弃了主体范畴,由此遁入艺术中去。艺术无疑是阿多诺所认为的理想的非同一性的模型,但它绝非阿多诺的目的和归宿。因为阿多诺的理想或乌托邦是每一个个人的全面解放,"否定的辩证法"只是实现这一乌托邦的道路,艺术则是这一道路中的一段,它的功能即在于为理性祛魅,使理性摆脱自己设置的幻象直接面对现实本身。这是艺术的真理,或者说是在艺术中显现的真理,至于具体的总体的真理,这还是需要由理性去发现的。因此,**"否定的辩证法"反对总体性辩证法的旨趣在于:在为理性祛魅之后,让总体性辩证法真正发挥它的真理认识功能。**在这个意义上,杰姆逊出人意料地称阿多诺为"同一性哲学家"是抓住了问题的实质的。[②]

[①] Adorno, Theodor W., "Sociology and Empirical Research", *The Positivist Dispute in German Sociology*, trans., Glyn Adey and David Frisby, London: Hernemann Educational Books, 1976, p. 73.

[②] 参见 Fredric Jameson, *Late Marxism: Adorno, or, the Persistence of the Dialectic*, London: Verso, 1990, pp. 15 - 24。

第三节　阿多诺与早期本雅明：后灵氛时代的辩证法

很清楚，阿多诺与卢卡奇在辩证法内部的争论的实质并不在于是否要取消总体性这个概念，而在于：在理性已经黯然失色的现时代，辩证法应当首先采取什么样的姿态？换言之，在现时代，被施魅的理性能否通过总体性认识到时代的真理？阿多诺认为这是不可能的。如果辩证法不首先为理性祛魅，我们通过它认识到的总体只能是虚假的主体设置出来的一个幻象，用阿多诺1930年代早期的话来说，我们认识到的只是"自然历史"呈现给我们的虚幻的"貌似"，而不能从这个"主客体辩证法的产物"中获取"神话的确定的超越要素即和解"。"自然历史"是阿多诺从本雅明那里引入的一个重要观念，而它又是本雅明在唯物主义的方向上对早年卢卡奇的文学社会学立场的一个深入发展。在这个意义上，阿多诺与总体性辩证法的批判就表现为了早年卢卡奇与青年卢卡奇之间的争论。在这一节里，我们将通过阐明本雅明的早期思想与早年卢卡奇的承继关系，及与阿多诺的互文性来说明：作为后灵氛时代的辩证法，"崩溃的逻辑"——"否定的辩证法"其实是西方马克思主义传统中隐含着的总体性辩证法的修正因素。

一、文化悲剧时代的总体性

"从今天的眼光来看，本雅明无疑是20世纪最伟大、最渊博的文学批评家之一"[1]，不过，他首先是一个哲学家，他"选择完全停留在哲学显要的传统之外"，其思想是"一种指向与哲学相反的哲学"[2]。阿多诺的上述评论本身想来是能够得到许多人的赞同的，可问题的关键在于如何解释它，特别是如何理解

---

[1] ［美］詹明信：《德国批评传统》，载《晚期资本主义的文化逻辑》，陈清侨等译，生活・读书・新知三联书店1997年版，第314页。

[2] 参见 Adorno, Theodor W., *Prisms: Culture Criticism and Society*, trans., Samuel and Shierry Weber, Cambridge, MA: The MIT Press, 1981, pp. 239 – 240, 235。

其中第一个"哲学"。与阿多诺心存芥蒂的汉娜·阿伦特（Hannah Arendt）认为它当然就是第二国际的马克思主义，这样她就可以把本雅明同阿多诺与西方马克思主义传统剥离开来了。① 阿伦特这么做多少有些徒劳，因为本雅明的思想发展可以说是始终与西方马克思主义传统紧密联系在一起的：新康德主义和浪漫的反资本主义思潮是本雅明思想发展的原初情境，正是在这同一个情境中，早年卢卡奇创作了对本雅明影响巨大的《心灵与形式》(Soul and Form)和《小说理论》(The Theory of the Novel)，而后，本雅明更是在《历史与阶级意识》的影响下转向了马克思主义，尽管他理解的马克思主义始终带有犹太教弥赛亚主义的色彩。②

早年卢卡奇的思想发展受到了德国当时流行的新康德主义思潮的深刻影响。其中，西美尔的影响尤为重要。从黑格尔和马克思出发，立足源自现代资本主义生产力内部的分工制度，西美尔阐述了一种与青年马克思的异化理论非常接近的物化（异化）学说。他指出，现代生产方式和交换方式在把个人高度整合进了一个总体性的社会存在结构之中，但是个人生存却也因此失去了以往可视性的整体意义，日益变得原子化和碎片化；具有总体性外观的强制的大众客观文化，不仅不能使个人重新把捉到生活的总体性，而且加剧了个人生存的悲剧感。这就是文化悲剧。③ 西美尔悲观地认为，这种物化（异化）是人

---

① 参见阿伦特为她所编的本雅明英文版论文集《启示》一书写的导言"瓦尔特·本雅明：1892—1940"，载本雅明《本雅明：作品与画像》，孙冰等编译，文汇出版社1999年版，第155—233页。本雅明是阿伦特前夫的远房兄弟，他们在阿伦特逃亡巴黎期间相遇。阿伦特非常钦佩本雅明的才华和能力，本雅明看来也非常赏识她，因为他在逃亡西班牙之前将自己非常重要的《历史哲学纲要》手稿托付给了她（参见［德］普林茨《爱这个世界：汉娜·阿伦特传》，焦洱译，社会科学文献出版社2001年版，第89页）。尽管阿伦特与本雅明有如此不一般的深厚交往，但她并没有因此成为他的朋友（阿多诺）的朋友。她总是怀疑"阿多诺圈子"里的人在想方设法诋毁海德格尔。作为阿多诺指责海德格尔哲学中有纳粹气味的回敬，她蓄意攻击阿多诺在"二战"中改姓是投敌。可如果我们心平气和地去看，就会发现当时的美国犹太人改名换姓是一件比较普遍的事情（例如丹尼尔·贝尔），而只有一半犹太血统的阿多诺（他父姓Wiesengrund，母姓Calvelli-Adorno）改姓则主要是出于研究所同事的建议（参见［美］马丁·杰《法兰克福学派史》，单世联译，广东人民出版社1996年版，第43页）。

② 参见 Richard Wolin, *Walter Benjamin: An Aesthetic of Redemption*, New York: Columbia University Press, 1982, pp. 13-28。

③ 参见 Simmel, "The Concept and Tragedy of Culture", *Simmel On Culture: Selected Writings*, ed., David Frisby and Mike Featherstone, London: SAGE Publication, 1997, pp. 55-75。

类不可扬弃的宿命和历史的本质，但是，通过艺术，人类却可以消除这种悲剧感，从而达成与外部世界的和解。因为外部世界一切破碎的景观，都能够折射出社会生活的总体意义，艺术的功能就在于"使我们了解真实性，使我们跟它固有的以及最内在的意义关系更加密切，在外部世界冷漠的陌生背后向我们显示存在的灵性，通过这种灵性使我们接受和理解存在"①。

早年卢卡奇的文学社会学研究基本上是因袭西美尔的理路进行的，但他在对两个问题的探讨上超出了后者。西美尔认为艺术工作是一种封闭的统一总体，它能够超越因为分工所导致的物化（异化），表现个人最深刻和最完整的内在经验；与此相反，卢卡奇从经过西美尔中介的马克思主义出发，证明异化是全面的，它将不可避免地扩展到艺术领域。同时，在西美尔认为资本主义就是人类历史发展归宿的地方，反资本主义的青年卢卡奇却提出了超越资本主义的问题。因此，我们看到，除了社会存在的整体之外，卢卡奇还赋予总体性观念以救世主义的伦理内涵。这一点是西美尔的总体性观念所缺乏的。在1911年的《心灵与形式》中，卢卡奇提出一种深刻触及了现代社会中人的存在的困境的悲剧世界观：在现时代，"上帝必须离开这个舞台，但它必定已然留下了一个观众；它就是悲剧时代降临的历史可能性。因为自然和命运从来没有像它们如今这样令人恐怖地无灵魂（soulless），因为人的灵魂从来没有在这样绝对的孤独中行走于被抛弃的路上，因为所有我们能够再次期望的不过就是悲剧的降临——所有友善秩序舞动着的阴影都已经消散了，它们不过是我们懦弱的梦想加诸自然所承诺我们的关于安全感的错觉"②。人不仅被上帝抛弃了，也为他人所抛弃。一个个人或许能够暂时地扬弃这种异化的存在状态，使真实的生命与自我得以展现，不过就整个人生和整个社会而言，这种实现只是一种无法满足的渴望，而这种渴望也就成为悲剧的形而上学基础。③ 人类是否能够脱离自己的这种悲剧处境？卢卡奇对此并未做出正面回答。虽然他

---

① [德]齐美尔（亦译作西美尔）：《门与桥——齐美尔随笔集》，涯鸿等译，生活·读书·新知三联书店1991年版，第226—227页。
② Lukács, *Soul and Form*, trans. A. Bostock, London: Merlin Press, 1974, p. 154.
③ 参见 Lukács, *Soul and Form*, trans. A. Bostock, London: Merlin Press, 1974, p. 162.

承认艺术能够通过完美的形式创造一个整体的幻象,但是他反对把这种悲剧局限在主观的精神领域,以"泛诗化"的形式来解决"应有"和"实有"的冲突,认为这只是一种自欺欺人的幻觉,而现实对立正是一种创造价值、能够实现总体意义的真实力量。①

1914—1916年间,卢卡奇创作了《小说理论》。这"是'精神科学'学派中第一部将黑格尔哲学的发现成功地运用到美学领域中的著作",它力图回到客观历史本身,"寻找文学类型在美学范畴和文学形式的真实本质基础上的普遍辩证法,立志在范畴和历史之间找到较之于他在黑格尔那里发现的更内在的联系;力图在变化中的永久性和本质的持久合法性范围内达到对内在变化的理智理解"②。也就是说,当时还没有完全克服新康德主义话语钳制的卢卡奇,已经亚意识地按照黑格尔的历史本体论来理解文学形式的变迁问题了,他在历史的现实中重新找到了那能够连接"应有"和"实有"的总体性理想。在这本书中,卢卡奇把艺术形式所体现的总体性分为"外延的生活的总体性"和"内涵的本质的总体性",认为同样属于外延的总体性的史诗的总体性产生于有机的总体性,英雄史诗是一种共同性,而"小说的主人翁是一种单一性,它产生于现代人和客观世界的疏远"。③ 小说的主人翁是自我的探索者,当他达到了自我认识的时候却不能确证自己的完整性,而是认为"是和应该之间的差距仍旧未被超越"④,这种差异"不在作者的基本意图,而在于他所面对的历史——哲学真实",换言之,"小说是这样一种时代的史诗,在这种时代里,生活的广泛总体已不再直接既存,生活的内在意义已变成一个问题,但仍以总体的方式来思考"⑤。总之,小说是现代资本主义社会的反题。它的形式特征表明了它所反映的世界的碎片化存在与不和谐。对失去了的总体性的乡愁或对新的总体性

---

① 参见 Lukács, *Soul and Form*, trans. A. Bostock, London: Merlin Press, 1974, p. 50。
② 参见 Lukács, *The Theory of the Novel*, trans. A. Bostock, London: Merlin Press, 1971, pp. 15 – 16。
③ 参见 Lukács, *The Theory of the Novel*, trans. A. Bostock, London: Merlin Press, 1971, pp. 57 – 58。
④ Lukács, *The Theory of the Novel*, trans. A. Bostock, London: Merlin Press, 1971, p. 80。
⑤ Lukács, *The Theory of the Novel*, trans. A. Bostock, London: Merlin Press, 1971, p. 56。

的渴望激励着它,它缺乏资本主义时代所具有的完全的无时间性:"只有小说,表现超越性无家可归观念的文学形式,才包括真实的时间于自身的构成原则之中"。① 小说的主题必然为追寻内在意义而驱迫,但它注定要受到挫折。把捉生活总体的企图导致小说对分离的要素不休止的夸张,与这种"恶的无限性"相比,纯粹史诗的无限性则是一种内在的有机的无限性。之所以如此,是因为小说追求总体性但不能达到,它的特征就是自我参照和反映,是感伤的而非自然的。事实上,需要反应渴求是每一个真正的伟大小说最深刻的忧伤。小说家自己也不能超脱这一境遇反讽式的纠缠。"反讽,已经尽可能走远了的主观性的自我实现,是在没有神的世界里能够达到的最高自由。"②小说家犹如救世主,他将通过小说,于电光石火之间映照出资本主义社会的本质,然后以此发动一场革命,促进总体性伦理理想的实现。

对于卢卡奇本人而言,《小说理论》是一个过渡性的作品,它最终通向了《历史与阶级意识》这个新的形而上学。③ 在后期的马克思主义文学研究中,卢卡奇比较多地放弃了《小说理论》的方法、理论和立场,④他希望读者只是把它作为一个历史文献来读,但他也看到,就像《历史与阶级意识》一样,《小说理论》也违背他的意愿开启了一种影响深远的传统:"《小说理论》是对现实的传统守旧注释与面向激进革命的左派伦理相结合的第一部德文著作。在20年代的思想中,这一观点扮演了一个日益重要的角色。对此,我们只要想想恩斯特·布洛赫的《乌托邦精神》(1918年,1923年)、《革命神学家托马斯·闵采尔》、瓦尔特·本雅明的著作甚至是泰奥多·W.阿多诺的一些早期著作就行了。"⑤历史地看,本雅明继承了《小说理论》的传统并在唯物主义的道路上将它推进了到一个新高度,创作了《德国悲苦剧的起源》,这本书和《小说理论》一起成为法兰克福学派文化批判理论的奠基性著作。

---

① Lukács, *The Theory of the Novel*, trans. A. Bostock, London: Merlin Press, 1971, p. 121.
② Lukács, *The Theory of the Novel*, trans. A. Bostock, London: Merlin Press, 1971, p. 93.
③ 参见 Mary Gluck, *Georg Lukács and His Generation (1900—1918)*, Harvard University Press, 1985, chapter 5 "Toward a New Metaphysics".
④ 参见[英]帕金森《格奥尔格·卢卡奇》,翁绍军译,上海人民出版社1999年版,第五、六、七章。
⑤ Lukács, *The Theory of the Novel*, trans. A. Bostock, London: Merlin Press, 1971, p. 21.

二、后灵氛时代的艺术和真理[1]

当卢卡奇把发现总体性真理的使命交托给小说的时候,他就在事实上作出了两个哲学判断:在文化悲剧时代,哲学理性丧失了发现真理的能力;艺术已经历史地具有了发现真理的权能。对于西美尔和早年卢卡奇而言,它们是现实历史已经呈现出来的事实,但是为什么会这样呢?他们没有去论证,也无意去论证。在1920年代以后,有两个人意识到了这些问题,并力图给予论证。一个是海德格尔,[2]另外一个就是本雅明,尽管这两个人的哲学和政治立场相去甚远,但他们的问题意识和解题思路却是一致的。[3] 准确地说,本雅明只是论证了后一个判断,前一个是由与他具有互文性的阿多诺在"崩溃的逻辑"中解决的。

如果说海德格尔思考问题的出发点是存在,那么本雅明的出发点就是语言。[4]

---

[1] "灵氛(Aura)"是本雅明在1935年完成的《可技术复制时代的艺术作品》中使用的一个非常重要但又相当含混的概念。"灵氛是讽喻性知觉的反面,因为在它里面,客体(对象)的神秘整体性变得可见了。讽喻的破裂碎片代表着由破坏力量构成的某个事物—世界,人类的自主性被淹没其中;而灵氛的客体(对象)则可能是一种乌托邦的确立,一种乌托邦的现在,它不是被剥夺了过去而是吸收了过去,是事物世界上某种充分的存在,哪怕是在极短暂的瞬息之内。"([美]詹姆逊:《马克思主义与形式》,李自修译,百花洲文艺出版社1995年版,第64页)本雅明大致把它同距离感、本真性、膜拜价值、自律等联系在一起,用以刻画传统文化和传统艺术的本质,因为,"在艺术作品的可技术复制时代中,枯萎的是艺术作品的灵氛"([德]本雅明:《可技术复制时代的艺术作品》,载《经验与贫乏》,王炳钧等编译,百花文艺出版社1999年版,第264页)。这样,灵氛的消失就具有了一种历史断代的意义,依照本雅明的用法,后灵氛时代大约是从1900年左右开始的([德]本雅明:《可技术复制时代的艺术作品》,载《经验与贫乏》,王炳钧等编译,百花文艺出版社1999年版,第262页),而阿多诺后来在《美学理论》中似乎把1910年作为"艺术终结"的起点(Adorno, Theodor W., *Aesthetic Theory*, trans., C. Lenhardt, London: Routledge & Kegan Paul, 1984, p.1/1.)。可不管怎样,它们所指向的显然都是西美尔和卢卡奇的文化悲剧时代。后灵氛时代实际也就是本雅明和阿多诺所认为的历史的"当下"(Jetztzeit)。

[2] 参见孙周兴《说不可说之神秘——海德格尔后期思想研究》,上海三联书店1994年版。

[3] 参见 Howard Caygill, "Benjamin, Heidegger and the Destruction of Tradition", *Walter Benjimin's Philosophy: Destruction and Experience*, ed., Andrew Benjamin and Peter Osborne, London: Routledge, 1994。

[4] 本雅明对语言问题的探究显然受到了当时新康德主义的影响。我们看到,也就是在1910年代,新康德主义内部酝酿发生了从认识论向文化哲学的转变,最典型的就是卡尔对语言和神话的研究,参见[德]卡西尔《语言与神话》,于晓等译,生活·读书·新知三联书店1988年版。

在 1916 年作为信件写给好友朔勒姆(G. G. Scholem)①的《论语言本身和人的语言》中,本雅明提出了一种具有神秘主义色彩的元语言观,这可以说是他后来一切学说的基础。本雅明认为,语言是万事万物的精神传达,"对思想内容的所有传达都是语言,词语传达仅仅是人类语言的一种特殊情况",因此应当区分"语言自身"和"以语言传达自身的思想实体"。这种颇为神秘晦涩的区分只有放置在本雅明对语言的三种分类中才是可以理解的。在他看来,上帝通过语言并在语言中创造了万事万物,而万事万物就在语言中传达了自身即上帝创造出来的思想实体,就此而论,事物自身即思想实体是它们的语言存在是有区别的。人则不然,上帝按照自己的样子创造了人,并给予其命名的权利,人的本质就是命名本身,因此,人自身和其语言存在是同一的,"人是自然的主人",他在对自然的命名中模仿了上帝的创造,而上帝则在这种模仿中看到了自己的创造的完成,不过,在这种完成中人类语言的堕落也就随之开始了。② 文献到此就戛然而止了,似乎尚未说完,不过,对于本雅明和朔勒姆却已经足够了,救赎是它接下来的应有之义。总的说来,这篇文献所表现出来的柏拉图的理念论、犹太教的弥赛亚主义和布洛赫的乌托邦精神的一种混合,它的理论取向与《小说理论》是极其一致的。

本雅明的博士论文《德国浪漫派的艺术批评概念》(*Der Begriff der Kunstkritik in der deutschen Romantik*,1920 年)和《论翻译者的任务》(*Die Aufgabe des Übersetzers*,1921 年)是一组需要相互参看的文本,它们所要解决的问题其实就是《小说理论》遗留下来的后一个问题,即为什么现时代的艺术具有了发现真理的权能? 与上述元语言观相对应,本雅明通过翻译想要说明的其实是转述事物自身中的"思想实体"即真理的问题。以德法翻译为例,德语 Brot 要传达的不是面包这个事物,而是面包之中的真理,因此,尽管从人

---

① G.朔勒姆(国内有学者按照英语发音把 Scholem 译成索伦)是 20 世纪最伟大的犹太教神秘主义学者之一,也是本雅明的终生朋友,本雅明现存 600 余封信件有一半以上是写给他的。朔勒姆 1941 年完成的名著《犹太教神秘主义主流》(涂笑非译,四川人民出版社 2000 年版)就是题献给本雅明的。

② 参见《本雅明文选》,陈永国等编译,中国社会科学出版社 1999 年版,第 263—278 页。

的语言的角度来看,Brot 意指面包的方式与法语 Pain 不同,但翻译却是可能的,因为法语和德语都是对上帝的模仿。既然如此,那么,为什么还需要翻译呢?这一点其实已经由卢卡奇在《小说理论》中预先给出了:随着人类的堕落,人类失去了与上帝、真理直接交往的路径,需要通过先知这个中介,但是,随着无神时代的来临,众人已不再能够体认先知与上帝、真理的关联,先知需要首先解释自身才能传达上帝。换言之,有神时代的先知是诗人,他们直接呈现上帝、真理;无神时代的先知只是翻译者,他要以众人能够接受的方式去解释诗人的作品所传达的本质,他的"任务包括发现趋向目标语言的特殊意念,这种意念在那种语言中生产原文的共鸣"①。因此,准确地说,**这种翻译应当是艺术批评和文学批评**。《德国浪漫派的艺术批评概念》的创作意图就是重新发现浪漫派的艺术批评理论,"因为创立艺术作品的批评,而不是哲学批判主义,乃是浪漫派的永恒功绩之一"②。论文的第一部分着重分析了浪漫派与费希特"反思"概念的关系,这一分析实质上涉及的是费希特与谢林的差异问题。③本雅明认为,浪漫派在认识论上无疑受到了费希特"反思"概念的深刻影响,但是,与从自我出发的费希特不同,浪漫派的艺术批评是从非我、自然出发,通过对自然和艺术作品的批评以获得知识和真理。论文的第二部分具体剖析了浪漫派的艺术批评理论,指出:浪漫派艺术批评的认识论前提是承认作品的独立性,它力图通过内在批评的方式呈现作品自身的"秩序的神秘",因此,与主张艺术批评是不可能的歌德不同,浪漫派强调了批评的可能性和必要性,其最高目标"是使所创作的作品绝对化",这"可以比喻为作品中炫目效应的生成","这种炫目效应——冷静的光——销毁的是作品的多样性","它就是理念"。④

如果说艺术能够呈现真理,那么,它的现实性何在?在《德国悲苦剧的起源》中,本雅明指出,这就是"寓言"(Allegorie)。德语中 Allegorie 和 Fabel 都

---

① 《本雅明文选》,陈永国等编译,中国社会科学出版社 1999 年版,第 285 页。
② [德]本雅明:《经验与贫乏》,王柄钧等编译,百花文艺出版社 1999 年版,第 30 页。
③ 关于德国浪漫派与德国古典哲学的关系问题,可以参见[俄]古雷加《德国古典哲学新论》第四章"返回自然",沈真等译,中国社会科学出版社 1993 年版。
④ 参见[德]本雅明《经验与贫乏》,王柄钧等编译,百花文艺出版社 1999 年版,第 134 页。

是指寓言,两者的差异在于 Fabel 的寓意仅仅是口述性的,而 Allegorie 除了口述性之外还具有图画的可视性,因为在巴洛克的悲苦剧中,寓意正是通过废墟、尸体、死亡、太阳下山等视觉形象来传达的。巴洛克艺术原本就是一种高度风格化的艺术精神,而对于德国的巴洛克悲苦剧而言,就只能更加风格化了,因为"30 年战争"所导致的灾难性社会现实使戏剧家们无法在残破的现实中找到规范和价值,只有通过寓言这种形式来表达现实的易朽和速亡,人只有在彻底的毁灭中才看得到拯救的前景。在这个意义上,死亡是攀上自然生命巅峰的必由之路,"死亡不是惩罚而是清偿,是一种将有罪的生命归顺于自然生命法则的表现"①。用本雅明经常被引用的那句话来说,就是"因为没有希望,希望才给予我们"。就像研究浪漫派一样,本雅明对悲苦剧的研究也是从现时代出发的,因为寓言式的观察方法正是"对作为世界的苦难的历史所作的世俗解释,它的重要性仅仅在于世界衰微的各个时代"②。巴洛克犹如当下的镜子,只有在破碎的、衰亡的、废墟的图像的自然中,寓言诗才能撕裂卢卡奇所说"第二自然"同一性的铁幕,"看到外界的无常,只是在这里,这些同时代的冷漠叙述才承认历史"③。

早年卢卡奇和本雅明都很关注德国浪漫派这一在当时已经被人淡忘的传统,但是,较之于卢卡奇,本雅明似乎更多地继承了浪漫派的精神④:**卢卡奇强调艺术批评的主体方面即小说家,而本雅明则强调艺术批评的客体方面即作品、自然**;因此,同样都从《小说理论》出发并都成为西方马克思主义者,卢卡奇最后抓住的是历史辩证法的主体向度,而本雅明及阿多诺则抓住了它

---

① Benjamin, *The Origin of German Tragic Drama*, trans., John Osborne, London: NLR Press, 1977, p. 131.

② Benjamin, *The Origin of German Tragic Drama*, trans., John Osborne, London: NLR Press, 1977, p. 166.

③ Benjamin, *The Origin of German Tragic Drama*, trans., John Osborne, London: NLR Press, 1977, p. 179.

④ 参见 Ian Lyne, "Walter Benjamin and Romanticism", *Philosophy Today* Vol. 39:4 (Winter 1995).

的客体向度。①

三、"崩溃的逻辑"与《德国悲苦剧的起源》

30年代中后期,阿多诺和本雅明由理论而至政治发生了剧烈争执。② 在1936年3月18日致本雅明的信中,阿多诺严厉批评本雅明离开了"神话与历史关系的辩证建构"这一"我极其感兴趣并完全赞同的"立场,跑到布莱希特的粗俗马克思主义那里去了。③ 现在看来,这场争论的焦点是本雅明的《起源》:一方面,受到《起源》深刻影响的阿多诺认为自己的"崩溃的逻辑"是对前者立场的正确坚持和发展,而本雅明之后的思想发展恰恰背离了这一正确立场;④ 但另一方面,如果我们从本雅明整个思想发展过程来看,阿多诺所指证的那种背离似乎又并不存在。⑤ 我们应如何解决这一悖论呢? 问题的症结在于《起源》,解答其实也在于此:就像早期本雅明的其他著作一样,《起源》也处于"唯物主义"和弥赛亚主义的张力结合之中;在布莱希特等人的影响下,晚期本雅明走向马克思主义,从而在无产阶级革命的旗帜下张扬了弥赛亚主义的主观主义倾向;阿多诺则抓住了其中的"唯物主义"立场,在哲学层面上提升、拓展并论证了本雅明的理论取向。

在本雅明诞辰100周年的时候,有学者撰写长文《源自现代犹太思想的瓦尔

---

① 关于历史辩证法的主体向度和客体向度这两种不同的取向,可以参见张一兵教授在《马克思历史辩证法的主体向度》(河南人民出版社1995年版)中的相关论述。
② 参见 Susan Buck-Morss, *The Origin of Negative Dialectics*: *Theodor W. Adorno, Walter Benjamin, and the Frankfurt Institute*, New York: The Free Press, 1977, chapter 9 - 11。
③ 参见 *Aesthetics and Politics*, NLB, ed., London: NLB, 1977, p.120。
④ 参见 Susan Buck-Morss, *The Origin of Negative Dialectics*: *Theodor W. Adorno, Walter Benjamin, and the Frankfurt Institute*, New York: The Free Press, 1977, pp. 20 - 25, 69 - 110; Richard Wolin, *Walter Benjamin*: *An Aesthetic of Redemption*, New York: Columbia University Press, 1982, pp. 163 - 212; Eugene Lunn, *Marxism & Modernism*: *An Historical Study of Lukács, Brecht, Benjamin and Adorno*, Theodor W., Calif.: University of California Press, 1982, pp. 149 - 280。
⑤ 参见 Richard Wolin, *Walter Benjamin*: *An Aesthetic of Redemption*, New York: Columbia University Press, 1982; Terry Eagleton, *Walter Benjamin or Towards a Revolutionary Criticism*, London: Verso, 1981; Rainer Rochlitz, *The Disenchantment of Art*: *The Philosophy of Walter Benjamin*, trans., Jane Marie Todd, New York: The Guiford Press, 1996。

特·本雅明》(Walter Benjamin—Out of the Source of Modern Judaism),详细分析了本雅明从早期到晚期的理论文本,认为:尽管存在个人的理论特征,但现代犹太思想的核心即救赎却贯穿于其运思过程始终。[1] 不过,正如我们在前文已经简单提及的那样,本雅明一生都保持了对波德莱尔(Charles Baudelaire)和超现实主义的迷恋,前两者那种物质风格与精神风格相结合的做法给他留下了非常重要的影响,使他在艺术评论的意义上重构了主客体关系,要求让作为客体的自然、艺术品呈现自身中的真理,用阿多诺的话来说,就是"唯物主义"。这种"唯物主义"、"客观的转向"伴随本雅明思想发展始终并在晚期作品中得到有力的张扬。[2] 也就是说,在本雅明这里,具有主观主义倾向的犹太教弥赛亚主义救赎思想和客观的"唯物主义"始终是张力地结合在一起的。当然,在不同的时期,其表现形态也是不同的。在以《论语言本身和人的语言》(On Language as Such and on the Language of Man)为代表的早期著作中,受好友、20世纪最伟大的犹太神秘主义学者朔勒姆的影响,本雅明在自己的元语言学观念中明确传达了弥赛亚主义救赎思想。同时他也肯定,事物自身都有自己的语言,它们在语言中而非通过语言传达自身的思想存在。[3] 这正是后来的"唯物主义"的端倪。如果说在1921年《德国浪漫派的艺术批评概念》之前的著作中,本雅明主要探讨了艺术何以能够认识真理这样一个问题的话,那么,在1925年完成的教职论文《起源》中,他则集中探讨了通过艺术认识真理的现实性即寓言问题。现在,人们都已经足够清楚地看到:"本雅明1925年的前马克思主义著作《起源》是继卢卡奇《小说理论》之后法兰克福文化批评最重要的背景文献。其寓言概念被老年卢卡奇、阿多诺和哈贝马斯等

---

[1] 参见 Gillian Rose, "Walter Benjamin—Out of the Source of Modern Judaism", *Judaism and Modernity*, Blackwell Publishers, 1993, pp. 175 - 210。

[2] 参见 Rodolphe Gasché, "Objective Diversions: on Some Kantian Themes in Benjamin's 'The Work of Art in the Age of Mechanical Reproduction'", *Walter Benjamin's Philosophy: Destruction and Experience*, Andiew Benjamin and Peter Osborne, ed, London: Routledge, 1994, pp. 183 - 204。

[3] 参见《本雅明文选》,陈永国等编译,中国社会科学出版社1999年版,第264页。

人视为解释现代艺术的钥匙。"①这种具有可视性的寓言是与特定的历史时期即"自然历史"相关联的,"正是由于自然与历史奇怪的结合,寓言的表达方式才得以诞生"②。寓言使真理摆脱了"落入含义的深渊中的主体性",使之"'变成奇迹的仪式性保证,因为它宣告了神圣的行动本身的出现'。在他的所有段落中,本雅明都把主体的败亡和人的拯救理解为不可分割的"。③ 这也就是说,寓言重组了主客体关系,使客体从主体的意义之网中解放出来,按照自然历史所提供的可能性,在"有意建构的废墟中"重新安顿认识客体,从而使历史的真理得以按照自己的面目呈现出来。"哲学批评的目的是要表明艺术形式的下述作用:把历史内容,如提供每一件重要艺术品的基础,变成哲学真理。这种把物质内容向真理内容转变从而使有效性减弱,即以前的魅力一代一代地减弱,使之变成再生的基础,在这种再生中,一切转瞬即逝的美都将被彻底剥除,作品便成为一堆废墟。在对巴洛克悲苦剧的寓言建构中,这种废墟始终作为被保存的艺术品的形式因素而明显地突出出来。"④在阿多诺看来,这种从自然、客体出发的"唯物主义"取向正是《起源》最重要的理论成果,同时这也是该书给后人留下的最令人影响深刻的理论。⑤

《起源》对"崩溃的逻辑"的决定性影响是毋庸置疑的,这一点特别突出地体现在了它与《哲学的现实性》和《自然历史观念》这两篇演讲的互文性上:对唯心主义的二律背反的批判、对哲学的现实性的追寻,是"崩溃的逻辑"的理论起点,而这恰恰是《起源》的理论空场;另一方面,《起源》的寓言学说的丰富性则极大地补充了"崩溃的逻辑"在正面立论方面的简单性。

---

① Andrew Arato, "Introduction", Andrew Arato and Eike Gebhardt, ed., *The Essential Frankfurt School Reader*, New York: Urizen Books, 1978, p. 208.
② 《本雅明文选》,陈永国等编译,中国社会科学出版社 1999 年版,第 123 页。
③ 参见 Adorno, Theodor W., *Prisms: Culture Criticism and Society*, trans., Samuel and Shierry Weber, Cambridge, MA: The MIT Press, 1981, p. 231。
④ 《本雅明文选》,陈永国等编译,中国社会科学出版社 1999 年版,第 137 页。
⑤ 1932 年 9 月,已经获得教职资格的阿多诺在法兰克福大学自己开设的研讨班上两次与学生探讨《德国悲苦剧的起源》中的各种理论问题。阿多诺和他的学生认为本雅明一方面是个有些保守的唯心主义者,另一方面在某种程度上又是一个唯物主义者。前者显然是就其主观主义的方法论而言的,而后者指的则是本雅明要求从客体、自然出发的唯物主义取向。参见[德]布罗德森《本雅明传》,国容等译,敦煌文艺出版社 2000 年版,第 241—243 页。

首先是"崩溃的逻辑"对《起源》的哲学空场的补足。如前所述，从《论语言本身和人的语言》到《起源》，本雅明先后解决了艺术何以能够认识真理和艺术怎样认识真理这两个问题，尽管本雅明始终是在语言学—艺术评论的层面上来探讨这些问题的，但当他把艺术作为认识、把握真理的方法的时候，就在事实上否定了理性之于真理的传统关系，从而作出了一个哲学预设即理性已经丧失了认识真理的权能。那么，理性何以丧失认识真理的权能？本雅明始终没有给出一个理论说明，在《存在与时间》出版之后，他的这个理论空场就变得非常显明了。阿多诺"崩溃的逻辑"的一个直接命意就是要为前者补足这个理论空场。当阿多诺把作为德国现代哲学的重要源头之一的克尔凯郭尔哲学定位为唯心主义，并把从胡塞尔到海德格尔的现代哲学主流视为唯心主义二律背反的逻辑展开的时候，很清楚，他自觉地把自己放置在了由《历史与阶级意识》开创的西方马克思主义传统中。由于学派的经济学研究，阿多诺较之于同时代的其他西方马克思主义者更深入、更早地领会到马克思历史现象学的要义，[①]他看到：随着向垄断资本主义的过渡的实现，资本主义这一历史地形成的历史之物就把自身塑造成了一种非历史的自然之物，而这种自然观念也就历史地成为资本这种观念统治的应有之义。从胡塞尔到海德格尔的现代哲学正确地看到了资本主义时代的个人普遍异化、物化，要求打破这一牢笼使个人获得解放，但是，由于受物化意识的制约，它们在事实上都把当下的资本主义"存在"视为一种"自然的"永恒的存在接受下来，从而落入资本主义的唯心主义观念的统治之中，因此它们对存在的追寻和超越就不可避免地陷入了一种荒谬悖论之中。因此，不管资产阶级哲学家的批判理性怎样试图超越资本主义现实，只要它不首先克服物化意识的束缚、恢复资本主义的历史本性，那么，一切批判和超越最终都是对现实资本主义存在的重新肯定。因为理性已经落入现实存在的观念统治，所以，它最终认识到的只是现实存在的观念自身，而不是它的真理，就此而论，理性已经丧失了认识真理的权能或可能性。《哲学

[①] 所谓历史现象学是我的导师张一兵教授对马克思《1857—1858 年经济学手稿》中的哲学思想的总结。在历史现象学中，马克思至为关键地解析了现代唯心主义的社会历史根源，具体参见张一兵《回到马克思——经济学语境中的哲学革命》，江苏人民出版社 1999 年版，第八、九章。

的现实性》的开头说:"没有证明理性(justifying reason)能在其规则和形式压抑了对理性的每一项权力的实在中,重新发现自身;理性只是强辩地向认识者呈现自身为总体实在,同时,它只是希望能够在遗迹和废墟中,遭遇合乎标准的和应当如此的实在。今天,把哲学呈现为如此的哲学只是遮蔽了实在,并把它的现存条件永恒化了。"①这应当被理解为是对《起源》的哲学空场的补足。

在阿多诺看来,哲学的现实性应当奠基在《起源》的自然历史观念之上,这一点是非常明显的。不过必须指出的,当他把自然历史观念引入"崩溃的逻辑"的时候,这一观念就与本雅明的理解有了一种重要的异质性。对于本雅明而言,自然历史观念固然是历史传达自身真理的方式,但由于他主要还是在艺术批评的层面上来讨论问题的,所以,他并没有把这一观念自觉地放置在现代资本主义发展过程中加以审视,而是着重强调了它的救赎功能即主观的方面。这导致他晚期对资本主义物化现实的生命力估计不足,对生产力和技术的发展(其本质是对历史的发展)持过于乐观的态度。而阿多诺则始终自觉地把自然历史观念视为现代资本主义发展为自我认识所形成的一种认识方式,因此,与强调批评家的主体功能的本雅明不同,阿多诺着力凸显的是历史客体自身对于历史真理认识的决定作用。由于阿多诺始终自觉地坚持了这种"唯物主义"立场,所以他清醒地看到自然历史观念只是认识世界的方式而非改造世界的方式,虽然他也像本雅明一样强调美学经验的重要性,但他并没有像后者那样走向具有浪漫主义的美学救赎,而是把承载着自然历史观念的美学经验视为现代被施魅的理性的解毒剂,如果说他这里也存在救赎的话,那么得到救赎的只是理性而非社会现实。一旦我们看到阿多诺与本雅明的这种异质性就会发现:当阿多诺把自然历史观念引入"崩溃的逻辑",从而为自己没有系统阐明的非同一性模式进行必要的理论完形的时候,这一观念已经在一定程度上溢出了本雅明的原初边界。

本雅明的自然历史观念的第一个重要观念是废墟。《起源》阐述的是巴洛克时代的戏剧,表达的却是本雅明自己关于时代的思考。在本雅明看来,第一

---

① Adorno, Theodor W., "The Actuality of Philosophy", *Telos* 31 (Spring 1977), p. 120.

次世界大战从根本上摧毁了西方世界既有的精神生活和物质生活,这种废墟隐寓着弥赛亚世界的降临,就此而论,巴洛克戏剧的艺术实践为现时代的真理认识提供了一种可资借鉴的范式。"在废墟中,历史物质地融入了背景之中。在这种伪装之下,历史呈现的与其说是永久生命进程的形式,毋宁说是不可抗拒的衰落的形式。"①由于种种原因,现实生活中的人们并不能在历史内容中发现历史真理,艺术家的使命就在于"在有意建构的废墟中"安顿认识客体,以"把历史内容……变成哲学真理。这是把物质内容向真理内容转变从而使有效性减弱,即以前的魅力一代一代地减弱,使之变成再生的基础,在这种再生中,一切转瞬即逝的美都将被彻底剥除,作品便成为一堆废墟。在对巴洛克悲苦剧的寓言建构中,这种废墟始终作为被保存的艺术品的形式因素而明显地突出出来"②。阿多诺把废墟观念引入"崩溃的逻辑",形成了自己的"论说文"观念或"论说文主义",③正是在这种观念的作用下,阿多诺为以《否定的辩证法》为代表的"二战"后作品选择了"不可移译的"文体形式。为什么论说文要以无规则、非层递的碎片形式出现? 由"崩溃的逻辑"观之,这首先是因为在资本主义现时代,物化意识、被施魅的理性已经成为真理认识的障碍。虽然还没有提升到同一性的高度,但阿多诺已经非常清楚地看到:近代理性实质上是近代资本主义生产的产物,它以前者为自己的认识边界,虽然它坚信自己能够认识自己创造的认识对象,④但是,它实际认识和呈现的只是它自己所制造出来的关于对象的幻象,它之于现实对象的总体权利其实已经在它的源头被根除了。⑤ 就此而论,这种物化意识、被施魅的理性已经从真理认识的方法沉沦为前者的障碍。在理性、哲学已经与真理隔绝的地方,波德莱尔以降的现代主义艺术却迅速崛起,以其抗拒性的姿态打破了关于美与和谐的幻象,让历史的真理意蕴得以崭露。在一定意义上,论说文是现代主义文体风格在哲学领域的

---

① 《本雅明文选》,陈永国等编译,中国社会科学出版社 1999 年版,第 132 页。
② 《本雅明文选》,陈永国等编译,中国社会科学出版社 1999 年版,第 137 页。
③ 关于 Essay 的译名、渊源、本质特征等问题,我们将在第一章第四节和第五章第三节中分别进行论述。
④ 参见[匈]卢卡奇《历史与阶级意识》,杜章智等译,商务印书馆 1992 年版,第 178—183 页。
⑤ 参见 Adorno, Theodor W. , "The Actuality of Philosophy", *Telos* 31 (Spring 1977), p. 120。

显露,本雅明特别是阿多诺把它引入哲学的目的,就在于打破物化意识关于"资本主义是一种自然存在"与"历史的终结"的幻象,让历史的真理在碎片的缝隙下显露出来。这是问题的第二个方面。不过,无论是在早期还是在晚期,阿多诺都绝没有像有些国内学者所臆测的那样企图以艺术取代理性、走向美学的救赎。事实上,艺术、美学只是阿多诺用以为理性祛魅的手段,理性自身的问题最终还是要由理性自己去解决,历史的真理最终还是要由祛魅后的理性去发掘。这其实是阿多诺和本雅明的一个重要的差别。那么,碎片化的论说文何以能够具有这种为理性祛魅的功能的呢?阿多诺从来都没有给出一种解答,倒是本雅明在自己晚期的马克思主义作品中进行了某种分析:现代主义艺术通过"震惊"撕裂了日常具有拜物教性质的"经历"模式,使人们重新获得"经验"真理的能力。[1]

对于本雅明来说,废墟绝不是一种自然产物,而是精心设计的产物,这种被有意建构出来重新安顿客体的形式就是星丛。"观念是无时间性的星丛,由于要素的存在被视为星丛中的各个点,现象在被细分的同时被救赎。"剔除救赎这一目的,星丛最为显要的地方在于观念与客体的关系。一方面,它"属于与其所理解的世界根本不同的另外一个世界"而"预先存在";另一方面,它又不具有脱离现象现实的独立性,"因为观念不在其自身中被表述,而只是在概念中唯一地被表述在具体要素的排列中:作为这些要素的结构"。"观念之于客体犹如星丛之于星星"。[2] 阿多诺接着本雅明往下说,把星丛确立为了哲学的现实性的根苗。在《哲学的现实性》演讲中,他曾以较大篇幅阐述了自己对于星丛的基本构想,不过由于缺省了大量必要的理论说明,我们今天看来,这与其说是澄清了问题,倒不如说使问题变得更复杂了。在多少有些过于浓厚的美文学描述后面,阿多诺通过星丛实际想讨论的其实就是重建主客体关系这个基本问题。从原则上讲,由《历史与阶级意识》开启的西方马克思主义传

---

[1] 参见 Pauline Johnson, *Marxist Aesthetics: The Foundations within Everyday Life for an Emancipated Consciousness*, London: Routledge & Kegan Paul, 1984, pp. 51-57。

[2] 参见 Benjamin, *The Origin of German Tragic Drama*, trans., John Osborne, London: NLR Press, 1977, p. 34。

统是根本反对近代认识论的主客二分观念的,因为这不可避免地把认识设立为了"一种媒介物的认识",而在《精神现象学》的导论中黑格尔早已经证明这是不能保证认识的真理性的。[1] 在这种传统看来,真理应当是存在的自我呈现,而现实的认识主体的功能就在于解释、传达这种存在的真理。也就是说,真理已经存在,但它尚未被人发现,问题的关键在于理性自身。作为一种安顿客体的新形式,星丛从根本上重建了主客体关系。首先,它是从客体、"非意向性之物"出发的"唯物主义",因为无论主体的观念发挥了怎样的建构作用,它都是由"非意向性之物"、要素所构造的"图形或现象",[2]这样,它所呈现出来的就不是商品结构强加给客体的"新的物性"、"新的客观性",[3]而是事物自身的性质即历史真理。其次,面对星丛所表现出来的废墟,主体在异质性的经验中经受了震惊,束缚人的思维的唯心主义得以暂时地被打破,在形式理性的这种缝隙间,现实主体得以与现实客体遭遇。作为一种历史表象,星丛在重建了主客体关系的同时,也就使认识论统一到了本体论中去:"历史表现同时就是它们自身的观念,是被设立的非意向性真理的构造,而非作为目的显现在历史之中的那个真理。"[4]以我们之见,这是阿多诺"崩溃的逻辑"向着马克思的经济哲学方法论的自觉靠拢,[5]尽管它是以一种非常不同的方式进行的。

第四节 阿多诺与尼采

从"崩溃的逻辑"到"否定的辩证法",这其中最显要的一个变化就是从《历史与阶级意识》式的意识形态批判向同一性批判的转变。这个变化一方面是

---

[1] 参见黑格尔《精神现象学》上卷,贺麟等译,商务印书馆1979年版,第51—53页。
[2] 参见 Adorno, Theodor W., "The Actuality of Philosophy", *Telos* 31 (Spring 1977), p. 127。
[3] 参见[匈]卢卡奇《历史与阶级意识》,杜章智等译,商务印书馆1992年版,第154页。
[4] Adorno, Theodor W., "The Actuality of Philosophy", *Telos* 31 (Spring 1977), pp. 128 - 129.
[5] 参见张亮《历史与结构的融合——马克思经济哲学的"本体"基础》,载《学术月刊》1999年第9期。

批判理论对变化了的历史形势所做的理论反应,另一方面则是阿多诺个人研究尼采的一个积极成果。事实上,如果没有尼采对传统形而上学的先行批判及对格言式哲学文体的大胆尝试,《否定的辩证法》对理性的批判能否达到当下我们所见证到的深度,其碎片化的文体的革命性和颠覆性能否获得目前的震撼力量,这些都是大可怀疑的事情。然而,"否定的辩证法"与尼采的渊源关系却又是在相当晚近的后现代氛围中才不断被发觉、被意识到的。一方面因为尼采被普遍指认为法西斯主义哲学家,另一方面因为阿多诺本人从没有正面系统论述过自己与尼采的关系,所以,尽管尼采对20世纪上半叶德国思想发展的深刻影响几乎是人所共知的,不过,在1980年代以前,却很少有人把阿多诺这个西方马克思主义者与尼采联系起来。[1] 在后现代成为一种学术时尚以后,人们不仅发现尼采是德里达、福柯等后现代大师的思想导师,而且"否定的辩证法"业已是一种"原始形态的后现代理论",[2]他们之间的思想史关联问题就此浮出水面。——可以肯定,"否定的辩证法"对理性的批判及其碎片化的文体都可以追溯到尼采那里,但如果我们脱离尼采哲学与它所处的时代即市场经济的本质关联直接切入主题,进行纯粹形式的类比,那不仅将根本背离"否定的辩证法"的精神,而且将把它与作为晚期资本主义文化逻辑的后现代混同起来。[3]

一、尼采、启蒙与资本主义市场经济

在第三帝国时代,尼采被奉为纳粹的思想先驱,尼采研究自然也就形成一股热潮。1935年,雅斯贝尔斯出版了《尼采》,其意图即在于"针对那些纳粹分

---

[1] 英国学者Gillian Rose无疑是个例外,他在1978年就论述了尼采对阿多诺文体的影响。参见 *The Melancholy Science: An Introduction to the Thought of Theodor W. Adormo*, London: The Macmillan Press, 1978, chapter 2。

[2] 参见[美]凯尔纳、贝斯特《后现代理论》,张志斌译,中央编译出版社1999年版,第291—301页。

[3] 在这一方面,美国学者Karin Bauer的近作 *Adorno's Nietzschean Narratives*(Albany: State University of New York Press, 1999)最具代表性。

子……去唤醒思想界"①。同时,也正如雅斯贝尔斯所评论的那样,尼采对于后世的影响是暧昧的,每一种态度都可以从他那里找到需要的东西。② 就在纳粹文人把尼采塑造为第三帝国的直接思想先驱的20世纪三四十年代,我们看到,两种后来对尼采的思想史定位发生了重大影响的解读也悄然形成。海德格尔于1936年到1940年在弗莱堡大学讲述尼采,同时和稍晚一些时候形成了一批关于尼采的演讲和论文。1961年,这些文献以《尼采》为题结集出版。在这里,海德格尔指出,尼采是一切时代最伟大的哲学家之一,而且是西方最后一位伟大的形而上学家。相对晚些时候,身在大西洋彼岸的阿多诺显然也在研究尼采,他的最终结论是:神话就是启蒙,尼采因此"是黑格尔之后认识到启蒙的辩证法的极少数人中的一个"③。

什么是启蒙? 或者说,什么是阿多诺在《启蒙辩证法》中所说的启蒙? 在现代性、后现代性的知识氛围中,这将是我们正确理解阿多诺和尼采关系的一个切入点。诚如哈贝马斯所言,阿多诺是在韦伯工具合理性的意义上来理解启蒙精神的,不过这两个概念之间是存在根本区别的。韦伯的合理性是一个新康德主义的概念,它在本质上是一个与"物自体"、社会存在的"本体"无关的观念存在。在一定意义上,它是对马克思所说的"资本的抽象统治"的抽象化。当卢卡奇把合理性引入马克思主义哲学的时候,就已经对它进行了黑格尔式的改造,使之重新与资本主义生产方式、商品经济这个历史"本体"联系起来。因此,在《历史与阶级意识》中,物化意识总是通过物化现象与资本主义生产方式相联系。这在事实上成为阿多诺论述资产阶级哲学的"本体"论基础。由于美国的学术氛围和意识形态压力,流亡中的法兰克福学派被迫对术语系统进行转换,以掩饰其显著的马克思主义色彩。正是在这样的背景下,启蒙精神取代原先的"资产阶级哲学"成为《启蒙辩证法》中的核心术语。而一旦重返欧

---

① [德]雅斯贝尔斯:《尼采——其人其说》,鲁路译,社会科学文献出版社2000年版,第二版与第三版序言,第1页。
② 参见[德]雅斯贝尔斯《齐克果与尼采》,载考夫曼编著《存在主义》,陈鼓应等译,商务印书馆1987年版,第168页。
③ Horkheimer and Adorno, Theodor W., *Dialectic of Enlightenment*, John Cumming, New York: The Continuum Publishing Corporation, 1972, p. 44/39.

洲,我们看到,思想得到了延续,但是这个术语显然已经被放弃了,这一点在《否定的辩证法》中表现得非常清楚。所以,当哈贝马斯评论说"霍克海默和阿多诺在《启蒙辩证法》中的含混意图,不过就是为了满足尼采对理性的激进批判"①的时候,更多的是以康德的方式来理解理性的他,首先曲解了具有黑格尔主义传统的阿多诺,其次则又低估了尼采对启蒙精神的批判的深度。

在哈贝马斯看来,尼采攻击了启蒙理性自身的基础,但是他并不清楚自己所寻求的这种批判究竟意味着什么,因此不得不在对立的两端之间摆动。②哈贝马斯的这一看法遭到美国学者拉伍(Nancy S. Love)的质疑,她令人信服地证明:作为一个非道德主义的反形而上学者,尼采从一种贵族精英主义的立场出发把批判矛头明确地指向了资本主义社会本身,尽管存在诸多根本性的分歧乃至对立,但是他的批判和马克思的批判之间的确具有结构性的类似——两者都认为现代社会遇到了自身的界限从而成为个人的敌人,由此马克思批判了资本主义生产方式及人的异化,尼采则对与近代工业文明同体发生的近代理性主义和禁欲主义心理学机制发动了猛烈进攻。**如果说尼采揭示了历史唯物主义在社会心理学方面的局限性,那么,马克思则为尼采的谱系学提供了社会经济学的基础。**③

尼采清醒地看到,随着资本主义市场经济的形成,社会文化的基本观念发生了根本改变,人的生存方式和价值评价方式也随之改变。他说:"今天,我们可以看到,一种社会文化正在形成,商业是这种文化的灵魂,正如个人竞赛是古希腊文化的灵魂,战争、胜利和法律是罗马文化的灵魂。商人并不生产,却善于为一切事物定价,并且是根据消费者的需要,而不是根据他自己个人的需要来定价:'什么人和多少人会来消费这种东西?'这永远是他的头号问题。这种定价方式已经变成了他的第二本能;对于出现在他面前的一切事物,他都不

---

① 参见 Habermas, *The Philosophical Discourse of Modernity: Twelve Lectures*, trans., Frederic Lawrence, Cambridge: Polity Press, 1987, p. 105。

② 参见 Habermas, *The Philosophical Discourse of Modernity: Twelve Lectures*, trans., Frederic Lawrence, Cambridge: Polity Press, 1987, p. 96。

③ 参见 Nancy S. Love, *Marx, Nietzsche, and Modernity*, New York: Columbia University Press, 1986。

断地通过这种定价方式加以衡量,无论它们是艺术和科学的产品,还是思想家、学者、艺术家、政治家、民族、党派乃至一个时代的成就。一切创造出来的事物,在他那里都只具有供应和需求的关系,他探讨这种关系,以便使自己能够决定它们的价值。这就是我们这个时代文化的精神。它细致入微,无孔不入,所向披靡,制约着一切愿望和能力"。① 人因此已经成为金钱、市场交换原则的奴隶:"在这种对于金钱的焦急和迷恋背后,我们看到的是权力欲火的又一次死灰复燃……在我们这个时代,这种权力欲的表现形式有所变化,其强度却丝毫没有减轻,仍然在急不可耐和不顾一切地要求着人们的奉献:我们过去为了上帝可以无恶不作,现在则可以为了金钱无恶不作,因为现在,是金钱使我们享受到了最高权力感和让我们心安理得。"②这个时代因此是"穷人的时代",因为"一切财富的真正目的被忘得一干二净!"③基于这种理解,尼采像马克思一样抨击时代的经济学家,指责他们粉饰剥削,制造随着每个人自我牺牲的增长每个人的总福利也一定增长的假象,但实际上"似乎情况刚好相反。因为,个人的总牺牲汇集成为总的损失"④。尼采眼中的理想社会是模糊的、复古的,其中有明显的古希腊等级制度,但其要求扬弃资本主义、取消市场交换的意向还是非常显明的。

阿多诺对尼采的理论兴趣可能与本雅明有关,因为本雅明不仅很早就对尼采发生了兴趣,而且其理论形象与尼采也非常接近,⑤同时,他的研究应当还受到霍克海默的影响,因为在 1926—1931 年间的一则题为《尼采和无产阶级》的札记中,我们看到了霍克海默对尼采进行马克思主义解读的尝试,⑥他的这一解读在 30 年代上半叶的其他论文中得到了延续。⑦《启蒙辩证法》中

---

① [德]尼采:《曙光》第 175 节,田立年译,漓江出版社 2000 年版,第 142 页。
② [德]尼采:《曙光》第 204 节,田立年译,漓江出版社 2000 年版,第 166—167 页。
③ [德]尼采:《权力意志》第 61 节,张念东等译,商务印书馆 1991 年版,第 111 页。
④ [德]尼采:《权力意志》第 866 节,张念东等译,商务印书馆 1991 年版,第 368 页。
⑤ 参见 Peter Pütz, "Nietzsche and Critical Theory", *Telos* 50 (winter 1981)。
⑥ 参见 Max Horkheimer, *Dawn and Decline: Notes 1926—1931 and 1950—1969*, trans., Michael Shaw, New York: The Seabury Press, 1978, pp. 32-33。
⑦ 参见[美]马丁·杰《法兰克福学派史》,单世联译,广东人民出版社 1996 年版,第 61—62 页。

的"第一篇附录：奥德修斯或神话与启蒙"，①是阿多诺论述尼采的著名篇章。在这里，他主要阐明了尼采对启蒙精神的辩证本性的揭示，虽然他不断地把人们的注意力引向等价交换和剥削（牺牲），但总的说来他对尼采的基本看法还是隐而不明的。他的看法在1944年的一则题为《洗澡水中的婴孩》的札记中得到了集中表达。在他看来，文化创造出了人的社会价值这个并不存在的幻象，它隐瞒了所有人类著作都应当奋而反抗的物质条件，使人感到宽慰、昏昏欲睡，从而使现存的恶的经济决定条件得以存活，就此而论，文化是一种意识形态。不管文化批评持有一种怎样的批评立场，只要它不反对文化观念赖以形成的物质条件，就同样是一种意识形态。"如果说物质条件被称为由交换价值形成的世界，那么，对于拒绝接受这个世界的统治的文化而言，只要现存继续存在下去，这种拒绝肯定就是一个幻觉。因此，自由的真诚的交换本身是一个谎言，但否定它的同时也就阐述了真理：面对商品世界的谎言，即使谴责它是一个谎言，这个谎言也变得正确了。"②以此为尺度，阿多诺对马克思和他之后的马克思主义、尼采和他之后的以施宾格勒为代表的资产阶级文化批判作出了区分，并因此赞扬尼采拒绝"与现实共谋"。③ 这一点是阿多诺批判地继承尼采的基础。

二、从形而上学批判到同一性批判

作为对意识哲学的元批判，"否定的辩证法"始终从现实出发来谈论哲学的命运和现状，因为在资本主义时代，"没有能够逃避市场"④，正是从市场交换的合法性中，"唯心主义从中蒸馏出了它的绝对精神，同时把这种关联作为

---

① 《启蒙辩证法》是阿多诺和霍克海默合作的产物，同时也代表了学派内部的集体意见。因此，想准确地描绘出他们两个人的分工情况已经不太可能了，比较普遍的看法是，霍克海默执笔撰写了"启蒙的概念"，而它的两个附录则分别体现了阿多诺和霍克海默的倾向性。

② Adorno, Theodor W., *Minima Morlia: Reflections from Damaged Life*, trans., E. P. N. Jephcott, London: NLB, 1974, p. 43.

③ 参见 Adorno, Theodor W., *Prisms: Culture Criticism and Society*, trans., Samuel and Shierry Weber, Cambridge, MA: The MIT Press, 1981, p. 65.

④ Adorno, Theodor W., *Negative Dialectics*, trans., E. B. Ashton, London: Routledge & Kegan Paul, 1973, p. 4/3.

强制机制发生于现象的真相译成密码；这存在于所谓'构成性问题'(constitutive problem)的背后"①。这种自觉而明确的观念是尼采所缺乏的，但是这并没有妨碍阿多诺在此基础上批判地继承尼采对传统形而上学的批判。由于阿多诺总是假设自己的读者拥有与自己一样渊博、深厚的思想史学识，因此，他在行文中极少标注思想来源，这使得阿什顿（E. B. Ashton）把尼采排除在了理解"否定的辩证法"必须掌握的名单之外。② 而依照阿多诺自己的见解，尼采对于形而上学的批判是一个真正的"解放行动"、一个"纯粹被后来人篡夺了的西方思想史上真正的转折点"，③这样，他一方面就把自己对唯心主义、同一性思维的批判与尼采联系了起来，另一方面则影射了海德格尔对尼采的篡夺。

尼采对传统形而上学的批判从三个方面深刻地影响了阿多诺对唯心主义、同一性的批判。第一，**尼采揭露形而上学的本质是价值体系**。哲学家总是把自己的形而上学体系视为客观地揭示世界本体的科学体系，但在尼采看来，一切形而上学都是价值体系，其核心是最高价值的设定。每一种形而上学都或明或暗地包含一个价值等级体系，"这个等级制即是道德的等级制"，通过逻辑构造，"价值的度"与"现实性的度"实现了融合，并不存在的"真实的世界"反而取代真实的"表面世界""成为更高等的品级"。④ 传统形而上学具有三种形式或者三个发展阶段：对一切现象的"意义"的寻求及其失落，对一切现象的"总体性"的寻求及其失落，对"真实世界"的寻求及其失落，其中道德是最高价值，它支配着哲学的一切阶段，并承担着虚构"真实世界"的使命。⑤ 阿多诺接

---

① Adorno, Theodor W., *Negative Dialectics*, trans., E. B. Ashton, London: Routledge & Kegan Paul, 1973, p.47/47.
② 参见 Adorno, Theodor W., *Negative Dialectics*, trans., E. B. Ashton, London: Routledge & Kegan Paul, 1973, p.xii/5。
③ 参见 Adorno, Theodor W., *Negative Dialectics*, trans., E. B. Ashton, London: Routledge & Kegan Paul, 1973, p.23/22。
④ 参见[德]尼采《权力意志》第583节，张念东等译，商务印书馆1991年版，第519—520页。
⑤ 参见[德]尼采《权力意志》第12、461节，张念东等译，商务印书馆1991年版，第424—427、490—491页，并参见周国平《尼采和形而上学》（湖南人民出版社1990年版）之"形而上学的虚无主义实质"中的评论。

着尼采往下,不仅点明资产阶级哲学体系是出于它的阶级利益对现实的虚构,而且指出体系本身存在二律背反,它倾向于否定自身。在阿多诺看来,自17世纪以来,资产阶级哲学体系就服务于一种政治补偿的目的,"与资产阶级利益相一致的理性已经粉碎了封建秩序及其思想反思形式即经院哲学的本体论,这同一个理性一看到毁灭它自己的成果,就因为害怕混乱而感到恐惧"。"在自己不彻底的解放的阴影下,资产阶级意识必定害怕自己被一种更加先进的意识所废除",为了打消这种忧虑,资产阶级理性开始着手制定自己曾经否定的即如封建专制那样的秩序,这是"一个被摆制成自在之物的装模作样的东西"。① 资本主义生产方式的特性决定了资产阶级哲学体系的特性,一方面体系要求像资本主义生产过程一样把一切都纳入自己的统治,"要求有秩序地组织和表达思想,要求一种具有言说纪律(topical disciplines)的一致结构,而无须从客体出发,坚持其各要素的内在统一"②;另一方面,就像资本主义生产将在自己的边界上自我毁灭一样,体系并不像它自己所想象的那样是自足的、封闭的,而"只能在否定中生存下去","曾经在体系之中合法地超越了特殊性的东西在体系之外有着它的位置"。③

第二,尼采批判了同一律的虚假性,为阿多诺对同一性的批判奠定了基础。同一律规定每一个概念或事物自身等同,即 A=A,这是全部逻辑思维的前提和基础。尼采认为这个前提纯属伪造,现实中并不存在自身同一的 A,同一乃是内心世界削齐拉平的结果,是一种虚假的观念。这一过程是在感觉和思维两个层次上进行的。首先,我们的感官知觉就包含一种同一化的功能,自在地把不同事态向着既定状态拉平,"因此,我们的感官知觉就是我们同化脑中一切既往的结果了"④,所以,感觉本身就是判断,而在判断之前"必须完成

---

① 参见 Adorno, Theodor W., *Negative Dialectics*, trans., E. B. Ashton, London: Routledge & Kegan Paul, 1973, p. 21/19-20。
② Adorno, Theodor W., *Negative Dialectics*, trans., E. B. Ashton, London: Routledge & Kegan Paul, 1973, p. 25/24.
③ 参见 Adorno, Theodor W., *Negative Dialectics*, trans., E. B. Ashton, London: Routledge & Kegan Paul, 1973, p. 28/27。
④ [德]尼采:《权力意志》第 500 节,张念东等译,商务印书馆 1991 年版,第 207 页。

同化过程"①。在感觉拉平的基础上，思维进而又把不同的感觉拉平。"在我们的思维中，基本上是旧瓶装新酒（＝普洛克儒斯忒斯之床），是对新事物采取削足适履的办法。"②"一切思维、判断、知觉都是比较法，它们作为前提来说，都具有'同化'的性质，'同化'以前就有。'同化'就是变形虫同化占有物质的过程。"③尼采肯定同一律是人类认识所必需的，但是他拒绝承认它的真理性。因为这种还原事实上出于一种把握"真实世界"的幻想，无非是"为了谅解和统治的目的"④，"创造一个对我们来说是可以测度的、简化的、可理解等等的世界"⑤。正像哈贝马斯1968年所指出的那样，"尼采看到了认识和兴趣的联系，同时把这种联系心理化，从而使这种联系成为用批判的批判方法解决整个认识问题的基础"。但他接下来的评论是不正确的，因为不是尼采，而是站立在尼采基础之上的阿多诺"完成了由黑格尔提出，由马克思进一步发展了的认识论的自我扬弃：反思的自我否认"⑥。阿多诺把尼采的心理化批判落实到社会历史之中，指出在资本主义社会，同一性已经从思维的中介上升为了一种思维的强制，它反映的"不是认识的规律"，"它是现实的规律"。⑦ "商品交换是这一原则的社会模式，没有这一原则就不会有任何交换。正是通过交换，非同一的个人和行为变成可通约的和同一的。这个原则的扩展把成为同一的、总体的作为义务强加给整个世界。"⑧然后以此为基础，阿多诺对从胡塞尔到海德格尔的全部德国现代哲学主流进行了严厉的元批判，指明它们都没有能够逃脱唯心主义同一性的强制，从而在客观上与现实的社会强制达成共谋。但与诉诸"记忆"的尼采不同，⑨阿多诺事实上是沿着理性的道路去解决理性自

---

① [德]尼采：《权力意志》第532节，张念东等译，商务印书馆1991年版，第178页。
② [德]尼采：《权力意志》第499节，张念东等译，商务印书馆1991年版，第163页。
③ [德]尼采：《权力意志》第501节，张念东等译，商务印书馆1991年版，第628页。
④ [德]尼采：《权力意志》第509节，张念东等译，商务印书馆1991年版，第670页。
⑤ [德]尼采：《权力意志》第521节，张念东等译，商务印书馆1991年版，第240页。
⑥ [德]哈贝马斯：《认识与兴趣》，郭官义译，学林出版社1999年版，第287页。
⑦ 参见 Adorno, Theodor W., *Negative Dialectics*, trans., E. B. Ashton, London: Routledge & Kegan Paul, 1973, p. 6/4.
⑧ Adorno, Theodor W., *Negative Dialectics*, trans., E. B. Ashton, London: Routledge & Kegan Paul, 1973, p. 146/143.
⑨ 参见[德]基尔西霍夫《尼采的认识论研究》，载《哲学译丛》1989年第2期。

身的问题的,他相信通过批判思维中的强制,超越概念拜物教,重建主客体之间的辩证关系,思维的强制将可以成为它的解放的媒介。① 获得真理的任务最终要由理性自身来完成,艺术的职能不过在于使理性从概念的拜物教中苏醒过来。

第三,尼采对于德国古典哲学的批判为阿多诺批判古典哲学和现代哲学提供重要的启示,并为非同一思想开启了道路。尼采对于德国古典哲学评价很高,认为它"是对古代文化、希腊哲学,尤其是对苏格拉底以前的哲学——古希腊神殿中湮没最深的哲学——的发掘中出现的后继意志"②。古典哲学在宇宙论上力图向希腊世界观复归,道德论上则还在竭力维护瓦解中的形而上学,因此处于一种矛盾之中。在充分肯定其历史功绩的基础上,尼采批评康德为了维护道德的绝对权威而假设了作为"真实世界"的"物自体"③,批评黑格尔的辩证法由于听命于道德权威而否定自身成为一个非批判的浪漫哲学④。我们看到,阿多诺后来实际上是在社会历史元批判的基础上延续和深化了尼采的这些批判。特别值得注意的是,尼采揭露了黑格尔的辩证法已经陷入同一性的泥沼,"未能认识到使各种力量、它们的质以及它们的关系得以形成的真正要素",没有看到那些通过权力意志构造了现实的"更为细微和隐蔽的分化机制",⑤由此提出了一种取代同一性辩证法的差异的多元性理论。这可以被视为"否定的辩证法"的一个源头。但是,尼采并没有继续深入,余下的工作是由阿多诺完成的。⑥

---

① 参见 Adorno, Theodor W., *Negative Dialectics*, trans., E. B. Ashton, London: Routledge & Kegan Paul, 1973, p. 48/47。
② [德]尼采:《权力意志》第 419 节,张念东等译,商务印书馆 1991 年版,第 166 页。
③ [德]尼采:《偶像的黄昏》,周国平译,湖南人民出版社 1987 年版,第 28 页。
④ [德]尼采:《权力意志》第 422 节,张念东等译,商务印书馆 1991 年版,第 146 页。
⑤ 参见 Gilles Deleuze, *Nietzsche and Philosophy*, trans., Hugh Tomlinson, London: The Athlone Press, 1983, p. 157。
⑥ 阿多诺对德国古典哲学的批判性见解在《否定的辩证法》中得到了集中表达。法国学者泰尔图利安的论文《阿多诺与德国古典哲学——评〈否定的辩证法〉一书的中心思想》(《哲学译丛》1985 年第 5 期)是有关于此的一项简要的然而却问题颇多的成果。在《无调式的辩证想象》一书的第一、三、四章中,张一兵教授倒是对这个问题进行了比较深入全面的阐述,不过,因为是文本学解读,所以他的研究的课题化程度显得有些不足。

三、视角主义的哲学文体：从格言到"论说文"

阿多诺以《最低限度的道德》(Minima Moralia: Reflections from Damaged Life)、《否定的辩证法》和《美学理论》为代表的"二战"后作品，在形式上是极其惊人的，它们总体上都是由一些无规则、非层递的片段构成，"把它们统一起来的，并不是它们的主题内容，而是它们的文体（风格）——作为辩证思维过程本身在时间上是永恒的现在——和它们基本的知识坐标"①。用阿多诺1930年代的话来说，这就是"论说文"(Essay)。"论说文"实验的开放的风格迫使读者把注意力集中于那些较小的片段、个别的语句，以捕获它"永远不会生成的整体性"。但通常的情况是，意图"消费"它们的读者不仅没有形成"整体性"，连对具体的片段也不知所云。这当然是一个问题，但是对于理解阿多诺而言，它又是不可回避的。因为在阿多诺这里，形式决不是技巧，而就是内容本身，"不理解阿多诺展现他的思想的方式，不理解他对文体选择的先行构想，就根本不可能理解他的思想"②，决定阿多诺文体的并非他个人的好恶，而是他对资本主义社会交换机制的批判性认知。我们看到，卡尔·波普(Karl Popper)曾不无讥讽地说，阿多诺"不过是以动听的语言在谈论些琐碎的事情"③。这极有代表性地说明，一般读者或者对现代主义文学运动缺乏深刻认识的读者，对阿多诺风格是很不以为然的，甚至认为是不必要的。同时，我们还不无遗憾地看到，即使像马丁·杰这样的专家对阿多诺文体的解释也不尽如人意，他不仅没有能够对这种文体与阿多诺社会批判理论的关系作出清晰的说明，更没有对它的历史渊源进行指证，只是一味迎合时尚，强调它的不可理解性，从而有意无意地把它解构主义化了。④

阿多诺的"论说文"毫无疑问是与尼采联系在一起的。"伟大韵律的技艺，

---

① [美]詹姆逊：《马克思主义与形式》，李自修译，百花洲文艺出版社1995年版，第41页。
② Rose, *The Melancholy Science: An Introduction to the Thought of Theodor W. Adormo*, London: The Macmillan Press, 1978, p. 11.
③ Karl Popper, "Reason or Revolution?" *The Positivist Dispute in German Sociology*, trans., Glyn Adey and David Frisby, London: Heinemann Educational Books, 1976, p. 296.
④ 参见[美]马丁·杰《阿多诺》，瞿铁鹏等译，中国社会科学出版社1992年版，第2—8页。

圆周句艺术的伟大风采,表现一种超凡的、超人激情的大起大落,这都是我首先发现的"①,在尼采看来,"论说文"这种形式的东西恰恰乃是内容即"事物本身",因为他以艺术家超越常人的见识发现了一个"颠倒的世界",所以,"对一个人来说,现在内容就成了单纯形式的东西了——连我们的生命在内"。② 这种关于形式的思考无疑是与尼采对理性、对传统形而上学的反思、批判联系在一起的。尼采认为,人类由此发端的全部精神活动都以非理性的生命本能为基础,可是理性事物的这种非理性由来却被磨灭了。尼采由此想强调的是人类理性认识活动对人的生命需要的依赖,没有也不可能有所谓纯粹认识。认识不是"诠释"而只能是一种"描述",在人们以为是诠释的地方,"它只不过是我们对于较为古老的知识与科学的'描述'罢了;我们也只能是描述的比较好一点——对于诠释,我们则做得和前人一样少"③。在这个意义上,真理、逻辑和范畴只是有用的伪造。不过,尼采并未因此要求抛弃这些理性手段,而只是要求人们如实地看待这些相对性的手段,而不要把它们绝对化。但是,阿多诺的"论说文"又不能仅仅和尼采联系在一起,事实上,离开了青年卢卡奇和青年本雅明所承袭的西美尔传统,阿多诺的"论说文"是不可能得到彻底说明的。④因为就其构想而言,"论说文"不过是本雅明寓言理论的一个实现,它以建构"形象"(figure)或"表象"(imagine)并将它们组合起来为己任,以"解释非意向性的现实"⑤。这种具有"可视性"的"论说文"是"你眼中的梁木",是观察世界"最好的放大镜",⑥它能使非真理中的真理得以呈现。

---

① [德]尼采:《看哪这人!——自述》,载尼采《权力意志》,张念东等译,商务印书馆1991年版,第47页。
② 参见[德]尼采《权力意志》第818节,张念东等译,商务印书馆1991年版,第442页。
③ [德]尼采:《快乐的科学》一一二,余鸿荣译,中国和平出版社1986年版,第130页。
④ 参见 Richard Wolin, *Walter Benjamin: An Aesthetic of Redemption*, New York: Columbia University Press, 1982, pp. 84-90。
⑤ Adorno, Theodor W., "The Actuality of Philosophy"(1931), *Telos* 31 (Spring 1977), p. 127。
⑥ 参见 Adorno, Theodor W., *Minima Moralia: Reflections from Damaged Life*, trans., E. P. N. Jephcott, London: NLB, 1974, p. 50。

因为"真理是客观的,不是似乎有理的"①,所以,"论说文"就决不是从主体、主观出发,轻松"交流"我们关于客体的思想的方法,而是从客体、客观出发,表达思想之于它的对象的方法。在《最低限度的道德》的献词中,阿多诺说:它的"特定的方法,呈现我们从客观经验出发共享的哲学的诸方面的企望,迫使其中的诸部分不需要满足它们从来就不是其中之一部分的哲学的各种需要"②。客体从数量上讲是多样性的,从性质上讲也是多样性的,所以,"论说文"的视角就决不是单一的、固定的,而是复合的、流动的。为了使客体得以真实地呈现,阿多诺就像黑格尔写《精神现象学》一样,围绕着一个确定的对象不断转换视角,反复论述,因此,对于不理解这一点的读者而言,阿多诺的作品确实让人有种头晕目眩的感觉,觉得他似乎总是在唠叨同一个东西。其次,为了彻底反对同一性的暴力,"论说文"在结构上断然采取一种"反体系"的姿态,采用一种实验性、平等的并列结构;进而,为了打破同一性思维的惯性力量,最大限度地保持客体的完整与真实,阿多诺大量使用"交错配列"(chiasmus)方法,把两组相反的命题并置起来(如 ab,ba),以着重强调过程由低贱向贵重转变,避免把过程变为实体。阿多诺认为,这种方法是由现实先行决定的,只有这样才能如实地描绘现实的易碎与破裂,而不是粉饰它们。后来在关于《美学理论》的通信中,阿多诺则说:"思想内容在我看来对其形式是有影响的。我一向知道而且期望着这一点。可是现在,我对所发生的这种影响依然惊讶不已。我自己那个没有哲学第一原则的原理又返回来困扰着我。我受到很大的诱惑,从而无法继续建构一个具有常见序列方式的推理的整体结构。于是,我只好把一系列不完全的合成材料汇集在一起,并根据同一轴心的思想将它们加以编排,使其具有同样的分量和相关性。它作为这一些不完全的合成材料的星座或格局,而非逐一相连的序列,便会产生意义。""这部书必须从同一轴心出发来写,这就要求处于并列关系的各组成部分具有相同的分量,并将它们围

---

① Adorno, Theodor W., *Negative Dialectics*, trans., E. B. Ashton, London: Routledge & Kegan Paul, 1973, p. 41/41.

② Adorno, Theodor W., *Minima Moralia: Reflections from Damaged Life*, trans., E. P. N. Jephcott, London: NLB, 1974, p. 18.

绕一个引力中心加以编排,该引力中心使各部分通过其格局表现出来的。"①因此,"**论说文**"**在文体策略上就必然是夸张的、反讽的**。"限度和保留决不能呈现辩证法。相反,辩证法通过极端的事例、通过以最极端的后果逼迫思想返回它们自身而不是限制它们,提前实现了自己。"②阿多诺像青年卢卡奇和青年本雅明一样看重反讽的认知力量,认为它是"意识形态与现实之间的差异",而且这种差异又"已经消失了"。③ 不过,必须指出的是:在阿多诺他们这里,反讽绝不是一种表现技巧,"不是自身中不真实的意识形态,更不是它与现实相匹配的伪饰"④,而是属于客体自身的"内在程序",它的目的即在于让客体言说自己。1970年代的杰姆逊对阿多诺的"否定的辩证法"颇有微词,但他对其"论说文"评价却很高:文体"就像红王后一样,开发了愈益复杂的机制,以便保持讲说同一事物的能力;而且,在后期资本主义的商业天地里,严肃的作家必须运用语言的震惊效果,借助重新结构过分熟稔的事物,或者诉诸心理的那些更深层面,来再一次唤醒读者对具体事物的麻木感觉"⑤。他无疑看到了问题的实质所在。

---

① Adorno, Theodor W., *Aesthetic Theory*, trans., C. Lenhardt, London: Routledge & Kegan Paul, 1984, p. 496/608.

② Adorno, Theodor W., *Minima Moralia: Reflections from Damaged Life*, trans., E. P. N. Jephcott, London: NLB, 1974, p. 86.

③ 参见 Adorno, Theodor W., *Minima Moralia: Reflections from Damaged Life*, trans., E. P. N. Jephcott, London: NLB, 1974, p. 211.

④ Adorno, Theodor W., *Prisms: Culture Criticism and Society*, trans., Samuel and Shierry Weber, Cambridge, MA: The MIT Press, 1981, p. 32.

⑤ [美]詹姆逊:《马克思主义与形式》,李自修译,百花洲文艺出版社1995年版,第15页。

第二章　克尔凯郭尔解码：唯心主义的改头换面

　　1933年出版的《克尔凯郭尔：审美对象的建构》（以下简称《审美对象的建构》）是阿多诺于1931年完成并获得通过的教职论文，也是他公开发表的第一部哲学论著。它和1931年的《哲学的现实性》就职演讲、1932年的《自然历史观念》演讲同属"崩溃的逻辑"发生学历史上的第一批文献。正是在这批文献中，阿多诺进行了一次重要的思想实验，在由《历史与阶级意识》开启的西方马克思主义理论传统中，把自己从新音乐中酝酿成型的"崩溃的逻辑"观念提升到哲学层面，从而为他今后的独立思想探索提供了一个立足点。不管此时的"崩溃的逻辑"与未来的"否定的辩证法"具有怎样的家族类似性，有两个问题是我们必须正确认识的：第一，在阿多诺此时个人的话语结构中，它尚且处于一种从属的地位，我们应当在认同与补充的意义上来理解它与青年卢卡奇—霍克海默早期批判理论主导逻辑之间的差异；第二，它此时的唯心主义批判是青年卢卡奇意识形态批判的直接延续，而与"否定的辩证法"后来的同一性批判存在着明确的区别。

　　在《审美对象的建构》由第一章"对审美对象的诠释"、第二章"内在性的构造"和第三章"细说内在性"组成的第一单元中，针对当时学术界关于克尔凯郭尔能否算是一位哲学家的论争，阿多诺不仅肯定克氏是一位哲学家，而且指出：他的诗化哲学在对黑格尔唯心主义进行公开抗争的同时，却又把唯心主内在化了。第四章"生存概念"则着重揭露：克氏被奉为当代存在主义始源的生存概念，在本质上不过是唯心主义的一个新面具。第五章"论境界的逻辑"、第六章"理性和牺牲"与第七章"审美对象的建构"的意图着重在于揭示生存的政治，既在取消中强化了它所要反对的资本主义"第二自然"。总的看来，全书的核心是"生存概念"章，阿多诺的意图是在进行内在批判的基础上，揭露克尔凯郭尔生存哲学及以此为思想史起源的海德格尔哲学的唯心主义本质。①

第一节　克尔凯郭尔与唯心主义

在1927年的《先验精神学说中的无意识概念》被否决之后，新教职论文的选题为什么是克尔凯郭尔而非其他？除了阿多诺由来已久的个人兴趣之外，其中最关键的原因是：克尔凯郭尔已经被奉为存在主义的始源和黑格尔唯心主义的解毒剂，从而成为存在主义回避唯心、唯物问题，标示自己超越传统哲学的纯正性的印记。这在事实上涉及了西方马克思主义之于资本主义社会的现实性和合法性问题——在青年卢卡奇开启的黑格尔马克思主义传统中，哲学不仅是时代精神的精华，更重要的是，它以改造世界为己任，如果存在主义代表了时代精神，那么，西方马克思主义就必须针对它，本质上是针对变化了的资本主义社会，标示自己的现实性和合法性。在阿多诺看来，当时刚刚问世的《存在与时间》自以为完成了胡塞尔在《逻辑研究》中所提出的超越唯心主义

---

① 我们注意到，不论在国内学界还是在国外学界，对于阿多诺在《否定的辩证法》中对海德格尔哲学所展开的严厉批判，人们往往表现出了一种巨大的疑问，以为这真的是一种偶然的意气用事。从这里表现出来的实际上也就是我们非历史地面对思想这一传统研究方法的缺陷。弗雷德·多尔迈是一个在学术传统上受到海德格尔的弗莱堡学派和阿多诺的法兰克福学派双重影响的美国学者，通过他的长期努力，如今我们已经可以非常清晰地看到这两个学派之间特别是阿多诺和海德格尔之间始终存在的对话和交往关系了，尽管这种对话和交往在很大程度上是不透明的（参见 Fred Dallmayr, "Adorno and Heidegger", *Life-world, Modernity and Critique: Paths between Heidegger and the Frankfurt School*, Cambridge: Polity Press, 1991, pp. 44-71）。我们的文本学解读则将证明：阿多诺当下对克尔凯郭尔、1930年代中后期和1950年代早期对胡塞尔及1950年代后期对黑格尔的解读与批判，实际上始终是以海德格尔为背景、参照系和指向的。

第二章　克尔凯郭尔解码：唯心主义的改头换面

的任务，可它实际上只是为任务的完成标示出了一条的新的道路，它是一个必须继承的现代遗产。为了能够实现对海德格尔哲学的内在批判，"用它自己的力量来反对自己"，阿多诺没有贸然发动进攻，而是采取迂回战术，把批判的锋芒首先指向了克尔凯郭尔及其生存概念，这样"既剥夺了当前存在主义的合法性，同时又论证了一种（修改过的）马克思主义选择的正确性"①。因此，对于众说纷纭的克尔凯郭尔，阿多诺说，他不仅是一个哲学家，而且是一个唯心主义哲学家，这样，海德格尔哲学这个前苏格拉底古老哲学的第二次重演的真实境遇，即后康德绝对哲学，就被标示出来了。

一、克尔凯郭尔在何种意义上是一个哲学家？

克尔凯郭尔无疑是一个对 20 世纪欧洲思想发生重大影响的思想家，②但是，他是一位哲学家吗？在 1935 年的一次演讲中，雅斯贝尔斯从自己的存在主义立场出发，肯定了这一点。他说："当代的哲学处境是被此一事实所决定：齐克果（即克尔凯郭尔——引者注）与尼采这两个哲学家，在他们当时虽未被人注意，并在很久的时期中对哲学历史没有影响，现在却持续地增强其重要性。自黑格尔以后，哲学家们逐渐扩大地面对他们两个，而在今日，他们无疑被认作是他们那个时代真诚的伟大思想家，他们所产生的影响，以及对他们的反对都证明了此点。"③不过，在同时期甚至直至现在，更多的人都把克尔凯郭尔看作一位宗教思想家、20 世纪危机神学的思想先驱，④因为克尔凯郭尔自己曾经说过，他作为一个作家的全部作品都是按照这一作家是一个宗教作家来构成的。人们总是要经过某种意义上的辨析，才能确证他是一个真正的哲

---

① Susan Buck-Morss, *The Origin of Negative Dialectics: Theodor W. Adorno, Walter Benjamin, and the Frankfurt Institute*, New York: The Free Press, 1977, p.114.
② 参见［美］宾克莱《理想的冲突——西方社会中变化着的价值观念》，马元德等译，商务印书馆 1983 年版，第 180—181 页。
③ ［德］雅斯贝尔斯：《齐克果与尼采》，载考夫曼编著《存在主义》，陈鼓应等译，商务印书馆 1987 年版，第 166 页。
④ 参见［美］利文斯顿《现代基督教思想》下卷，何光沪等译，四川人民出版社 1999 年版，第 613—642 页。

学家。① 阿多诺同样需要如此。不过,阿多诺并没有尾随海德格尔从宗教方面入手来解决这个问题②——尽管这也是他必须面对并加以解释的一个课题——他是从所谓诗人中为克尔凯郭尔争得哲学家的名分的。我们将不断理解阿多诺这一理论策略的良苦用心。

阿多诺的主要辩论对手是赫尔曼·高特谢德(Hermann Gottsched)——克尔凯郭尔作品的一个译者,他不仅在《重复》(*Repetition*)中发现"美学要素在戏谑的部分和真诚的部分中都得到了最光彩夺目的表达",而且,"这一从内里讲不喜形于色的哲学家虽然没有留下一行诗句,可他不仅是一个诗人,能像运用精密工具那样使用自己心爱的母语,自由地安置最变化多端的语调,同时是一个才艺全面的诗人,既能弹出最高贵、最优雅的琴声,也可以弹出最忧郁、最明快的曲调"③。高特谢德的这一评论主要是针对克尔凯郭尔那批以假名发表的美感作品而言的,④就像克尔凯郭尔自己在《非此即彼》(*Either/Or*)中

---

① 国内学者杨大春先生曾专门探讨了"作为哲学家的克尔凯郭尔"何以可能的问题,参见杨大春《沉沦与拯救——克尔凯戈尔的精神哲学研究》,人民出版社1995年版,第17—35页。

② 在《存在与时间》(陈嘉映等译,生活·读书·新知三联书店1987年版)中,海德格尔只是在三处脚注中(第230、283、400页)轻蔑地提到克尔凯郭尔,以尽力贬低克尔凯郭尔在生存哲学中所取得的进展,而有意突出了他的宗教意义。不过当时的明眼人都看到,"对海德格尔哲学的详尽叙述等于为我们提供了克尔凯郭尔的理论"([俄]舍斯托夫:《旷野呼告》,方珊等译,华夏出版社1999年版,第23页)。我们注意到,作为《审美对象的建构》的指导教师,蒂里希在1926年就提出了一个看法,即存在主义具有克尔凯郭尔、马克思和尼采这几个不同的源头(Paul Tillich, "Ideen zur Geisteslage der Gegenwart", *Karios*: *Zur Geisteslage und Geisteswendung*, 1926),而在1940年代的一篇论文中,他则清楚地指出:克尔凯郭尔的路线由海德格尔和萨特所继承,马克思和尼采的路线则是由他本人延续的[Paul Tillich, "Existentialism and Religious Socialism", *Christianity and Society* Vol. 15:1 (Winter 1949—1950)]。蒂里希的后一个观念肯定不会是1940年代才形成的。在《存在与时间》出版之后不久,阿多诺就获悉蒂里希的这一看法是完全可能的。

③ 参见 Adorno, Theodor W., *Kierkegaard*: *Construction of the Aesthetic*, trans., Robert Hullot-Kentor, Minneapolis, MN: University of Minnesota Press, 1989, pp. 4-5。

④ 克尔凯郭尔把自己的作品分为三类,即美感作品、哲学作品和宗教作品,这基本上代表了他的三个思想发展阶段。其中,美感作品包括《非此即彼》、《恐惧与颤栗》、《重复》、《焦虑的概念》、《前言》、《哲学片段》和《生活道路诸阶段》。阿多诺实际上是比照黑格尔的《逻辑学》和《精神现象学》的关系,把克尔凯郭尔的美感作品和哲学作品视为通向宗教作品的导论,这也是一种被普遍采纳的主导性意见。我们注意到,90年代以来,英语世界似乎对于怎样理解克尔凯郭尔三类作品之间的关系仍有争论,问题的提法虽然变化了,不过答案倒还是原来的。参见 Steven Emmanuel, "Reading Kierkegaard", *Philosophy Today* Vol. 36:3 (Fall 1992); Stuart Dalton, "Prefaces and Points of View in Kierkegaard", *Philosophy Today* Vol. 44:2 (Summer 2000)。

所说的那样，这些作品的作者具有诗人气质，"他的诗人气质说不上丰富，如果你愿意的话，也说不上贫乏，以致不能把诗和现实相互区分开来。……他首先按照个人的特点来享受审美对象，然后审美地占有他自己的个性。……这样，诗性就持续呈现在他已然度过的生活的含混性之中"①。所以，**问题不在于克尔凯郭尔是否写了诗，而在于如何理解他写的诗。**

在阿多诺看来，高特谢德从一种纯粹的语言技巧方面来理解这些作品，把诗性理解为克尔凯郭尔出于个人修养和喜好注入哲学之中的才情。从西方马克思主义关于什么是哲学的一贯立场出发，阿多诺认为这种赞誉既玷污了诗也玷污了哲学，因为"所有把哲学家的作品当作诗来理解的企图都错失了它们当中的真理性内容"。哲学是时代精神的精华，而哲学的形式则是把实在与概念联系起来的钮结，因此，决定一篇作品是否是哲学的标准既不是思想家主观性的显现，也不是作品的纯粹一致性，"这首先是由实在进入概念的程度来决定，然后在这些概念中显示自身的同时全面证明它们"。与此相反，当高特谢德评论克尔凯郭尔的哲学是诗的时候，其实已经把哲学同实在撕裂开来了，因此"剥夺了对它进行充分批评的可能性"②。尽管黑格尔是克尔凯郭尔的直接批评对象，但他们在方法论上却是一致的，即辩证的方法"只能在充分发展了的体系的总体中，而非通过对孤立的特殊概念的分析加以实现"③，因为在克尔凯郭尔那里，美学境界只是经过伦理境界达到宗教境界的最初阶段，它因此是虚假的、片面的、需要被扬弃的，为此阿多诺引证了《历史与阶级意识》中卢卡奇对黑格尔的"当代唯物主义解释"："虚假的概念因其抽象片面性而遭到扬弃，这属于辩证方法的本质。然而，扬弃的过程同时使得必须不断地同这种片面的、抽象的、虚假的概念打交道。这些概念获得它们的正确意义，与其说是

---

① Kierkegaard, *Either/Or*, Vol. 1, trans., David F. Swenson and Lillian Marvin Swenson, Princeton, N. J.: Princeton University Press, 1971, pp. 301 – 302.

② 参见 Adorno, Theodor W., *Kierkegaard: Construction of the Aesthetic*, trans., Robert Hullot-Kentor, Minneapolis, MN: University of Minnesota Press, 1989, p. 3.

③ Adorno, Theodor W., *Kierkegaard: Construction of the Aesthetic*, trans., Robert Hullot-Kentor, Minneapolis, MN: University of Minnesota Press, 1989, p. 4.

由于界定,不如说是由于它们作为在总体中被扬弃的环节起作用的缘故。"①正如我们已经指出的那样,阿多诺眼中的卢卡奇不仅仅是《历史与阶级意识》的作者,更是《心灵与形式》和《小说理论》的作者,他实际上通过卢卡奇和本雅明批判地接受了西美尔关于文化悲剧的理念,认为市场经济在把所有人整合进一个无所不在的总体的同时剥夺了人们去认识历史的真理的可能性,换用他后来的话,就是被施魅的理性已经成为市场的同谋,丧失了认识真理的权能,正是在这种历史条件下,艺术、美学被赋予了唤醒理性去认识真理的历史责任,哲学因此不得不首先成为诗:"如果作为'主观的'思想的哲学已经完全放弃了'总体性',那么,正是最新出现的东西最有可能使之蒙上成为诗的可疑声誉。"②

因此,克尔凯郭尔的著作和成为诗的权利之间的关系是一种含混不清的辩证关系,"对于克尔凯郭尔而言,质料中的辩证法同时就是交往辩证法。在这种辩证法中,他的作品虚伪地讨要诗歌的头衔,恰如它又同样经常地一再否认这一要求"。而他的实际意图不过在于"从抗拒的理性中提取出信仰概念,从那种抗拒性中生产出它"③,对于克尔凯郭尔来说,诗就是形而上学,它"是所有形而上学面对肯定性启示而显现出的迷惑人的标记"④。从形式上看,克尔凯郭尔的作品与德国浪漫主义散文诗很相像,不过,克尔凯郭尔只是外在地沿袭了后者的形式原则,在他举的所有例子中,"直觉和思想,是可以还原为主观目的的",以《勾引者手记》(*Diary of the Seducer*)为例,一切偶然事件实际上都可以从勾引者预定的行为模式中推导出来,由此可见,"作为一个坚定地挑战思维和存在的同一性的哲学家,他只是在审美对象中才间或地让存在接

---

① [匈]卢卡奇:《历史与阶级意识》,杜章智等译,商务印书馆1992年版,第45页。
② Adorno, Theodor W., *Kierkegaard: Construction of the Aesthetic*, trans., Robert Hullot-Kentor, Minneapolis, MN: University of Minnesota Press, 1989, p. 4.
③ Adorno, Theodor W., *Kierkegaard: Construction of the Aesthetic*, trans., Robert Hullot-Kentor, Minneapolis, MN: University of Minnesota Press, 1989, p. 5.
④ Adorno, Theodor W., *Kierkegaard: Construction of the Aesthetic*, trans., Robert Hullot-Kentor, Minneapolis, MN: University of Minnesota Press, 1989, p. 6.

受思维的统治"①。阿多诺明确指出自己的这一判断实际上得益于卢卡奇的《心灵与形式》,因为后者已经非常正确地指出,在克尔凯郭尔的美感作品中,"色情生活、美丽生活、达到快乐巅峰的生活,是作为世界观、也仅仅是作为世界观而发生的"②。他进而指出,在克尔凯郭尔这里,黑格尔式的辩证法三段论同样存在,区别在于:克尔凯郭尔以黑格尔所反对的"坏的无限性"及神秘的一跃来实现境界的转换,之所以如此,是因为克尔凯郭尔的美学人物都是他哲学范畴的严格的例证,它们其实早已经被清楚地阐述过的,其职能即在于举例说明。③ 换言之,在黑格尔的辩证法向客观性历史扩张的时候,克尔凯郭尔的辩证法却始终收缩在主观性的内在性世界之中。所以,作为一个艺术家,克尔凯郭尔并不关注对经验内容进行赋形,而只是"和美学过程的反思、艺术家个人在自身中的反思联系在一起"。他这么做的目的自然在于用主观性对抗黑格尔的客观性,以期获得被后者忘却的生存真理。不过在阿多诺看来,克尔凯郭尔无疑是避坑落井,还是身在唯心主义之中,因为"艺术成为自身的对象这个结果,在早期谢林和叔本华的美学唯心主义中就得到了预兆,最终在瓦格纳和尼采那里得到自己毁灭性的完成",克尔凯郭尔如此转换的目的不过是想"从他试图批判地加以摆脱的哲学体系,转向他还力不能任的艺术实践"。④

阿多诺接下来在克尔凯郭尔和波德莱尔之间进行了一种对比。他之所以要这么做,从表面上看,是因为有论者认为这两个人都是审美主义者,更深一层看,则是因为他本人与本雅明和克尔凯郭尔之间存在着太多的相似之处:寓言、反讽是他们从浪漫派那里继承的共同理论遗产,因此必须进行某种辨析。阿多诺对波德莱尔的看法和本雅明的看法大体一致,他们都认为波德莱尔是发达资本主义时代的抒情诗人、巴黎的游手好闲者、真正的审美主义者,他不

---

① Adorno, Theodor W., *Kierkegaard: Construction of the Aesthetic*, trans., Robert Hullot-Kentor, Minneapolis, MN: University of Minnesota Press, 1989, p. 6.

② Lukács, *Soul and Form*, trans. A. Bostock, London: The Merlin Press, 1974, p. 37.

③ 参见 Adorno, Theodor W., *Kierkegaard: Construction of the Aesthetic*, trans., Robert Hullot-Kentor, Minneapolis, MN: University of Minnesota Press, 1989, p. 7。

④ 参见 Adorno, Theodor W., *Kierkegaard: Construction of the Aesthetic*, trans., Robert Hullot-Kentor, Minneapolis, MN: University of Minnesota Press, 1989, p. 8。

讨论被驱逐的问题，只是进行任意虚构，力图达到心灵的某种整体性或经验的统一性，而历史境遇却处处在粉碎这种整体性或统一性。克尔凯郭尔是一个审美家（aesthete），他精心构制哲学知识和艺术对形式的要求，不断证实自己正处于被驱逐之中，从而诱导人们脱离美学境界、向宗教境界回归，[①]这在本质上是一种异化图景。[②] 克尔凯郭尔的美感作品因此具有一种危险的蛊惑人心的力量，人们如果不听从他的引领，就会落入那神秘王国的支配之下成为它的仆人，这个神秘王国只是克尔凯郭尔广大国土的一部分，它"由逻辑内在性把持，任何事物都必须在这里发现自己的位置，成为其所是"[③]。阿多诺从现代主义的美学立场出发，从三个方面对克尔凯郭尔和波德莱尔进行了比较。首先是作品中的客体问题。波德莱尔笔下的对象总是暂时的、特殊的，它们相互独立，平等地组成一个星丛，它们是什么，是由它们自己所组成的形象来决定的，在这个意义上波德莱尔无疑是"唯物主义"的。而克尔凯郭尔的美感作品则落入了唯名论的陷阱之中，它从客体那里剥夺了客体自身，使其始终为一个隐秘的永恒内在性所支配，就克尔凯郭尔混淆了艺术家和造物主而言，他的诗"比他的神学目的更好地对应了他的唯心主义起源"[④]。其次是形式和内容的关系。现代主义的一个重要特征就是深度的消失，因此传统意义上的形式和内容也就消解了，它们合二为一组成一个隐喻的星丛，它们密码化的存在方式既维护了自身的特殊性，又使真理得到显现。克尔凯郭尔也运用隐喻，但是它的浅表语境和隐藏着的内容是脱节的，它想以童话中消失了的巨人来表达绝望的隐蔽性，就此而论，"克尔凯郭尔依旧执着于形式与内容的二元论，这种

[①] 参见 Adorno, Theodor W., *Kierkegaard: Construction of the Aesthetic*, trans., Robert Hullot-Kentor, Minneapolis, MN: University of Minnesota Press, 1989, pp. 9 – 10。

[②] 参见杨大春《沉沦与拯救——克尔凯戈尔的精神哲学研究》，人民出版社1995年版，第151—153页。

[③] Adorno, Theodor W., *Kierkegaard: Construction of the Aesthetic*, trans., Robert Hullot-Kentor, Minneapolis, MN: University of Minnesota Press, 1989, p. 11.

[④] Adorno, Theodor W., *Kierkegaard: Construction of the Aesthetic*, trans., Robert Hullot-Kentor, Minneapolis, MN: University of Minnesota Press, 1989, p. 11.

二元论保持了它的唯心主义特征。"①最后是艺术的功能。对于波德莱尔和克尔凯郭尔而言,艺术都具有揭示真理的功能,但是两者的方式是不同的,在波德莱尔看来,艺术是在理性认识被施魅的情况下被赋予认识真理的使命,在现时代,它通过自己的形式法则坚持作为艺术存在下来。对克尔凯郭尔来说,艺术是工具性的,它"确切地意味着作为主观交流模式的内在性得以显现的方式,因为根据他的学说,它不能变成'客观的'"②。最终,通过美学引出内在性这个克尔凯郭尔学说的极其重要的主题,于克尔凯郭尔在神学框架中强调内在性的生存论特征的地方,阿多诺揭穿了它的唯心主义本质。

哲学是时代精神的精华,或者说,一定时代的哲学总是要以某种方式来体现着一定的时代,但这是否意味着所有的哲学都必须以或者会以黑格尔哲学的方式来体现时代?当阿多诺把卢卡奇对哲学的意识形态批判从德国古典哲学这一特定的区间推广开来,运用到其他哲学家身上的时候,一些比较严重的问题就出现了。对克尔凯郭尔这个内倾性的哲学家来说,当阿多诺一定要把他与其非常隔膜的社会现实关联起来,试图从其哲学中直接发掘出时代的生产方式来的时候,我们看到,这在很大程度上已经不是克尔凯郭尔了。准确地说,**克尔凯郭尔是阿多诺的哲学研究而非哲学史研究的对象**,从他对克尔凯郭尔的评论中,我们看到更多的是他本人的哲学观念,是他对唯心主义哲学与资本主义体制之间共谋关系一以贯之的警惕。

二、无客体的内在性的唯心主义本质

"内向深化"(inward deepening)或"内在性"(inwardness)这一主题"是极端重要的,因为它聚焦在克尔凯郭尔最有生命力的一个关切之上"③,这个最有生命力的关切就是个人生存。我们注意到,在克尔凯郭尔被存在主义重新

---

① Adorno, Theodor W., *Kierkegaard: Construction of the Aesthetic*, trans., Robert Hullot-Kentor, Minneapolis, MN: University of Minnesota Press, 1989, p. 12.
② Adorno, Theodor W., *Kierkegaard: Construction of the Aesthetic*, trans., Robert Hullot-Kentor, Minneapolis, MN: University of Minnesota Press, 1989, p. 15.
③ Roy Martinez, "Kierkegaard's ideal of inward deepening", *Philosophy Today* Vol. 32: 2 (Summer 1988).

发现之后，人们在讨论内在性问题的时候，往往把克尔凯郭尔与黑格尔直接对立起来，并言辞凿凿地证明克尔凯郭尔不仅已经彻底破除了黑格尔哲学这一妄称客观真理的虚假思辨，而且还立起了"个体在永恒之下生存"这个全新的视角。① 就此而论，对内在性的构成的剖析，就成为完整呈现克尔凯郭尔生存概念的前提。阿多诺接下来的意图也正在于此。

在《非科学的最后附言》(Concluding Unscientific Postscript)中，克尔凯郭尔曾指出，自己的假名著作的意义"不在于提出任何新建议、搞出任何前所未闻的新发现或建立任何新党派，也不想走得更远，恰恰相反，它在于不想拥有任何重要性，只是想在可以进行双倍反思(double reflection)的遥远距离上，独自阅读那与个人、人的生存关系有关的原始文本(original text)，这是一个为人所熟知的从父辈那里传下来的老文本(the old text)，——只是想以一种可能更加诚心诚意的方式再一次阅读它"②。从本雅明的寓言理论出发，阿多诺指出上述"经文"寓言清楚地表明了克尔凯郭尔关于真理、生存和历史的基本看法：在《圣经》的古老形象中，和人的生存的真理已经以密码化的形式存在于其中，它不仅仅是真理的"记号"(sign)而是真理的"表现"(expression)，"就像密码不属于本体论原型一样，它也不可以被还原成人的内在的确定性"；经文的能指和所指的断裂是历史发生的，"历史在不可读解的密码和真理之间蚀刻出了沟痕"，"神圣真理的丰富性对造物隐匿起来了"；也就是说，真理、意义不是消失了，而是"作为一个抽象的渴望之物被冻结起来了"，因此，假名著作中的"情感心理学就想用永恒的、本真的人去召唤出那历史地失落的意义"。③ 克尔凯郭尔所说的"人的生存基础性事物的缺失"究竟指的是什么？在存在主义试图把克尔凯郭尔的"生存结构"构想成为"存在论规划框架内的

---

① 参见[美]巴雷特《非理性的人——存在主义哲学研究》，杨照明等译，商务印书馆1995年版，第156—162页；王齐《走向绝望的深渊——克尔凯郭尔的美学生活境界》，中国社会科学出版社2000年版，第14—42页。

② Kierkegaard, *Concluding Unscientific Postscript*, trans., David F. Swenson and Walter Lowrie, Princeton, N. J.: Princeton University Press, 1968, p. 554.

③ 参见 Adorno, Theodor W., *Kierkegaard: Construction of the Aesthetic*, trans., Robert Hullot-Kentor, Minneapolis, MN: University of Minnesota Press, 1989, pp. 24 – 27.

主体和客体"的时候,阿多诺指出,它其实就是马克思在《1844年经济学哲学手稿》中所说的"主体和客体的异化"①,于是,克尔凯郭尔就被历史地还原到了存在主义力图淡化的德国古典哲学的传统中去了。②

从康德、费希特、谢林到黑格尔,这是德国古典哲学的一般逻辑进程。"在黑格尔的体系中有三个因素:斯宾诺莎的实体,费希特的自我意识以及前两个因素在黑格尔那里的必然的矛盾的统一,即绝对精神。"③黑格尔学派解体之后的德意志意识形态的总的特征,就是在绝对精神的基础上向着某一要素的方向的回归,例如施特劳斯(D. Strauβ)向实体的回归,当然更多的人还是选择了向自我的回归,例如鲍威尔(B. Bauer)、青年马克思、施蒂纳(M. Stirner)等人。克尔凯郭尔也是如此,尽管他是丹麦人。"对于克尔凯郭尔来说,自由的活动的主观性是所有现实的承担者。在青年时代,他接受了费希特对康德的批判,虽然他没有再一次系统陈述从起源到黑格尔唯心主义历史的遗产,但毫无疑问,论文(指克尔凯郭尔在《反讽的概念》中评论费希特的著名章节——引者注)表达了由所有'生存的交往'沉默地预设的东西。"④这个"沉默地预设的东西"就是内在性。不过,阿多诺认为内在性与费希特的自我是存在本质差别的。"在费希特的唯心主义从主观自发性的核心发生和发展起来的地方,克尔凯郭尔的'自我'被他者的统治力量扔回到了它自身。……事物世界既不是主体的一部分也不独立于它。相反,这个世界被删除了……只存在一个为黑暗的他者所环绕的孤立的主观性……只有穿越这个黑暗深渊,主观性才可参与,否则就要面对主观性的离群索居而否定自身的'意义'。"也就

---

① 《克尔凯郭尔:审美对象的建构》完成于1931年,但是在1933年出版时,阿多诺对它进行了重大修订(Adorno, Theodor W., *Kierkegaard: Construction of the Aesthetic*, trans., Robert Hullot-Kentor, Minneapolis, MN: University of Minnesota Press, 1989, pp. xx - xxii)。修订的原因当然是多方面的,但1932年《1844年经济学哲学手稿》的公开出版显然是其中关键性的一个,其中的异化史观使阿多诺及其同时代人清楚地看到了克尔凯郭尔反黑格尔的黑格尔渊源以及他的时代归属。

② 杨大春先生曾对此问题进行了某种指谬,参见其《沉沦与拯救——克尔凯戈尔的精神哲学研究》,人民出版社1995年版,第251—257页。

③ 《马克思恩格斯全集》第2卷,人民出版社1957年版,第177页。

④ Adorno, Theodor W., *Kierkegaard: Construction of the Aesthetic*, trans., Robert Hullot-Kentor, Minneapolis, MN: University of Minnesota Press, 1989, p. 27.

是说,费希特的自我是有客体与之对立的,而内在性则是无客体的,"在它的痛苦感情中,无客体的内在性形式中的主观性就像哀悼事物世界一样哀悼'意义'"①。那么,作为事物世界的客体到哪里去了呢? 在主观性和它的意义被蒸发掉的客体世界,被内置到了自我的意识之中,这是黑格尔辩证法的内在化! "当代新教徒从克尔凯郭尔那里读出来的、与唯心主义辩证法相对立的'真实辩证法'学说实在让人难以置信。克尔凯郭尔没有'击败'黑格尔的同一性体系;黑格尔被颠倒、被内在化,克尔凯郭尔在他坚持了黑格尔历史辩证法的地方,与现实最为接近。实际上,克尔凯郭尔自己唯一地根据内在性计划构思了辩证法。但在这个计划中,他遭遇真理中的历史。"②

基于上述判断,阿多诺揭露了克尔凯郭尔三个被认为是克服了唯心主义的观念的唯心主义实质。首先是"哲学人类学"(philosophical anthropology)。在这里,历史被抽象化为了"历史性:时间中的抽象的生存可能性。同样,历史成了哲学人类学的一个要素"③,通过具体的对照分析,阿多诺指出,这不过就是人类学生存论维度上的内在化的异化史观。在我们看来,阿多诺其实是在批评海德格尔:马尔库塞1932年出版的《黑格尔的本体论和历史性理论》(*Hegel's Ontology and the Theory of Historicity*)是他在海德格尔指导下完成的(未提交的)教职论文,其核心是用海德格尔的观点去发展马克思主义,同时用马克思主义去充实海德格尔的"历史性";在同年发表的一篇书评中,阿多诺认为,马尔库塞的一个重要的进步就在于从"存在的意义"走向对"存在的揭示"、从"基础本体论"走向"历史哲学"、从"历史性"走向"历史"。④ 其次是"境遇"(situation)。"在克尔凯郭尔的'境遇'中,历史现实性是作为反思(reflection)

---

① Adorno, Theodor W., *Kierkegaard: Construction of the Aesthetic*, trans., Robert Hullot-Kentor, Minneapolis, MN: University of Minnesota Press, 1989, pp. 29 – 30.

② Adorno, Theodor W., *Kierkegaard: Construction of the Aesthetic*, trans., Robert Hullot-Kentor, Minneapolis, MN: University of Minnesota Press, 1989, p. 32.

③ Adorno, Theodor W., *Kierkegaard: Construction of the Aesthetic*, trans., Robert Hullot-Kentor, Minneapolis, MN: University of Minnesota Press, 1989, p. 33.

④ 参见 Marcuse, *Hegel's Ontology and the Theory of Historicity*, trans., Seyla Benhabib, Cambridge, MA: The MIT Press, 1987, p. xxxi.

出现的。它真的是再——反射(re-flected),(历史被)原封不动地扔了回去。"①美学境界、伦理境界和宗教境界,是克尔凯郭尔基于自己的生活境界对早期发达资本主义的异化问题做出的理论反应。"他以他在主观性中所保护的直接性的名义反对它的贫困。他既不分析物化的必要性和合法性,也不分析改正的可能性。但是,他在一个需要与马克思的理论进行严格对照的寓言中,注释了物化与商品形式的关系。"②不过,在青年马克思要求改造世界、废除私有制的地方,"肤浅的唯心主义却用'境遇'来安慰自己,它舒适地把它的客体分成内在与外在、精神与自然、自由与必然"③。在《否定的辩证法》中,阿多诺最终回应了这一批判,揭示了海德格尔的存在哲学与克尔凯郭尔的生存哲学一致的貌似批判的保守性:"存在超越了存在物,但存在物却又原封不动地被掩藏在了存在之中。"④这自然也是在影射海德格尔。最后是"内在"(intérieur)。克尔凯郭尔三重境界的意图是希望通过忧郁、绝望把堕落的个人从世俗虚幻不真的世界导引入真实的宗教生活,与上帝同一。阿多诺指出,内在及由此生成的忧郁和绝望,其实体现了克尔凯郭尔对早期发达资本主义似乎永恒化的自然历史"貌似"的批判和无奈。"他关于个别的人的生活的理想和他关于地狱即他确实像牢房一样绝望地住了一辈子的地方的噩梦——他所有概念的模型,被诅咒成了一场在昏暗房间令人不能正确辨物的光线下上演的默剧。如果说一个人想从虚伪的东西中把真实的东西分出来,那么,这个默剧告诉人们的却是逃跑。在内在中,历史辩证法和自然的永恒力量提出了一个奇怪的谜。它必须由哲学批评来解决,这一批评像在前历史中一样在历史中寻找其唯心

---

① Adorno, Theodor W., *Kierkegaard: Construction of the Aesthetic*, trans., Robert Hullot-Kentor, Minneapolis, MN: University of Minnesota Press, 1989, p. 38.

② Adorno, Theodor W., *Kierkegaard: Construction of the Aesthetic*, trans., Robert Hullot-Kentor, Minneapolis, MN: University of Minnesota Press, 1989, p. 39.

③ Adorno, Theodor W., *Kierkegaard: Construction of the Aesthetic*, trans., Robert Hullot-Kentor, Minneapolis, MN: University of Minnesota Press, 1989, p. 40.

④ Adorno, Theodor W., *Negative Dialectics*, trans., E. B. Ashton, London: Routledge & Kegan Paul, 1973, p. 87/74.

主义内在性的真实起源。"①总之,黑格尔从大门被赶出去,却又被从窗户请了进来;克尔凯郭尔(及与之存在一定差异的海德格尔)不是把唯心主义祛除了,而是使之内在化了;现实的异化不是作为一种历史形成的"恶"受到了批判和扬弃,而是作为人的新的本性被肯定下来了。

三、对内在性的唯物主义解释

为什么克尔凯郭尔批判唯心主义,可内在性还依旧是唯心主义的呢?在同时代的研究者们用克尔凯郭尔的封闭个性来解释其理论的基本面貌的时候,阿多诺承继《历史与阶级意识》开启的道路,对此进行了一种唯物主义的解释。在他看来,这是由克尔凯郭尔自己的"境遇"——19世纪上半叶发达资本主义社会中的食利者的生存状况——所决定的,"内在性呈现自己限制在从物化力量解放出来的私人领域中的人类生存"②。猛然之间,我们很容易将上述批判指认为同一性批判的雏形,但我们不能不看到两者之间实际存在的本质区别:阿多诺这里的唯物主义批判具有比较明显的经济还原论色彩,这说明它还没有像同一性批判那样在社会批判领域中实现对经济基础、上层建筑和意识形态之间机械的凝固边界的彻底消解,将资本主义社会本身理解为一个自我复制的均质的总体。

在商品经济体制内部,与拥有同等数量财产的工业资本家相比,食利者在经济上是相对独立的,因为他不需要积累资本,从而从社会化的经济生产过程中游离出来;但是,他又从经济过程中获得了可以维持体面生活的金钱,可以像苏格拉底那样对社会体制进行牛虻式的批判。这正可以说明克尔凯郭尔为什么总是以苏格拉底自比。尽管克尔凯郭尔批判物化,不过在阿多诺看来,这只是一种不足为训的浪漫主义怀乡病,因为"他站在使他的类型几近灭绝的、由经济竞争所导致的进步的对立面上。只有一个经济不发达的农业国家可以

---

① Adorno, Theodor W., *Kierkegaard: Construction of the Aesthetic*, trans., Robert Hullot-Kentor, Minneapolis, MN: University of Minnesota Press, 1989, p. 46.
② Adorno, Theodor W., *Kierkegaard: Construction of the Aesthetic*, trans., Robert Hullot-Kentor, Minneapolis, MN: University of Minnesota Press, 1989, p. 47.

原初地保证他的安全和使他的生活类型成为可能"。因此,虽然他"保持一种'开放的观点'","超越他的'环境'的纯粹直接性",获得"对整体和本质的概览",①但与康德之后的德国古典唯心主义相比,他缺乏一种实践观,这样,他据以对抗占支配地位的资本主义外在世界的论辩术式的回溯态度就只能以私人性的内在性为支点了。"当无客体的内在性在社会生存、在克尔凯郭尔的伦理学中理解自身的时候,经济语境就变得显而易见了。"就像食利者与商品经济的关系是辩证的一样,内在性与商品经济的关系也是辩证的。一方面,"他的道德严格性源于孤立的人的绝对要求……绝对个人的自主伦理的物质内容明显是依赖于资产阶级社会的"②;另一方面,他的伦理学所要求的爱人如爱己的"完全的人类平等"却又是贫乏的、伪善的、不现实的,"既然人类关系是如此深入地由交换价值、劳动分工和劳动的商品形式的统治所构成,就像一个个人的仁慈并不能满足对他有好处这个要求一样,一个'邻人'也不能即时地自发回应他人,因此,这一平等是不可能达到的,就更不用说对社会结构能有所影响了"。我们知道,施蒂纳用"唯一者"来颠覆类,但它本身也是一个空洞的抽象,③与他具有相同哲学取向的克尔凯郭尔也是如此。"克尔凯郭尔的绝对自我是纯粹精神。……内在性不在于它的丰富性,而为一个禁欲主义的唯灵论所统治。"④

在接下来题为"精神性身体"的一节中,阿多诺显然是从自己在《德国悲苦剧的起源》的启发下形成的自然历史观念出发,得出结论说:"克尔凯郭尔的唯灵论首要地就是对自然心怀敌意。精神把自己设置为与自然对立的自由和自主,因为它认为自然在外在现实中和它自身中一样具有魔性。因为,自主精神

---

① 参见 Adorno, Theodor W., *Kierkegaard: Construction of the Aesthetic*, trans., Robert Hullot-Kentor, Minneapolis, MN: University of Minnesota Press, 1989, p. 48。

② 参见 Adorno, Theodor W., *Kierkegaard: Construction of the Aesthetic*, trans., Robert Hullot-Kentor, Minneapolis, MN: University of Minnesota Press, 1989, p. 49。

③ 关于施蒂纳的"唯一者",可以参见张一兵《"类哲学":人本逻辑的彻底颠覆》,载《张一兵自选集》,广西师范大学出版社 1999 年版。

④ Adorno, Theodor W., *Kierkegaard: Construction of the Aesthetic*, trans., Robert Hullot-Kentor, Minneapolis, MN: University of Minnesota Press, 1989, p. 51。

以身体性的方式显现,而自然则在它最历史地发生的地方进入它:在无客体的内部。在克尔凯郭尔那里,如果存在的主观性要被解释,精神的自然内容就必须被调查。"①由此出发,阿多诺分别在"神秘内容"、"辩证的召唤(dialectical conjuration)"、"忧郁"、"巴洛克"、"审美对象的似是而非"等标题下对克尔凯郭尔的内在性进行了解释。可以肯定,阿多诺在这里所说的已经溢出了克尔凯郭尔本人的意图,因为后者的内在性探求的是存在、生存的意义和根据,而阿多诺所强调的其实是真理在自然中以非真理的形式的显现,或者说是后者的美学作品脱离作者的主观意向所具有的客观可能性,这一点在第五、六、七章阿多诺通过本雅明来解读、批判、拯救后者的审美对象的建构中得到了证实。因此,我们所要做的不是去怀疑阿多诺是否理解错了,而在于去辨析他为什么去这样理解。

问题的症结在于海德格尔。

正如我们多次指明的那样,从"崩溃的逻辑"到"否定的辩证法",阿多诺始终将海德格尔作为自己的主要对话者和批判对象,而且两者对海德格尔的批判同样只涉及《存在与时间》这一本著作,更确切地说,只与其中第一篇第三章之前的那一部分有关。如果说在"崩溃的逻辑"刚刚被确立的1930年代初期,阿多诺这么处理还是情有可原的话,那么,在1960年代,他对海德格尔1930年代以后的后期转折未做任何评论,这就值得重视了。众所周知,海德格尔后期转向了艺术,这与阿多诺本人由来已久的理论取向有着惊人的相似之处,②有学者也正是因为这种相似性而怀疑阿多诺的批判出于嫉妒,③而作为阿多诺的学生,哈贝马斯则干脆怀疑阿多诺是否读过海德格尔的著作,同时对其1930年代早期的那两篇演讲给予恶评。④ 如果我们仅仅局限在海德格尔那

---

① Adorno, Theodor W., *Kierkegaard: Construction of the Aesthetic*, trans., Robert Hullot-Kentor, Minneapolis, MN: University of Minnesota Press, 1989, p. 49.

② 参见 Michael Baur, "Adorno and Heidegger on Art in the Modern World", *Philosophy Today* Vol. 37:3 (Fall 1993)

③ 参见[德]萨弗兰斯基《海德格尔传》,靳希平译,商务印书馆1999年版,第544—557页。

④ 参见 Peter Dew, ed., *Autonomy & Solidarity: Interviews with Jürgen Habermas*, London: Verso, 1986, p. 96。

第二章　克尔凯郭尔解码：唯心主义的改头换面　　　　　　　　　　　　　　　　　　　117

里来讨论阿多诺对其存在哲学的批判，那确实很容易与上述观点产生共鸣。可一旦我们超越海德格尔，在"崩溃的逻辑"所标示出来的从胡塞尔到海德格尔的德国现代哲学的整个发展历程中来重新观照这个问题的时候，就很容易发现阿多诺的良苦用心及其合理性。与我们通常开展的个人思想史研究不同，从"崩溃的逻辑"到"否定的辩证法"，阿多诺始终是在开展一种客观的作品批判。在他看来，从胡塞尔的《逻辑研究》、舍勒的《伦理学中的形式主义》到海德格尔的《存在与时间》，这才是当代马克思主义者必须面对、必须批判的德国现代资产阶级哲学的逻辑主线，而其核心就是对唯心主义不成功的谋反。这样，他必然要按照这一客观的逻辑尺度对批判对象的作品进行界划：在《哲学的现实性》和《自然历史观念》中，他的界划还是初步的，即仅仅将《逻辑研究》、《伦理学中的形式主义》和《存在与时间》凸现了出来；在1956年的《认识论的元批判》中，他进一步将《逻辑研究》第二卷中的第5、6研究和前面的内容剥离出来分别批判，原因是他认为在这一部分胡塞尔已经开始背离自己的原初意向，从本质现象学向先验现象学过渡了，现象学运动也就开始了第二阶段即舍勒阶段；对胡塞尔的元批判使阿多诺彻底明了了海德格尔的存在学说的底牌，[1]从而在《否定的辩证法》中集中批判了《存在与时间》之"系词意义上的存在"。也就是说，正是唯心主义批判这一基本构想限定了阿多诺对海德格尔的解读与批判的狭窄边界，[2]并由此投射到了他对克尔凯郭尔的批判之上。

另一方面，我们注意到，在《审美对象的建构》前后，阿多诺非常频繁地使用从海德格尔那里拿来的一个概念：貌似（semblance/Schein）[3]。在《存在与

---

[1]　倪梁康教授在《胡塞尔和海德格尔的存在问题》（《中国现象学与哲学评论》第三辑，上海译文出版社2001年版，第1—29页）一文中指出，胡塞尔的《逻辑研究》中有两种存在理解：真理意义上的存在和系词的存在，海德格尔对此是非常清楚的，不过在《存在与时间》中，他实际上主要是在系词的意义上来探讨存在问题的，但他讨论存在问题的思路总的来说仍然偏重于从陈述真理的真实存在入手，在这个意义上，海德格尔的所谓后期转折就是后一条路线的凸显。后一条思路与"崩溃的逻辑"—"否定的辩证法"在方向上显然是一致的。

[2]　阿多诺对海德格尔的存在学说的批判是非常深刻的，这可以说是其狭窄视域的一个积极成果，但也正是因为这种"片面的深刻"导致他未能真正解决海德格尔问题。

[3]　"Schein"也是黑格尔"逻辑学"之"本质论"里的一个重要概念，它指的是本质在自身中的"映现"（黑格尔：《小逻辑》，贺麟译，商务印书馆1980年版，第275页）。因为本质只在自身中"映现"，所以，作为"质料"与"形式"的统一体的"物"就还只是"直接性"的东西，是"假象"，是没有"本质"的东西。

时间》中,海德格尔说:"'貌似的东西','假象'……意指某种看上去像是不错的东西,但'实际上'它却不像它所表现的那样。……唯当某种东西就其意义来说根本就是假装显现,也就是说,假装是现象,它才可能作为它所不是的东西显现,它才可能'仅仅看上去像……'……假象是现象的褫夺性变式"①。也就是说,与通达存在的现象不同,存在就在貌似之中,因为它是存在作为其所不是的东西的显现,从貌似到艺术作品,海德格尔后期的真理存在就在系词存在的身边走了出来。在本雅明的影响下,阿多诺一下子就从海德格尔还没有自觉到的貌似中找到了可以把寓言理论树立起来的工具,所以,在《审美对象的建构》中他说:"对于无客体的内在性,就像对'旁观者'一样,真理显现为奇怪的谜一般的戏剧,即使他试图通过反省使他自己确信它。使真理从内在性——真理对它显现为貌似——分离的裂隙定义了真理自身的外形。……貌似,从像救赎星那样遥远的形象来阐释思想,在作为消耗殆尽的火眼的深渊中燃烧。它将在这个深渊中被送行和命名,如果它光芒四射的希望没有被知识罚没的话。"②而在《自然历史观念》中,他又说:"在它的如在(Soscin)中,貌似证明自身是历史地被生产出来的,或者用传统哲学术语说,貌似是主客体辩证法的产物。第二自然在真理中就是第一自然。历史的辩证法不仅仅对被重新解释过的历史质料具有更新过的兴趣,更确切地说,它是历史质料把自己向着神秘之物和自然历史的转换。"③海德格尔其实为真理的发现提供了一条新的道路,但是,由于资产阶级意识形态的背反性,他又错过了。就此而论,克尔凯郭尔无意识地使用了一种可以通达真理的"美学","因此,美学概念被推入了'生存'确定的对立面。客观的形象和主观的行为模式——它的神秘的幻觉被它自己的哲学计划所揭示——对克尔凯郭尔来说,是美学的"④。但是,他最

---

① [德]海德格尔:《存在与时间》,陈嘉映等译,生活·读书·新知三联书店1987年版,第36—37页。
② Adorno, Theodor W., *Kierkegaard: Construction of the Aesthetic*, trans., Robert Hullot-Kentor, Minneapolis, MN: University of Minnesota Press, 1989, pp. 65-67.
③ Adorno, Theodor W., "The Idea of Natural History", *Telos* 60 (Summer 1984), p. 124.
④ Adorno, Theodor W., *Kierkegaard: Construction of the Aesthetic*, trans., Robert Hullot-Kentor, Minneapolis, MN: University of Minnesota Press, 1989, p. 66.

第二章　克尔凯郭尔解码:唯心主义的改头换面　　　　　　　　　　　　119

终以生存的名义错过了机会。

也就是说,一方面,透过早期卢卡奇、本雅明和海德格尔这些"棱镜",阿多诺观测到了克尔凯郭尔学说内部因为信仰而被人忽视的美学问题;另一方面,他又透过克尔凯郭尔这个"棱镜",发现唯物主义与唯心主义的对立已经从传统的本体论、认识论领域渗透到了美学领域。这样,作为海德格尔当代遗产的继承人,阿多诺接下来所需要做的工作就非常明确了:揭露海德格尔的唯心主义局限性,并且沿着唯物主义的方向前进一步。由于当下的课题是克尔凯郭尔,那么,正确的选择就是于前者"超越"、"克服"唯心主义的地方,揭露它的唯心主义本质。正是基于这种思路,我们看到,阿多诺紧紧抓住被克尔凯郭尔以超越的名义观念化的"自然"、"自然生活"不放,展开了他对前者的"生存"和"审美对象的建构"的批判。在某种意义上,我们不妨说,阿多诺是在为《德意志意识形态》补写"圣克尔凯郭尔"章。

第二节　生存概念:唯心主义的新面具

存在哲学"反对那些由柏拉图、斯宾诺莎或黑格尔所代表的古典哲学思想"①。因此,当克尔凯郭尔在 20 世纪被重新发现的时候,最令人振奋的就是他反对黑格尔,其生存概念也就被历史地塑造为了黑格尔理性主义的解毒剂。受存在主义的影响,英语学界长期以来很少正面讨论克尔凯郭尔与黑格尔的关系问题,仿佛他们势如水火、不能具有传承关系似的。情况只是到了 1980 年代以后才有所改变,②日益摆脱存在主义桎梏的人们逐渐清楚地认识到,只有"把黑格尔和克尔凯郭尔摆得更近,他们之间的差异才能更清楚地浮

---

① [法]让·华尔:《存在哲学》,翁绍军译,生活·读书·新知三联书店 1987 年版,第 14 页。
② 1980 年,英语学界出版和翻译出版了正面讨论克尔凯郭尔与黑格尔的关系的著作各一部,从而使这个被长期遮蔽的问题得到初步解决,参见 Mark C. Taylor, *Journeys to Selfhood: Hegel & Kierkegaard*, Calif.: University of California Press, 1980; Niels Thulstrup, *Kierkegaard's Relation to Hegel*, trans., George Stengren, Princeton, N. J.: Princeton University Press, 1980。

现出来"①。对于阿多诺来说,这从来就不是问题。当阿多诺从诗中为克尔凯郭尔争得哲学家的名分,并随即指出他还是一个唯心主义哲学家之后,就把注意力的焦点放置在了他的生存概念上,指出黑格尔的唯心主义并没有被消除,只不过是以一种隐蔽的、具有宗教神秘主义色彩的方式内在化于生存概念之中了。这样,克尔凯郭尔连同海德格尔一起被阿多诺抛回了他们拒绝正视的唯心主义传统。

一、生存与真理,或克尔凯郭尔与海德格尔的差异

在克尔凯郭尔的复兴中,为什么其生存概念成了"当下最突出的一个"?阿多诺认为,这与克尔凯郭尔生存哲学本身的旨趣没有关系,因为它与"官方基督教"的斗争已不再具有迫切性;与卡尔·巴特(Karl Barth)的辩证神学对克尔凯郭尔的继承也没有关系,②因为前者从来都没有使后者超出基督教的内部争论,成为一个划时代的事件;只是在海德格尔的《存在与时间》发表之后,他的生存概念及其对真理问题的系统阐述才变得非常令人注目,"作为'生存的意义'问题,本体论问题今天更多的是从克尔凯郭尔那里被读取出来了"③,尽管海德格尔本人在《存在与时间》中总是试图弱化这一点。但值得注意的是,在对克尔凯郭尔的生存概念的分析中,阿多诺更多的是强调它与海德格尔的差异④:"在克尔凯郭尔那里,生存不可以被理解为'生存方式',即使它向自身'敞开'也不行。他并不关切那'必须在生存的生存论分析中被找寻到的''基础本体论'。对克尔凯郭尔来说,生存的'意义'问题不是生存恰如其分地是什么的意义问题,而是什么给予生存——自身中的无意义——以一个意

---

① Mark C. Taylor, *Journeys to Selfhood: Hegel & Kierkegaard*, Calif.: University of California Press, 1980, p. 21.
② 关于巴特的辩证神学与克尔凯郭尔的关系,可以参见[英]利文斯顿《现代基督教思想》下卷,何光沪等译,四川人民出版社1999年版,第648—670页。
③ Adorno, Theodor W., *Kierkegaard: Construction of the Aesthetic*, trans., Robert Hullot-Kentor, Minneapolis, MN: University of Minnesota Press, 1989, p. 68.
④ 阿多诺这里的评论主要是针对《存在与时间》第三节"存在问题在存在论上的优先地位"作出的。

第二章　克尔凯郭尔解码:唯心主义的改头换面　　　　　　　　　　　　　　121

义的问题。"①——阿多诺当然不是要把克尔凯郭尔与海德格尔对立起来,他不过是想指证当代存在主义哲学的荒谬性(paradoxy):唯心主义的起源被不加区分地视为了唯心主义的解毒剂!

　　阿多诺从三个方面讨论了克尔凯郭尔和海德格尔的差异。首先是生存概念与本体论的关系问题。② 海德格尔说:"此在这样或那样地与之相关的那个存在:总之此在无论如何总要以某种方式与之相关的那个存在,我们称之为生存。"③生存是此在具有优先性的一种存在方式,此在作为存在者,它的与众不同之处即在于"它存在论地存在","因而其他一切存在论所源出的基础存在论必须在对此在的生存论分析中来寻找"④。就生存在海德格尔那里具有超越自身存在的能力这种意义来说,"此在"也就是"自由地为对最本己的能在而自由存在的可能性",在这个意义上,"此在"与领会有关,"领会是此在本身的本己能在的生存论意义上的存在"⑤。用阿多诺的话来说,在海德格尔这里,生存的意义"被标示为了解释性的本体论追问的意图"⑥。按照阿多诺的解释,克尔凯郭尔的生存不是通过"意义"来解释自身,而是把自己从无意义和偶然性中分离出来。在引证了《重复》中匿名的朋友10月11日信中关于生存的那

---

①　Adorno, Theodor W., *Kierkegaard: Construction of the Aesthetic*, trans., Robert Hullot-Kentor, Minneapolis, MN: University of Minnesota Press, 1989, p. 68.
②　我们注意到了当前国内学界围绕着"Being"和"ontology"所展开的热烈讨论。在本文中,我们之所以把ontology一般性地译成本体论而非存在论,并不是因为我们自认为对此问题已有了一个终极解答,而仅仅是为了正确地传达阿多诺本人的意向:作为海德格尔的同时代人及其理论"遗产"的真正"继承人",阿多诺自然明了海德格尔在此问题上的看法,不过,在他看来,从胡塞尔到海德格尔的现代哲学并没有像它自己所认为的那样超越传统哲学,它只是以一种新的形式重复了从康德到黑格尔的古典哲学历程,因此,ontology固然是存在论,但从本质上讲它还是黑格尔意义上的本体论,就像在胡塞尔之后,idealism固然是观念论,可本质上还是唯心主义一样。
③　[德]海德格尔:《存在与时间》,陈嘉映等译,生活・读书・新知三联书店1987年版,第16页。
④　参见[德]海德格尔《存在与时间》,陈嘉映等译,生活・读书・新知三联书店1987年版,第16—17页。
⑤　[德]海德格尔:《存在与时间》,陈嘉映等译,生活・读书・新知三联书店1987年版,第176页。
⑥　Adorno, Theodor W., *Kierkegaard: Construction of the Aesthetic*, trans., Robert Hullot-Kentor, Minneapolis, MN: University of Minnesota Press, 1989, p. 69.

段著名的疑问之后，①阿多诺说："克尔凯郭尔自己只是在论辩的意义上使用本体论术语，它等同于形而上学。如果它适用于真理，那么……生存不应以本体论的方式进行术语表述。……既然本体论是在生存领域被发现的，那么，它就不能同时是本体论'问题'的解答，'意义'远非生存可能性的结构……应标示为超越生存的、确定的'无限'"②。尽管都具有"生存论—本体论的"哲学旨趣，但与要在生存中发现本体论问题的解答的海德格尔不同，克尔凯郭尔"为了最终使它们分开，他的凝神辩证法(dialectic of engrossment)才把生存与本体论连在一块"③。在"简单生存"、"纯粹生存"与克尔凯郭尔的"历史性生存"以及生存的静力学与生存的"动力学"之间进行了一种并不是非常清楚的界划之后，阿多诺得出一个结论："克尔凯郭尔想保存一个作为显明的先验意义的竞技场的内在意识，与此同时在黑格尔那里，这个意义是内在于先验意义之中的。"④——在我们看来，尽管存在类主体和个人主体的差异，但克尔凯郭尔生存哲学的逻辑结构其实与青年马克思的异化史观是极其一致的：异化是历史地形成的人的生存状态，人的本质不是消失了，而就存在于异化之中，只不过是以颠倒的形式存在着罢了，因此，我们不是要在异化中认识、领会人的本质，而是要通过对异化的认识扬弃异化，回复人的本质，找寻到生存的意义。就此而论，克尔凯郭尔是黑格尔学派解体后的德意志意识形态中的一支，我们相信此时的阿多诺对这一点应当是有所领会的。

其次是真理问题。在一般人眼中，克尔凯郭尔与海德格尔在这个问题上似乎拥有更多的共同之处，因为他们不仅都批判了传统的符合真理论，特别地，他们都持有一种主观真理说。不过，在阿多诺看来，问题似乎正相反，"本

---

① 参见 Kierkegaard, *Fear and Trembling* and *Repetition*, trans., Howard V. Hong and Edna H. Hong, Princeton, N. J.: Princeton University Press, 1983, p. 200。

② Adorno, Theodor W., *Kierkegaard: Construction of the Aesthetic*, trans., Robert Hullot-Kentor, Minneapolis, MN: University of Minnesota Press, 1989, p. 69.

③ Adorno, Theodor W., *Kierkegaard: Construction of the Aesthetic*, trans., Robert Hullot-Kentor, Minneapolis, MN: University of Minnesota Press, 1989, p. 70.

④ Adorno, Theodor W., *Kierkegaard: Construction of the Aesthetic*, trans., Robert Hullot-Kentor, Minneapolis, MN: University of Minnesota Press, 1989, p. 70.

第二章　克尔凯郭尔解码：唯心主义的改头换面　　　　　　　　　　　　　　　　　　123

体论的解释问题被(克尔凯郭尔)诅咒为'客观的'"。这看似荒谬的评论的真理性要从海德格尔的真理观的原初说起。海德格尔真理观最突出的一点就是真理等同于此在的展开,因此,"此在本质上在真理中。……唯有当此在存在,才'有'真理。……唯当此在存在……无论什么真理才存在。此在根本不存在之前,任何真理都不曾在,此在根本不存在之后,任何真理都将不在,因为那时真理就不能作为展开状态或揭示活动或被揭示状态存在"①。这似乎确凿地证明了海德格尔的主观主义。但问题在于,此在就是领会,"领会同显身一样始源地构成此之在"②。那么,此在领会的是什么？以超越主客二分哲学处境自居的海德格尔竭力强调领会本身的始源性,不过,从胡塞尔起家的阿多诺清楚地知道,就像胡塞尔的意向性、没有客体的主体、直接经验是一种遁词一样,海德格尔此在、没有主体的客体也是一种遁词,他不过是像前者设置一个绝对客体而排除了客体一样,设置一个绝对主体而排除了主体,存在的生存真理不过和存在者的认识真理一样,都是对象性的反思(领会)。阿多诺因此直接引用了克尔凯郭尔的话来"诅咒"海德格尔："客观反思道路使主体成为偶然的,因此把生存变成了漠不相关的事物、消失着的事物。走向客观真理的道路偏离了主体,同时主体和他的主观性变成漠不相关的了,真理也变成漠不相关的了,这种漠不相关性确切地说就是它的合法性,因为就像所有决定性一样,所有旨趣都植根于主观性之中。……从在它的实现中的主观的视角来看,已经出现的客观性或者是一个假设,或者是一个近似值,因为所有的永恒决定性都植根于主观性之中。"③在阿多诺看来,"这不仅是对客观世界的科学理解的批判,而且同样也是对主观性的'客观化'解释的批判,因此是对一个先验、一个

---

① ［德］海德格尔：《存在与时间》,陈嘉映等译,生活·读书·新知三联书店 1987 年版,第 272 页。
② ［德］海德格尔：《存在与时间》,陈嘉映等译,生活·读书·新知三联书店 1987 年版,第 174 页。
③ Kierkegaard, *Concluding Unscientific Postscript*, trans., David F. Swenson and Walter Lowrie, Princeton, N. J.: Princeton University Press, 1968, p. 173.

'生存的生存论分析'的可能性的批判"①。这样,克尔凯郭尔对费希特、黑格尔的客观真理的批判毋宁说也就是对海德格尔的一种变相批判了。对于克尔凯郭尔的真理,除了它的主观性之外,阿多诺特别强调了它的否定性:"就像对内容的任何断言一样,对真理的断言将使真理理念'客观化',因此对于克尔凯郭尔来说,这是不被允许的。真理的先验性是通过对内在主观性的否定、无限的矛盾生产出来。"②由此,最后一个问题即生存和真理的关系也就被提出来了。

对海德格尔而言,生存与真理的关系是非常清楚的:真理将从生存中被领会到和解释出来。这在克尔凯郭尔那里也不复杂:"对于克尔凯郭尔来讲,生存运动就是一个引导无客体的内在性走出它在'自由'中的神秘纠缠,达到自身真理的呈现。"不过,阿多诺拒绝不加说明地接受这种理解,因为通常持这种理解的人都把克尔凯郭尔的"清晰性(transparentness)当作基督教意义上的简单性(simplicity)"了,③既然我们已经承认克尔凯郭尔是一个哲学家,那么,就应当首先按照哲学而非信仰的要求去理解他,因此,"清晰性的辩证观念并不能以心理学的方式被充分地把握到,而只有根据克尔凯郭尔的真理观念的构造,才能被把握到",这不是一个信仰的心理学问题,而是一个本体论问题。④ 也就是说,阿多诺深刻地意识到,克尔凯郭尔无客体的内在性并没有超越唯心主义,具有主观面貌的生存境界、生存辩证法在本质上是一个本体论问

---

① Adorno, Theodor W., *Kierkegaard: Construction of the Aesthetic*, trans., Robert Hullot-Kentor, Minneapolis, MN: University of Minnesota Press, 1989, p. 70.

② Adorno, Theodor W., *Kierkegaard: Construction of the Aesthetic*, trans., Robert Hullot-Kentor, Minneapolis, MN: University of Minnesota Press, 1989, p. 71.

③ 理性与信仰的关系是克尔凯郭尔研究中不可回避的一个问题。对这一问题一般有三种解决方式。一是像卡尔·巴特和舍斯托夫那样,从宗教的立场出发,把理性作为信仰中之不纯洁者祛除掉,从而将克尔凯郭尔视为一个"非理性主义者"。二是像有些克尔凯郭尔研究者那样,从存在主义立场出发,把它们的对立视为荒谬,在"超越"中解决它们的张力冲突。三是像阿多诺和卢卡奇的《理性的毁灭》那样,在黑格尔学派的解体过程中理解这个问题,把信仰因素的突显看作德国古典唯心主义(特别是黑格尔哲学)的宗教本质的暂露,我们注意到,在稍后的部分中,阿多诺为此专门提到了青年黑格尔从神学向哲学过渡时期的"生命"概念。

④ 参见 Adorno, Theodor W., *Kierkegaard: Construction of the Aesthetic*, trans., Robert Hullot-Kentor, Minneapolis, MN: University of Minnesota Press, 1989, pp. 72-73.

题,因此,个人生存与主观真理的关系归根到底是主体与自然客体的关系。①"在那在真理中已然熄灭的主观——不仅是主观——辩证法那里,真理显得是荒谬的,作为没有成为它的尺度的辩证运动的精华,真理变成含混的了。"②按照一般的理解,精神将在生存辩证法构成的荒谬中突然浮现,克服自己的含混性,在"超越"中实现自己的简单性。依阿多诺之见,克尔凯郭尔的真理注定是不能获得清晰性的,这是由克尔凯郭尔的自我概念的抽象性决定的。

二、克尔凯郭尔的自我概念与德国古典唯心主义

对于克尔凯郭尔来说,生存真理不在于是"什么"而在于"怎样","对无限的激情成了真实性或真理……决定性因素是对无限的激情,而非无限的内容,因为无限的内容就是它自身。主观性和主观性的'怎样'就以这种方式构成了真理。……信仰正是个人内在的无限激情与客观的不确定性之间的矛盾。如果我能在客观上把握上帝,我就不信仰;但恰恰因为它不能在客观上把握上帝,所以我必须信仰"③。不过,克尔凯郭尔不是托马斯·阿奎那(Thomas Aquinas),他的信仰不是超越理性的,而是要借助理性来消除上述含混,"让昭然若揭的清晰性站出来",正是这一点使阿多诺对克尔凯郭尔的自我概念首先进行哲学的而非神学的讨论具有了合法性。他指出,对于克尔凯郭尔来说,真理之所以变得含混了,是因为本体论的意义并不属于那能够进行自我理解的理性生存主体,但意义却又是从这种生存中召唤出来的,也就是说,问题的症结实际在于"他的作为含混性的起源的生存概念的结构"。阿多诺认为,"康德的先天综合学说"、"费希特的体系和黑格尔的体系",是理解克尔凯郭尔生存

---

① 在《审美对象的建构中》,阿多诺并没有对"自然"概念进行明确的界定,也没有直接引入"自然历史"概念,他主要是在黑格尔的意义上来使用这一概念,即自然是第一自然和第二自然的复合,是"自然"和"自然生活"的复合。

② Adorno, Theodor W., *Kierkegaard: Construction of the Aesthetic*, trans., Robert Hullot-Kentor, Minneapolis, MN: University of Minnesota Press, 1989, p. 73.

③ Kierkegaard, *Concluding Unscientific Postscript*, trans., David F. Swenson and Walter Lowrie, Princeton, N. J.: Princeton University Press, 1968, pp. 181 – 182.

学说的重要依据。① 很显然，与同时代的存在主义者不同，阿多诺首要关注的不是克尔凯郭尔生存学说的**现代效应**而是它的**历史形成**，希望以此表明它及其20世纪的追随者们都依旧处在唯心主义传统之中。

按照雅斯贝尔斯的说法，通过克尔凯郭尔的"生存"一词，我们看到了抵抗一切有限知识的东西的无限深度。这种对克尔凯郭尔生存学说的效应的阐述，在很大程度上抑制了人们对它的现实起源的追寻。黑格尔哲学、浪漫派的美学以及老年黑格尔派与路德新教杂糅而成的丹麦"国教会"，是克尔凯郭尔思想发展的起源，②就此而论，洛维特（Karl Löwith）在黑格尔学派解体后与青年黑格尔派平行的意义上来考察克尔凯郭尔学说的形成是完全正确的。③历史地看，克尔凯郭尔的生存是直接针对黑格尔的理性的，因为在这里，个人作为理性创造历史所假手的工具成了一种偶然性的存在，而生存就是要恢复"那一个个人"（that individual）的现实性，这事实上可以被认为是施蒂纳的"唯一者"的一个基督教性质的对应物。④ 就像青年黑格尔派是在黑格尔的基础上（从康德到黑格尔的整个古典哲学的逻辑历程中）造黑格尔的反一样，克尔凯郭尔的生存也是如此。那么，什么是生存？克尔凯郭尔先后在五种不同的意义上使用这一"概念"，但并没有一个同一的"定义"，⑤他总是在强调它的具体性。阿多诺认为，如果说在沃尔夫那里，本体论作为经验的内容得到解救的话，那么，克尔凯郭尔则和康德一样，把本体论"构想为了经验的形式"。生存和物自体的相似之处在于，它们都是"客观知识的构成条件"，都可以用一组原则来描述但又不是这些原则，"这些原则仅仅就其是'普遍的'而是'必然'

---

① 参见 Adorno, Theodor W., *Kierkegaard: Construction of the Aesthetic*, trans., Robert Hullot-Kentor, Minneapolis, MN: University of Minnesota Press, 1989, p. 73。

② 参见 Niels Thulstrup, *Kierkegaard's Relation to Hegel*, trans., George Stengren, Princeton, N. J.: Princeton University Press, 1980, chapter 1。

③ 参见 Karl Löwith, *From Hegel to Nietzsche: The Revolution in Nineteenth-Century Thought*, trans., David E. Green, Gorden City, N. Y.: Anchor Books, 1967, chapter Ⅲ。

④ 参见[德]施蒂纳《唯一者及其所有物》，金海民译，商务印书馆1989年版，也可以参见李鹏程的《信仰与革命——对19世纪上办叶德意志精神世俗化的理论考察》（人民出版社1993年版）和侯才的《青年黑格尔派与马克思早期思想的发展》（中国社会科学出版社1994年版）中的相关论述。

⑤ 参见王齐《走向绝望的深渊——克尔凯郭尔的美学生活境界》，中国社会科学出版社2000年版，第18—20页。

第二章　克尔凯郭尔解码：唯心主义的改头换面　　　　　　　　　　　　　　127

的"，生存就此摆脱了偶然性成为必然之物，但问题在于"这种安全性的代价是抽象性。""通过消减'质料'的偶然性——它源于知性的综合统一，并作为内容从'本体论'能从中演绎出来的主观形式中发展出来——和通过被设定为与主观性等同的'成长'，唯心主义体系再一次担负起了重新发现失落的本体论内容的任务。"克尔凯郭尔一方面希望像黑格尔那样以"哲学历史"的方式去克服康德的抽象性，另一方面，他又不愿完全接受黑格尔的思路，因为如果存在的就是合理的，那么意义将无所不在而又无处能在。生存概念体现出了克尔凯郭尔某种中和康德和黑格尔的意向："他反对康德，寻求具体的本体论计划；反对黑格尔，寻求一个不屈服于现存并把它吸收到自身之中的本体论计划。他因此修正了后康德的唯心主义过程：放弃了同一性的要求。……（然而他又）与黑格尔的同一性保持一致，牺牲了康德的先验客观性"，因为康德的"普遍意识"是与"个别的人的特殊意识"相对立的。通过康德式的抽象的个人生存，克尔凯郭尔为被黑格尔同一性哲学所屏弃的、不能在偶然的感性质料中实现的个人意义寻找到了一个承担者，同时，他又在黑格尔式的同一性过程中为生存的抽象性灌注了某些内容。就其基本逻辑建构而言，阿多诺认为克尔凯郭尔主要还是一个黑格尔主义者，"世界历史之于黑格尔，犹如个人之于克尔凯郭尔"，克尔凯郭尔以生存的名义，将黑格尔同一性哲学内在化了。[1]

　　由于克尔凯郭尔的生存、自我是以康德的方式来设置的，因此，虽然它经历了黑格尔式的人类学心理发展史，但它并没有像绝对精神那样获得充分的规定性，正是自我这种始终如一的抽象性导致了生存真理的含混性。"它的抽象性是普遍之物的抽象性的相对的一极。它是特殊之物的抽象性。这种抽象性与克尔凯郭尔的清晰性目的正相对立。"阿多诺接着给克尔凯郭尔上了一堂德国近现代哲学课：从《精神现象学》(Phenomenology of Spirit)观之，诸如"这一个"等看似具体的"意谓"恰恰是最抽象的，[2]因此，"最确定的自我其实

---

[1] 参见 Adorno, Theodor W., *Kierkegaard: Construction of the Aesthetic*, trans., Robert Hullot-Kentor, Minneapolis, MN: University of Minnesota Press, 1989, p.74.

[2] 参见黑格尔《精神现象学》，贺麟等译，商务印书馆1979年版，第一章"感性确定性；这一个和意谓"。

停留在最不确定的状态之中";从胡塞尔的大《观念》(Ideen)观之,自我"作为中心的意向对象概念即'对象'、'客观同一体'、'自我等同','其可能的谓词的可规定的主体'等被分离出来,是从一切谓词中抽象出来的纯 X"①,也就是说,不管是自我主义的自我、自私自利的自我,还是生存的自我,作为一个观念,自我原本就是抽象的。② 克尔凯郭尔自然知道"解释"就是使疑问中的事物变得确定,这样"解释就把晦暗而非对象移去了",但他那只是"在表象和名称中才是可能的"解释恰恰"被他的对'清晰性'的要求排除了"。因此,克尔凯郭尔反对客观的认知性的直接交往,而诉诸美学反讽的间接交往,就这样,"空洞的和盲目的'X'就被一种伪辩证法设立为真理了,在这种辩证法中,阐释等同于普遍概念的分类,而在这种辩证法把否定、先验之物、概念的毁灭视为其质料的最高成就,从而在使这种分类不再可能的时候,它为自己的胜利开了一个庆功会"③。

克尔凯郭尔当然明白,取消了知识,对自我的所谓解释就只能是一种同义反复,为此,他像同时代的青年黑格尔派那样,把费希特"作为理论与实践统一的'行动'"、自我引入生存,这样它就在"心理学"中获得了自身的内容:"对于克尔凯郭尔来说,工具性的道德'行动'就是'真诚'的决定性。"不过,真诚同样是抽象的,因为"内在性、信仰即真诚"。④ 也就是说,在古典哲学最终以理性取代了信仰的地方,克尔凯郭尔重又把信仰引入理性,辩证法因此不可避免地发生了重大变化,但是,这种变化并不如克尔凯郭尔自己所言,是从量的辩证法向质的辩证法的提升,而是辩证法具有了神秘性,或者说,辩证法由自身的目的蜕变为了信仰的工具。

---

① [德]胡塞尔:《纯粹现象学通论:纯粹现象学和现象学哲学的观念,第一卷》,李幼蒸译,商务印书馆1992年版,第317页。——此译文经由我的朋友张廷国教授根据德文校对,有改动。
② 参见 Adorno, Theodor W., *Kierkegaard: Construction of the Aesthetic*, trans., Robert Hullot-Kentor, Minneapolis, MN: University of Minnesota Press, 1989, p. 75。
③ Adorno, Theodor W., *Kierkegaard: Construction of the Aesthetic*, trans., Robert Hullot-Kentor, Minneapolis, MN: University of Minnesota Press, 1989, p. 76.
④ Adorno, Theodor W., *Kierkegaard: Construction of the Aesthetic*, trans., Robert Hullot-Kentor, Minneapolis, MN: University of Minnesota Press, 1989, p. 77.

三、辩证法:"生产关系"与"生产力"、直接性与中介

《审美对象的建构》出版以后,反响平平。① 在为数不多的评论中,人们总是用惯常的客套话来掩饰心中的疑惑:它究竟要说什么？其中洛维特的评论最有代表性,他肯定这本书具有深刻的洞察力,但是对它"独断的、夸夸其谈的独特风格"提出了批评,他甚至不得不依靠重组章节题名来推断阿多诺的意图。在我们看来,这种"独断的、夸夸其谈的独特风格"最显著的特征就是**搁置克尔凯郭尔的主观意向,通过大量堆砌原文客观地再现或者"发掘"前者思想的内在逻辑线索**。按理说这应当是思想史研究所追求的理想方法,但它之所以让绝大多数学者难以忍受,是因为它太"客观"和繁琐了,以致让人怀疑它所提呈的理论逻辑在多大程度上是属于克尔凯郭尔的,尽管它的每一个论证都拥有前者的文本依据。对克尔凯郭尔来说,生存辩证法明摆着就是信仰的一种工具,它通过否定性的间接交往使人对尘世生活产生绝望,让人的神性在无穷的重复中神秘地激发出来,使人得到最终的救赎。而我们看到,阿多诺偏偏不提信仰这个动因,却要一步一步地论证给我们看。从指证克尔凯郭尔的自我只是一个"精神"开始,他先是说明这个精神具有一种无限的"总体性"结构,它"神秘而含混地停留在作为意义的内在产物的自律与在本体论的面具下构想自己的反思之间",进而说明客观的绝望将粉碎人的自我反思,使之陷入"永恒的重复之中",最后指出,经过"飞跃",人因信得救,获得永福,原本不可能获得的清晰性就"在末日审判的光芒中找到了自己的位置"。② 不管怎样,终究还是有人理解阿多诺的,一个是他的指导教师蒂里希,另一个是他的挚友本雅明,在后者看来,这本书以一种非常紧凑的方式包容了阿多诺以后著作的基本主题,其核心就是对辩证法的理解。

在《历史与阶级意识》之后,德国的西方马克思主义者的哲学史研究就与

---

① 参见 Adorno, Theodor W., *Kierkegaard: Construction of the Aesthetic*, trans., Robert Hullot-Kentor, Minneapolis, MN: University of Minnesota Press, 1989, p. xiii。

② 参见 Adorno, Theodor W., *Kierkegaard: Construction of the Aesthetic*, trans., Robert Hullot-Kentor, Minneapolis, MN: University of Minnesota Press, 1989, pp. 78–85。

资产阶级哲学史研究具有了一个根本性的区别:哲学史在本质上是社会史,社会历史的发展在归根结底的意义上决定了哲学的发展,而后者又以一种相对独立的形式再现了社会历史的发展。因此,哲学史研究的中心不应是个人的主观理念和生存际遇,而是思想与社会特别是社会的经济发展过程之间的客观互动。在这一方面,霍克海默 1930 年出版的《资产阶级历史哲学的起源》(*Beginnings of Bourgeois Philosophy of History*)堪称典范之作,[①]它构成了《审美对象的建构》的一个重要的方法论支援背景。与此同时,阿多诺又把自己在本雅明的影响下形成的音乐哲学研究理念带入哲学史研究,事实上,他就像在音乐技术("生产力")与音乐理念("生产关系")之间进行区分一样,在哲学技术、文本("生产力")与哲学理念("生产关系")之间做出界划,从而要求排除克尔凯郭尔主观的信仰因素,对他的学说进行客观的"生产力"考察。阿多诺的这一努力显然不够成功,[②]除了作品本身的晦涩性之外,很重要的一点就是克尔凯郭尔的宗教性和个体性较强,在他身上很难再现历史的进程。就此而论,《审美对象的建构》更多地具有哲学的而非哲学史的意义,它从一个非常深的方面以一种非常晦涩的形式标示出了阿多诺的哲学观念的基本特征,即对客体、生产力和历史辩证法的客体向度的深切关注。

蒂里希对《审美对象的建构》的赞赏主要出于对它的辩证法观念的赞同,当然,他是不可能在上述意义上来理解辩证法的,直接性与中介或信仰与理性的关系是他理解辩证法的主要切入口。作为一个存在主义神学家,蒂里希主张信仰与理性的统一,[③]正是在这一点上他与同时代的其他存在主义神学家如马丁·布伯(Martin Buber)拉开了距离。与蒂里希一样,阿多诺是反对所谓的直接性的,《审美对象的建构》的核心意图就是重新评价黑格尔的中介学

[①] 参见 Horkheimer, "Beginnings of the Bourgeois Philosophy of History", *Between Philosophy and Social Science*: *Selected Early Writings*, trans. G. Frederick Hunter, Matthew S. Kramer, and John Torpey, Cambridge, MA: The MIT Press, 1993, pp. 313–388。

[②] 与此相比,舍斯托夫稍晚一些时候对克尔凯郭尔的"生产关系"研究倒是比较成功,影响也较大,面对克尔凯郭尔的理性与信仰的冲突,他倾向于把理性作为一种不纯的东西去掉,参见[俄]舍斯托夫《旷野呼告》,方珊译,华夏出版社 1999 年版。

[③] 参见王岷《终极关怀——蒂里希思想引论》,新华出版社 2000 年版,第 97—102 页。

说。针对当时学界对克尔凯郭尔的生存辩证法、间接交往、"精神助产术"的推崇,阿多诺指出,他的生存是"一种拜物教","它把自己更深地锁闭在自身生存中",①因此,所谓间接交往不过就是自我与自我的直接交往,"如果绝望等同于作为纯粹直接性的'综合',克尔凯郭尔对绝望的描绘将被毫不夸张地运用到对与关系自身建立关系的自我的定义中去"②。这种本质上的直接性只是"个人为他从历史洪水中逃出来的'意义'所寻找到的一个遮风避雨的浪漫小岛"③,而现实的社会问题是不容回避的,对它们的解决是人类重新获得生存的价值与意义的必由之路,在这个意义上,黑格尔的中介学说具有真正的革命意义。

由是观之,尽管此时的阿多诺已经在许多方面与《历史与阶级意识》所开辟的传统拉开了距离,但是他与青年卢卡奇一样坚信历史的发展在于对历史地形成的社会现实的改造,就此而论,他始终是一个"理性主义"者。虽然后来阿多诺对启蒙重又变成神话这一理性的自反性表现出了深刻的悲观情绪,但是,他绝不是像哈贝马斯所理解的那样,采取了一种浪漫主义的逃避立场。对他来说,启蒙当然是一个悲剧,但却不能以非理性主义的方式来逃避,要么人类在此悲剧中沉沦,要么就扬弃启蒙,为理性祛魅,进入新的历史发展阶段。面对来自历史的重大打击,"崩溃的逻辑"确实没有采取具体的实践,但它并不是说不实践,而是因为实践已经异化,如果不首先为理性祛魅、扬弃实践的异化,那么,所谓实践就只能是与资本主义现实的同谋。哈贝马斯的发展清楚地证明了这一点。"冬眠"战略以否定的立场保持了实践的姿态,它归根结底是被波塞冬困留在海岛的奥德塞,而不是被上帝剥夺了一切的约伯,也就是说,"崩溃的逻辑"在等待,但它绝不是在等待上帝的再次垂恩,而是在等待适合的风向,以依靠自己的力量,冲破重重阻隔,重返故乡。

---

① 参见 Adorno, Theodor W., *Kierkegaard: Construction of the Aesthetic*, trans., Robert Hullot-Kentor, Minneapolis, MN: University of Minnesota Press, 1989, p. 79。

② Adorno, Theodor W., *Kierkegaard: Construction of the Aesthetic*, trans., Robert Hullot-Kentor, Minneapolis, MN: University of Minnesota Press, 1989, p. 81。

③ Adorno, Theodor W., *Kierkegaard: Construction of the Aesthetic*, trans., Robert Hullot-Kentor, Minneapolis, MN: University of Minnesota Press, 1989, p. 37。

第三节　审美对象的建构与生存的政治

在讨论过生存概念之后,我们并不惊讶地发现,阿多诺的全部观点事实上早已经在书名《克尔凯郭尔:审美对象的建构》中表露无遗了。——作为"感性学",不管美学(aesthetics/Ästhetik)是否是思辨理性的低级产物,它都意味着一种感性的主客体关系的存在。在这个意义上,克尔凯郭尔的"美学境界"(aesthetic sphere),即他的"审美对象"(the aesthetic/des Aesthetischen),应当像阿多诺所说的那样,是一种"自然"或"自然生活"。可不管"建构"(construction/Konstrukion)是先验的还是经验的,这一过程都背反地取消了"自然"或"自然生活"的客观性,使之沦为抽象的自我的观念构造。换言之,"审美对象的建构"已经在标题上揭示了"克尔凯郭尔"的唯心主义本质。对于克尔凯郭尔来说,生存应当是对自然的超越和向着永恒真理的飞跃,但是阿多诺接下来的分析却尖锐地指出:生存的超越纯属"睡梦中的遗忘",它不是超越或克服了自然界和资本主义社会的第二自然,恰恰相反,它消散到其中去了,这样,未被触动的自然特别是第二自然就戏剧性地成为永恒存在的真理,等待着生存的飞跃。通过这种内在分析,阿多诺充分揭示了生存哲学潜藏着的政治保守性及其客观发挥着的维护现实的意识形态功能:不是渴望超越(longing for transcendence),而是对渴望的超越(transcendence of longing),"从哀悼到安慰不是最大的一步,而是最小的一步"。

一、"境界的逻辑":再论克尔凯郭尔与黑格尔的关系

《旷野呼告》的第一章是"约伯和黑格尔",在这里,舍斯托夫(L. Shestov)认为克尔凯郭尔正是脱离了黑格尔返回约伯的《圣经》传统方才获得了真理。[①] 这也是克尔凯郭尔复兴后的一种颇为流行的看法。如果说在"生存概

---

① 参见[俄]舍斯托夫《旷野呼告》,方珊等译,华夏出版社1999年版,第22—30页。

念"章中,阿多诺从生存概念的结构性方面追寻了克尔凯郭尔与德国古典唯心主义特别是黑格尔的隐秘思想谱系,那么现在他就要从生存学说的过程性方面(生存境界学说)进一步揭示克尔凯郭尔与黑格尔的内在关联,以表明:黑格尔固然是用普遍性压制个体性,可在信仰的面目下,克尔凯郭尔的个体同样没有自由!

首先必须指出的是,阿多诺此时对克尔凯郭尔与黑格尔的比较,不是泛泛而谈的,而是建立在当时兴起不久的青年黑格尔研究之上的。① 正是在黑格尔刚刚被发现的从神学向哲学演进的过程中,②阿多诺看到了克尔凯郭尔与黑格尔的可比性:两者的差别其实主要是宗教的,黑格尔通过神秘的"爱"克服了康德的形而上学走向了理性神学,③克尔凯郭尔则在"神话般的命运力量"的作用下使理性变得像神学一样神秘。这一点贯穿《审美对象的建构》全书,然而又未被阿多诺言明,构成了一般研究者极难还原的思想史支撑背景。因此,在阿多诺看来,克尔凯郭尔的"境界的逻辑"不是无的放矢,而是直接针对《精神现象学》中的辩证法。个人意识、社会意识和绝对意识,对于黑格尔来说,就是意识的三重境界,它们是个人(个人意识)与普遍(绝对精神)在历史性的"对话"过程中先后经历的三个辩证阶段;在普遍(绝对精神)的规划中,通过"对话",个人(个人意识)不断意识并扬弃自己的局限性,从而最终进入真理的上帝之城,换言之,个人(个人意识)是普遍(绝对精神)为了实现自身所假手的

---

① 1889年和1895年,黑格尔早期手稿从黑格尔家族转移到柏林皇家图书馆。1900年,狄尔泰提出应当利用这些文献,以实现对黑格尔哲学的历史理解。1907年,诺尔编辑出版了《黑格尔早期神学著作》,狄尔泰利用这一文献于同年稍早一些时候出版了《青年黑格尔》一书,青年黑格尔研究由此发端,随后黑格尔的其他早期文献也陆续公开出版,这些新发现的早期文献关键性地改变了学界对黑格尔哲学的理解。参见 James Schmidt, "Recent Hegel Literature" I, *Telos* 46 (Winter 1980—1981), II, *Telos* 48 (Summer 1981)。

② 关于青年黑格尔的哲学思想和神学思想,可以分别参见宋祖良的《青年黑格尔的哲学思想》(湖南教育出版社1989年版)和赵林的《黑格尔的宗教哲学》(武汉大学出版社1996年版)中的有关章节。

③ "如果爱在此表示理性,那么它决不是'逻各斯'意义上的理性,而是'努斯'意义上的理性。黑格尔这一时期对康德的'理性'的批判……就是要用个体生命存在的努斯精神突破形式主义的逻各斯的外在束缚,以便能找到一种富有内容和生命活力的新型的逻各斯(理性)。"(邓晓芒:《思辨的张力——黑格尔辩证法新探》,湖南教育出版社1992年版,第60页)在一定意义上,这种有活力的理性就是能创造的上帝。

一个偶然性的工具。① 对于克尔凯郭尔来说,如果存在的就是合理的,那么,真理就无所不在而无处真实存在了,生存的意义在普遍性中被失落了,因此要依靠个人的自主与自由去重新发现生存的意义。

在"生存概念"章中,阿多诺已经深入地说明:克尔凯郭尔的生存学说是一种没有现实的现实主义,它挑战思想与存在的同一性,但却又不在其他任何领域而在思想中寻找存在;自我的存在被功能性地确定为一种"关系",在自我的运动中本体论的"意义"被召唤出来,但是生存自身却没有因此变得可以理解。现在,他则进而指出,本体论意义和自我的基础即内在性的性质结构已经因此"决定性地变成了二律背反","克尔凯郭尔的生存哲学不是别的,就是那在思想中掌握、证明生存的二律背反就是真理性内容这个企图。并且它事实上意味着要系统地实现这个企图"。但克尔凯郭尔的"生存(existence/Existenz)的体系"是反对黑格尔的"实存(existence/Existenz)的体系"的,原因有很多个,归结为一点就是:"实存的体系"是中介性的,②而"生存的体系"要求直接性,它"确切地镶于那作为体系构造力量(a system-positing force)发挥功能的唯灵论之中"。③ 为了能和黑格尔划清界限,克尔凯郭尔专门用一个具有康德色彩的词"图式"(schema)来称呼他的生存境界理论,以强调这些境界不是像黑格尔辩证的体系那样是可以推演的,而是像公理那样相互独立并存的。阿多诺指出,如果美学境界、伦理境界和宗教境界不是辩证发展的,个人可以凭借绝望从美学境界直接飞升到宗教境界,也就是说,如果"存在和生成可以无区别地相互流动,那么,它们必定部分地存在于现实生活中",这样,"境界就从(自我的自我相关的)'关系'的纯粹现实性努力使自己超越的实体化中建构出了一个'体系',由此,这些具有不同本体论地位的境界就同时使它们自身相互

---

① 参见张亮《〈精神现象学〉的使命与体系:一个再考察》,载《理论探讨》1999年第3期。
② "本质最初是自身映现和自身中介;作为中介过程的总体,它的自身的统一便被设定为差别的自身扬弃……于是我们又回复到直接性,或回复到存在,不过这种直接性或存在是经过中介过程的扬弃才达到的。这样的存在便叫做实存。"(黑格尔:《小逻辑》,贺麟译,商务印书馆1980年版,第265页。)
③ 参见 Adorno, Theodor W., *Kierkegaard: Construction of the Aesthetic*, trans., Robert Hullot-Kentor, Minneapolis, MN: University of Minnesota Press, 1989, p. 86。

对立"。① 如果我们用马克思主义的术语系统来表述就是,**这些体现了人的不同生存状况的境界归根到底是与物质生产发展的不同阶段相联系的,从克尔凯郭尔到海德格尔的"生存论筹划"只是对物化现实表现了不满,由于它们脱离了社会历史的物质现实,因此,"超越"就只能是"在其中"**。尽管克尔凯郭尔总是想摆脱梦魇般缠绕着他的黑格尔,但是他这些以抽象的方式反映了社会生活辩证的发展阶段的生存境界"却是在与黑格尔的体系学的最亲密关系中被提出来的"。在阿多诺看来,无论是在观念(观念的动态发展)、方法(扬弃即否定—保留)上,还是在本质(总体性)上,境界学说都起源于黑格尔哲学,实质性差别不在于克尔凯郭尔崇尚"飞跃",黑格尔要求辩证发展,而在于境界"没有经受综合"。②

从表面上看,意识的境界与生存的境界存在显著的对立:前者是一个逻辑过程的三个递进阶段,后者则是由三个并不存在逻辑归属关系的独立片段所组成的"星丛"。不过,此"星丛"非彼"星丛"。对于现代主义而言,"星丛"是真理的"表现",真理以密码化的方式被冻结在"星丛"的"貌似"中了,而"境界的星丛是具有召唤魔力的记号",它将从"形象"中为个体召唤出真理和意义。可是,对于沉思而言是不透明的东西,它并没有因为沉思的被放弃而变得透明,因此,"按照唯心主义的方式发生的境界、神话般的命运力量将不会使本体论的重要性成为多余"③。也就是说,在生存境界的非连续性中,意识境界从观念中演绎出来的连续性就成了一种虚构,但问题在于,哲学也就因此丧失了通过"中介"认识真理的功能。如果本体论不在观念领域中,那么,它能在哪里呢?阿多诺认为,从黑格尔的唯心主义出发,在把唯心主义内在化的过程中,克尔凯郭尔把历史的具体性吸纳到了抽象的自我之中,因此也就使之消散到了空洞的境界之中,"他因此放弃了哲学对于真理的核心要求,同时从他的哲

---

① 参见 Adorno, Theodor W., *Kierkegaard: Construction of the Aesthetic*, trans., Robert Hullot-Kentor, Minneapolis, MN: University of Minnesota Press, 1989, p. 88。
② 参见 Adorno, Theodor W., *Kierkegaard: Construction of the Aesthetic*, trans., Robert Hullot-Kentor, Minneapolis, MN: University of Minnesota Press, 1989, p. 90。
③ Adorno, Theodor W., *Kierkegaard: Construction of the Aesthetic*, trans., Robert Hullot-Kentor, Minneapolis, MN: University of Minnesota Press, 1989, p. 92。

学赖以汲取精华的黑格尔哲学中遭遇神学"①。依照克尔凯郭尔的说法,在幽默、反讽中,生存的真理将在比较高级的疯狂中以密码化的方式被泄露出来。那么,幽默、反讽是使真理得以显现的"光源"吗? 阿多诺说不是的,它们只是一个"场合",一个具有诱导功能的场合。"因为'场合'自身是境界逻辑的一个范畴,它是境界的结构与外部世界接壤的边界"②。正是在这个场合中,"飞跃"得以进行。现在的问题是:在边界的这一边即偶然性的外部世界并不存在真理,同时,按照克尔凯郭尔自己的描述,在边界的那一边,不论是唐·璜(感性直接性)还是浮士德(理性直接性),审美生活中的个人也不拥有真理,那么,个人何以会注定在绝望中"飞跃",并且一定是经过"伦理境界"向着"宗教境界"的"飞跃"? 因为信仰,人对上帝这个绝对的他者的信仰。也就是说,"飞跃"并不是自治,还是他治!"自我诱导的境界总体从一个境界变为另一个境界。在每两个之间中介的,并不是主体和它的具体的特殊生活,这个主体毋宁说是境界在其上消失、他者在其上被显现的阶段。"③换言之,尽管存在这样那样的差别,生存境界的辩证法不过和意识境界的辩证法一样,都是一个绝对主体一手操纵的"影子戏",只不过在后者把上帝换成绝对精神的地方,前者保留了上帝的名称罢了。"在克尔凯郭尔哲学中,神圣力量在内在运动中的干预,被中断刻画出了它的特征,因此,只有穿透孤立的内在性的幻象,意识才能够'得以喘息'"。④

基于上述分析,阿多诺对克尔凯郭尔与黑格尔的关系进行了两点重要的说明。第一,尽管具有种种差异,但这两个思想家都深刻地映现了资本主义制度的强制本性,如果说黑格尔哲学是以体系的方式表现出来的强制,那么,在

---

① Adorno, Theodor W., *Kierkegaard: Construction of the Aesthetic*, trans., Robert Hullot-Kentor, Minneapolis, MN: University of Minnesota Press, 1989, p. 93.

② Adorno, Theodor W., *Kierkegaard: Construction of the Aesthetic*, trans., Robert Hullot-Kentor, Minneapolis, MN: University of Minnesota Press, 1989, p. 95.

③ Adorno, Theodor W., *Kierkegaard: Construction of the Aesthetic*, trans., Robert Hullot-Kentor, Minneapolis, MN: University of Minnesota Press, 1989, p. 97.

④ Adorno, Theodor W., *Kierkegaard: Construction of the Aesthetic*, trans., Robert Hullot-Kentor, Minneapolis, MN: University of Minnesota Press, 1989, p. 102.

克尔凯郭尔那里,"境界体系显现自身为一个碎片中的总体性",[1]这是一个非体系的强制。第二,"境界体系最终因为具体性问题而崩溃,这一开始就使它与黑格尔的体系性的普遍性有了区别",但这种区别并不是一般意义上的理性与信仰的差别,而是黑格尔哲学内部的理性与信仰的差别。因此,剩下来的任务就在于"把荒谬自身的结构揭示为辩证的和体系性的,同时建构出它的适当内容"。[2]

二、牺牲:是信仰的还是理性的?

克尔凯郭尔在主观上想成为一个基督徒,而且越是临近生命的终结,他的这种信仰意识就越深沉。在1854年的一则日记中,他写道:"我"是"这样一种人,可以说,他必须是由自己来发现基督教,必须是由自己把它从深陷的被歪曲的状态中发掘出来"[3]。这种信仰意识成为20世纪基督教思想家或具有基督教思想倾向的学者,对克尔凯郭尔进行彻底的神学解读的合法性基础,[4]他们没有或不愿意面对其思想中由于理性的引入而导致的混乱。[5] 由此,《恐惧与颤栗》(Fear and Trembling)中亚伯拉罕及其悲剧英雄般的壮烈举动——将以撒献为燔祭,即"牺牲"——就成了这些学者证明克尔凯郭尔是神学家的"磐石"。阿多诺无意去否定克尔凯郭尔思想中的神学体验特征,及其对20世纪神学发展的重大影响,不过在他看来,就像帕斯卡一样,克尔凯郭尔也是基督教的一个"局外人";尽管克尔凯郭尔猛烈批判黑格尔哲学,力图解构唯心主义,但是他并没有能够扬弃"德意志意识形态";"牺牲"不是神灵的给予,而是理性的计谋,因此,它与其说是信仰的见证,倒不如说是启蒙的神话。

---

[1] Adorno, Theodor W., *Kierkegaard: Construction of the Aesthetic*, trans., Robert Hullot-Kentor, Minneapolis, MN: University of Minnesota Press, 1989, p. 103.

[2] Adorno, Theodor W., *Kierkegaard: Construction of the Aesthetic*, trans., Robert Hullot-Kentor, Minneapolis, MN: University of Minnesota Press, 1989, p. 105.

[3]《克尔凯戈尔日记选》,晏可佳等译,上海社会科学院出版社1992年版,第150页。

[4] 我们注意到,无论是舍斯托夫还是某些克尔凯郭尔作品的中译者,他们主要面对的其实都还是克尔凯郭尔的美感作品,但是,对于他们而言,这其中理性与信仰的冲突似乎是不存在似的。

[5] 参见[美]利文思顿《现代基督教思想》下卷,何光沪等译,四川人民出版社1999年版,第639—641页。

在《历史与阶级意识》之后,西方马克思主义所言说、批判的"唯心主义",就超越了意识哲学的边界,具有了社会历史的指向,在某种意义上,它总是和资本主义的"总体性"相关涉。"因此,黑格尔——总体性观念最极端的阐释者,除了唯心主义的批判者之外,在现象上他可以扮演任何角色——发展出了一个辩证过程,这个过程如此动态性地运用了对总体性的权利,以致特殊现象从来都不是体系中的从属概念的结果;相反,现实真实地由已发生的体系,与实现了的现实的本质,是同义的。"①克尔凯郭尔和费尔巴哈一样,在理论上反对这种总体性,但无论是前者的"重复"还是后者的"人的本质",都最终借助于这种动态性的过程获得了自己的具体性和丰富性。与此相反,成熟时期的马克思"最终把他所有思想都归属于商品的交换价值范畴。事实上,作为资本主义社会现象的本质,这个范畴保持了对总体性概念的尊重"②。也就是说,以学派内部的马克思主义经济学研究为基础,阿多诺深刻洞察到总体性首先是社会存在,其次才是意识和哲学观念,马克思的《资本论》通过利用这种观念抓住了资本主义社会的存在本质,并发现了资本主义生产在物质内容上的本质缺陷,从而真正摧毁了"资本主义社会的'观念'统一"这种假象。在观念层面上反对总体性和唯心主义是没有出路的,"克尔凯郭尔的辩证法始终在对意识的否定和它不可挑战的权威之间摇摆。因为他的唯灵论、无客体的内在性的历史形象,只有根据唯心主义的危机的内在逻辑才能被理解":个人(意识)在**无限的退让过程中使自己从外在偶然性世界中解放出来、得到纯化,其本质不过就是市场经济中的商品弃绝自己的自然的使用价值,获得社会性的交换价值,牺牲就是市场化!**正是在这个意义上,阿多诺说:"无论如何,意识的牺牲是在他的哲学中所发生的一切牺牲的最内在的模型。"③牺牲会有种种不同,但都是"为了作为整体的体系和在所有进入这个体系的现象中"发生的,牺

---

① Adorno, Theodor W., *Kierkegaard: Construction of the Aesthetic*, trans., Robert Hullot-Kentor, Minneapolis, MN: University of Minnesota Press, 1989, p. 106.

② Adorno, Theodor W., *Kierkegaard: Construction of the Aesthetic*, trans., Robert Hullot-Kentor, Minneapolis, MN: University of Minnesota Press, 1989, pp. 106 - 107.

③ Adorno, Theodor W., *Kierkegaard: Construction of the Aesthetic*, trans., Robert Hullot-Kentor, Minneapolis, MN: University of Minnesota Press, 1989, p. 107.

牲—市场化把自身中的一切事物的自然属性(the natural)都摧毁了,同时却把自身作为自然(nature)保存在了观念中。"在理智的牺牲中,牺牲的起源表现得最为纯粹,它的历史性的功能表现得最为自发。这两者在精神阶段上相遇,并作为神话般的思想自身的哀悼剧完成了唯心主义的对话。"由于"自然"即资本主义这个"第二自然"已经实现了自身的抽象统治"退入人的精神之中,在唯心主义中强化了自身并篡夺了创造的权力",因此,一切从观念层面上对唯心主义的打击都已不能真正毁灭它,克尔凯郭尔希望通过"净化"重建人与人之间的关系,这其实正是黑格尔的"和解"的目的,但是这种"作为净化的和解"并不会为了克尔凯郭尔这个"彻底瓦解中的唯心主义而被恩准"。①

在对牺牲的唯心主义本质进行了一般性的评论之后,阿多诺进入了牺牲的具体性之中。在这里,阿多诺没有为克尔凯郭尔的《圣经》传统所迷惑,而是像青年马克思那样,②透过前者滔滔不绝的现象学主体意识,通过引证20世纪前期两位德国克尔凯郭尔研究者的成果,③把捉到了那在基督教传统掩映下的理性传统:神话。由此,阿多诺针对《恐惧与颤栗》中所讨论的三个问题,从献祭者、牺牲中的人与上帝的关系和牺牲中的"激情"三个方面,全面揭示了牺牲的神话—理性本质。

首先是献祭者。《恐惧与颤栗》中的献祭者主要是亚伯拉罕,不过,克尔凯郭尔也提到了《伊利亚特》(Illiad)中的阿伽门农,虽然他认为亚伯拉罕超越了阿伽门农的伦理普遍性,但就牺牲这种壮举而言,两者似乎没有什么明显区别。④ 阿伽门农为什么要把女儿伊夫琴尼亚拿去献祭?因为他无法控制自然那暴虐的风浪,为了民族的命运而做出了这一牺牲,和奥德塞抵御塞壬的歌声

---

① 参见 Adorno, Theodor W., *Kierkegaard: Construction of the Aesthetic*, trans., Robert Hullot-Kentor, Minneapolis, MN: University of Minnesota Press, 1989, pp. 107 – 108。

② "哲学史应该把那种像田鼠一样不声不响地前进的真正的哲学认识同那种滔滔不绝的、公开的、具有多种形式的现象学的主体意识区别开来。"(《马克思恩格斯全集》第 40 卷,人民出版社 1982 年版,第 170 页。)

③ 参见 Adorno, Theodor W., *Kierkegaard: Construction of the Aesthetic*, trans., Robert Hullot-Kentor, Minneapolis, MN: University of Minnesota Press, 1989, p. 155, note 1 and 2。

④ 参见 Kierkegaard, *Fear and Trembling* and *Repetition*, trans., Howard V. Hong and Edna H. Hong, Princeton, N. J.: Princeton University Press, 1983, pp. 30 – 33。

的举动一样,这也是出于理性的计谋。克尔凯郭尔灭绝事物的自然属性、人的自然生活,也是一种牺牲,是希望能够与无法控制的"第二自然"达成和解,因此,他的"希望的黎明(twilight)也就是诸神暗淡的黄昏(twilight),诸神宣告了一个时代无用的终结和一个无目的的新时代的开始,但这决不是救赎"。在这个意义上,克尔凯郭尔用"物化的和可疑的文化概念"去取代黑格尔"从自然中生发出来的和解的辩证法","没有改变这一情境中的任何东西",唯心主义依旧还是唯心主义。①

其次是牺牲中的人与上帝的关系。在基督教正统教义中,人子与现实生活中的人是存在本质区别的,他以自己的受难为人类赎罪。但我们知道,在克尔凯郭尔那里,伦理境界只是美学境界与宗教境界之间的"过渡",由于人的自然生活的被牺牲,人也就超越或者说取消了伦理,从而可以直接面对上帝。"牺牲是体系中的那个关节点,在这里,抽象的不可达及的'意义'的切线触及生活封闭的圆圈;他的学说坚持认为这个'关节点'不需要沿着圆周前进。根据荒谬,如果他正是在这里参与'意义',那么,根据堕落的神话的微积分,他必须用活生生的人的丧失来支付它",换言之,"通过牺牲,基督与人之间的差异被取消了"。② 也就是说,受费尔巴哈启蒙的克尔凯郭尔,③把上帝还原为了人,同时也就把人提升为了上帝,这样,牺牲就不可能是上帝的感召,而只是人自己的理性的选择。"在克尔凯郭尔这里,理性——在黑格尔那里,它作为无限的理性从自身中生产出现实性——又和无限的理性一样,是所有有限知识的否定:如果说前者因为其对于普遍统治权的要求而是神话般的,那么,后者通过普遍灭绝同样成为神话般的。"④

最后是激情。按照克尔凯郭尔的说法,忧郁、焦虑和绝望这些激情都指向

---

① 参见 Adorno, Theodor W., *Kierkegaard: Construction of the Aesthetic*, trans., Robert Hullot-Kentor, Minneapolis, MN: University of Minnesota Press, 1989, p.110.

② 参见 Adorno, Theodor W., *Kierkegaard: Construction of the Aesthetic*, trans., Robert Hullot-Kentor, Minneapolis, MN: University of Minnesota Press, 1989, p.111.

③ 参见[匈]卢卡奇《理性的毁灭》,王玖兴等译,山东人民出版社1997年版,第256页。

④ Adorno, Theodor W., *Kierkegaard: Construction of the Aesthetic*, trans., Robert Hullot-Kentor, Minneapolis, MN: University of Minnesota Press, 1989, p.119.

自我的牺牲,而在阿多诺看来,它们恰恰与"生存的总体性"、"绝对精神的统治要求"相联系。① 他这一次是通过重新诠释"阿格尼丝与人鱼"这一北欧神话来说明这一点的。阿格尼丝是一个清白的姑娘,受一条雄性人鱼的诱奸而落入大海,死后变成美人鱼。原型神话的梗概大致就是这样。在《恐惧与颤栗》的一个注释里,②克尔凯郭尔改写了这个神话:人鱼爱上了阿格尼丝,并为此做出牺牲,由暴虐变得沉默;但阿格尼丝不是一个安宁沉静的姑娘,她蔑视人鱼因为爱而祛除魔性所表现出来的谦恭,这导致人鱼发狂,揽着阿格尼丝一起跳入大海,最后阿格尼丝变成了一条用歌声来引诱人的美人鱼。克尔凯郭尔改编神话是为了说明"罪",不过,这个新版本恰恰被阿多诺用来确证"他的作为神话事物的历史形象的唯心主义":**当事物保持着自己的欲望本能和雄辩的意识的时候,它可以幸存;但当它在牺牲中变得沉默,它也就屈服于自然——资本主义交换体制了。**③

三、生存的政治

从理论逻辑的内在发展看,阿多诺接下来应当对克尔凯郭尔的生存哲学进行政治的评论,不过从标题上看,他却似乎是以"美学"即"审美对象的建构"结束了全书的写作。我们注意到,在修订出版的时候,阿多诺对"审美对象的建构"章的大小标题进行了重大调整,④不仅章名由"拯救审美对象"改为"审美对象的建构",同时,对其中三个重要的节名也作了根本性的更改,原本对海德格尔的强烈指向性被刻意弱化了。⑤ 对于这种变动,一个合理的解释就是:

---

① 参见 Adorno, Theodor W., *Kierkegaard: Construction of the Aesthetic*, trans., Robert Hullot-Kentor, Minneapolis, MN: University of Minnesota Press, 1989, p. 120。
② 参见 Kierkegaard, *Fear and Trembling* and *Repetition*, trans., Howard V. Hong and Edna H. Hong, Princeton, N. J.: Princeton University Press, 1983, p. 97。
③ 参见 Adorno, Theodor W., *Kierkegaard: Construction of the Aesthetic*, trans., Robert Hullot-Kentor, Minneapolis, MN: University of Minnesota Press, 1989, pp. 121–122。
④ 参见 Adorno, Theodor W., *Kierkegaard: Construction of the Aesthetic*, trans., Robert Hullot-Kentor, Minneapolis, MN: University of Minnesota Press, 1989, p. xxi。
⑤ 第一节从"忧郁的道歉"改为"忧郁的变形",第二节从"貌似与和解"改为"生存的消失",最后一节从"碎片中的本体论之物的纲要"改为"对渴望的超越"。

纳粹日益增强的政治势力迫使阿多诺放弃了对海德格尔的影射，这决不是多虑之举：1933年2月27日是《审美对象的建构》正式上柜销售之日，也是希特勒宣布全国进入紧急状态、取消出版自由之时，同年8月，海德格尔出任弗莱堡大学的校长。也就是说，阿多诺的本意是在对克尔凯郭尔的生存政治和海德格尔的存在政治进行互文性解读中结束《审美对象的建构》。① 从时序上讲，克尔凯郭尔的哲学是对黑格尔所遭遇的那个时代的文化危机的理论反应，但是，由于自身独特的生存境遇，他却"不合时宜"地超越时代（处于上升阶段的自由资本主义时代）的乐观主义做出了一种悲观的存在主义反应。一方面，克尔凯郭尔把危机的解决托付给了个人的意志选择；另一方面，他却又把个人和历史的发展交付给了上帝这个历史的命运。他这种**反现代主义的意识论和决定论的矛盾统一**在海德格尔身上得到了充分再现，在这个意义上，生存的政治当然也就是存在的政治。

面对时代的文化危机，黑格尔的基本情绪是"苦恼"，克尔凯郭尔的则是"忧郁"，"作为一个'能中介（mediating）'的要素，忧郁伴随克尔凯郭尔贯穿于所有阶段"，但这个"受挫伤的忧郁"并不像"苦恼"那样能克服暂时的困境走向完满，它"依旧使废墟得以幸存，而这个作为整体的废墟是它早先作为惩罚降临给它自己的总体性的"，个人不是"通过忧郁"获得"神话般的自我确证"，而是"在对致死的疾病的震惊中"绝望，从而把自己"客观地极化为末日审判和上帝的荣耀"。② 面对同样的危机，之所以会有如此不同的结论，用克尔凯郭尔自己的话来说，就是儿童世界和成人世界的差异。③ 阿多诺指出，虽然也是要求恢复"失落的直接性和生活的丰富性"，但与要求回到过去的浪漫派不同，克

---

① 理查德·沃林在《存在的政治——海德格尔的政治思想》（周宪等译，商务印书馆2000年版）中，对《存在与时间》中的政治哲学进行了颇为深入的探讨，其理论切入点正是马尔库塞和阿多诺等人当年所关注的"历史性"概念的抽象性。就此而论，阿多诺虽然不可能预见海德格尔后来与纳粹的同流合污，不过他对后者哲学的政治保守性是具有足够的警觉的。

② 参见 Adorno, Theodor W., *Kierkegaard: Construction of the Aesthetic*, trans., Robert Hullot-Kentor, Minneapolis, MN: University of Minnesota Press, 1989, p. 123。

③ 参见 Kierkegaard, *Either/Or*, Vol. 1, trans., David F. Swenson and Lillian Marvin Swenson, Princeton, N.J.: Princeton University Press, 1971, pp. 34-35。

尔凯郭尔是要在对客体的"阅读"中读出关于"未来"的"真理",①然而,除了"决断"这一"饭店中的烤肉味"之外,他其实什么都没有给。② 克尔凯郭尔当然是希望给人以"快乐"的,但问题在于,由于他割舍了人的自然生活,这样,随着人的"生存的死亡",他所提供的就不是"快乐的生活本身"而是"关于快乐的表象",这个表象领域"不是永恒的,而是历史的辩证的。它不是存在于对自然的完美超越中,相反,它却晦暗地消散到了自然之中。它不是无表象的真理,而是在与它的貌似的对立中荒谬地允诺了一个不可达及的真理。它不是对爱欲(Eros)敞开自己,而是在崩溃、直接生存之神话般的统一的历史崩溃中,在历史地生存的个人的神话般的脱离中,放射出光芒"。③ 唯物主义同样把自己的焦点投射在一个"更好的世界"上,但是,它解释世界的目的"不是在睡梦中忘却现存世界,而是通过表象的力量改造它"④。同样是要求在"崩溃"中扭出真理,为什么本雅明就是进步的、革命的,而克尔凯郭尔则是保守的甚至是反动的？症结主要在于阿多诺反复强调的自然。在这本书中,自然既指称第一自然,也用来标示第二自然,而且在绝大多数情况下阿多诺并不加以说明。第一自然和第二自然当然存在根本性的区别,但是,在阿多诺看来,有一点它们则是根本一致的:它们对人类的奴役和压迫是历史地形成的,因此也终将历史地消失,而且这种消失本身是它们现实的运动的产物。就此而论,克尔凯郭尔的解题之道是非现实的,因为一方面他把自然作为偶然之物剔除了,另一方面又"在睡梦中屈从于它,然后接受了一个关于极乐的觉悟(blissful awakening)的诺言"⑤。

---

① 参见 Adorno, Theodor W., *Kierkegaard：Construction of the Aesthetic*, trans., Robert Hullot-Kentor, Minneapolis, MN：University of Minnesota Press, 1989, p. 125。

② 参见 Adorno, Theodor W., *Kierkegaard：Construction of the Aesthetic*, trans., Robert Hullot-Kentor, Minneapolis, MN：University of Minnesota Press, 1989, p. 126。

③ 参见 Adorno, Theodor W., *Kierkegaard：Construction of the Aesthetic*, trans., Robert Hullot-Kentor, Minneapolis, MN：University of Minnesota Press, 1989, p. 127。

④ Adorno, Theodor W., *Kierkegaard：Construction of the Aesthetic*, trans., Robert Hullot-Kentor, Minneapolis, MN：University of Minnesota Press, 1989, p. 131。

⑤ Adorno, Theodor W., *Kierkegaard：Construction of the Aesthetic*, trans., Robert Hullot-Kentor, Minneapolis, MN：University of Minnesota Press, 1989, p. 134。

历史地看,机器大工业的发展在给人类社会带来了巨大的物质财富和社会进步的同时,也导致了物化、异化、人的主体地位的丧失,不管前景怎样暗淡,工业文明的社会疾患的疗治都不能脱离社会物质生产和技术发展这条客体向度,人类只有在物化、异化的基础上才能争得"自由人的共同体"。克尔凯郭尔的问题在于脱离了社会生产过程,妄图按照他这个孤独而独立的食利者的方式来改变现状,这一内在的理论支点决定了他的"邻人"只是一个设置出来的幻象,他的一切"对话"最终都只是他自己的"独白"。①——拿着锤子的海德格尔不也正是如此吗?——克尔凯郭尔也寻求快乐,不过他的"欲求方式"与唯心主义是根本不同的,他"把被充分抽象过的概念的空虚性当作无表象的快乐本身",因此他的追求最终是"一个神话般的欺骗"。克尔凯郭尔也看到了貌似对于真理的认识功能,不过,在唯物主义通过它把神话的历史之物转化为和解的地方,他却只是认识到"自我与飞跃"。② 这样的后果主要有两个:一是被消解的自然反而得到强化,他的"否定的历史哲学"就违背其意愿地颠倒成了一个"肯定的末世论的历史哲学";由此,他的神学就取消了人们对于快乐的渴望,使之陷入永恒的绝望之中。③ 生存哲学看到了时代的精神疾患,但是它所选取的治疗方案却是抽象的,就其在取消中强化现存世界秩序,消解人们改造世界的意愿和激情而言,它又是反动的。有一个良好的动机并不见得就有一个革命性的结果,如果脱离现实的社会运动,那么,"从哀悼到安慰不是最大的一步,而是最小的一步"。这是《审美对象的建构》的最后一句话,既是说克尔凯郭尔的,但同样也适用于海德格尔。

---

① 参见 Adorno, Theodor W., *Kierkegaard: Construction of the Aesthetic*, trans., Robert Hullot-Kentor, Minneapolis, MN: University of Minnesota Press, 1989, p. 134。

② 参见 Adorno, Theodor W., *Kierkegaard: Construction of the Aesthetic*, trans., Robert Hullot-Kentor, Minneapolis, MN: University of Minnesota Press, 1989, p. 137。

③ 参见 Adorno, Theodor W., *Kierkegaard: Construction of the Aesthetic*, trans., Robert Hullot-Kentor, Minneapolis, MN: University of Minnesota Press, 1989, pp. 139 - 140。

第三章 "崩溃的逻辑"的形变之旅

在"崩溃的逻辑"发生学历史上的第一批文献中,《哲学的现实性》和《自然历史观念》这两篇演讲虽然篇幅短小,但意义却非比寻常,因为它们实际上是阿多诺对自己在批判克尔凯郭尔过程中浮现出来的"崩溃的逻辑"的首次正面阐述,就此而论,它们确实是一个"起源"。不过,它们绝不是河流发源地意义上的"起源",而只能是蝴蝶羽化意义上的"起源",也就是一个形变之旅的起点。在这个起点上,"崩溃的逻辑"还仅仅是青年卢卡奇—霍克海默批判理论主导逻辑的一个自觉的补充物,它与未来的"否定的辩证法"的同质性并不像人们想象的那样显而易见。面对"二战"前后当代资本主义和社会主义所发生的剧烈变动,法兰克福学派的批判理论家们进行了深入研究和深刻反思,只是在这种情况下,"崩溃的逻辑"方才打破坚冰、浮上水面,成为法兰克福学派新的理论资源,并因为尼采这一新的要素的引入而发生了一次极其重要的结构变形,其结果就是对后世影响巨大的"启蒙辩证法"的出现。

第一节 作为"哲学的现实性"的"崩溃的逻辑"

作为一项必须继承的当代遗产,"否定的辩证法"具有很强的含混性和歧义性,而这在很大程度上又是由阿多诺本人造成的:他拒绝标示自己的理论来源、阐明自己的运思过程,从而使得读者对其思想的严肃性产生了怀疑。[1] 在这个方面,《哲学的现实性》和《自然历史观念》演讲与之形成了鲜明对比:"崩溃的逻辑"与德国现代哲学的批判继承关系被清楚地标示了出来。在他看来,从胡塞尔到海德格尔的德国现代哲学主流想超越唯心主义,却从来都处在唯心主义的陷阱之中;作为"哲学的现实性","崩溃的逻辑"恰恰是在海德格尔终止之处开始起步的,其核心思想"自然历史观念"不过是对"唯物辩证法"的一种坚持罢了。对于"崩溃的逻辑",我们必须有两点正确的认识:第一,它与青年卢卡奇—霍克海默批判理论主导逻辑不是对立的,而是互补的;因此第二,它与"否定的辩证法"存在着不能也不应被忽视的差别。

一、唯心主义的陷阱:从胡塞尔到海德格尔

在萨弗兰斯基看来,阿多诺对海德格尔的批判在很大程度上是出于同类型哲学之间的嫉妒。[2] 在这种意气之见的背后隐藏了一点深刻洞识,即阿多诺与作为现代德国哲学主流的海德格尔存在主义之间存在某种批判的继承关系。但是,我们不能仅仅局限在海德格尔,而是要在从胡塞尔以降的现象学运动中来理解这一关系。历史地看,西方马克思主义和现象学都导源于新康德主义运动,以早年卢卡奇和青年卢卡奇为中介,西方马克思主义还与现象学保持了一种密切的对话关系。[3] 不过,值得注意的是,在《历史与阶级意识》中,卢卡奇不仅只字未提胡塞尔,而且根本没有正面讨论德国现代哲学的发展,他对从康德到黑格尔的古典哲学的深入分析给人留下的印象是:在马克思之后,

---

[1] 在这个问题上,哈贝马斯的例子最具代表性,因为作为阿多诺非常看重的学生,连他居然也怀疑阿多诺在批判海德格尔的时候是否读过了后者的著作:"我到法兰克福的时候,印象最深的是阿多诺和霍克海默并不很关注我在波恩研习的当代哲学。我从未有过阿多诺专注地阅读海德格尔的印象。我甚至至今也不明白他是否读过海德格尔的只言片语。"(Peter Dew, ed., *Autonomy & Solidarity: Interviews with Jürgen Habermas*, London: Verso, 1986, pp. 95-96.)

[2] 参见[德]萨弗兰斯基《海德格尔传》,靳希平译,商务印书馆1999年版,第543—557页。

[3] 参见 Fred Dallmayr, "Phenomenology and Marxism in historical perspective", Bernhard Waldenfels, ed., *Phenomenology and Marxism*, trans., J. Claude Evans, London: Routledge & Kegan Paul, 1984, pp. 5-13.

德国就不再有真实的哲学发展了。现实情况其实差不多也正是如此。尽管涌现出不少思想家,但新康德主义真正能够写入哲学史的东西并不多,现代哲学的流变因此呈现出一种暧昧不清的样态。《存在与时间》打破了这种沉闷,使从胡塞尔到海德格尔的现象学运动一下子就凸现为现代哲学的主流,"当代哲学主流"的起点也就因此被合理地标定在了现象学的思想先驱布伦塔诺(Franz Brentano)身上。① 作为一个深受现象学运动影响的西方马克思主义者,借助《历史与阶级意识》对古典哲学的批判,阿多诺一下子就发现,唯心主义问题是从胡塞尔到海德格尔的现代哲学的核心问题,尽管它力图克服唯心主义,但却始终深陷其中。②

在一定意义上,德国现代哲学发轫于新康德主义对黑格尔主观精神学说的批判的继承。③ 对于这个资产阶级哲学家称之为反形而上学的过程,阿多诺认为它在本质上是"唯心主义的危机",也就是"哲学之于总体性的权利的危机"。④ 新康德主义一方面拒绝讨论思维与存在、理性与实在的关系问题,另一方面却又像黑格尔一样唯心主义地假定自主理性(autonome ratio)能够使实在概念得以形成,而事实上全部实在不过都来自理性本身。在新康德主义内部,马堡学派"力图从逻辑范畴中得到实在的内容,它的确维持了自己作为一个体系的自我包容性,可也因此放弃了对实在的一切权力并退缩到一个形式领域"。与马堡学派对立的西美尔要求与实在保持密切接触,但问题在于,生命哲学的心理主义和非理性主义定位在顺从于"生活"的同时,也就"失去了理解强加给它的经验世界的所有权利"。居于前两者之间的西南学派提出了一个"价值",以为这样就既可以与实在保持接触又可以批判地超越现实,可问

---

① 参见[德]施太格缪勒《当代哲学主流》上卷,王炳文等译,商务印书馆1986年版。
② 需要申明的是,阿多诺在这一时期所说的唯心主义基本上指的是笛卡尔以后的主体性哲学:"人们可以把这里的唯心主义理解为一种试图把实在或真理的观念置于意识分析基础之上的哲学"[Adorno, Theodor W., "Husserl and the Problem of Idealism", *The Journal of Philosophy*, Volume xxxvii, No. 1, (1940), p. 5],它与后来的启蒙、同一性批判密切相关,而与恩格斯所区划的唯物主义和唯心主义有着明显的差异。
③ 参见[德]伽达默尔《哲学解释学》,夏镇平等译,上海译文出版社1994年版,第114—115页。
④ 参见 Adorno, Theodor W., "The Actuality of Philosophy", *Telos* 31 (Spring 1977), p. 120。

题在于价值的地点和来源悬而未决,"它们居于逻辑必要性和心理杂多之间的某处,既不与实在紧密相连,又不具有精神的透明性,不过是一个既不能回答价值由何而来,也不能解决价值为了什么的现象本体论"①。由于割断了哲学与历史的联系,因此新康德主义注定是不可能在反对唯心主义的过程中获得问题的正确解决的。

尽管各种流派的新康德主义长期占据德国大学的哲学讲坛,但是真正体现了现代哲学的发展方向的却是由胡塞尔开启的现象学运动,虽然它只是到了1920年代以后才逐渐取代新康德主义成为哲学的主流。在阿多诺看来,现象学体现了一种新的"哲学精神的努力",即"在唯心主义体系消解之后并沿用唯心主义的工具,自主理性力图获得关于存在的超主观的有约束力的规则"②。较之于新康德主义和实证主义,胡塞尔真正有价值的和成果丰富的发现在于他重新"承认理性与实在的关系问题具有奠基性"。一方面他从心理学那里拯救了"源初给予直观"概念,并在哲学描述方法的发展中,赢回了在新康德主义和实证主义那里"已经失落的限定分析的确定性",但另一方面他"对被给予之物的每一个分析都是建立在一个隐含的先验唯心主义体系之上的"。③用后笛卡尔(R. Descartes)思想产生的主观性范畴去获得与这些范畴的原初意图相反的客观性,这就是所有现象学意图中最深刻的矛盾。在1940年发表在美国《哲学杂志》(*The Journal of Philosophy*)上的《胡塞尔与唯心主义问题》("Husserl and the Problem of Idealism")一文中,阿多诺明确地把这种矛盾称之为"源于问题自身的二律背反",而这个问题就是"唯心主义问题","人们可以把这里的唯心主义理解为一种试图把实在或真理的观念置于意识分析基础之上的哲学",就此而论,"胡塞尔哲学确切地说就是一个从内部摧毁唯心主义的尝试,一个以意识工具去击穿先验分析之墙,同时力图尽可能完成这一

---

① Adorno, Theodor W., "The Actuality of Philosophy", *Telos* 31 (Spring 1977), p. 121.
② Adorno, Theodor W., "The Actuality of Philosophy", *Telos* 31 (Spring 1977), p. 121.
③ 参见 Adorno, Theodor W., "The Actuality of Philosophy", *Telos* 31 (Spring 1977), p. 122.

分析的尝试"①。虽然现象学的新近发展试图掩盖这一点,不过它却宿命般地贯穿于现象学运动的发展过程,并规定了它的方向与归宿。

作为一种哲学,现象学"相信自己能够通过建立另一种存在,一种在原则上有差别的存在领域,一种超主观性的、实在的存在领域,而把全部客观性奠定在主观性的特定基础结构上。可只要逻各斯是从存在中发展出来的,本体论就仍然是一个问题"②。不过,由于研究视阈的限定,这个本体论问题在以胡塞尔的《逻辑研究》为标志的现象学第一阶段中并没有得到自觉的意识。"如果说胡塞尔宣告了一种新的哲学研究方法的话,那么马克斯·舍勒就是将这种方法付诸实施的第一个人。"③当舍勒把胡塞尔的现象学方法应用到他一直作为中心问题加以关心的伦理学和哲学人类学的时候,④隐藏着的本体论需要就在现象学的危机中显现出来了:"因为意义的产生不过就是主观意义的插入,而这些意义本身其实已经被主观性所假定了",这样,自身奠基的自主理性就"不得不在自己为存在秩序提供保证的企图中,经验基础本体论范畴显而易见的不稳固性"⑤——存在就在对其意义的追问中被重新标示出来了。在阿多诺看来,舍勒以《伦理学中的形式主义和质料的价值伦理学》(*Der Formalismus in der Ethik und die materiale Wertethik*)为代表的早期作品代表了现象学运动的第二阶段,它把现象学从非历史性的意识分析中拉了回来,使在现象学的起源中就存在着的自然和历史的二元论重新得到意识。⑥"在对永恒理念和实在之间的鸿沟的认识中,在把现象学引入质料领域作为对质料形而上学自身的克服中,舍勒最后的转向似乎拥有它真正的模范的合法性。"不过,由于他把实在"遗留给了一种盲目的欲望,这个欲望与那黑暗的问

---

① Adorno, Theodor W., "Husserl and the Problem of Idealism", *The Journal of Philosophy*, Volume xxxvii, No. 1 (1940), pp. 5-6.
② Adorno, Theodor W., "The Idea of Natural History", *Telos* 60 (Summer 1984), p. 112.
③ [德]施太格缪勒:《当代哲学主流》上卷,王炳文等译,商务印书馆1986年版,第130页。
④ 参见[美]施皮格伯格《现象学运动》,王炳文等译,商务印书馆1995年版,第388—392页。
⑤ 参见 Adorno, Theodor W., "The Idea of Natural History", *Telos* 60 (Summer 1984), p. 113.
⑥ 参见 Adorno, Theodor W., "The Idea of Natural History", *Telos* 60 (Summer 1984), p. 114.

题丛生的并且只是为希望的最微弱的踪迹留下位置的观念天国相关联",这样,质料现象学就辩证地取消了自身。①

海德格尔的《存在与时间》代表了现象学运动的第三个阶段,它力图通过把本体论问题与历史问题同一化来解决唯心主义问题,不过,它"只是通过修正自己的逻辑,合并那些并不能从简述过的原则推论出来的令人满意的主题,而在表面上抓住了问题"②。阿多诺此时对海德格尔的评论并没有充分展开,不过,借助于对克尔凯郭尔的深入研究,他一下子就抓住了海德格尔的症结,这就是历史性问题。为了驱除胡塞尔的静态平衡和舍勒的形式主义,海德格尔提出了一个存在论纲领以吸收存在的丰富性,同时驱散对偶然之物向绝对转化的怀疑。但是这个纲领只是被限定在一般范畴之中,历史性并不就是历史本身,而不能容纳到这一历史性之中的历史偶然事物就作为事实性被挤入"偶然性、偶发性范畴"。因此,无论这个纲领具有怎样的逻辑连续性,"它都包括一个供认,即掌握经验世界的企图已经失败了"③。从表面上看,海德格尔的 ontology 与黑格尔的 ontology 存在质的差异,但在阿多诺看来,前者的存在论就是后者的本体论的直接形变,它从两个至关重要的方面表明了自己的唯心主义起点。首先是与特殊事物相面对并包括特殊于自身的整体的定义。海德格尔的存在并不像黑格尔的绝对精神那样坚持成为一个体系化的整体,可它还是一个结构性的整体、结构性的单位或总体性。它就像绝对精神一样把所有实在包容于自身的可能性过程之中,从而暗示了自己对于所有实存之物的结构性安排的合法性权能。尽管这个存在具有某种非理性的因素,不过,这种非理性因素其实就像叔本华的非理性主义一样,是从严格的理性主义中生发出来的,而这一点"正是具有非理性内容的唯心主义何以可能的明证"④。其次是对与现实相对立的可能性的强调。对于黑格尔来说,存在的就是合理

---

① 参见 Adorno, Theodor W., "The Actuality of Philosophy", *Telos* 31 (Spring 1977), pp. 122-123。
② Adorno, Theodor W., "The Idea of Natural History", *Telos* 60 (Summer 1984), p. 114.
③ Adorno, Theodor W., "The Idea of Natural History", *Telos* 60 (Summer 1984), p. 115.
④ 参见 Adorno, Theodor W., "The Idea of Natural History", *Telos* 60 (Summer 1984), p. 116。

的,而合理的也终将存在,就此而论,可能性也就是即将实现的现实性。与此相反,海德格尔强调个人对未来的自主筹划,为此,他拒绝定义可能,而是对它进行了一种颇为神秘的同义反复式的说明。以阿多诺之见,这种同义反复只有在旧唯心主义的同一性主题中才是可以理解的。"它在由历史性的主观范畴对本身是历史的存在的归类中,找到了自己的源头。被历史性的主观范畴所归类的历史的存在被假定为与历史是同一的。对我而言,同义反复与其说是语言在神秘的最深处的自我奠基,倒不如说是古典唯心主义主客体同一性主题的新伪装。海德格尔向着黑格尔的新转向好像确证了这个解释。"①

二、什么是"哲学的现实性"?

在阿多诺看来,从胡塞尔到海德格尔的现代哲学在外在形态上已经与从康德到黑格尔的古典哲学有了巨大差别,在后者解体半个多世纪以后,前者以自己的理论实践证明后者的形而上学企图,即"建立一个宏伟的总体哲学",是一个失败的尝试。不过,现代哲学并没有因此能够逃脱古典哲学的唯心主义窠臼。在那些只熟悉《否定的辩证法》的研究者的眼中,阿多诺对现代哲学特别是海德格尔的存在主义采取了一种党同伐异的"阶级立场",只是一味地批判和"攻击",全然没有正视它的历史合理性和巨大的思想解放作用。这是一种可悲的遮蔽。事实上,阿多诺深受《存在与时间》的影响,他相信,尽管海德格尔哲学依旧是唯心主义的,但是,"哲学的现实性"即"崩溃的逻辑"的建立却只能从前者的失败之处起步。这一点是当代流行的其他资产阶级哲学(科学哲学和狄尔泰等追寻"意义"的哲学)所不具备的。

历史地看,1927年《存在与时间》的出版是20世纪哲学史上一个划时代的事件,它"为哲学提供了真正是无限丰富的新起点"②。对于霍克海默这样一些已经确立了自己的思想取向的哲学家而言,这一点或许有些夸张,③但对于阿多诺这样思想尚未最终定型的青年人来说,情况就大不一样了。所以,我

---

① Adorno, Theodor W., "The Idea of Natural History", *Telos* 60 (Summer 1984), p. 116.
② [德]施太格缪勒:《当代哲学主流》上卷,王炳文等译,商务印书馆1986年版,第225页。
③ 事实上,霍克海默从来都没有对海德格尔表现出特别的关注。

们看到,在1931年霍克海默已经代表社会研究所宣布社会哲学的"最终目的就是对人的命运——不是作为单纯个体而是作为共同体中的成员的人的命运——进行哲学解释"①之后,阿多诺还是要首先对哲学的现实性进行一番考究。在他看来,"每一种不是把自己奠基在流行精神和社会条件的安全性而是真理之上的哲学",都必须首先面对哲学的消解问题。不过,这种消解应当在海德格尔所说的形而上学的消解的意义上来理解,而与科学对哲学的消解有本质的不同。现代科学哲学放弃了对存在问题的哲学追问,把哲学溶解到单独的学科之中,"企图把经验之所有可靠的、可以广泛达及的知识保存在排他性的隐秘处所,试图超越经验的循环和它的相对性,仅仅在术语和分析命题中找寻所有无论如何也不能达及的命题",哲学就此"仅仅变成了整顿和控制单独学科的场合,而不允许从它自身附加什么东西给它们的发现物"。② 阿多诺充分肯定了石里克(M. Schlick)、卡尔纳普(R. Carnap)和罗素(B. Russell)这些哲学家的历史功绩,不过,他尖锐地指出,科学哲学并不像它自身所鼓吹的那样是没有前设的:首先是它对被给予之物自身意义的设定,其次是对意识主体的存在的设定,这些问题都是科学哲学自身所不能解答的。阿多诺申明:哲学不是要像原先那样成为科学之科学,而应像霍克海默已经指出的那样,与单独学科特别是社会科学实现联盟。差别在于:科学哲学停留在单独科学的水平上,把"它们的发现或最后的和最深刻的发现理解为不可分解的静态之物",而马克思主义哲学"则把它阐述出来的第一个发现理解为需要解谜的标志"。③ 由于就职演讲的公开性质,阿多诺对科学哲学的点评到此就止住了,但其没有说出来的结论却早已经由青年卢卡奇的《历史与阶级意识》和霍克海默同一时期的《科学及其危机札记》点明了:现代科学哲学与实证主义一样是

---

① Horkheimer, *Between Philosophy and Social Science*: *Selected Early Writings*, trans. G. Frederick Hunter, Matthew S. Kramer, and John Torpey, Cambridge, MA: The MIT Press, 1993, p. 1.

② 参见 Adorno, Theodor W., "The Actuality of Philosophy", *Telos* 31 (Spring 1977), pp. 124 - 125。

③ 参见 Adorno, Theodor W., "The Actuality of Philosophy", *Telos* 31 (Spring 1977), pp. 125 - 126。

资产阶级意识形态。①

通过对科学哲学的批判,阿多诺得出一个结论:"科学的理念是研究,哲学的理念是解释",紧接着他又补充说:"解释的理念决不和'意义'问题相一致,而是和它通常被搞混乱的东西相一致"②。这里所说的意义问题显然指的是狄尔泰的生命哲学。与同时期以及稍后一些的新康德主义者不同,狄尔泰的思想中具有较多的黑格尔因素,③因此,他更为关注生命和世界的意义即存在问题,这一点对青年海德格尔的思想发展构成了积极的影响。④ 在《存在与时间》中,海德格尔认为虽然狄尔泰"首先踏上了通向询问'生命'的旅途",但他却犯了一个方向性的错误,因为"人格不是物,不是实体,不是对象"。⑤ 阿多诺以一种唯物主义的方式对海德格尔的评论进行了"翻译":"积极地呈现这个意义,把实在描绘为一个意义丰富的事物由此证明它,这绝不是哲学的任务。对存在着的事物的每一个如此证明,都为存在自身中的碎片化所展示。我们关于被构想的实在的图景可能是精神的,我们生活于其中的世界则不然,它是由纯粹知觉图景之外的东西构成的。"也就是说,意义归根结底是主观的,而解释则要探询客观实在自身"被呈递给了盲目的魔鬼"的东西,"通过解读,我们能学会更好地认识魔鬼的力量并驱逐它"。这是解释和"意义"问题的第一点差别。其次,与"意义"问题不同,"解释的理念并不意味暗示一个第二性的、秘密的、通过现象的分析才能敞显的世界的存在。……真实的哲学解释不遭遇已存在于问题之后的混合的意义,而是突然地、暂时地照亮它,同时消耗它"。也就是说,解释必须学会在没有符号功能的情况下运作,以便杜绝唯心主义,

---

① 参见[匈]卢卡奇《历史与阶级意识》,杜章智等译,商务印书馆1992年版,第168—177页;Horkheimer, *Critical Theory: Selected Essays*, trans., Matthew J. O'connell and Others, The Continuum Publishing Corporation, 1982, pp. 3-9/1-7.

② Adorno, Theodor W., "The Actuality of Philosophy", *Telos* 31 (Spring 1977), p. 125.

③ 对于这一点,我们只要指出20世纪初期的新黑格尔主义运动正是由狄尔泰所推动的就足够了。早在19世纪末,狄尔泰就提出应当利用黑格尔的早期手稿去重新研究黑格尔哲学,并利用这些手稿于1907年出版了《青年黑格尔》一书。

④ 参见李超杰《理解生命——狄尔泰哲学引论》,中央编译出版社1994年版,第137—144页。

⑤ 参见[德]海德格尔《存在与时间》,陈嘉映等译,生活·读书·新知三联书店1987年版,第58—59页。

同时让客体自身之非意向性要素并列起来,构成属于自身的"能被解读为答案的图形",以避免狄尔泰式的武断的"世界观姿态"。①

用阿多诺自己使用的形象说法,哲学的现实性、真正哲学性的解释是"解谜"。这个"谜"就是资本主义的永恒化或历史的自然化问题。在《历史与阶级意识》中,青年卢卡奇通过物化理论分析了第二自然即资本主义永恒化的问题,他同时相信,只要揭示出物化得以产生的原因,物化就能够得到克服。阿多诺当时主要出于理论上的原因而认为这是行不通的,因为物化和物化意识并不是一回事情,"一个问题的真理内容在原则上与它赖以产生的历史和心理学条件是不同的"。如果说物化意识是光,那么,商品结构和交换价值就是光源,对光得以产生的原因进行揭示只能够消解对它的不正确认识即物自体问题,但是物自体本身却并没有因此得以消解,因此,哲学解释"在原则上不允许本体化的历史的装置伪造成为纯粹历史性形式中的总体性,因为这样解释和对象之间的每一个确切的张力关系就失落了,而仅仅留下了一个被遮蔽了的历史主义"②。就此而论,阿多诺对哲学的现实性的体认非常深刻地受到了海德格尔《存在与时间》的影响。首先,我们需要在海德格尔所说的假象的意义上来理解阿多诺所说的谜。所谓假象就是存在以其所不是的方式显现,③存在并没有脱离假象而就在其中。同样,"答案包含在谜之中,谜描绘它自己的显现并把答案作为目的包含在自身中。进而,答案就作为谜的严格反题而矗立,它需要从谜的要素中被建构出来,去毁灭谜,而一旦答案被决定性地给予了谜,那它也就不再意义丰富而是无意义了"④。其次,受海德格尔关于通过存在者来追问存在的思想的启示,阿多诺要求通过对社会学进行反思以获得哲学的真理。在阿多诺看来,如果说哲学家是房屋的建筑师,那么社会学家就是到房屋中偷东西的蠹贼,他偷走了自己并不懂得其价值的珍宝,而新哲学的

---

① 参见 Adorno, Theodor W., "The Actuality of Philosophy", Telos 31 (Spring 1977), pp. 127-128。
② Adorno, Theodor W., "The Actuality of Philosophy", Telos 31 (Spring 1977), p. 128.
③ [德]海德格尔:《存在与时间》,陈嘉映等译,生活·读书·新知三联书店1987年版,第36—37页。
④ Adorno, Theodor W., "The Actuality of Philosophy", Telos 31 (Spring 1977), p. 129.

使命就在于重新发现这些珍宝的价值。① 当然,阿多诺在此问题上对海德格尔的继承首先是以对后者的批判为前提的:无论如何,海德格尔哲学实际发挥的是"起点的欺骗",问题的提法变了,但一切并没有因此发生现实的改变,最重要的是,哲学的真正使命不在于解释世界,而在于改造世界,只有用马克思主义的哲学意识去改造海德格尔哲学,"哲学意识的真实改变才能成功"②。

三、"自然历史观念":阿多诺的唯物辩证法

如果哲学的现实性要从海德格尔止步的地方开始,那么,这个起点是什么?归宿又是什么?我们注意到,在《哲学的现实性》中,阿多诺只是比较含混地把它们与本雅明的《德国悲苦剧的起源》特别是其中的历史表象学说、美学论说文主义等联系到了一起,具体的内容尚未得到展开。随后,阿多诺又深入细致地研究了《德国悲苦剧的起源》一书,并于 1932 年 7 月 15 日在康德学会法兰克福分会的一次集会上做了一次题为"自然历史观念"的讲演,从而对哲学的现实性进行了一次比较充分的正面阐述。

在一定意义上,"自然历史观念"是阿多诺对自己与海德格尔的关系的一次自觉清算,因为在 20 年代末期关于历史主义的"法兰克福讨论"中,他正是利用《存在与时间》来仲裁舍勒、曼海姆(K. Mannheim)的知识社会学和特洛尔奇(E. Troeltsch)的历史主义的。③ 如今,在清理了克尔凯郭尔之后,他已经感到与海德格尔进行必要的界划的迫切性了。阿多诺重申自己的看法,认为哲学的现实性起于海德格尔的基础本体论所严肃地提出的问题,这就是像谜一样具有神话功能的自然历史问题:"如果自然和历史的关系问题是被严肃地提出来的,如果在作为自然存在而最具有历史性的决定因素之中理解历史存在是可能的,或者,在历史最深入地依赖作为自然的自身而理解作为历史存在的自然是可能的,那么,它就给解决问题提供了机会。这不再是在历史性概

---

① 参见 Adorno, Theodor W., "The Actuality of Philosophy", *Telos* 31 (Spring 1977), p. 130。
② 参见 Adorno, Theodor W., "The Actuality of Philosophy", *Telos* 31 (Spring 1977), p. 130。
③ 参见 Susan Buck-Morss, *The Origin of Negative Dialectics: Theodor W. Adorno, Walter Benjamin, and the Frankfurt Institute*, New York: The Free Press, 1977, pp. 33 - 35。

念之上(包括它自己)把作为自然事实的历史事实正相反对地(toto caelo)概念化的问题了,而是要把历史之中的事件的结构再一次转化为自然事件的结构。不再有居于历史存在之中或之下的存在,被理解为像自然存在那样的本体性存在了。具体历史向着辩证自然的再转化,是历史哲学本体论的再定位的任务:自然历史观念。"[1]如果我们把阿多诺这多少有些玄虚的自然历史观念进行马克思主义的转述,那么,它实际所要探讨的就是:在历史地形成的资本主义被非历史地设定为永恒的自然存在之后,如何才能从这自然历史中"发明"历史的具体真理?受海德格尔对传统形而上学的批判的影响,阿多诺事实上对通过传统理性达成这一使命的可能性产生了强烈怀疑,为此,他先于海德格尔转向了美学和艺术。

在西方马克思主义的情境中讨论自然历史问题,我们自然会首先联想到青年卢卡奇《历史与阶级意识》中的第二自然。众所周知,《历史与阶级意识》中的第二自然概念源于黑格尔,并直接指向资本主义制度。但我们注意到,在指证自己的自然历史观念的思想来源的时候,阿多诺虽然提到了卢卡奇,不过却是把它与后者早期的《小说理论》联系在一起的。[2] 之所以如此,是因为阿多诺看到,在《历史与阶级意识》中,尽管青年卢卡奇像黑格尔一样承认第二自然是一种历史形成的存在样态,但他着意强调的却是它对认识的遮蔽功能,相信它将有赖于理性认识而得到克服。第二自然、资本主义制度是否因为被我们认为就能被超越?阿多诺对这一主体性取向深表怀疑。而在《小说理论》中,卢卡奇则强调了它与艺术、客体相联系的方面,认为它提示了"传统世界被历史地生产出来这一事实",这"和不能解码然而可以以密码化的形式面对我们的陌生化的事物的世界,就是我这里要讨论的问题的起点"。[3] 也就是说,**阿多诺在这里进行了一种重要的理论努力,试图把当时西方马克思主义的理论兴奋点从历史辩证法的主体向度引向它的客体向度。**由此他批评了《小说

---

[1] Adorno, Theodor W., "The Idea of Natural History", *Telos* 60 (Summer 1984), p. 117.
[2] 参见 Adorno, Theodor W., "The Idea of Natural History", *Telos* 60 (Summer 1984), pp. 117–118。
[3] 参见 Adorno, Theodor W., "The Idea of Natural History", *Telos* 60 Summer 1984, p. 118。

理论》中的第二自然观念依旧残存的形而上学幻想,因为它还希望从第二自然中唤醒那"石化了的、疏离化了的意义复合体;如果可能,第二自然只能通过再一次唤醒那在它的较早阶段或理想存在中创造或维持它的精神要素这一形而上的行动,使之苏醒,而决不能由另一种内在性所经验"①。阿多诺从这里嗅出了神学复活的气味。如果我们把讨论域再一次还原到资本主义这一现实原型,那么就可以发现:事实上,阿多诺借助学派的经济学研究,比青年卢卡奇更多地看到了资本主义这个"抽象"的自然统治的历史必然性,同时想像马克思一样认为,历史的真理就存在于这个"抽象"之中,只不过它现在是以颠倒的方式存在着,因此,我们不是要放弃这个颠倒的世界,而应像马克思那样,让这个颠倒的世界自己重新正立过来。就此而论,第二自然与阿多诺所要讨论的自然历史还是具有一定距离的,"在形成关于自然历史问题的系统表述中,本雅明标识出了有决定意义的转折点,因为他使第二自然从无限的距离进入无限的内在性从而获得复活,同时使之成为哲学解释的对象。哲学通过接手唤醒密码化和石化了的客体而成功地提炼出了自然历史概念"②。与以主体为中心的第二自然观念不同,自然历史观念始终以客体为中心,它不是主体按照自己的"一般结构"对客体的正确的系统表述,而是主体对客体的"模仿",是主体按照客体自身所提供的路径去认识客体自身的真理,它的本质就是本雅明所说的"寓言"。对于本雅明和阿多诺而言,寓言首先是一个本体论的观念,是历史客体的自我表达,其次才是一个认识论观念,是主体对前者的模仿,因此,它绝不是"纯粹偶然要素的复合"。——我们注意到,尽管阿多诺在前面批评了卢卡奇的神学气味,不过,他和本雅明同样也未能避免这一气味:他们何以能在一般人所感受到的资本主义欣欣向荣的情况下,证明自己的寓言模仿就是属于历史客体的? 在寓言中,短暂性、原初历史的含义、自然观念和历史观念等思想构成了一个"星丛",它将使"有着确定基础的原初历史现象"从遮蔽状态中呈现出来:"它们被原初地呈现,但已经消逝,然而现在却在寓言中被意

---

① Lukács, *The Theory of the Novel*, trans., A. Bostock, London: Merlin Press, 1971, p. 54.
② Adorno, Theodor W., "The Idea of Natural History", *Telos* 60 (Summer 1984), p. 119.

指,从而在寓言创作中作为剧本返回"。简言之,从历史本身的寓言到主体的寓言创作,寓言关系所包含的程序"将能成功解释作为自然的具体历史,并接着把自然辩证地置于历史的面目之下"①。

在演讲的第三部分,针对可能产生的误解,阿多诺从两个方面阐明了自然历史观念的关键之点。首先是自然历史与意识、理性的关系问题。阿多诺提醒人们注意,自然历史是历史自身所呈现出来的一种历史性存在方式,它使自己表现为静态的、从来如此的,但是,"基础、神秘的远古、被假定的实质和持久的神话绝不是一个静态的基础。而且,在所有伟大的神话和我们依旧承载着的神秘表象中,都存在一个其形式是辩证的历史的动力学要素。神秘的基础要素自身是矛盾的并以相反的方式运动"。也就是说,历史就像神话一样,自反性地使自己变成一种静态之物。从青年卢卡奇所提供的物化意识理论出发,阿多诺指出:意识、理性已经屈从于唯心主义的诱惑,丧失了认识真理的权能,成为一种意识形态的欺骗,"因为来自世界的禁止和从历史中来的异化以及精神以生命为代价变成了一个绝对"。"如果我们要获得对自然历史的具体表征,就必须使自己从关于神秘要素的静态品格的错误观念中解脱出来。"②换言之,我们只有在为意识、理性祛魅之后,才能够重新认识真理,至于怎样为理性祛魅,阿多诺此时尚没有形成一个明确的看法。其次是自然历史与本体论问题。在这里,阿多诺使用了海德格尔的"貌似"(Schein)概念来说明第二自然尽管有其虚幻的一面,但它首先是一种客观存在,"这个第二自然就是貌似的自然"!因此,对第二自然即资本主义的超越就必须在其中并依赖它方才能够实现。"最后,我们可以做如下总结:神话的确定的超越要素即和解,就存在于貌似之中。情感总是伴随着较小而非最伟大的艺术作品出现,这一点值得记住。我正提及的,就是那个在世界最大程度地显现为貌似的任何地方显现出来的和解的要素:在世界同时被从所有'意义'中取出并最坚固地镶嵌起

---

① 参见 Adorno, Theodor W., "The Idea of Natural History", *Telos* 60 (Summer 1984), pp. 120 - 121。

② 参见 Adorno, Theodor W., "The Idea of Natural History", *Telos* 60 (Summer 1984), pp. 122 - 123。

来的地方,和解的允诺被最完美地给予了。由此,我提示你们注意貌似自身中的原初历史的结构,在它的如在(Sosein)中,貌似证明自身是历史地被生产出来的,或者用传统哲学术语说,貌似是主客体辩证法的产物。第二自然在真理中就是第一自然。历史的辩证法不仅仅对被重新解释过的历史质料具有更新过的兴趣,更确切地说,它是历史质料把自己向着神秘之物和自然历史的转换。"①

如果我们从《否定的辩证法》来反观"自然历史观念",那么,确实能够发现,它"对西方哲学思想的中心台柱进行了挑战:自律的思维主体和心—身分叉的笛卡尔遗产"②。而阿多诺则认为自己不过是在探讨历史唯物主义的一个特定方面,"也就是说,我使自己服从唯物辩证法的权威。这可以证明:这里所说的,只是对唯物辩证法特定基本要素的一种解释"③。

四、"崩溃的逻辑"与霍克海默的早期批判理论

正如我们在导论中已经提到的那样,在获悉"崩溃的逻辑"的理论图景之后,哈贝马斯断然得出结论,认为阿多诺一开始就"反对"霍克海默。哈贝马斯的这一论断是相当武断的,因为无论是在主观意图上还是在客观的理论逻辑上,当时的"崩溃的逻辑"都是自觉认同于以霍克海默为旗帜的早期批判理论的。事实上,自从 1922 年结识霍克海默以后,阿多诺就开始受到后者的重要思想影响。虽然阿多诺只是在 1939 年到了美国之后才正式加入社会研究所,并且在 1933 年研究所转移到国外之后一度与霍克海默失去联系,不过,他自己从来都不认为自己是"一个局外人",而是"研究所自身的一个组成部分"。④ 成立于 1923 年的社会研究所原本是一个具有社会主义色彩的松散的研究机构,只是在 1931 年霍克海默出任所长之后,在他的领导下,研究所才转变为一个有共同的理论纲领、有分工、有合作的"学派",其早期"纲领"就是霍克海默

---

① Adorno, Theodor W., "The Idea of Natural History", *Telos* 60 (Summer 1984), p. 124.
② [美]多迈尔:《主体性的黄昏》,万俊人等译,上海人民出版社 1992 年版,第 312—313 页。
③ Adorno, Theodor W., "The Idea of Natural History", *Telos* 60 (Summer 1984), p. 124.
④ 参见 Adorno to Horkheimer, 2 November 1934, quoted in Rolf Wiggershaus, *The Frankfurt School, Its History, Theories, and Political Significance*, trans., Michael Robertson, Cambridge, MA: The MIT Press, 1994, p. 157.

1937年的《传统理论与批判理论》。在这种情况下，当阿多诺说自己是"研究所自身的一个组成部分"的时候，就意味着他是自觉承认霍克海默的理论领导地位的，可是"崩溃的逻辑"与霍克海默的批判理论之间的差异却又是客观存在的。我们应当怎样看待这一问题？如果我们不是非历史地把属于《否定的辩证法》的一些思想强加给此时的"崩溃的逻辑"，那么也就不会像哈贝马斯那样得出阿多诺一开始就"反对"霍克海默的结论，而是看到："崩溃的逻辑"与早期批判理论之间首先具有共同的理论基础和理论取向，其次才因为思想家的个性因素而形成了一些明显的差异，正是这些差异决定了批判理论后来从霍克海默向阿多诺的逻辑转换。

如前所述，"崩溃的逻辑"的核心之一是唯心主义批判，而这与霍克海默批判理论中的意识形态批判是同一的。[①] **唯心主义批判与意识形态批判的同一，首先表现在它们都以《历史与阶级意识》中的物化理论为立论基础。**从物化（经济基础）到物化意识（意识形态），《历史与阶级意识》为西方马克思主义提供了基本的意识形态批判模型，它一方面重新肯定了经济基础对上层建筑、意识形态的归根结底的决定作用，另一方面又坚决反对第二国际关于意识形态直接反映阶级的经济利益的机械决定论，强调了意识形态自身的自主性。阿多诺的唯心主义批判和霍克海默的意识形态批判无疑都是从物化理论出发的。不过，由于阿多诺选择的是从胡塞尔到海德格尔这一德国近代哲学的主流，因此更多地借鉴了《历史与阶级意识》对德国古典哲学的批判成果，使得自己的唯心主义批判具有极强的逻辑完整性和社会历史的内在性。霍克海默的意识形态批判所涉及的则主要是实证主义和德法生命哲学，由于它们与经济基础的关系较为疏远、自主性较高，所以霍克海默不得不随着对象更多地停留在意识形态和哲学内部，其批判显得相对外在和松散。**其次，这两种批判都建立在马克思主义经济学批判基础之上，并把资本主义交换经济作为自己批判**

---

① 参见［美］马丁·杰《法兰克福学派史》，单世联译，广东人民出版社1996年版，第55—69页；陈振明《法兰克福学派与科学技术哲学》，中国人民大学出版社1992年版，第87—93、100—108页；David Held, *Introduction to Critical Theory: Horkheimer to Habermas*, London: Hutchinson & Co. (Publishers) Ltd, 1980, pp. 183–187。

第三章 "崩溃的逻辑"的形变之旅　　　　　　　　　　　　　　　　　161

的现实指向。借助于学派的经济学研究,阿多诺和霍克海默等人对马克思经济学的理解原本就比青年卢卡奇精深得多,1932年马克思的《1844年经济学哲学手稿》的公开出版更是使他们清楚地看到:"马克思理论的所有哲学概念都是社会的和经济的范畴,然而,黑格尔的社会和经济范畴都是哲学的概念"①,因此,脱离资本主义交换经济就既不能真实理解资产阶级哲学的现状,也不能从根本上批倒它们。一方面因为较之于霍克海默,阿多诺所关注的批判对象与交换经济保持了更明确的对应关系;另一方面因为较之于阿多诺,霍克海默对各种社会科学的理论兴趣更加浓厚,所以后来是阿多诺始终关注交换经济问题并最终把它提升到了同一性的高度。**最后,它们批判的核心都是形形色色的唯心主义**。作为从新康德主义阵营中搏杀出来的西方马克思主义者,阿多诺和霍克海默界定、理解唯物主义和唯心主义范畴的视角与传统教科书体系存在根本性的差异:后者的判定标准是宇宙发生学的,其多少带有神学创世论的色彩;前者以近代认识论为论说基准,把肯定主体优先性的哲学判定为唯心主义,这样,从笛卡尔的"我思故我在"出发的近代主体性哲学就都被归结为了唯心主义。阿多诺和霍克海默进而在经济学视阈中对这种唯心主义进行观照,就发现了它与资本主义商品生产过程的同构性,从而对其客观发挥的意识形态功能进行了深刻批判。我们注意到,这两种批判在批判对象的范围上基本上没有重复,黑格尔之后的西方哲学的全部流派几乎都囊括进了它们的合集,这有力地说明了它们之间的合作与互补。

　　无论是阿多诺的没有同一性的辩证法还是霍克海默的批判理论,破的目的都是为了立,排除外在表述形态的差异,它们所欲确立的新哲学在本质上其实是一致的。**首先它们都重新伸张了唯物主义的基本立场**。我们知道,在《自然历史观念》演讲的最后,阿多诺曾指出自己所阐发的"崩溃的逻辑"实际是对唯物辩证法特定基本要素的一种解释,②或者说是唯物辩证法的一种新形态。阿多诺在《历史与阶级意识》之后重提唯物辩证法这个多少有些声名狼藉的范

---

① [美]马尔库塞:《理性和革命——黑格尔和社会理论的兴起》,程志民等译,重庆出版社1993年版,第235页。
② 参见 Adorno, Theodor W., "The Actuality of Philosophy", *Telos* 31 (Spring 1977), p.124。

畴，自然不是要回到第二国际的立场上，而是和霍克海默一样想重建一种具有批判精神的唯物主义。以简单商品交换观念为起点，这种唯物主义最终是要推翻资本主义，重建人与人的现实关系，而非思想关系。① 正因为这样的唯物主义立场，所以**其次它们又都是否定性的**。对于阿多诺和霍克海默或者其他西方马克思主义者而言，否定性都首先不是一种理论姿态，而是一种现实的政治姿态，即对资本主义交换体制的批判与反对，只是因为这样，他们才接着强调了"概念与客体具有不可归纳的对立"②，自主理性之于总体性现实的权利的危机。③ 在上述意义上，否定与批判显然是等值的，仅仅由于外在的理论表述的差异，在有些学者眼中，阿多诺的"崩溃的逻辑"才与霍克海默的批判理论具有某种不同乃至是对立。在现实领域，否定、批判自然有其现实的物质承担者——至于传统的无产阶级是否还具有革命性那是另外一个问题——那么，在革命尚未来到之前，与资产阶级进行意识形态斗争依旧是客观必要的情况下，否定、批判的理论承担者是什么呢？在霍克海默那里，人们从来都没有怀疑这应当是理性，而在阿多诺这里，这似乎是个问题。事实上，无论是在晚期的《美学理论》中，还是在现在的"崩溃的逻辑"中，阿多诺都没有像哈贝马斯及其追随者所指责的那样，从实践退缩回理论，否认有"为他含蓄地求助的理性概念提供系统基础的可能性"④，从而走向了一种虚无的美学乌托邦。⑤ 对于阿多诺而言，艺术、美学的功能即在于为理性祛魅，使之从"关于神秘要素的静态品格的错误观念中解脱出来"⑥，因为理性的自反性（启蒙的神话）是历史的产物，它的扬弃也只有在历史过程中依赖理性自身加以解决。阿多诺一方面赋予艺术为

---

① 参见 Horkheimer, *Critical Theory: Selected Essays*, trans., Matthew J. O'connell and Others, The Continuum Publishing Corporation, 1982, pp. 226-230/215-219。

② Horkheimer, *Critical Theory: Selected Essays*, trans., Matthew J. O'connell and Others, The Continuum Publishing Corporation, 1982, p. 15/26。

③ 参见 Adorno, Theodor W., "The Actuality of Philosophy", *Telos* 31 (Spring 1977), p. 120。

④ Peter Dew, ed., *Autonomy & Solidarity: Interviews with Jürgen Habermas*, London: Verso, 1986, p. 49。

⑤ 参见 Albrecht Wellmer, *The Persistence of Modernity*, trans., David Midgley, Cambridge, MA: The MIT Press, 1991, chapter 1, 2。

⑥ Adorno, Theodor W., "The Idea of Natural History", *Telos* 60 (Summer 1984), p. 123。

理性祛魅的职能,另一方面又像霍克海默一样要求实现哲学与社会科学的联盟,因为"哲学在辩证的方法中拥有一个充足的源泉",它所具有的校正功能可以从社会科学中扭出历史的真理性。① 这里的哲学指的当然是已经祛魅的理性。

五、"崩溃的逻辑"与"否定的辩证法":一个比较

对于阿多诺本人而言,从"崩溃的逻辑"到"否定的辩证法",最关键的变化就是同一性和非同一性这对核心观念的确立,其中的关节点是同一性Ⅲ(同一性思维)的形成,及与同一性Ⅳ(资本主义交换原则)的关联的确证。这些正是阿多诺对"否定的辩证法"所做的真正开创性贡献。只是在这个基础上,"崩溃的逻辑"才得以从早期的逻辑隐没状态中浮现出来、被主题化,"否定的辩证法"由此获得了自己的理论确证。

在阿多诺之前,同一性只是一个非常一般的哲学术语,它所具有的前两种内涵(作为个人意识统一性的同一性Ⅰ、作为社会意识统一性的同一性Ⅱ)并不具有任何理论上的重要性,也不是阿多诺关注的中心,阿多诺关注并作为自己理论突破的核心的是同一性Ⅲ,即认识论上的主客体一致性。② 我们注意到,在"崩溃的逻辑"中,阿多诺的理论运作实际就是奠立在同一性Ⅲ之上的,只不过这时候它还是以唯心主义这个更普通的名字出场罢了。阿多诺选择使用唯心主义这个传统术语,表明他当时对经济基础与上层建筑这对基本关系的理解还没有突破青年卢卡奇的畴域。我们知道,在第二国际教条主义看来,经济基础决定上层建筑,上层建筑机械地、直观地反映经济基础(阶级的经济利益)。青年卢卡奇重新肯定了经济基础对上层建筑归根结底的决定作用,但同时指出意识形态上层建筑具有更强的辩证自主性,它可以自主地表现经济基础,不过他显然是认为经济基础始终具有不可剥离的第一性。而在《否定的辩证法》中,我们看到,阿多诺在肯定经济基础的最终决定作用的同时认为:就现实资本主义社会的生产与再生产而言,经济基础、政治上层建筑和意识形态

---

① 参见 Adorno, Theodor W., "The Actuality of Philosophy", *Telos* 31 (Spring 1977), p. 131.
② 参见 Adorno, Theodor W., *Negative Dialectics*, trans., E. B. Ashton, London: Routledge & Kegan Paul, 1973, p. 140/137.

上层建筑是等值同构的，它们本质上是资本这一社会组织方式在不同的社会存在领域中的实现，就对资本主义的功能分析来说，经济基础并不具有优于其他两者的第一性。当《否定的辩证法》把交换原则称为同一性原则，并把原先的唯心主义重新命名为同一性思维的时候，阿多诺的上述立场得到了明确的表达。从唯心主义到同一性，这种术语的转换体现了阿多诺对传统形而上学（主体性、第一性哲学）的颠覆。阿多诺这一颠覆显然是具有重要的现实历史合理性的。众所周知，20世纪的资本主义已经与马克思生活的时代的资本主义有了重大的结构性变化，简单地说，就是资本主义已经实现了从资产阶级社会向资本主义社会的过渡，资本已经不再是单纯的经济组织原则，而已经上升为社会的一般组织原则，这也就是马克思所说的抽象成为统治的现实化。韦伯对官僚制，西美尔、早期卢卡奇和本雅明对现代艺术的自律性的研究，《历史与阶级意识》对德国古典哲学的意识形态批判，阿多诺对克尔凯郭尔和德国现代哲学的唯心主义批判，事实上都是以这一社会变迁为现实触动的。之所以在相当长的时间里，阿多诺还始终停留在意识形态的唯心主义批判层面上，而没有提出同一性批判，是因为由《历史与阶级意识》开启的传统批判理论尚能够解释现实。当现实最终证明了理论的滞后性的时候，重新发明理论的需要也就产生了。促进同一性观念形成的理论原因有两个。首先是霍克海默长期以来对工具理性的批判的影响。如果我们以《启蒙辩证法》和《理性之蚀》（*Eclipse of Reason*）对理性的划分标准为尺度，就会发现，与关注客观理性的革命潜力的卢卡奇和阿多诺不同，霍克海默长期以来一直比较关注主观理性、工具理性所实际发挥的意识形态维护功能，这一方面通过韦伯的合理性与马克思所说的资本的自我毁灭联系到了一起，另一方面又与阿多诺一直强调的唯心主义的二律背反、理性的自我毁灭问题保持了兼容性。在一定意义上，我们不妨说同一性观念是阿多诺在变化了的历史情景中用自己惯用的北欧神话—理性寓言（《克尔凯郭尔：审美对象的建构》中的美人鱼[①]、"自然历史观

[①] 参见 Adorno, Theodor W., *Kierkegaard: Construction of the Aesthetic*, trans., Robert Hullot-Kentor, Minneapolis, MN: University of Minnesota Press, 1989, pp. 121–122。

念"中的克罗诺斯①)去改造霍克海默对传统理论的批判的一个结果。第二是阿多诺在海德格尔的刺激下研究了尼采哲学,从而实现了传统形而上学与同一性概念的融合与再生。② 作为一位诗性哲学家,尼采针对那个资本主义时代提出了许多振聋发聩的看法,他既没有对这些看法进行系统表述,也没有进行理论论证,因此充满了多种解读的可能性。如果我们从阿多诺当时的理论构架去审视尼采,就一下子会发现:尽管缺乏论证,但尼采已经指出,资本主义是一个以价值观念为内在机制的同一性整体!假如没有尼采,我们真的很难想象"否定的辩证法"究竟会怎样。作为哲学的现实性,自然历史观念是唯心主义的否定,那么,当唯心主义已经转换成了同一性的时候,非同一性观念也就随之形成了。

对于"否定的辩证法"的历史发生,同一性和非同一性观念的形成无疑是至关重要的,正是以它们为支点,"崩溃的逻辑"才得以从阿多诺的思想底层浮现出来,其中的诸多观念和立场才得以在这一新的基础上进行重组。

首先是对海德格尔的批判。我们说过,海德格尔哲学是阿多诺的主要对话者和批判对象,但我们看到,在"崩溃的逻辑"中,阿多诺并没有直接攻击,而是绕了一个很大的弯子从克尔凯郭尔过来对海德格尔进行某种影射。除了我们提到过的思想史原因,这在很大程度上也和直接批判的难度相关:在海德格尔这里,唯心主义(主体性)已经消失了!如果说阿多诺当时的批判手段还足以揭示胡塞尔先验现象学的唯心主义本质,那么,面对海德格尔的存在哲学,它们则有些力不从心了。所以我们看到,尽管在《审美对象的建构》中,阿多诺已经通过克尔凯郭尔的生存概念把海德格尔和唯心主义—主体性哲学联系到一起,但他始终未能正面阐明这一点,而总是在攻击历史性概念的抽象性。在同一性观念形成之后,我们看到,海德格尔的唯心主义问题很快就得到了清算,因为主体性并不是消亡了,而是像资本一样变成了一种抽象的统治,隐匿在存在中,海德格尔对形而上学的批判不过就是金融资本家对高利贷者的嘲

---

① 参见 Adorno, Theodor W., "The Idea of Natural History", *Telos* 60 (Summer 1984), pp. 122–123.

② 参见第一章第四节的相关论述。

讽罢了！所以，阿多诺在批判了胡塞尔的现象学并对作为自己的思想史基础的黑格尔哲学进行过深入的清理之后，海德格尔被最终提上日程。《否定的辩证法》对海德格尔的批判的最重要特点即在于它的同一性或贯通性。由于阿多诺已经把海德格尔的存在哲学指认为资本的理论承担者，因此，他的哲学批判也就打通了哲学和经济学的壁垒，成了统一的同一性批判。如果读者在阅读其中的哲学的时候遇到了难以理解的地方，那么，最可行的一个办法就是尝试着从社会批判的意义上去理解。

其次是哲学的现实性。如果在《否定的辩证法》中阿多诺也使用"哲学的现实性"这一提法，那么，它的含义一定与 1930 年代是有所不同的。在"崩溃的逻辑"中，"哲学的现实性"意指**什么样的马克思主义哲学是具有现实性的**。因为尽管此时已经与《历史与阶级意识》的立场拉开了一定的距离，不过总的说来，阿多诺依旧像同时代的那些西方马克思主义者一样等待着革命高潮的来临，此时的哲学的现实性就在于唤醒无产阶级或其他革命阶级的阶级意识，以在世界的哲学化中消灭自己。具有现实性的哲学不仅从资产阶级（海德格尔）哲学那里批判地继承了哲学的现实性，而且也从现代艺术汲取了灵感，后者的功能在于为哲学提供一个模仿的原型。对于《否定的辩证法》而言，哲学的现实性意味着**马克思主义哲学是否还是现实的**。因为在启蒙已经变成了神话之后，无产阶级消亡了，那么，社会主义还有实现的可能吗？就此，以改造世界为己任的马克思主义哲学还有存在的现实性吗？《否定的辩证法》的第一句就说，哲学因为错过了实现自己的时机而得以继续幸存。也就是说，马克思主义哲学并不是没有现实性了，而是它不得不继续等待实现自身的下一个时机。在这时候，现代艺术就成为哲学汲取异质性经验、保持革命的批判精神的唯一源泉。不过即便是这样，对于艺术，阿多诺也没有比 30 年代走得更远。艺术的功能依旧是工具性的，只不过在遥遥无期的等待中，工具本身很容易被人指认为目的罢了。

最后是非同一性的模式。非同一性的基本模式是星丛，它以客体的共时性构制为基础，以期获得客体内部的历史性真理，这一点对于"崩溃的逻辑"和"否定的辩证法"都是一样的。差别在于，由于"崩溃的逻辑"本身还只是一种未充分展开的东西,所以,星丛在很大程度上还保留了本雅明的艺术模仿的痕迹,而只是表达了哲学应当模仿自然以获得历史的真理这一一般性的理念,其立论基础是第二自然——自然历史。作为唯物辩证法的实现模式,它以唯心主义哲学为批判对象。在"否定的辩证法"中,星丛已经被自觉地提升为一种哲学立场,它从本雅明那里袭得的现代主义艺术风格已经被有意识地陶铸为一种抗拒性的姿态,以打破主体的同一性思维,重建主客体关系。在这个时候,作为它的基础的自然概念被界定为了与交换价值相对立的使用价值的物质承担者、不可还原的自然物,[1]而它的批判对象也已经被明确地指认为资本主义交换体制、同一性本身。

第二节 阿多诺的"启蒙辩证法"及其经济学基础

正如人们已经看到的那样,在"崩溃的逻辑"的形变之旅中,《启蒙辩证法》是具有重要意义的一个转折点。[2] 对于这个转折点,我们可以从不同的方面加以审视:就阿多诺个人的思想发展而言,这是其早期的"崩溃的逻辑"在结构变形中浮出水面的开始;就法兰克福学派的总体发展逻辑而言,这是其理论旗帜从霍克海默手中转移到阿多诺手中的分界线;对于佩里·安德森而言,这是法兰克福学派越来越远地脱离经济与政治这两个马克思主义的传统视域,走向文化和美学等抽象思辨领域的起点。我们特别注意到,对于霍克海默和阿多诺在当时影响最为深远的《启蒙辩证法》,安德森的评价特别低,在他看来,西方马克思主义以其为代表的所有其他的主题创新"从较旧的哲学意义上来说,是纯理论的构思,是用来理解历史的先验的概念体系,虽并不一定和经验证据不符,但这些体系的陈述方式,使它们始终得不到经验证据的证明"[3]。从表面上看,情况确实如此,因此,他的这一观点得到了非常广泛的传播和支

---

[1] 参见[德]施密特《马克思的自然概念》,欧力同等译,商务印书馆1988年版。
[2] 参见张一兵《后人学、无调哲学与否定的辩证法》,载《学术季刊》1996年第1期。
[3] [英]安德森:《西方马克思主义探讨》,高铦译,人民出版社1981年版,第102—103页。

持,乃至成为一种主导性的"定论"。当然,在安德森提出这种观点之前和之后,也有一些学者特别突出地发掘了法兰克福学派这一次理论转型与其政治经济学批判、其他经验研究之间的辩证关系,[1]使得人们对这一问题获得了更加完整的了解,但是,人们的疑问依旧没有得到根本消除。而实际上,在《启蒙辩证法》中,霍克海默和阿多诺早就给我们标示出了他们的政治经济学批判的基础,即他们在1947年版的"导论"和1969年版的"说明"中两次都专门致谢的弗雷德里希·波洛克,因为正是后者对那个时代的资本主义经济和社会主义经济的出色分析,为他们的理论转型提供了坚实的政治经济学基础。如果我们不能把握到这一隐含着的基础,那么,就不能对"崩溃的逻辑"的新形态即"启蒙辩证法"特别是其中诸辩证隐喻形成一个正确的理解。

一、波洛克的政治经济学与批判理论的逻辑转换

波洛克1894年生于一个同化了的犹太皮革厂主家庭。[2] 1911年,他与比自己小9个月的霍克海默相识,并以自己对犹太教的怀疑态度而对后者产生了重要影响,从这时候开始,两个人就结下了牢固的友谊直至他1970年秋去世为止。[3] "一战"后,他进入慕尼黑、弗莱堡、法兰克福等大学学习经济学和政治学。1923年,他以一篇关于马克思货币理论的论文获得法兰克福大学的经济学博士学位。在社会研究所成立的过程中,他与霍克海默一起发挥了最为重要的奠基作用,并在研究所直至1950年代初重返德国的颠沛流离的岁月

---

[1] 在这个方面,曾是阿多诺的学生的杜比尔于1970年代初完成的成果(Helmut Dubiel, *Theory and Political: Studies in the Development of Critical Theory*, trans., Benjamin Gregg, Cambridge, MA: The MIT Press, 1985)尤其值得称赞,马丁·杰的成果(《法兰克福学派史》,单世联译,广东人民出版社1996年版)和魏格斯豪斯的成果(Wiggershaus, *The Frankfurt School, Its History, Theories, and Political Significance*, trans., Michael Robertson, Cambridge, MA: The MIT Press, 1994)尽管有些琐碎但同样值得注意,与此相比,凯尔纳形成时间要晚很多的成果(Douglas Kellner, *Critical Theory, Marxism and Modernity*, Cambridge: Polity Press, 1989)虽然主题非常鲜明,但并没有因此将问题说得更清楚、更有说服力。

[2] 关于波洛克的生平简历,可以参见 Wiggershaus, *The Frankfurt School, Its History, Theories, and Political Significance*, trans., Michael Robertson, Cambridge, MA: The MIT Press, 1994, pp. 60 - 64。

[3] 参见[德]贡尼等《霍克海默》,任立译,中国社会科学出版社1992年版,第8页。

中一直默契地充当着霍克海默的行政助手。正像有的研究者已经指出的那样,他和格罗斯曼一起,为批判理论的形成和发展提供了重要的经济理论。①不过,现在让我们更感兴趣的不是他们之间的共同性,而是其中的差异性,因为正是这种差异在变化着的具体的历史情境中更改了批判理论的经济理论基础,从而促成了它的逻辑转换。

作为一个资格比波洛克要老的马克思主义经济学家,格罗斯曼介入了第二国际关于"资本主义崩溃"的争论。② 我们知道,在第一次世界大战之前,大多数第二国际理论家并不认为马克思从经济上揭示了资本主义崩溃的必然性,而将社会主义解释为某种伦理理想或要求,只有罗莎·卢森堡(Rosa Luxemburg)从资本积累的角度维护了马克思关于在资本主义制度下不可能进行无限制的扩大再生产的学说。"一战"的爆发中断了这一争论,而战后,在出现了一次短暂的革命高潮之后,中西欧地区的资本主义就又进入了一个平稳发展的时期,这在诱发了西方马克思主义肇始的同时,使"资本主义崩溃"争论得以继续,因为它实在是一个关涉发达资本主义国家中社会主义革命的前途与命运的基本问题。面对战后马克思主义阵营内部对此问题日益悲观的倾向,格罗斯曼从一种更加正统的马克思主义立场出发进行了辩驳,并于1929年将这些演讲收集整理以《资本主义制度积累和崩溃的规律》为题作为社会研究所丛书的第一卷出版。他对这一问题的基本看法有三:第一,崩溃理论是马克思危机理论必要的基础和前提,因此是不能像修正主义者那样随便抛弃的;第二,卢森堡等人从工资理论出发来论证这个问题是错误的,这说明他们并没有真正理解马克思的政治经济学;第三,崩溃是资本主义积累过程即利润率下降趋势不可避免的必然的发展结局。③ 这样,他就为西方马克思主义当时对

---

① 参见 B. Giacomo Marramao, "Political Economy and Critical Theory", *Telos* 24 (Summer 1975)。

② 保罗·斯威齐是20世纪著名的激进政治经济学家,在理论上,他受到格罗斯曼的深刻影响。在1942年出版的影响广泛的《资本主义发展论》(陈观烈等译,商务印书馆1997年版)一书的第十一章中,他对这场争论进行了深入的报道和评论。

③ 具体内容请参见[南斯拉夫]弗兰尼茨基《马克思主义史》(下),生活·读书·新知三联书店1963年版,第281—285页。

社会主义革命前景的乐观判断提供了一个令人振奋的经济学基础,而1929年以后的大萧条更是进一步证明了他的观点。但是格罗斯曼的乐观主义遭到了波洛克的有力反对。作为一名年轻的马克思主义经济学家,与主要研究资本主义衰退和马克思经济学著作的结构的格罗斯曼不同,波洛克始终关注苏联和资本主义国家现实的经济计划问题,在他看来,马克思并没有能够看到服务行业的重要性日益增长,从而使剩余价值的生产获得了新的途径,这将延续资本主义制度的生命力。1929年,他前往苏联,对社会主义计划经济进行了一次实地考察,回到德国后撰写了一篇题为《苏联的计划经济实验(1917—1927年)》(*Die planwirtschaftlichen Versuche in der Sowjetunion 1917—1927*)的考察报告,作为研究所丛书的第二卷出版。在书里,他对社会主义计划经济的怀疑主义乃至悲观主义态度得到了系统说明。在1932年《社会研究杂志》的第一卷第一期上,他提供了一篇题为《资本主义的当前状况与计划经济新秩序的概览》(*Die gegenwartige Lage des Kapitalismus und die Aussichten einer planwirtschaftlichen Neuordnung*)的文章,紧接着格罗斯曼论危机问题的文章作为该杂志的第二篇论文发表。文章认为,1929年的大萧条说明自由资本主义已经走到了自己的终点,但这并不意味着资本主义已经崩溃了,现状只是表明资本主义生产关系不再能够适应生产力的发展,它正期待着自己的计划经济,"资本主义制度的显要困难和其崩溃,以及被几乎所有专家都错误预言了的俄国计划经济努力,是为什么今天计划经济被人们到处讨论的主要原因"。波洛克资本主义计划经济观念的提出,一方面是对经典马克思主义经济学的突破,另一方面则是对格罗斯曼资本主义即将崩溃的观点的有力挑战,因为他相信,"当前的危机能够以资本主义的方式加以克服,垄断资本主义能够在可以预见的未来继续存在下去,这一点是可以成立的"。但这并不是说资本主义不会灭亡了,而只是说国家的大规模介入推迟了资本主义生产方式的内在矛盾的灾难性崩溃,因此,"可以确信,在这种被管理的资本主义之下,压迫将会更长久,繁荣将会更短暂但更旺盛,较之于'自由竞争'时代,危机也将更具毁灭性,但是其'自动的'毁灭却不再能够被预期了"①。

　　历史地看,较之于格罗斯曼的乐观主义,波洛克的看法显然更具真理性,但其观点一开始却并没有被研究所的成员们所接受,甚至他的挚友霍克海默也是如此。在写于 1926—1931 年间的一则名为《迹象》(Indications)的笔记中,霍克海默含蓄然而却不失严厉地批判了波洛克对苏联的悲观主义看法:"我不想宣称自己知道这个国家将走向何方,那里是否存在着大量不幸⋯⋯(但只要)谁看到了帝国主义世界毫无意义的、决不能用技术发展的不充分来解释的不公正,谁就会把苏联发生的事件视为进步,视为企图克服这些非正义的痛苦尝试,或至少怀着怦然而跳的心情询问这一尝试是否应当继续下去。如果一些表面现象并不有利于它,那么,他也应当怀着希望,就像癌症患者听到治疗他的疾病的方法已经被发现这种报道那样。"②霍克海默对波洛克的这种批判态度是与其对《历史与阶级意识》的基本理论立场的认同相关联的,这一点在他 1931 年 1 月正式出任社会研究所所长时所作的题为"社会哲学的当前状况和社会研究所的任务"(The Present Situation of Social Philosophy and the Tasks of an Institute for Social Research)的就职演讲中得到了比较系统的说明。③ 对于霍克海默此时同《历史与阶级意识》的这种一致性,我们首先应当从当时的历史情势中来寻找其原因:首先,大萧条沉重打击了世界资本主义制度,但此时"新政"(New Deal)尚未实施,资本主义似乎已经走到了自己的终点,这正好印证了格罗斯曼或者说经典马克思主义的预言;其次,虽然法西斯主义获得了重要发展但还没有攫取政权,魏玛共和国的整体形势尚未发生根本性的反转;第三,德国的工人运动虽然发生了分裂但并没有招致彻底失败,青年卢卡奇所期待的无产阶级的革命意识尚没有像后来那样令人失

---

　　① 参见 Douglas Kellner, *Critical Theory, Marxism and Modernity*, Cambridge: Polity Press, 1989, pp. 56 - 57。

　　② Max Horkheimer, *Dawn and Decline:Notes 1926—1931 and 1950—1969*, trans., Michael Shaw, New York: The Seabury Press, 1978, pp. 74 - 75。

　　③ 参见 Horkheimer, *Between Philosophy and Social Science: Selected Early Writings*, trans. G. Frederick Hunter, Matthew S. Kramer, and John Torpey, Cambridge, MA: The MIT Press, 1993, pp. 1 - 15。

望地"消失";第四,尽管已经出现了一些让西欧左派知识分子不能接受的"专制"迹象,但"肃反"尚未进行,苏联的社会主义依旧是一种值得追求的理想。但是,1931年之后,历史情势很快就发生了根本性的变化。① 首先,"大萧条"之后,德国无产阶级不仅没有获得革命的阶级意识,反倒有更多的人投了纳粹的赞成票,其中大多数原来是德国共产党的支持者;②其次,苏联的社会主义让人感到,它既没有搞社会主义,理论上也不是马克思主义的,更重要的是,它剥夺了其他共产党平等发展的权利,是在谋求专制;③最后,法西斯主义也在搞计划经济,这和现实社会主义发生了明显的合流。④ 这些现实的变化决定性地改变了学派的理论定位,1937年"批判理论"概念的提出,"一方面,仅仅是霍克海默和马尔库塞为马克思主义理论传统引进的一个新名字;另一方面,它是学派自己的理论定位的名字,它最终阐明了学派关于陈述马克思主义传统的真正目的的要求"⑤。也就是说,现实社会历史的发展最终迫使法兰克福学派重新审视现实、发明理论,在最具奠基性的经济学层面上,就是话语权力从格罗斯曼向波洛克的转移。⑥

如前所述,波洛克1930年代早期关于资本主义和社会主义计划经济的研究蕴涵两个基本结论:苏联的社会主义计划经济实验并非已经取得成功;计划因素的引入将有效地甚至是无限期地控制资本主义制度的崩溃。世界历史情势的新近发展不断证明了他的这两个悲观结论的真理性,并在将研究所大多数核心成员争取到他这一边来的同时,迫使已经成为负责具体行政事务的副

---

① 参见 Phil Slater, *Origin and Significance of the Frankfurt School: A Marxist Perspective*, London: Routledge & Kegan Paul, 1977, pp. 15 - 25。
② 参见 Dubiel, *Theory and Political: Studies in the Development of Critical Theory*, trans., Benjamin Gregg, Cambridge, MA: The MIT Press, 1985, pp. 11 - 14。
③ 参见 Dubiel, *Theory and Political: Studies in the Development of Critical Theory*, trans., Benjamin Gregg, Cambridge, MA: The MIT Press, 1985, pp. 15 - 20。
④ 参见 Dubiel, *Theory and Political: Studies in the Development of Critical Theory*, trans., Benjamin Gregg, Cambridge, MA: The MIT Press, 1985, pp. 20 - 23。
⑤ Dubiel, *Theory and Political: Studies in the Development of Critical Theory*, trans., Benjamin Gregg, Cambridge, MA: The MIT Press, 1985, p. 104。
⑥ 参见[美]马丁·杰《法兰克福学派史》,单世联译,广东人民出版社1996年版,第174—175页。

所长的波洛克去深化自己的研究。1941年,波洛克在研究所出版的英文杂志《哲学与社会科学研究》(*Studies in Philosophy and Social Sciences*)上发表了一篇题为"国家资本主义:它的可能性及其界限"(State Capitalism: Its Possibilities and Limitations)的文章,对自己的政治经济学观点进行了简洁明了的说明,它实际构成了法兰克福学派以《启蒙辩证法》为标志的后期逻辑转换的经济学基础。

波洛克一开头就明确指出:"在这篇论文中,是没有什么本质上新的东西可以被预期的。因为在这里被系统表达的所有思想都曾在别的地方被表达过了。我们的目的就是将那些通常很分散的甚至相互冲突的理念整合为一个一贯的概要,以构成我们关于国家资本主义的可具体运用的讨论的出发点。"① 他指出,较之于同时期诸如"国家组织私人财产的垄断资本主义"等术语,"国家资本主义"更好地描述了现实资本主义形态的本质:"国家资本主义是私人资本主义的继承人,国家承担私人资本家的重要功能,利润依旧在发挥重要作用,但它绝不是社会主义的",不管它是像北美那样采取了民主的形式,还是像当时的德国那样采取了专制的形式。② 它用一整套融合了新旧方法的规则取代了原先的市场规则:第一,"用普遍的计划对生产、消费、储蓄和投资进行指导";第二,"价格不再允许充当经济过程的主人,而是在其所有的重要部类中都受到管理";第三,"和其他特别的利益一样,私人的和集团的利润利益都严格服从于普遍的计划或在其中找到自己的适当位置";第四,"在所有国家活动领域(在国家资本主义中这意味着作为一个整体的社会生活的所有领域)中,臆测和即兴发挥都让位于科学管理原则";第五,"计划的实施被国家权力所强化,这样就没有什么具有实质意义的东西留给市场规律和其他经济规律去发

---

① Pollock, "State Capitalism: Its Possibilities and Limitations", Andrew Arato and Eike Gebhardt, ed., *The Essential Frankfurt School Reader*, New York: Urizen Books, 1978, p. 71.

② 参见Pollock, "State Capitalism: Its Possibilities and Limitations", Andrew Arato and Eike Gebhardt, ed., *The Essential Frankfurt School Reader*, New York: Urizen Books, 1978, p. 72。

挥作用了".① 通过对国家资本主义对生产和分配的控制的阐述,波洛克指出,现实的国家资本主义确实有其经济的界限,即它们都是以稀缺经济即战争或备战为前提的,但是这却并不能证明它就是一种暂时的过渡的形态,相反,它却证明了自己的持久活力:"对生产和分配的政府管制为消除萧条和累积性的破坏过程、资本和劳动力闲置的经济原因提供了途径。……当所有经济活动的调和都不再受市场规律而是受有意识的计划影响的时候,原来意义上的经济问题就不再存在了。在经济学家原先绞尽脑汁地解决交换过程之谜的地方,在国家资本主义条件下,他需要解决的只是纯粹的管理问题。国家资本主义自然有其界限,但是,它却是从自然条件,以及国家资本主义寻找永恒存在的社会结构中诞生的。"②就像国家资本主义有其经济的界限一样,它也有这样那样的自然的和非经济的界限,这其中各类资源的短缺、统治集团内部的利益差异及其冲突和阶级的利益冲突是最重要的四个界限,③它们共同作用,形成了国家资本主义永恒化的限制因素,但不管怎样,波洛克认为国家资本主义的总趋势是经济增长和不断强化。最后,波洛克以为民主的国家资本主义的存在所提出的一些问题结束了这篇文章。④

美国学者诺曼·费舍尔(Norman Fischer)认为,波洛克的国家资本主义学说从四个方面深刻影响了法兰克福学派的其他成员。⑤ 具体到我们所要讨论的批判理论的后期转折,他的影响主要表现在如下三个方面。首先,他揭示了工具理性和非工具理性在历史哲学层面上的本质区别。从韦伯关于工具理性和目的理性的区分出发,波洛克在其国家资本主义学说中明确地将工具理

---

① 参见 Pollock, "State Capitalism: Its Possibilities and Limitations", Andrew Arato and Eike Gebhardt, ed., *The Essential Frankfurt School Reader*, New York: Urizen Books, 1978, pp. 75 - 78。

② Pollock, "State Capitalism: Its Possibilities and Limitations", Andrew Arato and Eike Gebhardt, ed., *The Essential Frankfurt School Reader*, New York: Urizen Books, 1978, p. 87。

③ 参见 Pollock, "State Capitalism: Its Possibilities and Limitations", Andrew Arato and Eike Gebhardt, ed., *The Essential Frankfurt School Reader*, New York: Urizen Books, 1978, pp. 87 - 88。

④ 参见 Pollock, "State Capitalism: Its Possibilities and Limitations", Andrew Arato and Eike Gebhardt, ed., *The Essential Frankfurt School Reader*, New York: Urizen Books, 1978, p. 93。

⑤ 参见戈尔曼主编《"新马克思主义"传记辞典》,赵培杰等译,重庆出版社 1990 年版,第 693 页。

性的全面统治与自由资本主义的衰落和国家资本主义的兴起联系到了一起，他的这一观点得到了霍克海默的极大认同。在同期发表的"理性的终结"（The End of Reason）一文中，霍克海默所要做的就是证明这两者之间的同构性，[1]而在《启蒙辩证法》及同时期的《理性之蚀》中，他更是据此区分的工具理性的发展阶段。其次，他对有计划的资本主义持久存在的悲观主义预言极大地影响了霍克海默和阿多诺等人对资本主义的理解。我们知道，虽然法兰克福学派始终与无产阶级革命保持着必要的距离，但此前他们始终是坚信资本主义必然灭亡、社会主义必然胜利这两个基本原理的，但如今，波洛克的研究彻底颠覆了他们原先的乐观主义观念，迫使他们走向悲观主义，而这也正是阿多诺早期的悲观主义线索能够浮现出来的基础。第三，他对国家资本主义全面被管理的论述促进了阿多诺同一性观念的形成，并使整个学派的研究主题从经济基础向上层建筑特别是意识形态和文艺领域的转移获得了一种合法性基础。经济学家似乎比像安德森这样的理论家更能够理解这一点的合理性："它有助于解释为什么批判理论将自己的注意力转向了文化领域。因为它假定了资本主义在工厂的总体统治，看到了这种霸权向社会其他领域延伸的权威国家，那么，这其中一个显而易见的含义就是，对构成这种延伸的统治的新近出现的形式进行研究。"[2]

二、阿多诺"启蒙辩证法"的三个关键词

1937年11月27日，当时还在英国的阿多诺写信告诉本雅明，说自己正在考虑与霍克海默重新合作，其目标是"一本极有可能非常重要的关于辩证唯物主义的书"[3]。霍克海默为什么会选择阿多诺进行理论合作，而主题还是阿多诺的"崩溃的逻辑"所力图重新阐释的"唯物辩证法"？这其中的原因自然很

---

[1] 参见 Horkheimer, "The End of Reason", Andrew Arato and Eike Gebhardt, ed., *The Essential Frankfurt School Reader*, New York: Urizen Books, 1978, pp. 26-48。

[2] Harry M. Cleaver, *Reading 'Capital' Politically*, Austin: University of Texas Press, 1979, p. 53.

[3] Adorno and Benjamin, *The Complete Correspondence 1928—1940*, trans., Nicholas Walker, Cambridge: Polity Press, 1999, p. 228.

多,但最重要的一点就是历史情势的发展已经使"崩溃的逻辑"作为一种新的理论资源的合理性凸现出来的,这在霍克海默对"崩溃的逻辑"的批判方法的高度评价中得到了有力的证实。① 一年后,已经来到纽约与霍克海默会合的阿多诺明确告诉本雅明,在今后几年里,他将和霍克海默一起用不加分散的精力去写一本"关于辩证法的书",②《启蒙辩证法》的创作就此提上日程。从1938年11月到1944年5月,霍克海默和阿多诺差不多花了七年才完成《启蒙辩证法》的写作,而从该书流畅的甚至是美文学的文字看来,我们实在很难理解它的写作为什么需要这么长的时间,而二十年后,它又会成为德国的地下经典,这从一个非常深的方面说明:**《启蒙辩证法》的写作与理解的关键都决不是它的文字本身,而是在这些文字底下涌动的关于资本主义的历史哲学**,③我们只有依托波洛克对当代资本主义社会的经济学批判,才可能真实把握其中的"启蒙辩证法"。根据学界目前普遍的认识:《启蒙辩证法》的核心即"启蒙的概念"一文由霍克海默执笔完成,反映了整个学派在这个问题上基本的共同的看法,"第一篇附录:奥德塞或神话与启蒙",主要体现了阿多诺的理论意向;"第二篇附录:朱利埃特或启蒙与道德",主要体现了霍克海默的观点。为此,我们将主要依据"启蒙的概念"和"第一篇附录:奥德塞或神话与启蒙"这两篇文献,并结合《新音乐哲学》和《最低限度的道德》这两篇被阿多诺自认为是《启蒙辩证法》"扩展了的附录"的文献,通过诠释"启蒙"(Aufklärung)、"牺牲"(Sacrifice/Opfer)和"放弃"(Renunciation/Entsagung)这三个关键词来解读阿多诺的"启蒙辩证法"。

---

① 在1937年10月13日致阿多诺的信中,霍克海默高度评价了阿多诺撰写的一篇论胡塞尔的文章(这应当就是阿多诺1940年发表的论文"Husserl and the Problem of Idealism", *The Journal of Philosophy*, Vol. xxxvii, No. 1),并对文中的批判方法表示出了特别的兴趣:"至于我,我在读这篇文章的时候,能随处感到您在胡塞尔哲学和当今的历史局面之间拉起的各种正面的与反面的联系。但这对那些不处在我们这个理论圈子核心的人来说就是不可能的了"(《霍克海默集》,曹卫东等译,远东出版社1997年版,第372页)。让霍克海默感兴趣的批判方法也就是我们在前文中已经详述过的"崩溃的逻辑"的唯心主义批判方法,但正像我们已经指出的那样,霍克海默等"理论圈子核心中的人"当时是以沉默来对待"崩溃的逻辑"的。

② 参见 Adorno and Benjamin, *The Complete Correspondence 1928—1940*, trans., Nicholas Walker, Cambridge: Polity Press, 1999, p. 285。

③ 马丁·杰认为《启蒙辩证法》等著作是在"走向历史哲学",这一点无疑是非常深刻的。

1. 启蒙：资本主义的一个异名

阿多诺和霍克海默的启蒙概念的核心是工具理性及其自反性（Self-destruction/Selbstzerstörung），这一点在字面上是不会有任何问题的。但问题的关键在于，这种自反性意味着什么。对此，我们通常会引证哈贝马斯的批评，认为它意味着理性已经摧毁了自身以及理性本当使之成为可能的人性，其目的不过是为了满足尼采对理性的激进批判。[1] 哈贝马斯无疑是敏锐的，因为他一下子就抓住了启蒙概念的韦伯渊源，而如果阿多诺和霍克海默真的像韦伯那样，将资本主义看作工具理性的一个高度发展了的类型，[2]那么，他的这一批评就将是正确的。但事实究竟怎样呢？

历史地看，启蒙并不是"崩溃的逻辑"既有的观念，它是阿多诺作为"崩溃的逻辑"新的逻辑基础从霍克海默那里接收来的。黑格尔对知性和理性的区分与韦伯对目的理性和工具理性的区分是霍克海默启蒙概念的两大理论来源，不过，需要指出的是，它们最初并不是以直接的方式作用于霍克海默的，而是通过《历史与阶级意识》中的总体性辩证法、物化和第二自然等观念对后者发生作用的，这一点在他1929年撰写的教职论文《资产阶级历史哲学的起源》中得到了比较明确的体现。[3] 只是在变化了的历史情境中不得不重新确立自己的理论旗帜的时候，霍克海默才超越青年卢卡奇直接接近韦伯，创作了著名的《传统理论和批判理论》一文。但是，在引证韦伯的时候，他特别重申了自己的唯物主义立场，指出："作为一个事实，有助于现存知识的更新的大量新发现的事实性联系，以及这种知识对事实的运用，都不能从纯粹逻辑的或方法论的根源中推导出来，而只能在现实的社会过程情境中被理解。……新观点取得

---

[1] Habermas, "The Entwinement of Myth and Enlightenment: Max Horkheimer and Theodor Adorno", *The Philosophical Discourse of Modernity: Twelve Lectures*, trans., Frederic Lawrence, Cambridge: Polity Press, 1987, pp. 106 - 130.

[2] 对于工具理性，韦伯的一个基本看法是它源于不同的宗教传统之中，而资本主义不过是其当下的发达形式而已。他的这一观念对20世纪政治哲学产生了巨大影响，参见[英]莱斯诺夫《二十世纪的政治哲学家》，冯克利译，商务印书馆2001年版，"2. 马克斯·韦伯和20世纪的政治学"。

[3] 参见 Horkheimer, "Beginnings of the Bourgeois Philosophy of History", *Between Philosophy and Social Science: Selected Early Writings*, trans. G. Frederick Hunter, Matthew S. Kramer, and John Torpey, Cambridge, MA: The MIT Press, 1993, pp. 313 - 388。

胜利的原因在于具体的历史环境;即使科学家本人只由内在动力推动就改变了他的观点,情况也不会有什么不同。"①也就是说,即使霍克海默认为启蒙精神在"西方资产阶级文明最早的代表性宣言之一的《奥德塞》"中就已经存在了,②他也不会像韦伯那样认为当代工业资本主义是它的高级类型。这是一个原则性的对立。另一方面,从霍克海默此时对传统理论的划界来看,他明显受到了同时代新康德主义哲学家卡西尔(E. Cassirer)1932年出版的《启蒙哲学》(The Philosophy of the Enlightenment)的影响,③但我们也必须看到,霍克海默对启蒙的理解和卡西尔对启蒙的理解是存在本质区别的,因为后者实际上是像韦伯那样仅仅在传统哲学的意义上将它理解为一种工具理性,而前者则始终强调这种工具理性与资本主义发展的内在关系。对此,参与了这一思想实验的马尔库塞曾进行过明确的界说:"让我们先把韦伯著作中的资本主义、合理性和统治之间的联系反映出来。在它的最一般的形式中,这一联系可以表述如下:西方特有的理性观念在一个物质的和精神的文化(经济、技术、'生活行为'、科学、艺术)系统中实现了自身,而这个文化系统在工业资本主义中得到了全面发展。这个系统旨在一种特殊的统治类型,这种统治已经成了现阶段的命运:这就是集权官僚政治。"④也就是说,**霍克海默和阿多诺的启蒙决不像哈贝马斯所批评的那样是一种意识哲学的批判,而只能是一种直接针对资本主义制度的社会历史元批判。**

在我们看来,从"批判理论"到"启蒙",这种名词的微妙变化,实则体现了法兰克福学派对马克思"科学的历史批判理论"的一次重大突破。——由于受到现实社会矛盾暴露程度等因素的限制,马克思"科学的历史批判理论"只是

---

① Horkheimer, *Critical Theory: Selected Essays*, trans., Matthew J. O'connell and Others, The Continuum Publishing Corporation, 1982, pp. 194 - 195/187.

② 参见 Horkheimer and Adorno, *Dialectic of Enlightenment*, John Cumming, New York: The Continuum Publishing Corporation, 1972, p. xvi/9.

③ 卡西尔认为,全部启蒙思想的中心就是用分析还原和理智重建的方法去取代形而上学的抽象演绎方法(参见其《启蒙哲学》,顾伟铭等译,山东人民出版社1988年版),这两种方法与工具理性和目的理性大体上是相当的。

④ [美]马尔库塞:《现代文明与人的困境》,李小兵等译,上海三联书店1989年版,第78页。

在经济这个最基本的和最核心的层面上揭示了资本主义条件下"抽象成为统治"的本质及异化的现实必然性,而对政治上层建筑和意识形态领域中的"统治"及其异化问题并没有能够给予明确的阐述。① 韦伯一方面确证了马克思"科学的历史批判理论"在官僚政治层面的合法性和科学性,但另一方面他又拒绝了历史唯物主义在经济基础和上层建筑关系问题上的基本原理,将工具理性扩展成了一种神秘的理想型,惟其如此,是因为历史唯物主义的上述基本原理在当代资本主义现实中的具体作用方式并没有得到令人信服的阐释。以青年卢卡奇的物化理论为出发点,1937 年以后,法兰克福学派在经济、政治、文化和哲学等各个领域的集体研究最终证明了一点:② 资本的抽象统治已经

---

① 参见张一兵《回到马克思——经济学语境中的哲学话语》,江苏人民出版社 1999 年版,第八、九章。

② 所谓学派一定是理论的统一体而非人员的聚合,对于这一点,国内学界往往存在不正确的认识。具体到法兰克福学派,就是我们经常将弗洛姆作为该学派的代表人物之一来看待,而实际情况是,在弗洛姆获得广泛影响即 1941 年出版著名的《逃避自由》之前,他就已经与研究所正式脱离关系了,其根本原因是理论的分歧而非人事的龃龉(参见 Wiggershaus, *The Frankfurt School, Its History, Theories, and Political Significance*, trans., Michael Robertson, Cambridge, MA: The MIT Press, 1994, pp. 265 - 273)。在我们看来,这个原因主要是:在学派的核心成员已经将批判理论的政治经济学基础转移到波洛克的"国家资本主义"理论之上的时候,弗洛姆依旧坚持已经被学派的核心成员彻底扬弃了的传统人本主义立场。与此同时,霍克海默等核心成员进行了有计划的分工和合作,其理论指向就是证明:在马克思、韦伯和青年卢卡奇那里还只是一种预言的资本的全面"抽象统治",在国家资本主义时代已经变成了一个必须面对的现实。在政治领域,这一工作主要是由霍克海默和基希海默完成的,具体成果就是他们与波洛克的《国家资本主义》一文同时发表的两篇文章:霍克海默的《权威国家》(Horkheimer, "The Authoritarian State", Andrew Arato and Eike Gebhardt, ed., *The Essential Frankfurt School Reader*, New York: Urizen Books, 1978, pp. 95 - 117)和基希海默的《政治妥协结构的变化》(Otto Kirchheimer, "Changes in the Structure of Political Compromise", Andrew Arato and Eike Gebhardt, ed., *The Essential Frankfurt School Reader*, New York: Urizen Books, 1978, pp. 49 - 70)等;在文化批判领域,这一工作的代表性成果有阿多诺著名的《文化工业:欺骗群众的启蒙精神》和马尔库塞的《文化的肯定性质》(载《现代文明与人的困境》,李小兵等译,上海三联书店 1989 年版,第 110—172 页)等;在哲学领域,除了我们已经提到过的《理性的终结》、《启蒙辩证法》、《理性之蚀》外,还应当包括马尔库塞的《理性和革命》及与《国家资本主义》一文同时发表的《现代技术的社会暗示》(Marcuse, "Some Social Implications of Modern Technology", *The Essential Frankfurt School Reader*, New York: Urizen Books, 1978, pp. 138 - 162)等。作为这一集体研究项目的有机组成部分,法兰克福学派还就反犹主义、偏见等问题进行了一系列的实证经验研究(参见[美]马丁·杰《法兰克福学派史》,单世联译,广东人民出版社 1996 年版,第 251—287 页;Wiggershaus, *The Frankfurt School, Its History, Theories, and Political Significance*, trans., Michael Robertson, Cambridge, MA: The MIT Press, 1994, pp. 261 - 280)。

从经济领域扩展到了政治、文化和人类理智等各个层面之中,实现了自己在各个领域的唯一统治,社会就此被整合为了一个同质的总体,在这种状态下,文化批判和意识形态批判具有了与传统的经济批判和政治批判同等重要的意义。也就是说,在法兰克福学派看来,**启蒙实际上是资本主义的一个异名,它的自反性不过是资本的自反性的最新的和最后的表现方式而已**。由于世界历史情势发生了根本性的变化,①无产阶级"消失"了,社会主义革命也已"黯然失色",对启蒙的文化批判和意识形态批判就此成为进行理论实践最重要的与最可行的形式和保存革命意识的最后据点,它是在全面"被管理的社会"中对资本主义进行批判所被迫采取的"失败主义"选择。

从"崩溃的逻辑"的形变之旅来看,这种启蒙概念的确立对阿多诺的思想发展具有非常重大的意义。第一,它促进了阿多诺同一性观念的形成。关于启蒙,霍克海默和阿多诺说得很多,后世的研究者们诠释和演绎出来的更多,但既往的诠释和演绎都忽视了一点,即他们对启蒙精神的层次性的剥离。在他们看来,启蒙首先是原始初民感知世界的一种方式:"启蒙总是把人神同形论当作神话的基础,并用主体来折射自然。……进而,启蒙精神将自己看作只有在整体中才能被理解的存在和事件;它的理想就是建立一个所有一切都必须遵循的体系。"②其次,启蒙精神也就是那削齐拉平的形式逻辑:"形式逻辑是统一化科学的大学校。它为启蒙思想家提供了可计算性世界的公式。"③再次,启蒙精神还是"资产阶级正义和商品交换"的原则。④ 最后,但也最重要的是,启蒙决不仅仅是"历史—文化的",而是"现实的",它是"作为一个整体的市

---

① 参见 Dubiel, *Theory and Political: Studies in the Development of Critical Theory*, trans., Benjamin Gregg, Cambridge, MA: The MIT Press, 1985, pp. 69-84。

② Horkheimer and Adorno, Theodor W., *Dialectic of Enlightenment*, John Cumming, New York: Herder & Herder, 1972, pp. 6-7/4-5。

③ Horkheimer and Adorno, Theodor W., *Dialectic of Enlightenment*, John Cumming, New York: Herder & Herder, 1972, p. 7/5。

④ 参见 Horkheimer and Adorno, Theodor W., *Dialectic of Enlightenment*, John Cumming, New York: Herder & Herder, 1972, p. 7/5。

民社会的现实运动"的观念表达。① 由此我们不难看到,后来"否定的辩证法"中的同一性观念的核心思想,即同一性的本质是资本主义制度,已经明确形成了。第二,它促使阿多诺对哲学的现实性进行重新反思。在法兰克福学派所有核心成员中,阿多诺无疑是与无产阶级政治实践最为疏远的一个,但不管他在此前的"崩溃的逻辑"中表现出了怎样独特的思考,在哲学的现实性这个根本问题上他与其他人却是完全一致的,即认为哲学的现实性就在于(必须进行某种程度更新的)马克思主义哲学,而后者的使命就在于促进革命的实现,使自身"灭亡"。但是,如今通过对启蒙即当代资本主义的全新考察,他实际上和其他成员一样走向了一种真正的悲观主义:既然哲学、理性根本无法改变启蒙终将造成的人类的毁灭,那么,它也就只能保持为一种失败主义的想象。② 在这种情境中,"面对绝望,能够负责任地被实践的唯一哲学就是沉思所有事物这一企图,犹如它们会按照救赎的要求来呈现自身似的。知识本无光,但因为救赎而照亮了整个世界:除此之外的一切都是重建和纯粹的技术"③。这是《最低限度的道德》最后一个片段的核心思想,也是《否定的辩证法》第一个片段的核心思想。第三,它使阿多诺深化了对非同一性模式的思考。我们注意到,"启蒙的概念"一文对原始巫术中的"摹仿"(imitation)问题进行了专门讨论,④这一点颇令人不解。可只要我们将它与本雅明的星丛学说联系起来就会发现,它一定是属于阿多诺的思想,在这里,后者所要强调的正是客体的优先性与(在艺术和巫术中)特殊事物对整体的表现功能。这实际上是阿多诺在《最低限度的道德》之后一改早期学院派风格、大胆选择"论说文"文体的最直接的理论力点。

---

① 参见 Horkheimer and Adorno, Theodor W., *Dialectic of Enlightenment*, John Cumming, New York: Herder & Herder, 1972, p. xiv/3。

② 参见 Horkheimer and Adorno, Theodor W., *Dialectic of Enlightenment*, John Cumming, New York: Herder & Herder, 1972, pp. 222-225/212-215。

③ Adorno, Theodor W., *Minima Morlia: Reflections from Damaged Life*, trans., E. P. N. Jephcott, London: NLB, 1974, p. 147.

④ 参见 Horkheimer and Adorno, Theodor W., *Dialectic of Enlightenment*, John Cumming, New York: Herder & Herder, 1972, pp. 18-19/16-17。

2. 牺牲与放弃:资产阶级的所得与所失

在导论中,霍克海默和阿多诺告诉读者:牺牲和放弃是"第一篇附录:奥德塞或神话与启蒙"中的两个关键词。① 关于牺牲,这比较好理解。因为所谓牺牲,就是通过理性的计谋或者说欺诈,从而在与神即自然的交换中统治自然。这实际上是阿多诺在启蒙概念的基础上对《审美对象的建构》中的既有观念的一种深化。② 至于放弃,这就很费解了,因为在整篇文献中,阿多诺真正提到放弃的地方并不多,而这恰恰正是完整理解阿多诺的"启蒙辩证法"的关键所在!——牺牲是一种象征性的等价交换,③它在表面上是失去,但实质上却是更多的获得,所以说,奥德塞这个冒险的英雄、"资产阶级个人的原型"的漂泊之旅实际上是一个不断"自我确证"其主体统治地位的过程。④ 然而,小说时代与史诗时代根本不同的地方就在于,⑤如今是有复数的奥德塞在确证自我,因此,这必然是一种相互欺骗和相互谋求统治的"虚假的社会"。在这里,"社会要求(试图逃避普遍的、不平等的、非正义的交换,试图断绝然而却只能直接抓住那不能遏止的整体的)人必须因此失去一切——即使是自我保存所应允给他的可怜的逃离也不例外。这个广大的然而却过剩的牺牲被要求反对牺牲自身。"也就是说,牺牲是为了得到,但它最终却走到了反对自己得到的境地。所以,奥德塞这个不断确证自我的自我"也是那种总是限制自身、遗忘自己的生活的自我,他希望挽救自己的生活,然而却只能在流浪中回忆"⑥。如果我们祛除阿多诺附会在这一篇文献中的诸多文学的隐寓,那么,他力图揭示的不

---

① 参见 Horkheimer and Adorno, Theodor W., *Dialectic of Enlightenment*, John Cumming, New York: Herder & Herder, 1972, p. xvi/9。

② 参见本书第二章第三节。

③ 参见 Horkheimer and Adorno, Theodor W., *Dialectic of Enlightenment*, John Cumming, New York: Herder & Herder, 1972, p. 49/44。

④ 参见 Horkheimer and Adorno, Theodor W., *Dialectic of Enlightenment*, John Cumming, New York: Herder & Herder, 1972, p. 43/38。

⑤ 必须指出的是,在青年卢卡奇的《小说理论》中,小说和史诗不仅是文学体裁,更重要的是它们还是一种历史哲学的分期标准,参见 Lukács, *The Theory of the Novel*, trans., A. Bostock, London: Merlin Press, 1971。

⑥ Horkheimer and Adorno, Theodor W., *Dialectic of Enlightenment*, John Cumming, New York: Herder & Herder, 1972, pp. 53 – 54/49 – 50。

过是资产阶级的历史哲学宿命:在牺牲中放弃,在得到对自然的支配的同时失去进行完整生活的权力,资产阶级的所得就是他的所失。为了能够比较完整地阐明这种"启蒙辩证法",我们将搁置这一文献中其他精彩论述,集中讨论奥德塞被阿多诺专门论述的那几个冒险片段的历史哲学命意。

首先是奥德塞在诸神的帮助下摆脱海神波塞冬的阻挠,重返回乡路。奥林匹斯山上的诸神为什么会帮助奥德塞?这首先就是一个问题。问题的答案在于他们曾经得到过后者奉献的牺牲品。"牺牲具有双重性质——个人对集体魔术般的自我牺牲与个人因为这种魔术技术而获得的自我保存——暗示了一种客观矛盾,它促进了牺牲中理性因素的发展。"[1]所谓矛盾是指人对神奉献的少但得到的自我保存却多这一与牺牲应当贯彻的等价交换原则冲突的事实,阿多诺就此得出结论:牺牲不仅包含理性的算计,而且这种算计必然意味着欺骗。[2] 如果说奥德塞是"资产阶级个人的原型",那么,牺牲就是劳动的原型:劳动是"人和自然之间的物质变换的过程"[3],在动物那里,这一变换过程是等价的,但在人这里,因为理性、科学技术的运用,劳动最终成了对自然的控制,这一变换过程也就随之变得有利于人的生存与发展了。奥德塞在诸神的帮助下摆脱波塞冬的历史哲学命意在于:自然成了人的理性的恶意的帮凶,阿多诺就此力图修正马克思关于物质生产劳动是无辜的这种看法——由于理性因素的始终存在,物质生产劳动就不可能是中性的、无辜的,其中必定包含着意识形态的因素。所以,奥德塞必定是牺牲者和僧侣的统一,[4]劳动中的欺骗因素也必定会随着科学技术的不断增强而最终成为一种客观的意识形态力量。[5]

---

[1] Horkheimer and Adorno, Theodor W., *Dialectic of Enlightenment*, John Cumming, New York: Herder & Herder, 1972, pp. 49–50/44.

[2] 参见 Horkheimer and Adorno, Theodor W., *Dialectic of Enlightenment*, John Cumming, New York: Herder & Herder, 1972, p. 51/46.

[3] 《马克思恩格斯全集》第 23 卷,人民出版社 1972 年版,第 202 页。

[4] 参见 Horkheimer and Adorno, Theodor W., *Dialectic of Enlightenment*, John Cumming, New York: Herder & Herder, 1972, p. 50/45.

[5] 哈贝马斯的"科学技术是意识形态"的著名结论正是沿着这一思路往下得出的,参见[德]哈贝马斯《作为"意识形态"的技术与科学》,李黎等译,学林出版社 1999 年版。

马克思指出,通过劳动,人不仅建立起了与自然的关系,而且建立起了与他人的关系。阿多诺说,这种关系的本质就是对自然和对他人的统治,但这种统治必须以"对人的本性的否定为代价"。① 也就是说,在对自然和他人的统治过程中,主体确立了自己的地位,却失去了自己作为自然实体的本性,以自己的实体性、完整生活的消失为代价,真正获得永生的其实是资本主义制度!所以,"文明的历史就是牺牲内在性的历史。换言之,就是放弃的历史。每一个进行放弃的人所放弃的要比生活给予他的多,也比他所维持的生活要多。在每一个人都是多余的和被欺骗的虚假社会中,这一点是非常清楚的"②。人被迫放弃自己的完整生活这一宿命,在奥德塞接下来的几个冒险片段中得到了进一步的说明。例如倾听塞壬的歌声。因为自己的算计,奥德塞既倾听了塞壬美妙的歌声,又避免了灾难。他这么做的后果是使精神劳动和体力劳动发生了分离,确立了他的主人地位,而这样的代价是:在他剥夺了劳动者"通过历史性的劳动实现乌托邦"的权利的同时,③放弃了自己的劳动机会,从而放弃了实现自己的乌托邦的权利。"在现存条件下,失去劳动机会,不仅从失业者的角度来看,而且从社会对立面的角度来看,都是残缺不全的。"④由于这种放弃,奥德塞所获得的理性的统一性必然是空虚的,这一点在他以"无人"欺骗波吕菲摩斯然而又不得不告诉后者自己的真名中得到证明:"语言之流是作为摹仿的声音伴随着意识之流即思想本身进行波动的,思想的坚定不移的独立自主性具有愚蠢的因素——即狂热的因素,如果思想的这种独立自主性通过语言在现实中表现出来,就好像思想与实在是具有同名的现象,实际上思想只

---

① 参见 Horkheimer and Adorno, Theodor W., *Dialectic of Enlightenment*, John Cumming, New York: Herder & Herder, 1972, p. 54/48。

② Horkheimer and Adorno, Theodor W., *Dialectic of Enlightenment*, John Cumming, New York: Herder & Herder, 1972, p. 55/49.

③ Horkheimer and Adorno, Theodor W., *Dialectic of Enlightenment*, John Cumming, New York: Herder & Herder, 1972, p. 63/57.

④ Horkheimer and Adorno, Theodor W., *Dialectic of Enlightenment*, John Cumming, New York: Herder & Herder, 1972, p. 35/30 - 31.

是通过保留的内容才具有支配语言的力量。"①奥德塞与克耳刻的交往则表明,他这个资产者拥有纯真爱情的权利也被剥夺了,因为"随着奥德塞这个人物的出现,男人与女人,追求与约束之间关系的双重性,已经表现为一种通过契约保护的交换形式。放弃则是它的前提"②。回家之后,奥德塞与妻子戏剧性的相认不过最终揭示了婚姻的死亡。因为在婚姻中,"人与人的关系的调和变成了相互服从,正如在迄今为止的历史中,人道精神的发展成了在人道精神掩盖下的野蛮行径。……婚姻变成了神话,成了文明制度的基石。但是这种坚如磐石的婚姻,在神话中就像小岛在浩瀚的大海中一样很快就消失了"③。

通过牺牲,奥德塞得到了他想得到的一切,但却不得不放弃了他本当拥有的一切,这种"启蒙辩证法"实际上是被统治的自然对人展开的报复。更重要的是,这种报复其实才刚刚开始。④

3. 两点说明

就像人们通常可以感觉到的那样,在后现代情境中,"启蒙辩证法"要比"崩溃的逻辑"—"否定的辩证法"具有更加广泛的影响力,因为在某种程度上,它实际上被确立为后现代的理论源头之一。正确地澄清这种关系无疑是一项非常重要的工作,但完成它所需要的篇幅显然已经极大地超出了本书所能接受的限度。有鉴于此,我们希望能在对"启蒙辩证法"的讨论即将结束的时候,对若干基本问题进行一点补充说明。

一个是"启蒙辩证法"和"否定的辩证法"的关系问题。在《晚期马克思主义》的导论中,杰姆逊曾说,"作为一个正在展现之中的体系的各部分",《启蒙

---

① Horkheimer and Adorno, Theodor W., *Dialectic of Enlightenment*, John Cumming, New York: Herder & Herder, 1972, p.68/62.
② Horkheimer and Adorno, Theodor W., *Dialectic of Enlightenment*, John Cumming, New York: Herder & Herder, 1972, p.72/66.
③ Horkheimer and Adorno, Theodor W., *Dialectic of Enlightenment*, John Cumming, New York: Herder & Herder, 1972, p.75/69.
④ 阿多诺没有说出来的这句话最后由马尔库塞的学生莱斯说了出来,参见[加]莱斯《自然的控制》,岳长龄等译,重庆出版社1993年版。

辩证法》、《否定的辩证法》和《美学理论》"同时'围坐在大英博物馆的书桌边'"。① 就"《启蒙辩证法》是阿多诺个人哲学思想发展过程中的转折点和后来思想发展的新起点"而言，杰姆逊的这一评论倒也不失睿智。但问题的症结在于，由此出发，他进而将"否定的辩证法"这一在具体的历史情境中方才逐步整合出来的理论逻辑，简单地设立为了一种与历史无涉、就等待着被实现的逻辑可能性，并在将阿多诺、"否定的辩证法"从历史中撬出来的同时，为一种具有马克思主义色彩的后现代解读提供了立论基础。② 如果我们将阿多诺哲学思想的发展过程比作盖房子，那么，"启蒙辩证法"之后，建房所必需的理论地平显然已经被廓清，各种理论要素也已经大致齐备，一所房子即将矗立起来。虽然"否定的辩证法"是在原先的地平上、用已经预备好的材料建构出来的，但它却不能说就是原先规划中的那所房子，因为在具体的建构过程中，出现了新的结构性力量。首先是阿多诺与海德格尔论战的主题化。如前所述，海德格尔存在哲学是阿多诺"崩溃的逻辑"—"否定的辩证法"始终如一的对话与批判对象，但只是在1950年代晚期关于黑格尔哲学的论战中，阿多诺方才完成各种迂回，直接面对海德格尔，这使得后者在事实上成为阿多诺构制"否定的辩证法"星丛时必须面对的引力中心，而这一点在"启蒙辩证法"中是根本不存在的。其次是阿多诺"冬眠"战略的确立。众所周知，在悲观主义的革命前景预见与失败主义的哲学立场选择这两个方面，《启蒙辩证法》与《否定的辩证法》其实是一致的，但在1968年的学生运动中，当前者被奉为地下经典的同时，后者却遭到激进左派学生的敌视，其中原因即在于学生从两者的一致性中感受到了一种细微然而深刻的差别："启蒙辩证法"是一只扔向资产阶级意识形态的燃烧瓶，它力图在毁灭自身中将前者炸出一个豁口，从而为可能的革命创造

---

① 参见 Jameson, *Late Marxism, Adorno, or. The Persistence of the Dialectic*, London: Verso, 1990. p. 1.

② 美国著名的马克思主义学者凯尔纳和贝斯特是杰姆逊非常重要的两名理论追随者。在1991年出版的《后现代理论》一书中，他们对杰姆逊的上述评论进行了一种合乎"逻辑"的推演，认为：从"哲学的现实性"、"自然历史观念"到《否定的辩证法》，阿多诺的哲学思想都是同一不变的，是一种马克思主义的"原始形态的后现代理论"（[美]贝斯特、凯尔纳：《后现代理论》，张志斌译，中央编译出版社1999年版，第291—301页）。

必需的前提；而"否定的辩证法"却希望成为一枚潜藏在资本同一性的体制之中、期待着革命高潮降临的脚步声的触发式地雷。促使阿多诺做出这种改变的正是他所选择的"冬眠"战略：面对战后资本主义的深入发展，他看到，燃烧瓶式的孤勇斗争固然勇气可嘉，但它却并不能真正撼动资本的同一性统治；在这种空前的严冬中，"冬眠"、保存实力或许不够激进，却比无谓的消耗更加可取。也就是说，从"启蒙辩证法"到"否定的辩证法"，虽然实体性要素没有变，但"辩证法"本身却实实在在地变了。

另一个是"启蒙辩证法"与生态学马克思主义的关系问题。生态学马克思主义是 1970 年代发端于北美的一种马克思主义思潮，它的代表人物是莱斯（William Leiss）和阿格尔（Ben Agger）。虽然在系统阐述生态学马克思主义的各项主张的时候，阿格尔将批判理论连同"经济主义的或决定论的马克思主义"一起"超越"掉了，[①]不过，在莱斯的开拓性阐发中我们却清晰地看到：它是在"启蒙辩证法"的基础上生发开来的。尽管如此，但我们也必须看到，两者之间存在根本分歧："启蒙辩证法"能够认同生态学马克思主义关于生态危机是人类控制自然的必然后果，但决不会认为生态危机已经超越经济危机成为资本主义社会的主要危机；"启蒙辩证法"可以接受生态学马克思主义的各项革命议程，但决不会认为这些议程已经取代传统的经济和政治革命道路，成为实现社会主义乌托邦的必由之路。透过这种根本分歧，我们看到的是两者对马克思主义的不同立场选择："启蒙辩证法"修正乃至反对马克思主义的许多具体策略，却坚持住了后者的两个根本之点即生产方式分析模式和社会主义价值追求；生态学马克思主义坚持社会主义的价值选择，自认为是马克思主义的，却从根本上否定了生产方式分析模式的科学性和基础性，以及与此相一致的传统革命方案。就此而论，"启蒙辩证法"要比生态学马克思主义距离马克思主义的真精神更近些。

---

① 参见[加]阿格尔《西方马克思主义概论》，慎之等译，中国人民大学出版社 1991 年版，第 486 页。

第四章　胡塞尔的元批判：同一性强制下的现象学

1956年,阿多诺出版了一部题为《认识论的元批判:胡塞尔和现象学二律背反研究》(以下简称《元批判》)的著作。这是他30年中第三次批判胡塞尔现象学。30年前,当他还是一名大学生的时候,他就在新康德主义的立场上第一次批判了胡塞尔的先验现象学。20年前,当他完成了对"崩溃的逻辑"的首次正面阐述的时候,他再次将批判的矛头指向胡塞尔,希望能够通过批判胡塞尔颠覆已然成为时尚的海德格尔存在哲学的方法论前提。作为这一次批判的积极成果,他在流亡英国牛津大学的1934—1937年间创作了"一部内容广泛的手稿",并在后来的岁月中陆续发表了其中的某些部分。① 如今,他决定在原先手稿的基础上第三次批判胡塞尔。他之所以决定这么做,是因为他看到：

---

① 阿多诺曾打算以胡塞尔现象学为主题在牛津申请一个博士学位,在英国人对现象学的兴趣正处于低谷之中的1930年代(参见[美]施皮格伯格《现象学运动》,王炳文等译,商务印书馆1995年版,第896页),这么做无疑是非常冒险的。不过,阿多诺最终因为移居美国正式加入研究所而放弃了这一计划。阿多诺大约曾先后从牛津手稿中拆分出四个部分单独发表:1940年以"胡塞尔与唯心主义问题"("Husserl and the Problem of Idealism", *The Journal of Philosophy*, volume xxxviii, No. 1, 1940)为题发表的那一篇可能是其中的导论;另外三篇则先后用德文发表在《哲学档案》(*Archiv für Philosophie*)杂志1938年第3卷第4册、1953年第5卷第2册、1953年第6卷第1/2册上,它们后来成为《元批判》第四、一、二章的草稿(参见 Adorno, Theodor W., *Against Epistemology: A Metacritique Studies in Husserl and the Phenomenological Antinomies*, trans., Willis Domingo, Oxford: Basil Blackwell, 1982, p. 2)。

作为垄断资本主义时代德国哲学发展的逻辑终点,海德格尔哲学的复兴不过是垄断资本主义摆脱危机、进入一个更加稳定的发展阶段的表征,自己的这批手稿因此仍旧具有某种现实性。也就是说,较之于返回德国、共同致力于重建德国社会学的其他同事,阿多诺更加清楚地意识到为新的批判理论确立哲学基础的必要性。在《元批判》中,阿多诺在"启蒙辩证法"的基础上着重分析了胡塞尔的四部作品:《逻辑研究》(*Logische Untersuchungen*)、《纯粹现象学和现象学哲学的观念,第一卷》(*Ideen zu einer reinen Phänomenologie und phänomenologische Philosophie*)、《形式逻辑和先验逻辑》(*Formale und Transzendentale Logik*)和《笛卡尔式的沉思》(*Cartesianische Meditationen*),以此证明:在同一性观念的隐性强制下,胡塞尔的现象学最终背叛自己的原初立场,必然地走向先验唯心主义,这实际上是整个现象学运动的一种宿命。①

第一节 第一哲学的神话:对胡塞尔先验现象学的三个追问

如前所述,早在1930年代初期,阿多诺就已经明确地把胡塞尔、舍勒和海德格尔视为现象学运动的三个逻辑发展阶段,并把整个现象学运动视为现代德国资产阶级哲学的主流,同时他还相信,就像马克思哲学从黑格尔哲学的废墟中诞生一样,具有现实性的马克思主义哲学也将在海德格尔哲学的瓦解中

---

① 我们已经说过,阿多诺本人是在现象学运动中成长起来的,他的博士论文和教职论文的主题都与胡塞尔的先验现象学密切相关,就此而论,他即便不能被认为是一个现象学家,起码也是一个现象学中人。但我们即将看到,《元批判》不仅大大溢出了现象学的边界,甚至也超越了传统学院派研究的边界,其结论基本上不能被现象学家们所接受。之所以如此,是因为胡塞尔、现象学运动乃是阿多诺**哲学批判的对象**,而非**哲学史研究的对象**。当胡塞尔被投影到资本主义的历史发展这一社会史(思想史)背景上的时候,我们看到,**变形、扭曲甚至是歪曲**不可避免地发生了。在本书这一部分的初稿上,倪梁康教授曾两次批注"是真理与自由的关系问题",这提示我们注意:阿多诺与胡塞尔的论争实际上是自由与真理的论争。阿多诺肯定胡塞尔发现的是真理,但他认为后者没有看到真理如今已经变成了强权的工具。对真理的批判并不是要取消真理,而是为了祛除附着其上的强权和暴力,促进人类更高水平的自由的实现。有鉴于此,在接下来的研究中,我们将在客观呈现阿多诺的理论逻辑的同时,对一些明显的思想扭曲进行某种形式的说明或解释,以深化对前者的理解。

呈现出来。不过,令人沮丧的是,就像预言中的革命高潮没有如期而至一样,海德格尔哲学也没有在批判声中轰然倒下,在经历了与纳粹的公然合流之后,它依然占据了德国哲学的大学讲坛。① 由于海德格尔在自己所言说的存在周围设置了重重障碍,使得对它的直接批判成为一种相当艰难或者说很难为一般读者所接受的事情,所以,阿多诺就像过去一样选择了迂回战术。在他看来,尽管存在诸多外在差异,但海德格尔的存在就是胡塞尔先验现象学的"第一"(the first)、第一原则的一种神秘主义的改写,批判胡塞尔的第一哲学将不可避免地摧毁海德格尔哲学的基础,也就是说,胡塞尔的二律背反贯穿于现象学运动始终,对它的批判同时就是对海德格尔的一种批判。

尽管胡塞尔深刻地改变了 20 世纪欧洲哲学的面貌,不过,作为一名数学家出身的哲学家,他对于哲学史的理解却存在相当的有限性。因此,就在胡塞尔把自己所探讨的"绝对根源的存在领域"与所谓黑格尔式的悖谬严格区分开来的时候,②阿多诺却一针见血地指出:黑格尔哲学是对"对抗社会的诸阶段"即现代资本主义的社会运动的自觉反映,就此而论,黑格尔哲学是它之后的一切资产阶级哲学的一面镜子,后者将能够在其中观测到自己的形象和命运;如果说黑格尔是出于"社会债务关系的真实冲动"预设了"主客体同一性",那么,胡塞尔不过是不自觉地从逻辑的方面"自上而下地"对同一个"立足点"进行了预断。③ 以此为突破口,在《启蒙辩证法》同一性观念的基础上,阿多诺分别从尼采、马克思和黑格尔三种视角出发,对胡塞尔先验现象学的绝对的第一哲学进行了追问,指出:它秉承古希腊以降的唯心主义传统,充满了对非观念的实在的强制,其本质是资本主义的物化逻辑,其现实性是非批判的"复制的现实主义"。在归根到底的意义上,第一哲学只是一个新的神话。

---

① 关于前者,可以参见法里亚斯的《海德格尔与纳粹主义》(郑永慧等译,时事出版社 2000 年版)和沃林的《存在的政治——海德格尔的政治思想》(周宪等译,商务印书馆 2000 年版);至于海德格尔战后的境遇,则可以参见萨弗兰斯基的《海德格尔传》(靳希平译,商务印书馆 1999 年版)。

② 参见[德]胡塞尔《纯粹现象学通论:纯粹现象学和现象学哲学的观念,第一卷》,李幼蒸译,商务印书馆 1992 年版,第 149 页。

③ 参见 Adorno, Theodor., *Against Epistemology: A Metacritique Studies in Husserl and the Phenomenological Antinomies*, trans., Willis Domingo, Oxford: Basil Blackwell, 1982, pp. 4-5。

一、"第一"的暴力：尼采"批判"胡塞尔

简单地说，所谓"第一"或第一原则、第一哲学，指的就是胡塞尔的先验现象学，①这是"一切原则之原则"，"即每一种原初给予的直观都是认识的合法源泉，在直观中原初地（可说是在其机体的现实中）给予我们的东西，只应按如其被给予的那样，而且也只有在它在此被给予的限度之内被理解"②。作为一名在现象学运动中成长起来的哲学家，阿多诺当然不是要否定这种第一原则在人的意识活动中的客观存在和客观标准，而是认为当先验现象学把这一原则设立为自己的出发点的时候，它就把事物还原为了认识事物的方法，从而把证明的合法性奠基在一个具有特权的范畴之上，然而，"任何把证明放到一个具有特权的范畴之上的企图都会陷入一个二律背反"③。——我们应当在从《历史与阶级意识》到《启蒙辩证法》而非《纯粹理性批判》的理论图景上来理解这里的"二律背反"，由此就不难发现，它着重要表达的是**资本主义社会的真理对于由胡塞尔开启的德国现代哲学的不可获致性**。就此而论，阿多诺强加给胡塞尔一个后者本人绝没想要去完成的任务。

在某种意义上，我们完全有理由认为阿多诺的哲学是在现象学运动中并在对它的批判中发展起来的，他对现象学的批判是内在的。④ 在《胡塞尔现象学中的先验物和先验意向相关项》这篇博士论文中，他站在科内利乌斯不存在第一性的哲学原则这一立场上，揭示了胡塞尔《纯粹现象学和现象学哲学的观念，第一卷》（以下简称《观念》）中的事物理论的不充分性，由此批判了后者的逻辑绝对主义残余。这一理论指认事实上构成了阿多诺以后对胡塞尔的批判

---

① 关于胡塞尔的第一哲学及与此相关涉的第二哲学，请参见倪梁康教授的《胡塞尔现象学概念通释》，生活·读书·新知三联书店 1999 年版，第 360—362 页。

② ［德］胡塞尔：《纯粹现象学通论：纯粹现象学和现象学哲学的观念，第一卷》，李幼蒸译，商务印书馆 1992 年版，第 84 页。

③ Adorno, Theodor., *Against Epistemology: A Metacritique Studies in Husserl and the Phenomenological Antinomies*, trans., Willis Domingo, Oxford: Basil Blackwell, 1982, p. 6.

④ 参见 Dallmayr, "Phenomenology and critical theory: Adorno", *Cultural Hermeneutics* 3 (1976).

的理论基础。对于《观念》中自我理论的困境,胡塞尔是有所意识的,他晚期的交互主体性理论可以说就是对前者的一种解决。① 从时间上讲,当1934—1937年阿多诺在牛津创作《元批判》最初手稿的时候,他是应当能够看到胡塞尔在《欧洲科学的危机和先验现象学》中所做出的自我修正的,但他刻意回避了胡塞尔1931年以后发表的作品。这成为某些现象学的马克思主义者批判阿多诺的一个理由。② 事实上,惟其如此,是因为阿多诺的批判旨趣并不在于胡塞尔的著作本身,而在于在其中所表现出来的"基本趋势",也就是他所指认的从胡塞尔到海德格尔的现代哲学主流。为了实现这一目的,在牛津手稿中,阿多诺开始把先验现象学放置到整个资本主义时代的哲学发展史这样一个宏大的背景中加以考察,从而像《历史与阶级意识》那样,把主体性悖论定义为唯心主义的二律背反,认为先验现象学是一次用唯心主义的工具去反对唯心主义的不成功的尝试。这一点在1940年作为牛津手稿的纲领而发表的"胡塞尔和唯心主义问题"一文中得到了明确说明。③ 先验现象学依旧是先验现象学,但当50年代准备重新批判先验现象学的时候,阿多诺已经不再是当年的阿多诺了。经过《启蒙辩证法》的理论酝酿,唯心主义批判已经被提升为同一性批判,资本主义时代与古希腊以降的理性传统在奥德赛隐寓中的结合,决定阿多诺当下对胡塞尔的批判将具有一种更加广阔的文化背景,换言之,这将是一种立足于内在批判基础之上的元批判。所以,我们看到,在《元批判》的序言中,阿多诺首先申明自己主要关注的是胡塞尔著作中的基本趋势,其次他的分析将主要集中在作为后来舍勒和海德格尔的理论发展前提的"可靠的现象学著作"即《逻辑研究》和《观念》上,只是在必要的时候才自由地转向《形式逻辑和先验逻辑》和《笛卡尔式的沉思》,而在此之前和之后的作品都被略而不谈了。《元批判》的导论揭示了现象学运动的主题,四章正文是四个内在批判,它们负

---

① 参见倪梁康《现象学及其效应——胡塞尔与当代德国哲学》,生活·读书·新知三联书店1994年版,第二章。
② 参见 Piccone, "Beyond Identity Theory", ed., John O'Neill, *On Critical Theory*, New York: The Seabury Press, 1976, pp. 129-144。
③ Adorno, Theodor W., "Husserl and the Problem of Idealism", *The Journal of Philosophy*, Volume xxxvii, No. 1 (1940).

第四章　胡塞尔的元批判:同一性强制下的现象学　　　　　　　　　　　　　　193

责为导论提供有说服力的论证。①——既然阿多诺关注的只是**特定著作中的胡塞尔**,而非**胡塞尔的特定著作**,那么,他的研究与现象学家们的研究大异其趣也就不难想象了。

　　基于上述安排,在导论中,阿多诺首先对第一哲学进行了一种内在批判,指出:"作为概念,第一和直接性总是被中介的,因此不是第一"。② 接着就揭示了这个第一哲学与近代认识论传统的本质关系:"既然哲学上的第一总是必定已然包含一切事物于自身中,因此,精神也就罚没了不像它自身的东西并使之与自己等同,成为自己的财产。精神为它编定了财产清单。没有东西能够漏过这张网。原则保证了完全。"③随后,他又在对柏拉图和巴门尼德的简单评论中,把第一哲学的先验还原与观念论的元一和分有理念联系到一起,认为前者同样具有后者的"原罪":"仅仅为了实施连续性和完全性,它就必须清除与它的判断不相适合的一切东西。"④在获得元一的抽象过程中,观念论使用了数学化的方法,它渴望获得关于客体的知识,但实际上却是对自我统治的主体的自我指涉和依赖,这正是近代"认识论无意识的原初形式"⑤。第一哲学虽然不是观念论那样的起源哲学,但却同样是唯心主义的,因为它终究是一种方法,注定"要按照自身来陶铸他者","以作为绝对的自身取代事物",其客观性法则不过是由主观性建构出来的,在抽象性方面,它比起源哲学走得更远,因为为了保持自身彻底的一致性,它几乎将世界转换为一些分析判断

---

①　参见 Adorno, Theodor W., *Against Epistemology: A Metacritique Studies in Husserl and the Phenomenological Antinomies*, trans., Willis Domingo, Oxford: Basil Blackwell, 1982, p.1。
②　Adorno, Theodor W., *Against Epistemology: A Metacritique Studies in Husserl and the Phenomenological Antinomies*, trans., Willis Domingo, Oxford: Basil Blackwell, 1982, p.7。
③　Adorno, Theodor W., *Against Epistemology: A Metacritique Studies in Husserl and the Phenomenological Antinomies*, trans., Willis Domingo, Oxford: Basil Blackwell, 1982, p.9。
④　Adorno, Theodor W., *Against Epistemology: A Metacritique Studies in Husserl and the Phenomenological Antinomies*, trans., Willis Domingo, Oxford: Basil Blackwell, 1982, p.10。
⑤　参见 Adorno, Theodor W., *Against Epistemology: A Metacritique Studies in Husserl and the Phenomenological Antinomies*, trans., Willis Domingo, Oxford: Basil Blackwell, 1982, p.11。

(analytic judgments)了。① 作为先验自我,第一是在对世界和属于世界的经验主体进行了现象学还原之后所得到的剩余,尽管它并不意味着对实在的感觉世界的否定,但后者却被牺牲了,与此同时,主体的地位得到了空前的提升,胡塞尔在反对心理主义的过程中,把人变成了神。② 虽然阿多诺对第一哲学的上述批判确实极大地突破了现象学的边界,但我们也必须承认,他的确看到了事实的真相,即胡塞尔的第一哲学是古希腊以降的整个西方理性传统或者说主体主义哲学的延续与超越。③

既然第一哲学本质上依旧是唯心主义的,那么,尼采对理性的批判将同样也适用于前者。我们看到,在接下来的部分中,阿多诺正是在《启蒙辩证法》的基础上重申了尼采对于哲学中的理性的批判。首先,实在的感性世界是生成的、流逝的、变化的,但第一哲学却要找寻那持存的真理、真正的世界,为此它在主观性中建构出了一个不同于感性世界的世界,阿多诺像尼采一样认为理性成为人们篡改感官证据的根据,在这里没有持存的真理而只有持存的谎言,"假象"的世界是唯一的世界,真正的世界只是编造出来的。④ 尼采接着指出:"被归诸事物之'真正的存在'的特征,是不存在的特征,虚无的特征——'真正的世界'是通过同现实世界相对立而构成的:既然它纯属道德光学的幻觉,它事实上就是虚假的世界。"在这个基础上,阿多诺进而认为,第一哲学、起源哲学对于非同一性的他者的强制是与前工业文明的独裁专制相联系的,在这个问题上,法西斯主义以及斯大林主义寻求的正是第一哲学、起源哲学的

---

① 参见 Adorno, Theodor W., *Against Epistemology: A Metacritique Studies in Husserl and the Phenomenological Antinomies*, trans., Willis Domingo, Oxford: Basil Blackwell, 1982, pp. 12 - 14。

② 参见 Adorno, Theodor W., *Against Epistemology: A Metacritique Studies in Husserl and the Phenomenological Antinomies*, trans., Willis Domingo, Oxford: Basil Blackwell, 1982, p. 16。

③ 国内青年学者高秉江的论著《胡塞尔与西方主体主义哲学》(武汉大学出版社 2005 年版)极好地证明了阿多诺的洞见。

④ 参见[德]尼采《偶像的黄昏》,周国平译,湖南人民出版社 1987 年版,第 23—24 页;Adorno, Theodor W., *Against Epistemology: A Metacritique Studies in Husserl and the Phenomenological Antinomies*, trans., Willis Domingo, Oxford: Basil Blackwell, 1982, pp. 18 - 19。

现实化。① 当理性获得绝对同一性成为一个统治者、暴君的时候,人类社会将会怎样? 尼采说,等待着人类的不是希望、拯救,而是颓废、毁灭。我们知道,在《启蒙辩证法》、《理性之蚀》和《最低限度的道德》等著作中,阿多诺和霍克海默已经非常充分地阐述过了理性的这种自反性,现在,阿多诺则以一种简洁的方式宣布:当第一哲学使主体获得绝对同一性,从而使主体的任意妄为获得统治权的时候,等待着我们的只是倒退。② 阿多诺对胡塞尔的上述批判自然又是极大地突破了现象学的边界,如果胡塞尔看到了一定会有匪夷所思的感觉。但现在的问题是,既然胡塞尔依旧处在近代理性传统之中,那么,现象学就不可能摆脱与启蒙神话的干系,海德格尔事件的发生正是这一隐含着的关联的彰显。

阿多诺对尼采著作的大量引用充分表明了后者对"崩溃的逻辑"与"否定的辩证法"的深刻影响,但紧接着就有一个问题摆到了阿多诺的面前:同一性批判与尼采的形而上学批判的差别何在? 如果这个问题不得到解决,人们就有理由认为同一性批判依旧停留在资产阶级意识形态之中,所以,阿多诺接下来就回转到(西方)马克思主义传统中,对第一哲学进行了深入的社会历史批判。

二、第一哲学与市场体制:马克思"批判"胡塞尔

导论接下来四章是:"起源哲学和认识论"、"体系和负债项目"、"认识论中的对抗力量"、"体系的驱动"。总的说来它们相当不好理解,因为阿多诺在这里所操持的话语与先验现象学的差距实在太大,而他又没有对此进行必要的说明。阿多诺这种表达的隐晦性即使对霍克海默也是困难的——在1937年10月13日致阿多诺的信中,刚刚读完阿多诺牛津手稿的部分内容的霍克海

---

① 参见[德]尼采《偶像的黄昏》,周国平译,湖南人民出版社1987年版,第28页;Adorno, Theodor W., *Against Epistemology: A Metacritique Studies in Husserl and the Phenomenological Antinomies*, trans., Willis Domingo, Oxford: Basil Blackwell, 1982, pp. 20-21.

② 参见[德]尼采《偶像的黄昏》,周国平译,湖南人民出版社1987年版,第19—20页;Adorno, Theodor W., *Against Epistemology: A Metacritique Studies in Husserl and the Phenomenological Antinomies*, trans., Willis Domingo, Oxford: Basil Blackwell, 1982, pp. 21-22.

默说,对,胡塞尔是个"哲学政客",但我们怎样才能让更多的人正确理解这一点呢?① 霍克海默其实问的是:作为先验现象学的逻辑结果,海德格尔哲学已经表明了它与现实的共谋,但前者何以也必然如此呢? 在《启蒙辩证法》、《理性之蚀》和《最低限度的道德》中,阿多诺和霍克海默共同解决了这个问题,它们构成了我们理解上述四个目的内容之必要然而又未被给予的理论前提。

1947年出版的《理性之蚀》是"霍克海默的《启蒙辩证法》",②在这里,霍克海默明确区分了两种类型的理性:客观理性和主观理性。前者在实在中具有自己的内在结构,因此具有对现实存在进行超越和批判的潜能,所以它是一种批判理性或解放理性;后者的出发点是个人,它强调通过各种方式提高效率,是一种工具理性,就其追求实用目的的实现而言,它是一种肯定理性。③经过这样的区分,从黑格尔哲学中生发出来的马克思哲学和作为哲学的批判理论,就因其客观理性传统而被纳入解放理性、批判理性的范畴之中,同时,从胡塞尔到海德格尔的现象学运动也就因其主观性而与实证主义一样被列入工具理性、肯定理性的范畴之中。不过,我们注意到,在《启蒙辩证法》中,阿多诺和霍克海默只是针对实用主义和实证主义阐述了导源于资本主义交换体制的工具理性的强制和自反性,而没有触及现象学。情况很快就发生了变化。1951年,阿多诺以《最低限度的道德》为题出版了自己40年代流亡美国期间创作的部分哲学札记,它是《启蒙辩证法》和《理性之蚀》出色的补充或注释,其主题可以用一句话来概括:"总体即虚假。"④如果说在创作正文的时候,阿多诺清算的主要是黑格尔主义和总体性辩证法的话,而在正式出版的时候,当时的意识形态氛围使他感到有必要做一个说明:自己对黑格尔的批判绝不意味着对胡塞尔和海德格尔的认同,总体固然是虚假的,但较之于总体,个体更加

---

① 参见《霍克海默集》,曹卫东等译,远东出版社1997年版,第370—377页。
② Wiggershaus, *The Frankfurt School, Its History, Theories, and Political Significance*, trans., Michael Robertson, Cambridge, MA: The MIT Press, 1994, p. 344.
③ 参见 Horkheimer, *Eclipse of Reason*, New York: Oxford University Press, 1947, pp. 3-57.
④ Adorno, Theodor W., *Minima Morlia: Reflections from Damaged Life*, trans., E. P. N. Jephcott, London: NLB, 1974, p. 50.

虚假。为此，阿多诺专门写了一篇"题辞"。在"题辞"的开头，他说，今日之哲学已经成为"私人存在领域和纯粹消费领域"了，当代哲学家希望"在生活的直接性中找到生活的真理"，但这确凿是幻想，因为"直接地探讨直接之物，其举止就像那些在模仿的过去的激情中摆弄自己的木偶的小说家，贪爱廉价珠宝，让那些不过是这一器械构成部分的人们活动起来，仿佛他们依旧有能力像主体那样活动，有东西依赖于他们这些活动似的"①。——这显然指的是胡塞尔现象学。——尽管胡塞尔把外在资本主义世界搁置起来了，但他并不能因此逃脱这个世界对他的控制，他的个体性的先验现象学归根结底是这个个人主义化的世界的产物和理论反映。"对一个人的意识和经验状态的忠诚永远都处于崩溃为不忠诚这一诱惑之中，因为它拒绝了那超越个人、按照自己的名字来称呼个人的本质的洞见。"这个洞见就是：**就人类社会的发展而言**，社会分析比个人经验更加本质，而且个人经验只有在社会分析中才能得到正确理解，如果哲学仅仅停留在个人领域，那么，它就不仅仅是"坏良心"的问题了。②"献辞"对胡塞尔的讨论显然是不充分的，它在《元批判》导论的相应部分中得到了某种程度的展开，这一展开只有以《资本论》为基础才是可以理解的。

第一哲学在对主体的反思中把绝对的第一提升为了绝对的确定性，这是一种"反思过程中的原则"。就第一哲学不是从一个第一概念中推演出整个外在世界而言，它与传统唯心主义是存在区别的；但是，就其"在内在性中生产出了世界"而言，认识论的同一性驱动不是被削弱了，而是被强化了。在阿多诺看来，这种第一原则实则就是形成了的资本，前者的二律背反本质上就是资本内在固有的矛盾的理论表现。作为具有强制力量的社会组织原则，资本在自己的再生产过程中生产出来整个世界并为事物规定了新的质性，但是事物并不能被还原为资本的纯粹同一性、主观内在性，它的自然属性依旧顽强地客观地存在着，并不断与作为绝对起源的资本发生冲突。在这个意义上，"胡塞尔

---

① Adorno, Theodor W., *Minima Morlia: Reflections from Damaged Life*, trans., E. P. N. Jephcott, London: NLB, 1974, p. 15.

② 参见 Adorno, Theodor W., *Minima Morlia: Reflections from Damaged Life*, trans., E. P. N. Jephcott, London: NLB, 1974, pp. 16 – 18.

称之为先验主体性的'原创造'的东西不过是一个原谎言。"[1]胡塞尔认为自己的先验现象学是对经验主义和理性主义的双重超越,但在阿多诺看来,它既是经验主义的又是理性主义的。因为先验现象学把既有之意识结构当作自身内在性的边界、绝对存在接受下来,因而也就"极早地且几乎没有抵抗地屈从于经验主义了"[2]。作为认识论,先验现象学像经验主义一样追寻作为知识的条件的基础原则,不过,它认为后者事实心理学意义上的意识并不是第一性的,而只是意识分析的一个动机,真正的第一性存在于精神及其活动的相互中介即先验心理学中。阿多诺指出,在黑格尔那里,这种作为中介、普遍原则而得到表达的东西就是绝对精神。作为一种普照的光,历史地形成的资本确实是认识得以形成的先决条件,就此而言,只要绝对精神、先验心理学能够"说明自己在起点上的不可能,并在每一个阶段上都使自己为自己之于事物自身的不充分性所推动",那么,它们就是真实的;但是,它们就像资本一样吞噬自己的历史并被自己凝固化为一个永恒的教条,从而使"意识哲学头足倒立",它们自身也就从真理变成了非真理。[3]

接下来阿多诺从三个方面揭示了第一哲学与资本的同构性。第一哲学的各个概念相互支撑构成一个星丛,在这个星丛中,每一个概念都为另外的概念偿付了债务。阿多诺指出,这种静态描述所呈现的是资本主义的信用制度,每两者之间的信用掩盖了总体上的信用危机。之所以远离社会现实的胡塞尔会成为一个资本哲学家,是因为资本已经实现了自身的抽象统治,"现实社会生活过程不是需要以社会学的途径把自己偷运到与之相关的哲学中的东西。它毋宁说就是逻辑自身的内容核心"[4]。第一哲学通过向着主观内在性的天衣

---

[1] Adorno, Theodor W., *Against Epistemology: A Metacritique Studies in Husserl and the Phenomenological Antinomies*, trans., Willis Domingo, Oxford: Basil Blackwell, 1982, p. 23.

[2] 参见 Adorno, Theodor W., *Against Epistemology: A Metacritique Studies in Husserl and the Phenomenological Antinomies*, trans., Willis Domingo, Oxford: Basil Blackwell, 1982, p. 24。

[3] 参见 Adorno, Theodor W., *Against Epistemology: A Metacritique Studies in Husserl and the Phenomenological Antinomies*, trans., Willis Domingo, Oxford: Basil Blackwell, 1982, pp. 25-26。

[4] Adorno, Theodor W., *Against Epistemology: A Metacritique Studies in Husserl and the Phenomenological Antinomies*, trans., Willis Domingo, Oxford: Basil Blackwell, 1982, p. 26.

第四章　胡塞尔的元批判:同一性强制下的现象学　　　　　　　　　　　　　　　　199

无缝的还原,追求同一性原则的纯粹实现,它因此也就违离自己的本意成为非同一性的媒介。这是第一哲学自身中的反对力量,或者说是像利润率下降规律一样是资本自身的界限,最终它将走到自己的反面。海德格尔哲学既是第一哲学的实现又是它的崩溃,它表明:应当淘汰的是这一幻觉,即"这种无矛盾性、意识的总体性就是世界,而非知识的自我沉思",人们生活于其中的资本主义是一种社会的存在,而非自然的存在。① 第一哲学的伟大发现,即本质和现象之间的重要差别,炫耀"我知你不知",从而在人群中进行区划并迫使尚不在其中的人们进入其中,这种自我扩张机能正是冷酷无情、自我异化的生活所需要的,或者说是资本所固有的。②

众所周知,胡塞尔是一个典型的学院式学者,他不仅不太关注政治,而且还是政治的受害者,在这一方面,他与海德格尔形成了非常鲜明的对比。因此,对于阿多诺的上述苛评,人们难免会认为它太偏激、太敏感了,但是,在奥斯维辛之后,人类还有什么理由去放纵自己的理性而不保持必要的哪怕是过分的批判呢?

三、"复制的现实主义":黑格尔"批判"胡塞尔

在导论剩下来的部分中,阿多诺在从康德到黑格尔的古典哲学和从胡塞尔到海德格尔的现代哲学之间进行了一种非常自由的类比论述,结论是第一哲学并不是"新的"而是"旧的",同时,它还缺乏古典哲学的批判精神,是一种非批判的"复制的现实主义"。阿多诺为什么最后要用黑格尔来"批判"胡塞尔? 我们需要在从青年卢卡奇以降的西方马克思主义传统中来理解这一点。

我们知道,在《历史与阶级意识》中,黑格尔哲学代表着资本主义自我意识的顶点,它的辩证法与体系的冲突是康德的二律背反的逻辑发展,归根到底也

---

① 参见 Adorno, Theodor W., *Against Epistemology: A Metacritique Studies in Husserl and the Phenomenological Antinomies*, trans., Willis Domingo, Oxford: Basil Blackwell, 1982, pp. 27 - 28。

② 参见 Adorno, Theodor W., *Against Epistemology: A Metacritique Studies in Husserl and the Phenomenological Antinomies*, trans., Willis Domingo, Oxford: Basil Blackwell, 1982, pp. 28 - 29。

就是资本主义内在矛盾的逻辑发展的最后阶段,无产阶级终将在马克思主义辩证法的指导下获得自我意识,推翻资本主义。也就是说,黑格尔哲学固然有其保守的一面,但在本质上它是否定的、批判的。青年卢卡奇对黑格尔的这一指认事实上成为西方马克思主义、法兰克福学派理解黑格尔哲学的出发点。由于自身理论发展的独特性,在早期,阿多诺着重批判了导源于黑格尔的总体性辩证法的内在肯定性和同一性强制,不过我们没有理由认为他因此反对青年卢卡奇的总体指认,因为总体性辩证法的肯定归根到底是由体系(资本主义体制)决定的,卢卡奇的问题不在于错误地理解了辩证法,而在于他对于体系的强制力量认识不足。青年卢卡奇对黑格尔的评论对于批判理论的发展的影响是毋庸置疑的,我们不难在"传统理论和批判理论中"找到他对黑格尔的肯定性与否定性的区分的影子,但由于当时的理论形势,黑格尔始终作为一个支撑理论资源存在于批判理论的深处,在研究所流亡美国期间,在与英美学术界就黑格尔主义—马克思主义和纳粹—专制主义的关系的争论中,黑格尔被主题化了。在1941年出版的《理性和革命——黑格尔和社会理论的兴起》中,马尔库塞代表学派对上述问题做出了一个回应,他指出,黑格尔哲学本质上是批判的,但"占上风的批判思想无力于合理的和政治的以及社会的世界变革,从而使批判的思想转换为精神的意义",虽然黑格尔哲学最终屈从于现实,不过"作为人类历史上从来未被认识到的真理的贮藏地",它自身中的"历史的因素摧毁了黑格尔的唯心主义构架"。[1] 用《理性之蚀》中的话来说,作为一种唯心主义,黑格尔哲学是以客观理性为基础的,它的结构来自实在,对于那些寻求人的解放、努力进行辩证思维的人是可以获致的,它的批判与超越某种意义上是实在的自我批判和超越。[2] 尽管已经出现了深刻的分歧乃至对立,不过卢卡奇1948年出版的《青年黑格尔》却可以看作对法兰克福学派的支持,因为他证明了黑格尔的辩证法源自经济学即资本主义现实。[3] 以上述研究成果为基

---

[1] 参见[美]马尔库塞《理性和革命——黑格尔和社会理论的兴起》,程志民等译,重庆出版社1993年版,第14页。

[2] 参见 Horkheimer, *Eclipse of Reason*, New York: Oxford University Press, 1947, p. 11。

[3] 参见 Lukács, *The Young Hegel*, trans., R. Livingstone, London: Merlin Press, 1975。

础,阿多诺非常自然地得出了如下结论:同样都是唯心主义,但从康德到黑格尔的古典哲学与从胡塞尔到海德格尔的现代哲学存在根本差异,因为前者是立足于客观实在的批判理性,它自觉地再现了资本主义的现实并为扬弃这种现实准备了必要的理论条件即否定性的辩证法,而后者则是从个人出发的肯定理性,虽然它同样是资本主义的现实即二律背反的理论表现,但却竭力掩盖、回避这一点,从而沦为维护现实的资产阶级意识形态。这是阿多诺评论胡塞尔第一哲学以及海德格尔存在哲学的基本立场。

由于古典哲学和现代哲学存在着这样的差异,所以我们看到,尽管它们都为二律背反所贯穿,但二律背反在它们中的表现形式却发生了很大的变化。作为古典哲学的逻辑起点,康德力图在意识分析中把握那独立于质料和个人意识的绝对第一,在详述矛盾及其必然性的时候,他竭力避免后来的唯心主义的那种独断的裁决,不过作为第一哲学的鼓吹者,他最终还是把作为被给予性的形式提升为了绝对的第一——这实际上为胡塞尔后来描述先验结构的程序提供了一个基本模型——由此走向纯粹的同一性和纯粹的精神自身,以及形式主义。针对康德的这种形式主义,古典哲学和现代哲学的反应是不同的,黑格尔批评康德不尊重非同一性的事物,把真理缩减为了简单的概念等级分类,他自己则在同一性与非同一性的同一性中走向了本体论。胡塞尔和同时代的新康德主义者一样,站在康德的真理观念基础上反对他的思想中那导致黑格尔的本体论同时又合法地反对形式主义的"真诚的前批判的因素",结果,在他的构造现象学中,"人性开始真实地被吸收到了封闭的管理体系中,无限概念萎缩了,限定的空间物理法则开始适应它"[1]。对此,阿多诺做了两点非常重要的评论。首先,先验现象学的本质就是绝对同一性。在这里,新的事物作为质料、偶然之物和某种入侵者被同一性所过滤,空间封闭起来了,对未来的构想也被禁止了,哲学失去了批判性。[2] 其次,先验现象学中存在着本体论的动

---

[1] 参见 Adorno, Theodor W., *Against Epistemology: A Metacritique Studies in Husserl and the Phenomenological Antinomies*, trans., Willis Domingo, Oxford: Basil Blackwell, 1982, p. 31。

[2] 参见 Adorno, Theodor W., *Against Epistemology: A Metacritique Studies in Husserl and the Phenomenological Antinomies*, trans., Willis Domingo, Oxford: Basil Blackwell, 1982, p. 32。

机和趋向。必须指出的是,出于自身理论逻辑的需要,阿多诺未加说明地搁置了 1952 年由比梅尔(Biemel)编辑的《观念》第二卷,认为胡塞尔本人并没有转向本体论,这一转向最终是在海德格尔那里实现的,而事实上第二卷都是在讨论本体论问题。但不管怎样,这一思想史失实并没有影响到阿多诺接下来对海德格尔的评论的真理性。他认为,和黑格尔的本体论不同,新本体论不希望具有体系的专制恶名,但却要享受体系的利益即对秩序的权利,"它们这一双面的要求根植于专横之中,因此,(海德格尔的)本体论对(黑格尔的)体系的超越就像晚近资本主义的发展过程一样是暧昧的"①。新本体论牺牲了理性和对社会的批判精神,堕落到了直接性的统治的黑暗之中,"在忏悔中回到黑格尔《逻辑学》的起点,并在整个游戏由以开始的抽象的同一性中熄灭"②。就其原意来说,胡塞尔是希望消灭"定在"的,不过它却违逆他的主观意愿在现象学运动中内在地形成了。新本体论当然与旧本体论存在诸多不同,但其本质却是一样的,更重要的是,新本体论丧失了批判精神:资本主义体制中人扭曲了的存在方式被理解为了人性的新模式,并对它进行同义反复式的语义学研究。如果说哲学是科学的语义学,那么,它应当像马克思的《资本论》那样,把日常的"语言"转译成科学的"逻辑",然而,作为语义学,存在主义却只是思辨哲学,它把科学的"逻辑"重又转译为了日常的具有欺骗性的"语言"。而在现时代,我们需要的不是第一哲学,而是最后的哲学,因为新哲学的使命不在于解释世界,而在于改造世界。③

---

① Adorno, Theodor W., *Against Epistemology: A Metacritique Studies in Husserl and the Phenomenological Antinomies*, trans., Willis Domingo, Oxford: Basil Blackwell, 1982, p. 33.

② Adorno, Theodor W., *Against Epistemology: A Metacritique Studies in Husserl and the Phenomenological Antinomies*, trans., Willis Domingo, Oxford: Basil Blackwell, 1982, p. 35.

③ 参见 Adorno, Theodor W., *Against Epistemology: A Metacritique Studies in Husserl and the Phenomenological Antinomies*, trans., Willis Domingo, Oxford: Basil Blackwell, 1982, pp. 39 - 40.

第二节 逻辑绝对主义与同一性

海德格尔和胡塞尔本人都称《逻辑研究》为现象学的"突破性著作"。① 它不仅是胡塞尔现象学的最重要著作,而且在很大程度上规定了同时代包括舍勒和海德格尔在内的其他现象学家的思维方向。② 因此,阿多诺对胡塞尔和现象学二律背反的研究很自然是从《逻辑研究》开始的。在《逻辑研究》第一卷中,胡塞尔从自己的逻辑绝对主义立场出发批判了逻辑"心理主义"的过失,③从而为进入纯粹逻辑学设立了一个"导引"。在阿多诺看来,这个"导引"充分显现了现象学的未来走向及其本质,为此,他专门辟出一章对逻辑绝对主义进行了批判。如果说同时代人施皮格伯格(Spiegelberg)研究的是现象学的历史,那么,阿多诺研究的则是历史中的现象学,在这里,现象学不再是一个从布伦塔诺开始的运动,而在启蒙运动以来的近代哲学发展史中接续上了自己的谱系。由是观之,逻辑绝对主义秉承笛卡尔以降的哲学理念,④希望成为"科学的哲学",当胡塞尔按照数学的原则来建构自己的逻辑绝对主义的时候,逻辑绝对主义在自己的基础中映照出来的只是科学的拜物教化。这是一种物化的逻辑,或逻辑的物化,它在本质上是同一性的。阿多诺建议我们在形成了的

---

① 参见[德]海德格尔《存在与时间》,陈嘉映等译,生活・读书・新知三联书店 1987 年版,第 48 页;[德]胡塞尔《逻辑研究》第 1 卷,倪梁康译,上海译文出版社 1994 年版,"第 2 版前言"第 5 页。
② 参见倪梁康为胡塞尔写的《逻辑研究》第 1 卷(上海译文出版社 1994 年版)写的"译后记"。
③ "胡塞尔认为,心理主义意味着这样一种观念,即心理学是逻辑学的必要而充分的基础。"([美]施皮格伯格:《现象学运动》,王炳文等译,商务印书馆 1995 年版,第 143 页)
④ 笛卡尔对胡塞尔具有非常重要的思想影响,这一点是毫无疑问的(汪堂家:《自我的觉悟——论笛卡尔与胡塞尔的自我学说》,复旦大学出版社 1995 年版,第 31—44 页)。但这种影响在阿多诺所要批判的逻辑绝对主义时期可能要相对弱一些,因为胡塞尔曾说:"能够在这个法兰西学上令人景仰的地方来谈论先验现象学,我有特别的理由感到高兴。因为法兰西最伟大的思想家勒内・笛卡尔曾经通过他的沉思给过先验现象学以新的推动。这些沉思的研究对正在发展中的现象学转变成为先验哲学的一种新形式发挥了完全直接的影响。因此,人们几乎可以将先验现象学称为一种新笛卡尔主义"(Husserl, *Cartesian Meditations*, trans., Dorion Cairns, The Hague: Martinus Nijhoff, 1977, p.1)。

资本的意义上理解逻辑绝对主义,因为它以自身的合法性取代了自己的历史起源,以自己的秩序图式取代了客体自身的秩序,现实的客体即世界则作为不能忍受的偶然性被驱逐到了同一性的幻觉之外。

一、逻辑绝对主义、科学与工具理性

作为一名研究数学出身的哲学家,胡塞尔的理论思考受到了那个时代的科学观念的深刻影响,他研究哲学的目的即在于"借助一门严格哲学的科学来找到通向上帝和通向真正生活的道路"[①],他之所以放弃自己以前的哲学立场,创作《逻辑研究》,就是因为在日益深入的研究中,他意识到:"抱有阐明现时科学之使命的当今逻辑学甚至尚未达到现实科学的水准"[②]。对于阿多诺来说,逻辑绝对主义已经达到现实科学的水准,这从来都不是一个问题,问题的关键在于:这种科学究竟意味着什么?这种追问显然是非现象学的,或者说是在现象学之外的,不过,在启蒙已经重新变成神话的时代,它却绝不是多余的。借助《启蒙辩证法》的批判成果,在对胡塞尔的科学观念进行历史考察的基础上,阿多诺揭示了逻辑绝对主义的工具理性本质。

在1936年的《欧洲科学的危机与先验现象学》中,胡塞尔从现象学的立场出发,对欧洲哲学的历史发展做了一番全面思考,一言以蔽之,他认为:哲学为了摆脱自然科学经验事实的束缚,求得自身之自由和独立,付出了许多代价,走了许多弯路,最终在先验现象学中找到了自己的归宿。[③] 尽管在《元批判》中阿多诺没有提及这一著作,但他却从《启蒙辩证法》的立场出发,肯定了胡塞尔对危机的指认,不过,他认为现象学不可能是解决危机的途径,因为它本身就在这一危机之中。历史地看,成为科学之科学,这是哲学的一个古老梦想,但在笛卡尔之后,这一梦想的实现形式有了新的变化。一方面,哲学是思维无

---

① 转引自倪梁康《现象学及其效应——胡塞尔与当代德国哲学》,生活·读书·新知三联书店1994年版,第11页。
② [德]胡塞尔:《逻辑研究》第1卷,倪梁康译,上海译文出版社1994年版,第1页。
③ 参见[德]胡塞尔《欧洲科学的危机和先验现象学》,载《胡塞尔选集》,倪梁康选编,上海三联书店1997年版,第979—1083页。

条件者,超越实证性和关于已被接受的实存的科学;但另一方面,它又把科学视为自己的理想模型,因此,它就在与科学的竞争中丧失自我,成为一门科学,而在它的幻想中它却把科学吸收到自身中来了。"因此,不是有限的事实性科学,而是(科学精神本身的)客观强制应当为哲学因科学而导致的声誉扫地负责。"之所以如此,是因为曾经帮助哲学从神学的枷锁下解放出来的科学已经走到了自己的反面,成为阻止思维去思想自身的囚衣。① 阿多诺接着《历史与阶级意识》往下说,指出思想的科学化已经屈从于劳动分工:它要么过度分化,成为分化原则的附属物,要么拒绝分化,作为一种古老的东西被人认为是不合时宜的。

可是,"作为一门科学,如果哲学把自己合并到了科学中去,那么,它就在每一个它最需要的地方取消了自己适当的冲动",即批判精神,"保留着物化的,纯粹由社会范畴、最终是生产关系所塑造的仿像"。哲学和科学一样"使自己屈从于社会要求的或社会灌输的程序",去研究"具有普遍合法性的事物的结构和条件"这一根本问题之外任何问题,"方法的首要性就是阻止的首要性。通过逻辑安排和分类安排,知识的可获得性成为其自身的标准"。在这种情况下,"认识就不是为了清晰地说明对象而逗留在对象那里。它根本就不真实地指涉它的对象,而只是把它下降到它被傲慢地归属其中的图式的一个简单功能。认识越是客观,越是从观测者那里远离所有幻觉和附属物的罪恶,它在其程序的总体性中就变得越主观"。哲学因为吸收了科学的合理性组织原则而阻止自己去实现自己显而易见的目的,即认识然后改造客观世界。②

在阿多诺看来,整个现代资产阶级哲学都不可避免地受到了科学化的影响,因此,理性主义与非理性主义的关系就不是像卢卡奇所理解的那样截然对立的,③而是一个过程的两个方面。他在对柏格森的直觉概念和胡塞尔的直

---

① 参见 Adorno, *Against Epistemology: A Metacritique Studies in Husserl and the Phenomenological Antinomies*, trans., Willis Domingo, Oxford: Basil Blackwell, 1982, p. 42。
② 参见 Adorno, *Against Epistemology: A Metacritique Studies in Husserl and the Phenomenological Antinomies*, trans., Willis Domingo, Oxford: Basil Blackwell, 1982, pp. 43 - 44。
③ 参见[匈]卢卡奇《理性的毁灭》,王玖兴等译,山东人民出版社 1997 年版,"序言:论帝国主义时期中的国际现象非理性主义"。

观概念的比较中阐明了这一问题。在30年代早期,霍克海默曾多次撰文深入批判过尼采、狄尔泰和柏格森(Bergson)的生命哲学,他总的评价是:生命哲学正确地提出了从现代社会的威胁中拯救个人这个课题,但它们在主观性和内在性方面走得太远,倾向于否定现实生活的物质方面,从而在客观上起到了维护现实的作用。① 以这一批判为基础,阿多诺指出:"直觉不是逻辑的简单反题。直觉属于逻辑,并使它想起它的非真理要素。作为认识过程中——它们不能脱逃的——盲目的点,为了给专横准备一个终结,直觉使理性免于把自身反思为专横的一个纯粹反思形式。……当柏格森从精神那里抹去了社会的铁石心肠的时候,他把自身提交给了导致铁石心肠的社会现实。"②胡塞尔希望通过哲学这个中介摆脱物化的符咒并在"原初质料直观"中把握"事物自身",在阿多诺同时代的现象学家看来,与柏格森相反,胡塞尔的这一企图不仅具有自己正确的意图而且与科学保持了和谐一致。③ 阿多诺则指出,作为"绝对起源的存在领域",思想和意识被放置在作为一个纯粹研究主体的科学理想的首要性之下,远离所有偏见和理论补充物,"意识因此凝结成为因其本质和可能性而从它中间升起来的事物。被思想观测的思想还原为一个客观存在和一个消极地注册为客观性的要素。现象学从科学那里借来的形式——这一形式被假定没有增加任何东西给思想——在它自身中改变了自己。思想从思想中被赶了出去"。也就是说,在本质直观的建构中,逻辑绝对主义把客观世界还原成理想的"事态",物化的现实因此为绝对化,本质直观由此与柏格森的直觉遭遇。所以阿多诺说:"非理性主义并不异在地附着在欧洲理性主义身上。"④这是阿多诺基于社会现实对胡塞尔所下了一个政治性的批判。

作为一位哲学家,胡塞尔是在黑格尔哲学解体、科学主义盛行的精神氛围中成长起来的,尽管他事实上对黑格尔没有什么专门研究,却附和时代的学术

---

① 参见[美]马丁·杰《法兰克福学派史》,单世联译,广东人民出版社1996年版,第60—63页。
② Adorno, Theodor W., *Against Epistemology: A Metacritique Studies in Husserl and the Phenomenological Antinomies*, trans., Willis Domingo, Oxford: Basil Blackwell, 1982, pp. 46-47.
③ 参见[美]施皮格伯格《现象学运动》,王炳文等译,商务印书馆1995年版,第168页。
④ Adorno, Theodor W., *Against Epistemology: A Metacritique Studies in Husserl and the Phenomenological Antinomies*, trans., Willis Domingo, Oxford: Basil Blackwell, 1982, p. 49.

第四章　胡塞尔的元批判：同一性强制下的现象学

流向对黑格尔特别是他的辩证法进行了一贯的抨击，而根本没有意识到黑格尔之所以要在哲学思维中对思维规律进行现实的否定，①是因为黑格尔深刻地认识到哲学、辩证法本质上是社会的。阿多诺专门引证了胡塞尔的同时代人冯特（Wundt）的评论，②指出：不理解辩证法的胡塞尔最终却在辩证法的推动下，回到了黑格尔《逻辑学》的起点即纯存在。**阿多诺的这一评论显然不是在哲学史意义上说的，他实际上以《资本论》为中介，把《逻辑学》的纯存在还原为资本主义总体性这个大全，这是他接下来对胡塞尔所做的评论的基础和归宿。**我们知道，在《精神现象学》中，黑格尔已经宣称自己把哲学提升到科学的高度，那么，究竟什么样的哲学才是科学的呢？胡塞尔说："一门科学是否真的是科学，一种方法是否真的是方法，这要取决于它是否与它所追求的目标相符。逻辑学研究的是，真实有效的科学包含着什么，换言之，构成科学观念的是什么，通过这种研究，我们便可以确定，经验的科学是否符合它们的观念，或者，它们在何种程度上接近这些观念，以及在何种程度上违背这些观念。"③根据胡塞尔的这一自我指认，阿多诺做了如下重要评论：首先，逻辑绝对主义正是同时代的韦伯所指认的形式理性、工具理性，沉淀在科学中的历史的功能因此被放逐到科学之外；④因此第二，"胡塞尔的逻辑绝对主义在它自身的基础中映照出了科学的拜物教化，这使它们把自己和自己的特权集团误解为一种自身中的实体"，科学所要认识的只是历史地决定其当下状态的社会现实即物化，胡塞尔的"哲学化从来没有比以物化之物的升华了的理解形式这一点更好地描述自身"；⑤最后，胡塞尔回到了黑格尔《逻辑学》的起点，即作为纯形式的

---

① 关于胡塞尔对黑格尔的误读，参见胡塞尔《逻辑研究》第 1 卷，倪梁康译，上海译文出版社 1994 年版，第 123 页。
② 参见 Adorno, Theodor W., *Against Epistemology: A Metacritique Studies in Husserl and the Phenomenological Antinomies*, trans., Willis Domingo, Oxford: Basil Blackwell, 1982, p. 50。
③ ［德］胡塞尔：《逻辑研究》第一卷，倪梁康译，上海译文出版社 1994 年版，第 21 页。
④ 参见 Adorno, Theodor W., *Against Epistemology: A Metacritique Studies in Husserl and the Phenomenological Antinomies*, trans., Willis Domingo, Oxford: Basil Blackwell, 1982, p. 51。
⑤ 参见 Adorno, Theodor W., *Against Epistemology: A Metacritique Studies in Husserl and the Phenomenological Antinomies*, trans., Willis Domingo, Oxford: Basil Blackwell, 1982, pp. 53 - 54。

存在(资本),因为"数学家的无意识越是密闭地把自己封闭在反对包含的隐寓的前设中,思想的纯粹形式就越完整地作为唯一的'实在'得到显现,而记忆在抽象中从思想中抹去了它的物化等同于那个事实,它与那个对象世界解散了关系,而没有这个对象世界,形式是不可能发生的。无意识的对象世界作为纯粹形式的错误意识返回了。它生产出来一个粗俗的逻辑实在论。胡塞尔所有实在论的主题都热心地向它学习,那种实在论激发他从内在性的认识论理论中摆脱出来"①。阿多诺最后得出结论:胡塞尔把实存抽象化为"逻辑的自在",逻辑实在论荒谬地包含着命题具有在自身中战胜客观实体的力量这个断言,因为它被筹划为自在命题的体系性的、连续的内在统一,所以它就滑入拜物教中去了。②

二、物化的逻辑和逻辑的物化

很清楚,阿多诺把逻辑绝对主义归置在了启蒙的传统中,不过一个问题也由此产生了。按照《启蒙辩证法》的提法,启蒙的前提应当是主体和客体的分离,"它是以主人通过所支配的东西所获得的事物的距离为基础的"③,而在一般的眼光看来,现象学把关于外部世界的存在和自然的问题当作一个形而上学的问题悬搁起来,致力于描述那些自身显现的现象,从而已经扬弃了传统认识论思维与存在、普遍与一般、理智与直觉的二元对立,使哲学成为一门严格的科学。④ 作为一个在现象学运动中成长起来的哲学家,阿多诺自然明了胡塞尔的这一历史成就,不过他并不以为逻辑绝对主义真的像胡塞尔所标榜的那样是能够满足无前提性的原则,⑤当他像黑格尔对待康德那样,把逻辑绝对

---

① Adorno, Theodor W., *Against Epistemology: A Metacritique Studies in Husserl and the Phenomenological Antinomies*, trans., Willis Domingo, Oxford: Basil Blackwell, 1982, p. 56.

② 参见 Adorno, Theodor W., *Against Epistemology: A Metacritique Studies in Husserl and the Phenomenological Antinomies*, trans., Willis Domingo, Oxford: Basil Blackwell, 1982, p. 58。

③ Horkheimer and Adorno, Theodor W., *Dialectic of Enlightenment*, John Cumming, New York: Herder & Herder, 1972, p. 13/11.

④ 参见叶秀山《思·史·诗——现象学和存在哲学研究》,人民出版社 1988 年版,第 79—83 页。

⑤ 参见[德]胡塞尔《逻辑研究》第 2 卷第 1 部分,倪梁康译,上海译文出版社 1998 年版,第 16 页。

主义放置在社会背景中加以历史考察的时候,就非常轻易地发现:胡塞尔的逻辑犹如康德的先验认知图式,在这里,物自体(资本主义社会的本质)依旧客观地存在于个人的意识之外,传统认识论的二律背反不是消失了,而是转移到了逻辑与意识的二元对立中。

在对郎格(Lange)的逻辑学进行批判的时候,胡塞尔说:"逻辑规律与思维中对矛盾之物的事实扬弃之间既没有直接的关系,也没有间接的关系。这种事实性的扬弃显然只涉及在同一时间和同一行为中同一个个体的判断经验;它不涉及各个个体或各个时间和行为所共有的肯定和否定。"①胡塞尔在这里所遭遇的困境是显而易见的,因为如果逻辑学只涉及单子式的个人的个别意识行为,那么它将怎样超越个别性而获得普遍性和绝对性呢?"如果他把逻辑合法性的主体理解为社会的、移动中的,而非孤立的和个别的,那么,他就不需要弥合思想及其规律之间的裂缝。如果思想在事实上属于单子,那么,所有单子会按照同一个规律思维将是一个奇迹,理论将不外乎用柏拉图的逻辑实在论去评价这一奇迹。"②既然经验主体总是在语言中、社会中成长起来的,而且社会本身又是历史发展着的,那么,胡塞尔的先验的个人主义就只能是一种幻觉。因为胡塞尔居然能奇怪地不被如下事实所困扰:思想实践显见地属于意识行为的事实性活动而非纯粹形式,所以他才会认为"在观念规律与实在规律之间、在规范性规定与因果性规定之间、在逻辑必然性和实在必然性之间、在逻辑基础与实在基础之间"具有"那种根本性的、永远无法消除的差异"。③ 阿多诺着重辨析了胡塞尔所列举的计算器问题。诚如胡塞尔所言,计算器的力学规律和逻辑规律的确是截然不同的,但问题的关键在于计算器是怎样把这两种规律结合起来的,这当然只能由现实的个人来完成。作为一种历史的产物,计算器的物理构造是一定历史时期中的一定的个人所创造的,它的逻辑运作机制则是同样的个人当下性的逻辑构造的固化。阿多诺接着马克

---

① [德]胡塞尔:《逻辑研究》第 1 卷,倪梁康译,上海译文出版社 1994 年版,第 83 页。
② Adorno, Theodor W., *Against Epistemology: A Metacritique Studies in Husserl and the Phenomenological Antinomies*, trans., Willis Domingo, Oxford: Basil Blackwell, 1982, p.59.
③ 参见[德]胡塞尔《逻辑研究》第 1 卷,倪梁康译,上海译文出版社 1994 年版,第 59 页。

思对费尔巴哈的感性直观的批判往下说,①他指出,所谓纯粹逻辑学也不是什么始终如一的东西,而是人类历史性实践的产物,因此,"反思的实现活动和直接的实现活动之间的区别并不能建立起一个外在于自我意识的统一的绝对二元论"。逻辑绝对主义预设了能反思的精神与它正在反思的活动主体的同一性。②

在阿多诺看来,逻辑绝对主义的这种自我同一性是由它的"思维经济学合理目标"所决定的。所谓思维经济学是胡塞尔从马赫(Mach)和阿芬那留斯(Avenalius)的经验批判主义那里批判地引入的一个观念,据以说明人类思维同样需要根据市场经济的效用原则运作。③ 所谓效用是不属于事物自身,而属于市场的,或者说它就是市场,正是在这个意义上,阿多诺抨击胡塞尔"在其整个方法的运作特征中,为了'假定'逻辑而断定了逻辑的物化,并意向性地再一次忘却逻辑以前忘却的东西"④,即事物自身。"通过压制作为逻辑的运用条件的主观要素、思维,胡塞尔也用魔法使客观之物、在思想中不可了解的思想的主观事物消失了。它的位子被不可解释的因此被直接伸展到客观性中去的思想所取代。"也就是说,逻辑绝对主义从一开头就是绝对唯心主义,它把自身的逻辑命题解释成了"没有客体要素的客体",逻辑绝对主义对客体自身的忘却机制就是现实的市场经济的物化机制。⑤ 既然逻辑绝对主义并没有摆脱传统认识论的主客体对峙,那么,经验主体、他人、世界就不是像晚期胡塞尔所说的那样,是绝对主体的建构,它们不过是在纯粹逻辑的实体化中先被驱逐出去,然后又回到其中罢了,差别在于逻辑本身已经变成了被它驱除和忘却的客

---

① 参见《马克思恩格斯选集》第1卷,人民出版社1972年版,第75—78页。
② 参见 Adorno, Theodor W. , *Against Epistemology: A Metacritique Studies in Husserl and the Phenomenological Antinomies*, trans. , Willis Domingo, Oxford: Basil Blackwell, 1982, p. 64。
③ 参见[德]胡塞尔《逻辑研究》第1卷,倪梁康译,上海译文出版社1994年版,第169—172页。
④ Adorno, Theodor W. , *Against Epistemology: A Metacritique Studies in Husserl and the Phenomenological Antinomies*, trans. , Willis Domingo, Oxford: Basil Blackwell, 1982, p. 65。
⑤ 参见 Adorno, Theodor W. , *Against Epistemology: A Metacritique Studies in Husserl and the Phenomenological Antinomies*, trans. , Willis Domingo, Oxford: Basil Blackwell, 1982, p. 67。

体,准确地说,这只是作为客体的幻象的客体性。①

逻辑的物化显然从商品经济的物化的逻辑那里得到了启示。尽管在本质上逻辑绝对主义是逻辑自身的同一,但现象上它却表现为了两个事物:物化的主体及其反思,它的真理性就像庸俗经济学对剩余价值的解释——剩余价值是扣除生产成本和劳动工资之后的"剩余"——一样,是虚假的。② 惟其如此,是因为胡塞尔从来没有考虑过资本主义还有历史,因此除了静止和物化的客观性之外,他不能想象还有其他客观性。为了保证逻辑学的纯粹性,不使之与实体、偶然之物和相对之物发生混淆,胡塞尔在逻辑学的历史起源和它的现实合法性之间挖掘了一条绝对的分裂:"作为真正的心理主义者,它处处表现出一种趋向:将某些一般判断在经验中的心理学形成与对这些判断的证实相混淆。"③他以为这样就可以避免落入二律背反,但是逻辑绝对主义非中介的对立形势并没有因此少些危害,因为逻辑的合法性是绝对的、独立于所有的起源因此独立于所有的实体。意识面对逻辑和它的理想规律,如果意识希望证明逻辑的要求是奠基性的,不是假设的,那么逻辑规律对于思想而言必须是有道理的。思维必须把逻辑规律作为它自己的规律本质,因为思维是逻辑活动的内容。纯粹的逻辑和纯粹的思想不能相互拆分,逻辑和意识激进的二元论必须扬弃,思想主体要进入逻辑的基础。但是为了绝对性,胡塞尔否定,作为一个形式逻辑基础是内在于思想的,作为它自己的本质因此对它是透明。"意识不是把逻辑理解为作为异质性简单地对意识显现并被接受的某物,而是真实的某物,如果逻辑自身是意识的知识。如果它仅仅作为一个更高秩序的现象被等级和接受,逻辑的先天的纯洁或可被拯救。"逻辑因此没收了无条件的合法性的特征。既然逻辑只有在其显现的框架中才是有效的,那么,它们将是教条的、未证明的、偶然的,先天的规律变成了经验的规律,绝对主义变成了经验

---

① 参见 Adorno, Theodor W., *Against Epistemology: A Metacritique Studies in Husserl and the Phenomenological Antinomies*, trans., Willis Domingo, Oxford: Basil Blackwell, 1982, p. 69。

② 参见 Adorno, Theodor W., *Against Epistemology: A Metacritique Studies in Husserl and the Phenomenological Antinomies*, trans., Willis Domingo, Oxford: Basil Blackwell, 1982, p. 70。

③ [德]胡塞尔:《逻辑研究》第 1 卷,倪梁康译,上海译文出版社 1994 年版,第 73—74 页。

主义。①

三、逻辑与资本

在接下来的部分里,阿多诺着重批判了逻辑绝对主义脱离逻辑的起源来谈论逻辑的合法性的同一性的暴力。在这里,我们看到,阿多诺实际上直接承袭马克思《1857—1858年经济学手稿》中的"科学的历史批判理论",指出:逻辑绝对主义的现实原型就是形成了的资本,作为一种历史的存在,它把自己的历史的发生学前提作为自己的产物纳入自己唯一的统治中,并因此把自己宣布为一种自然的存在。对于理解逻辑绝对主义而言,这显然是一条非现象学的,但并没有因此而是非哲学的思路。

在《1857—1858年经济学手稿》中,马克思肯定,在认识论和方法论上,对资本的功能结构分析具有某种优先性,它可以为理解作为资本的发生学前提的、前资本主义的经济形态提供"钥匙",②但另一方面,他又严厉批判了直接从资本出发的古典经济学,因为他们以一种非历史的直观方式去审视资本,因此不自觉地屈从于资本的抽象统治所客观形成的颠倒的世界,陷入资本拜物教,把历史地形成的资本指认为了一种从来如此的自然存在。古典经济学家不是不知道资本是有历史起源的,但是他们的拜物教意识却内在地决定他们把起源作为次要的问题放到一边,而唯一地探究资本的现实规律、合法性问题。作为一名逻辑学家,胡塞尔同样如此。他肯定:"经济学原则的事实性可以归结为:人们拥有如表象、判断和其他思维体验这类东西,并且与此相关还拥有感情,这种感情以好感的形式促进表象和判断等等在某些方向上的构成,以反感的形式阻止着它们在这些方向上的构成。……从原初无意识的要素中首先形成个别分散的经验,然后,随着经验的进一步结合,一个或多或少整理过的经验的统一得以形成。根据心理学规律,对一个我们共有的世界的表象和对这个世界此在的经验盲目信仰是在笼统一致的第一批心理组合基础上产

---

① 参见 Adorno, *Against Epistemology: A Metacritique Studies in Husserl and the Phenomenological Antinomies*, trans., Willis Domingo, Oxford: Basil Blackwell, 1982, pp. 73-74.
② 参见《马克思恩格斯全集》第46卷(上),人民出版社1979年版,第43页。

生的。"①也就是说，胡塞尔无疑是知道先验的逻辑规律是有一个历史的经验发生过程的，但是他不自觉地从属于其中的唯心主义传统、资本拜物教意识、同一性观念却要求他把起源问题作为一个日常的偶然性问题搁置起来，而专心研究"受绝对严格的规律性统治的自然"。② 对此，阿多诺的评论是："胡塞尔逻辑之物的严格客观主义证明是自我欺骗的主观主义，因为科学观念——由人类意识强加给客体的秩序图式——被操作，似乎被表征在这个图式中的需要就是客体自身的秩序。每一种静态的本体论都幼稚地把主观范畴实体化了。"③针对胡塞尔关于逻辑规律是个人的、先验的假定，阿多诺引证杜克海姆（Durkheim）的相关论述，指出逻辑命题本质上就同现存秩序和宣称先于存在和个人意识的财产关系一样，是社会经验的历史沉淀，"胡塞尔从没有理解过的社会过程恰恰就是他的真理。它的客观性被精神化为（逻辑）命题自身中的理想存在"④。对于阿多诺的这种批评，胡塞尔说，对不起，你搞错了，我们所说的逻辑学规律"不仅是关于事实的规律，而且它们自身中也包含事实的存在"，由于我们是要回到事实本身，所以，"不应当把对一个规律的主体所具有的心理学前提或心理学组成与这个规律内容所具有的逻辑成分混淆起来"⑤。阿多诺的再批判非常简单：如果没有经验主体的思维功能，逻辑规律还能存在吗？⑥ 随着人类思维的发展，逻辑已经脱离与思维的直接同一而具有了自身的本质规律，但是逻辑终究是不能脱离人类历史性的思维活动而独立存在的。所以，"当胡塞尔对直观和事态、起源和合法性的直接同一提出异议的时候，他是正确的，因为有发展了的科学意识和不可挽回的异化状态。当他把这个差

---

① [德]胡塞尔：《逻辑研究》第 1 卷，倪梁康译，上海译文出版社 1994 年版，第 178 页。
② 参见[德]胡塞尔《逻辑研究》第 1 卷，倪梁康译，上海译文出版社 1994 年版，第 179 页。
③ Adorno, Theodor W., *Against Epistemology: A Metacritique Studies in Husserl and the Phenomenological Antinomies*, trans., Willis Domingo, Oxford: Basil Blackwell, 1982, p.76.
④ Adorno, Theodor W., *Against Epistemology: A Metacritique Studies in Husserl and the Phenomenological Antinomies*, trans., Willis Domingo, Oxford: Basil Blackwell, 1982, p.77.
⑤ 参见[德]胡塞尔《逻辑研究》第 1 卷，倪梁康译，上海译文出版社 1994 年版，第 61 页。
⑥ 我们知道，《逻辑研究》第 1 卷本身解答的就是这个问题。不过，差别在于胡塞尔和阿多诺所言说的经验主体是根本不同的：对于胡塞尔来说，这自然就是当下的"我们"，即 20 世纪初期的西欧人；而对于阿多诺来说，这个经验主体是包含时间性和空间性的"我们"，他完全有可能诘问胡塞尔——对于亚马逊丛林中的原始部落中的"我们"，这个逻辑规律是否存在呢？

别实体化的时候,他却错了"①。

面对阿多诺这种猛烈的"经验主义"攻击,胡塞尔最终提出了两条有力的反驳意见:一是相互对立的判断不能共存的非矛盾律,②二是思维的同一律。③ 这一下子就落入阿多诺已经摆置好的陷阱中去了——阿多诺做了一个注释,建议读者参考《启蒙辩证法》的相关论述,因为在他看来,胡塞尔的逻辑绝对主义正好说明了启蒙的神话! 如果我们把《启蒙辩证法》相关部分中的启蒙精神替换为逻辑,④那么,就可以得到阿多诺对逻辑绝对主义的一个完整批判:逻辑原本是使人获得解放的力量,但它却在摧毁了旧的神话的不平等之后,确立了自己的直接的永恒统治;它在自身中消除了事物本身的属性而使之抽象为同一的类项;逻辑最终成了新的强权。阿多诺的结论是:胡塞尔落入同一性的幻觉中,根本没有意识到,尽管在实际的思维活动中,逻辑具有规范经验的统治权,但是它的合法性却是不能脱离事实性而独立存在的,如果没有被统治的事实性,也就根本不可能有它的统治权。⑤ 换言之,胡塞尔发现的当然是"真理",但问题在于他没有发现:在资本主义条件下,"真理"由于人类理性自身的原因成为阻碍人类获得更高程度的自由的奴役工具,变成了强权。批判逻辑并不是要取消逻辑,而只是要祛除逻辑历史地形成的强权,使之恢复到应有的状态,重新成为自由意识的工具,不过,这不是一个理论问题,而是一个实践问题。

在阿多诺看来,所有资产阶级哲学、第一哲学所宣称的绝对权力事实上都是资本的统治权向着思维的不可避免的渗透。⑥ 对于胡塞尔来说,偶然性就

---

① Adorno, Theodor W., *Against Epistemology: A Metacritique Studies in Husserl and the Phenomenological Antinomies*, trans., Willis Domingo, Oxford: Basil Blackwell, 1982, p. 78.
② 参见[德]胡塞尔《逻辑研究》第 1 卷,倪梁康译,上海译文出版社 1994 年版,第 75 页。
③ 参见[德]胡塞尔《逻辑研究》第 1 卷,倪梁康译,上海译文出版社 1994 年版,第 85 页。
④ 参见 Horkheimer and Adorno, Theodor W., *Dialectic of Enlightenment*, John Cumming, New York: The Continuum Publishing Corporation, 1972, p. 10 - 15/9 - 12。
⑤ 参见 Adorno, Theodor W., *Against Epistemology: A Metacritique Studies in Husserl and the Phenomenological Antinomies*, trans., Willis Domingo, Oxford: Basil Blackwell, 1982, p. 82。
⑥ 参见 Horkheimer and Adorno, Theodor W., *Dialectic of Enlightenment*, John Cumming, New York: Herder & Herder, 1972, p. 41/36。

像对早期资产阶级一样是不能忍受的,它的理论冲动最终一再在胡塞尔那里闪现,在每一个反思中都升华了,而其目的不过是为了寻求"一个真实地自我对抗的整体的和解"。可是,现实的主客体对抗是能够因为主体的意识而发生转移的,那么,一个可行的替代方案就是"把存在还原为意识",这样,偶然性事物对统治的威胁就或可被消除了。然而,"主体越是鲁莽地坚持同一性,它努力建立的自己的统治权就越纯粹,非同一性的阴影就越是以更具威胁性的方式出现"。偶然性只是在纯粹精神的同一性幻觉中才消失了,它并不必然忍受概念自以为是的统治。① 在阿多诺看来,胡塞尔为了逻辑的绝对统治而抛弃了"作为偶然的事实性的内容的世界"暗示了其哲学中现象学主题和本质学主题的冲突:自我构成思想的统一,本身从属于世界,然而却为了思想的逻辑形式的纯洁性而被从世界中排除出去了。他由此对怀疑论、相对主义和辩证法的攻击和仇视,"表达了一种意识状态,在这里,对于静态真理观念的失落的恐惧,无法思考传统真理观念中的一个缺陷可否在这个失落中显现这一问题,相反,它开始指责所有见证了这一失落的理论"②。如果说相对主义把真理归结为绝对的客体性是错误的,那么,胡塞尔把真理归结为绝对的主体性同样是错误的。因为纯粹的主体性和纯粹的客体性都是绝对孤立的东西,如果知识被排除地还原为其中的任何一个,那么,孤立和还原就将被提升为真理的准则。真理是我们周围的世界(社会)的真理。一方面,我们生活在这个世界(社会)中;另一方面,我们又通过我们的实践维持这个世界(社会)的存在,推动其发展。因此,真理决不能被还原为纯粹的主体或纯粹的客体,如果这样,除了自我同一之外,我们什么也得不到。"逻辑绝对主义把世界牺牲给了客观性概念,这一概念并不能否认客体现实从它的正确模式中抽去的一个概念。这就是一个客体的概念:世界。"③

---

① 参见 Adorno, Theodor W., *Against Epistemology: A Metacritique Studies in Husserl and the Phenomenological Antinomies*, trans., Willis Domingo, Oxford: Basil Blackwell, 1982, p. 83。

② Adorno, Theodor W., *Against Epistemology: A Metacritique Studies in Husserl and the Phenomenological Antinomies*, trans., Willis Domingo, Oxford: Basil Blackwell, 1982, p. 87。

③ Adorno, Theodor W., *Against Epistemology: A Metacritique Studies in Husserl and the Phenomenological Antinomies*, trans., Willis Domingo, Oxford: Basil Blackwell, 1982, p. 88。

第三节　胡塞尔与唯心主义：从本质现象学到先验现象学

从《逻辑研究》的本质现象学到《观念》的先验现象学，胡塞尔的观念发生了重大的变迁，现象学史学家们称之为胡塞尔一生思想发展中的第二次转折。那么，我们应当怎样理解这一转折？换言之，它是偶然的还是必然的？海德格尔曾认为，在某种意义上，这是胡塞尔迫于当时新康德主义的先验唯心主义压力所做的自我修正。但更多的人认为这一转折自有其必然性。现象学家在现象学问题域内从研究领域和研究方法这两个角度分析了这种过渡的必然性的地方，[①]阿多诺则在一个开放的思想史情境中，揭示了胡塞尔在唯心主义二律背反的内在驱动下向着先验现象学（唯心主义）过渡的必然性。在阿多诺看来，**逻辑绝对主义对心理主义的攻击无疑是深刻的，因为它充分意识到了作为真理合法性基础的个人的不充分性，它由此揭示的逻辑原则的合法性也是无可置疑的**，问题的关键在于，这种逻辑原则是怎样形成的。以阿多诺之见，受当时的新康德主义的影响，胡塞尔就像康德一样，对逻辑原则采取了**一种非历史、非社会的单子论式的静态立场**，力图把它归结为某种像精确的自然科学一样的东西。自然界拥有独立于人的意识的客观规律，正像胡塞尔所说的那样，一切人都死了，这种规律照样存在、照样发挥作用。可是，如果没有人、没有人的物质实践，这种规律是不可能被人意识并支配人的意识和活动的，也就是说，**逻辑规律和自然规律一样，是主体立足于实践对外在客观世界的规律的"模仿"和建构，其效准绝不能脱离主体和客体的交互活动而独立地归结为某一极项**。由于在本质现象学中，胡塞尔把外在世界悬搁起来了，因此其逻辑规律的普遍性即刻就成了问题，为了在现象学视域内解决这个问题，在现象学二律背反的推动下，他最终走到先验唯心主义，纯粹自我概念充分说明，这就是

[①] 参见倪梁康《现象学及其效应——胡塞尔与当代德国哲学》，生活·读书·新知三联书店1994年版，第86—103页。

绝对唯心主义。在《元批判》剩下来的三章中,阿多诺着重通过分析意向性、被给予性和纯粹自我这三个概念,阐明了这个问题。当然,他的一些分析和评论显然已经超越了现象学的界域。

一、意向性的逻辑演进与唯心主义

阿多诺对胡塞尔的批判从对意向性的分析入手,这是大有深意的。一方面是因为意向性问题在胡塞尔整个现象学理论体系中的位置是奠基性的,"意向性是涉及整个现象学中的一个问题的名称。这个名称正好表达了意识的基本特性:一切现象学问题,甚至质素性问题都可以纳入其内。因此,现象学以意向性问题开始"[1]。另一方面,尽管在《存在与时间》中海德格尔闭口不提意向性问题,但其对在世结构的分析显然是以胡塞尔对意向性结构的分析为基础的:"海德格尔把他的工作建立在胡塞尔现象学的意向性研究基础上,因为这种意向性研究意味着一次决定性的突破"[2]。换言之,意向性问题对于整个现象学运动都具有非常重要的意义,因为通过搁置定在,逻辑绝对主义把逻辑公理提升为自身中的命题,它与定在无涉,是一个纯粹的先验的形式本质,对它的整体描述也就被指认为哲学的任务,从而与哲学同一了,这样,"胡塞尔对形式先验的解释既支配了他的真理概念,又支配了他的学生,甚至其中的变节者的真理概念"[3]。从《逻辑研究》到《笛卡尔式的沉思》,胡塞尔的意向性理论起码经历了两次以上的发展变化,[4]晚年胡塞尔认为这种变化是非本质性的,[5]但更多的学者还是看到了其中的本质差异。以阿多诺之见,《逻辑研究》、《观念》和《笛卡尔式的沉思》中存在三种不同的意向性理论,它们见证了

---

[1] [德]胡塞尔:《纯粹现象学通论:纯粹现象学和现象学哲学的观念,第一卷》,李幼蒸译,商务印书馆1992年版,第350页。

[2] [德]伽达默尔:《真理与方法》上卷,洪汉鼎译,上海译文出版社1992年版,第313页。

[3] Adorno, Theodor W., *Against Epistemology: A Metacritique Studies in Husserl and the Phenomenological Antinomies*, trans., Willis Domingo, Oxford: Basil Blackwell, 1982, p. 89.

[4] 参见陈立胜《自我与世界——以问题为中心的现象学运动研究》,广东人民出版社1999年版,第23—24页。

[5] 参见[德]胡塞尔《经验与判断》,邓晓芒、张廷国译,生活·读书·新知三联书店1999年版,第94页。

胡塞尔在唯心主义二律背反的驱动下的理论展开。

《逻辑研究》中的意向性理论可以归结为两个等值的命题：客体化的行为是奠基性的；非客体化的行为是被奠基的。① 这意味着任何一个简单的或复合的意识行为"都必然存在着一个属于客体化质性属的质性，因为，如果一个质料不是作为一个客体化行为的质料，它就根本不能被实现"②。阿多诺肯定，意向性理论正确地反对了同时代的心理主义，力图把真理的合法性基础从可疑的主观主义的个人移置到一个坚实的客观的逻辑原则上，并且这种逻辑原则的合法性当然是毋庸置疑的，不过问题在于，这种与定在无涉的逻辑原则是一种纯粹形式化的东西，它何以能够超越单子式的个人而具有普遍性，和之于外在客观世界的真理性呢？就此而论，胡塞尔反对主观主义，但他却"依旧处在其中"，他赖以立足的不过是"主客体之间的一块无主地，是它们和解的一个欺骗性的幻象"③。因此，体验并没有像胡塞尔所说的那样超越了唯名论的抽象，而总是和个别意识的总体交织在一起，这样，胡塞尔"对记忆和作为绝对个别与单意的事物而被记忆的东西之间的关系的描述，就不过是逻辑主义的专横表现罢了"，在这里，自我设定非我的传统唯心主义模式被重新安置起来了。④ 胡塞尔一方面渴望获得被给予之物的确定性，另一方面渴望获得在精神上具有明晰性的事物的必要性，调和、中介这两种渴求一直是唯心主义思想发展史的使命，但胡塞尔最终对这种中介失去了信任，于是让两者绝望地相互同一起来了，感性和知性、主体和客体、经历和建构之间的分歧就此被忽视或者融合起来了。⑤ 在《逻辑研究》中，与主体相对峙的实在客体消失了或者说被搁置起来了，取而代之以意向内容，因此，这个对象也就不是被感知到的，而

---

① 关于《逻辑研究》中的意向性理论，具体可参见倪梁康《现象学及其效应——胡塞尔与当代德国哲学》，生活·读书·新知三联书店1994年版，第37—54页。
② [德]胡塞尔：《逻辑研究》第2卷第一部分，倪梁康译，上海译文出版社1998年版，第544页。
③ 参见 Adorno, Theodor W., *Against Epistemology: A Metacritique Studies in Husserl and the Phenomenological Antinomies*, trans., Willis Domingo, Oxford: Basil Blackwell, 1982, p. 90。
④ 参见 Adorno, Theodor W., *Against Epistemology: A Metacritique Studies in Husserl and the Phenomenological Antinomies*, trans., Willis Domingo, Oxford: Basil Blackwell, 1982, p. 93。
⑤ 参见 Adorno, Theodor W., *Against Epistemology: A Metacritique Studies in Husserl and the Phenomenological Antinomies*, trans., Willis Domingo, Oxford: Basil Blackwell, 1982, p. 95。

是在个体直观的基础上,在一个普遍性意识的"观念化的抽象"、普遍直观中被构造出来的。① 阿多诺指出,胡塞尔的本质观念事实上起源于新康德主义,他力图在数学的基础上去消解自然科学和文化科学之间实际存在的差异,②由此,他也就无法看到**历史性的实践活动**对于人类意识活动归根结底的决定作用,而是按照自然科学的分类方法,用种类去统摄、整理杂多,结果实在客体及其多样性就消失了,所谓观念化的统一不过就是抽象,是观念自身的自我同一。③ 以胡塞尔所举的红色为例,阿多诺说,本质直观提供的是我们的意指活动能够进行所必需的关于红色的知识,但是,我们所要认识的却是此时此地所意指的红色事物;当胡塞尔以对象的含义取代了对对象的认识并赋予含义分析以首要地位的时候,我们最终就把我们历史地从物化世界中所获得的、我们当下的认识赖以发生的意识结构、逻辑规律永恒化了。本质现象学的静态分析是资本主义物化世界的同谋:"社会化的形式越是接近每一个个人开始其语言的总体化和前形式,个人所能够抵抗它的东西就越少,高级形式就能更多地假定宿命和自身中的实体的特征。物化的思想是物化的世界的一个复本。通过质疑它的原初经验,它瓦解成了一个幻想。根本就没有原初的经验。"④

利科(Ricœur)认为,《逻辑研究》中的意向性概念是一个心理学的意向性,它大致等同于接受性。⑤ 这是切中要害的。如果逻辑原则只是与意识活动相关,而与意识对象(实在客体)没有关联,那么,作为本质,它将怎样保证自己的客观性和普遍性? 在阿多诺看来,这是胡塞尔、现象学把客观世界作为物自体悬搁起来所必然产生的二律背反。在《逻辑研究》第二版前言中,胡塞尔

---

① 参见[德]胡塞尔《逻辑研究》第 2 卷第二部分,倪梁康译,上海译文出版社 1999 年版,第 161—164 页。

② 参见 Adorno, Theodor W., *Against Epistemology: A Metacritique Studies in Husserl and the Phenomenological Antinomies*, trans., Willis Domingo, Oxford: Basil Blackwell, 1982, p. 97。

③ 参见 Adorno, Theodor W., *Against Epistemology: A Metacritique Studies in Husserl and the Phenomenological Antinomies*, trans., Willis Domingo, Oxford: Basil Blackwell, 1982, p. 101。

④ Adorno, Theodor W., *Against Epistemology: A Metacritique Studies in Husserl and the Phenomenological Antinomies*, trans., Willis Domingo, Oxford: Basil Blackwell, 1982, p. 109。

⑤ 参见陈立胜《自我与世界——以问题为中心的现象学运动研究》,广东人民出版社 1999 年版,第 23 页。

承认自己在第一版中未能顾及意识活动与意识对象之间的区别和相应关系，并认为自己已经在《观念》中进行了弥补。① 胡塞尔所说的弥补指的是意向相关项(Noema)概念的引入。由于胡塞尔本人在《观念》中对意向相关项的规定和描述具有相当大的含混性和矛盾性，所以，后世学者对它的准确理解争议很大。② 不过，有一点是可以肯定的，它既不存在于自然之中，也不是心理的，而是先验的意向活动和客观的意向对象之间的中介："每一个意向对象都有一个'内容'，即它的'意义'，并通过意义相关于'它的'对象。"③对于现象学观念的这种发展，阿多诺认为这就是从隐蔽的唯心主义（逻辑绝对主义）向公开的唯心主义（认识论）、从"最高形式原则自身中的存在论题"向"普遍概念自身中的存在论题"、"物性(objecthood)的理想化统一"的过渡，在这里，胡塞尔必须对如下两个问题做出回答：思想是怎样对物性有所意识的；在这种意识中，现实要素和理想要素又是怎样联系起来的？④ 由于早年的博士论文《胡塞尔现象学中的先验物和先验意向相关项》就是围绕着《观念》展开的，所以在这里阿多诺并没有太多地引述《观念》的阐述，而直接做了几点非常重要的评论。第一，作为被建构出来的对象，意向相关项并没有能够为超时空的本质提供可靠的保证；⑤第二，意向活动和意向相关项概念的提出，并没有能够解决《逻辑研究》中的二律背反问题，而是使前一阶段的问题以主观主义和本质学的二律背反的形式更加清楚地表现了出来，自在的本质依旧需要为了真理的客观性和普遍性而战斗。⑥

总的说来，《逻辑研究》和《观念》中的意向性理论都是一种静态的结构分

---

① 参见［德］胡塞尔《逻辑研究》第1卷，倪梁康译，上海译文出版社1994年版，第10页。
② 参见陈立胜《自我与世界——以问题为中心的现象学运动研究》，广东人民出版社1999年版，第29—37页。
③ ［德］胡塞尔:《纯粹现象学通论:纯粹现象学和现象学哲学的观念,第一卷》，李幼蒸译，商务印书馆1992年版，第313页。
④ 参见 Adorno, Theodor W., *Against Epistemology: A Metacritique Studies in Husserl and the Phenomenological Antinomies*, trans., Willis Domingo, Oxford: Basil Blackwell, 1982, p. 109。
⑤ 参见 Adorno, Theodor W., *Against Epistemology: A Metacritique Studies in Husserl and the Phenomenological Antinomies*, trans., Willis Domingo, Oxford: Basil Blackwell, 1982, p. 114。
⑥ 参见 Adorno, Theodor W., *Against Epistemology: A Metacritique Studies in Husserl and the Phenomenological Antinomies*, trans., Willis Domingo, Oxford: Basil Blackwell, 1982, pp. 116-117。

第四章　胡塞尔的元批判：同一性强制下的现象学　　　221

析,它的核心问题在于:意向性主体并未创造意义以及对象,而只是让意义及对象出场,也就是说,主体只是意义及对象出场的条件而非原因,后者的客观性和普遍性因此没有能够得到可靠的保证。在《形式逻辑和先验逻辑》和《笛卡尔式的沉思》等稍后一些的著作中,胡塞尔针对上述问题进行了新的思考,其结果就是意向性理论从静态结构分析向动态的生成分析的转变、主体由意义及对象的条件向它们的原因的转变。"自我,在某种程度上可以说是独立地在一种'历史'的统一性中把自己构造出来的。如果我们曾经说过,在自我的构造中包含了所有对自我存在着的对象性的所有构造,不管这些对象性是内在的还是超越的,是观念的还是实在的,那么,现在我们就应当补充说,这些或那些对象以及对象范畴借以对自我而存在的那些构造系统,甚至只有在合规律的发生学框架中才是可能的。……对我来说,存在着一个自然界、一个文化世界、一个具有自己的各种社会形式的人类世界等,这就意味着这些相应经验的各种可能性都是为我而存在的……与这些经验相应的其他一些意识样式、各种模糊的意味等诸如此类的东西,都是对我而言的可能性。"[1]在阿多诺看来,为了保证现象学真理的客观性和普遍性,这种真正构成性的意向性理论不得不虚构他人和世界,这正是胡塞尔在二律背反的推动下向着先验唯心主义发展的必然归宿。"胡塞尔晚期的本质学说依旧是意向性这一酷热牢笼中的一个囚徒。与此相一致的是对一种狂想(即从真实之物蒸馏出纯粹客体这一发现)的物化的、僵硬的看法,除了不具有客观性之外,较之于真实之物,这种客体不具有任何优势。胡塞尔的本质条件接受的正是这种狂想。他在《笛卡尔式的沉思》中称为'绝对的纯粹想象的氛围'的、本质学在其中漂浮的东西,是他全部哲学的顶点,一个把短暂存在和对生活的否定之前的航程与全体市民的无限性混淆在一起的认知的透明王国。本质依旧没有本质,虽然主体的专横思想敢于利用它们的手段把孤立的实体想象为一个本体论。"[2]——就此

---

[1] Husserl, *Cartesian Meditations*, trans., Dorion Cairns, The Hague: Martinus Nijhoff, 1977, pp. 75–76.

[2] Adorno, Theodor W., *Against Epistemology: A Metacritique Studies in Husserl and the Phenomenological Antinomies*, trans., Willis Domingo, Oxford: Basil Blackwell, 1982, p. 123.

而论,胡塞尔晚期的生活世界概念不过是其先验唯心主义的一个主观构造,尽管它体现了解决哲学和科学危机的努力,但不过和海德格尔的存在概念一样,最终与现存的物化世界达成了同谋。也就是说,阿多诺之所以拒绝谈论生活世界概念,并不是像后来的一些现象学马克思主义者所指责的那样,没有看到生活世界概念所体现出的历史变迁和蕴藏着的革命潜能,[1]恰恰相反,他是因为深刻理解了这一概念的同谋性而自觉地抛弃了它,他后来对海德格尔的存在概念的批判可以部分转达他对生活世界概念的批判性理解。

二、先验唯心主义视域中的被给予性概念

被给予性是先验现象学中的一个相当重要的概念,[2]不过在现象学研究著作中,人们却很少论述它,原因是这一概念所强调的是显现者对于自我的相对性,换言之,被给予性是指**被给予自我**,只要自我得到了澄清,那么,作为与自我相对的一极,被给予性将能够自然地得到澄清。在《元批判》的原初稿本中,阿多诺并没有涉及被给予性,只是在汇编成书的时候,他才在论述意向性的第二章和论述纯粹自我的第四章之间插入了新写的第三章"辩证法中的认识论概念",着重讨论了《观念》中的被给予性问题。我们注意到,第三章在全书中所占篇幅是最大的,几乎是整个《元批判》的四分之一,这与被给予性概念的重要性似乎颇不对等,然而,一旦我们深入其中,就立即发现了阿多诺的用心。以阿多诺之见,现象学只有作为认识论才是可以理解的,就此而论,虽然被给予性作为对象极与自我极相对,但其本质不过是**自我、主体的建构和所有物**;胡塞尔把感觉归置到知觉之中,因此,所谓回到实事本身不过是回到自我,只有坚持感觉的不可还原性即客体的首要性,我们才能唯物主义地回到客体本身;被给予性归根到底就是意向性,在现象学家说是由于其先验性质而导致

---

[1] 参见 Paul Piccone, "Beyond Identity Theory", ed., John O'Neill, *On Critical Theory*, New York: The Seabury Press, 1976。

[2] 在《胡塞尔现象学概念通释》中,被给予性具有两个 * 号,这意味着它在胡塞尔现象学中具有第二等的重要性,参见倪梁康《胡塞尔现象学概念通释》,生活·读书·新知三联书店1999年版,第177—178页。

的"沟通、语言与逻辑方面的一些基本两面性的难题"的地方,①阿多诺说,这正是唯心主义的同一性思维。

在很大程度上,阿多诺对胡塞尔的批判是黑格尔对康德的批判的再现,他在充分承认胡塞尔的真理性的基础上,追问现象学真理是否从来就是如此这般。当他像黑格尔那样,把胡塞尔还原到历史之中的时候,现象学真理就即刻显现出来它的历史性:**作为一个超越时空的结构,它只是一个历史过程的暂时的结果或产物**。从搁置客体到在《形式逻辑和先验逻辑》中通过对象极概念重新引入客体,阿多诺认为现象学不仅是认识论,而且它只有作为认识论才是可以理解的。② 为了保证被给予性概念能够符合实证主义的要求,胡塞尔从根本上改变了它的质性,即作为不能克服的事实的客观实在性,而把它呈现为一个与自我直接同一的绝对之物和最终被给予之物,被给予性就此被神圣化和观念化。依照黑格尔的阐述,③阿多诺肯定,本质领域是存在直接性的,但它首先是中介性的和被设定的,由于胡塞尔拒绝讨论主体与客体之间实在的直接性关系即感觉,因此,不是实在世界,而是对世界的知识成为具有奠基性的第一了。既然不存在能够给予的物自体,那么,被给予性的发生也就失去了可能性,为此胡塞尔不得不预设了被给予性概念,和主体在自身反思中的体验。这样,**发达资本主义时代的人们对世界的知识就成了整个人类对世界的知识**,这当然是物化!所以阿多诺说:"物化在作为已经决定的某物(整个现象学奠基其上的)的被给予之物的原初特征中立身。"④作为绝对主体的所有物,被给予之物与经济主体的财产一样,"保留了先验主体的拜物教"⑤。也就是说,真理决不是无时间性的,它受驻守在被认知之物和认知者之中的时间性的束缚。

---

① 参见那坦森在《胡塞尔》(高俊一译,允晨文化实业有限公司1982年版)一书第十章中对芬克的《胡塞尔的现象学哲学及其当代批评》一文的引证和评论。

② 参见 Adorno, Theodor W., *Against Epistemology*: *A Metacritique Studies in Husserl and the Phenomenological Antinomies*, trans., Willis Domingo, Oxford: Basil Blackwell, 1982, pp. 124 – 125。

③ 参见黑格尔《小逻辑》,贺麟译,商务印书馆1980年版,第241—250页。

④ Adorno, Theodor W., *Against Epistemology*: *A Metacritique Studies in Husserl and the Phenomenological Antinomies*, trans., Willis Domingo, Oxford: Basil Blackwell, 1982, p. 131.

⑤ Adorno, Theodor W., *Against Epistemology*: *A Metacritique Studies in Husserl and the Phenomenological Antinomies*, trans., Willis Domingo, Oxford: Basil Blackwell, 1982, p. 134.

在再一次标示了本雅明对自己的深刻影响之后,阿多诺阐明了自己关于真理的看法:"真理领域成为主体和客体交互依赖的成熟的产物。这不再被思想为作为静态对应物甚或'意向'。如果早期具有真正现象学内涵的胡塞尔有说服力地辩论反对认知的图像或符号理论,那么,激烈的辩论将转而反对那个已经升华了的理念,即认知是透过外表获得的它客体的一个图像。因为只有无图像的真理观念,哲学才能找回表象的禁令。"[1]由于现象学放弃了对被思想之物的批判的权利,因此,胡塞尔所发现的不过是关于资本主义"第二自然"的真理和本质。[2]

作为唯心主义内部的一个本体论的剩余,被给予性概念不仅把事物世界看作是一个为其结构而存在的模型,而且它还声称自己建立了这个事物世界。由于被给予性是属于主体的,因此实事本身不过是主体客观化行为的充盈,它与非同一性的事物自身并没有本质关联。在这个意义上,阿多诺认为,作为意向性理论的必然发展,被给予性概念摧毁了哲学与真实世界的关联,现象学就此背离了自己在《逻辑研究》中确立的宗旨。[3] 作为现象学的同时代人,阿多诺自然注意到了胡塞尔被给予性概念在很大程度上受到了笛卡尔二元论和感觉主义的影响,不过,他指出,笛卡尔以降的近代理性主义传统事实上是把感觉和知觉对立起来的,并力图把前者包容到后者之中,在这个意义上,认识论只是"对要素的分析"而与非同一性的客体无涉。通过引证《逻辑研究》第二卷第五研究和《观念》中的相关重要论述,[4]阿多诺得出结论:因为弃绝了感觉,所以,现象学建构出来的是非真实然而却具有客观性的本质。[5] 由此阿多诺

---

[1] Adorno, Theodor W., *Against Epistemology: A Metacritique Studies in Husserl and the Phenomenological Antinomies*, trans., Willis Domingo, Oxford: Basil Blackwell, 1982, p. 136.

[2] 参见 Adorno, Theodor W., *Against Epistemology: A Metacritique Studies in Husserl and the Phenomenological Antinomies*, trans., Willis Domingo, Oxford: Basil Blackwell, 1982, p. 141。

[3] 参见 Adorno, Theodor W., *Against Epistemology: A Metacritique Studies in Husserl and the Phenomenological Antinomies*, trans., Willis Domingo, Oxford: Basil Blackwell, 1982, p. 151。

[4] 参见[德]胡塞尔《逻辑研究》第2卷第一部分,倪梁康译,上海译文出版社1998年版,第383—384页;胡塞尔《纯粹现象学通论:纯粹现象学和现象学哲学的观念,第一卷》,李幼蒸译,商务印书馆1992年版,第114—115页。

[5] 参见 Adorno, Theodor W., *Against Epistemology: A Metacritique Studies in Husserl and the Phenomenological Antinomies*, trans., Willis Domingo, Oxford: Basil Blackwell, 1982, p. 163。

提出了一条非常容易被误解的命题:通过感觉达到唯物主义。① 作为一名现代哲学家,阿多诺自然没有幼稚到要退到费尔巴哈的感性直观的境地,他对感性的强调一方面是为了坚持物质实践对于人类认识的奠基作用,另一方面则是为了通过回到客体以颠覆同一性思维。阿多诺的这些隐晦的思想在后来与霍克海默联合指导的施密特的题为《马克思的自然概念》的博士论文中得到了比较清楚的呈现。

在"辩证法中的认识论概念"章接下来的一部分里,②阿多诺继续围绕《观念》中的相关论述,进一步论证被给予性概念的本质就是纯粹同一性。该章剩下来的三节分别是"对体系的敌视"、"胡塞尔向先验唯心主义的转变"和"体系的脆弱性",其核心就是要证明胡塞尔在用同一性的概念体系强暴客体。坦率地说,阿多诺这一部分的阐述令人很难产生共鸣,原因在于:**尽管同样都可以归结为第二自然,但胡塞尔的被给予性毕竟不是海德格尔的存在,它与体制化的资本主义社会的关联实在是太遥远了,阿多诺这么做多少有些削足适履的强制色彩。**可是,如果我们考虑到阿多诺的目标实际在于胡塞尔哲学中将流向海德格尔的内在趋势,那么,这种元批判也不能说是外在的。

三、纯粹自我:唯心主义的终结?

《元批判》第四章"本质与纯粹自我"探讨的核心是胡塞尔的自我概念。差不多在《笛卡尔式的沉思》的最后,胡塞尔认为自己已经在先验自我的基础上建立了一种新的本体论,它在本质上超越了18世纪以来伴随着逻辑推演出来的远离直观的诸概念的唯心主义本体论,从具体直观中建造起来了先天唯一的科学。③ 而在阿多诺看来,胡塞尔试图超越唯心主义,但他却依旧在建

---

① 参见 Adorno, Theodor W., *Against Epistemology: A Metacritique Studies in Husserl and the Phenomenological Antinomies*, trans., Willis Domingo, Oxford: Basil Blackwell, 1982, pp. 155–156。
② 参见 Adorno, Theodor W., *Against Epistemology: A Metacritique Studies in Husserl and the Phenomenological Antinomies*, trans., Willis Domingo, Oxford: Basil Blackwell, 1982, pp. 163–177。
③ 参见 Husserl, *Cartesian Meditations*, trans., Dorion Cairns, The Hague: Martinus Nijhoff, 1977, pp. 139–141。

构唯心主义,在唯心主义的历史上,幻觉和必然性的交织从来没有呈现得这样清晰。阿多诺通过呈示胡塞尔自我概念的历史变迁说明了这个问题。

在第四章第一节"胡塞尔和他的继承人"中,阿多诺提出了一个观点:胡塞尔的门徒"受到了胡塞尔的方法而绝不仅仅是这一方法的恩典",即使背恩的门徒也是如此。① 他显然指的是海德格尔的此在之于胡塞尔的自我的承继关系。② 海德格尔用此在来替代胡塞尔的自我,原因在于他不满后者对主体生存的忽略,力图获得主体的具体性,即在这里的这一个。不过,在阿多诺看来,既然海德格尔运用的是胡塞尔的方法,那么,他就注定不可能获得这种具体性,这实际上是整个现象学运动的一种宿命或必然性。受新康德主义的影响,胡塞尔力图发现一个超主观的、具有真正奠基性的"事物自身",以一劳永逸地解决唯心主义问题,他最后找到的就是无限的纯粹自我。当胡塞尔把这个自我还原为主体性的成就(performance)的时候,阿多诺说,这种思想的成就也就是劳动。通过劳动,主体创造了世界,从而也就展现了自己无限的创造能力。不过问题在于,无论是新康德主义还是胡塞尔,他们都以非批判的态度把历史性的物化劳动作为一种直接性接受下来,因此也就沉溺在资本所客观地生产出来的颠倒的世界之中,在正确地坚持了主体能动的创造性的同时遮蔽了一个根本性的事实,即主体总是在社会中来创造的。因此,当人们停留在劳动的直接性的时候,也就不自觉地接受了劳动所生产出来的一个幻觉,即主体是单子式的。这就是劳动意识形态。③"自笛卡尔以降,物化和主体性没有构成绝对的对立,相反,它们互为条件。"只要人们不放弃先验主体性这一幻觉,就终将回到唯心主义中去。胡塞尔企图逃离唯心主义,但由于其坚持以先验主体性为出发点,其结果只能是自我取消。"因为现象学从唯心主义中生成,

---

① 参见 Adorno, Theodor W., *Against Epistemology: A Metacritique Studies in Husserl and the Phenomenological Antinomies*, trans., Willis Domingo, Oxford: Basil Blackwell, 1982, p.187。
② 参见陈立胜《自我与世界——以问题为中心的现象学运动研究》,广东人民出版社1999年版,第124—136页。
③ 在下一章我们将要分析的《黑格尔:三篇研究》中,阿多诺具体讨论了劳动意识形态问题,在很大程度上,这一概念是专门用以说明现象学运动是何以不可能真正达到人的具体性的。

并在其每一个被扬弃的阶段上再生产出唯心主义,所以说它是一个圆圈。"①

总的说来,与意向性概念相对应,胡塞尔著作中存在三种自我概念:《逻辑研究》中的实在自我、《观念》中的纯粹自我和《笛卡尔式的沉思》中的单子自我。②《逻辑研究》中的自我基本上是一个实在论的自我,它带有浓厚的自然主义色彩:被排除身体—自我的现象学的心理自我在经验上依然与身体—自我相关联,并作为隶属于后者的事物而显现着。自我是世界中的一个事物,它同世间对象一样具有实在性。如果自我只是从经验自我中抽离出来的实在,那么,它将怎样能够保证现象学真理的普遍性?换言之,"《逻辑研究》并没有澄清这样一个悖论:在世界中并且是世界之一部分的人同时又构造着世界"③。这种内在冲突在一个时期里曾使胡塞尔一度陷入怀疑与绝望之中。经过几年的艰辛思索,尤其随着1906年前后胡塞尔在方法论上的反思与自觉,《逻辑研究》中单纯的描述主义逐渐让位于越来越浓厚的先验唯心主义。先验还原与先验唯心主义在《观念》一书中得到了初步阐发,自我理论也就随之从实在自我转到了纯粹自我。纯粹自我的核心就是彻底改变原先的自然主义态度,把与意识对象相关的实在"排除"、"置入括号",也就是悬置起来。"我们使属于自然态度本质的总设定失去作用,我们将该设定的一切存在性方面都置入括号:因此将这整个自然世界置入括号中,这个自然界持续地'对我们存在','在身边'存在,而且它将作为被意识的'现实'永远存在着,即使我们愿意将其置入括号之中。"④既然"超验物的世界是完全依存于意识的",⑤而意

---

① Adorno, Theodor W., *Against Epistemology: A Metacritique Studies in Husserl and the Phenomenological Antinomies*, trans., Willis Domingo, Oxford: Basil Blackwell, 1982, pp. 189-194.

② 这一部分关于胡塞尔自我理论的发生学历史的论述主要参考了陈立胜《自我与世界》(广东人民出版社1999年版)第二章"自我"第二节"胡塞尔的我本学"中的研究成果。

③ [荷]德布尔:《胡塞尔思想的发展》,李河译,生活·读书·新知三联书店1995年版,第196页。

④ [德]胡塞尔:《纯粹现象学通论:纯粹现象学和现象学哲学的观念,第一卷》,李幼蒸译,商务印书馆1992年版,第97页。

⑤ [德]胡塞尔:《纯粹现象学通论:纯粹现象学和现象学哲学的观念,第一卷》,李幼蒸译,商务印书馆1992年版,第134页。

识又总是我与我的环境即社会存在的关系,①那么,这个世界不过就是现存世界的同义反复,现象学的悬置不过是虚构。② 在身体现象学中,现存世界一方面被神圣化,另一方面又被观念化,它本身只是作为纯粹主体性才放射出光芒。③ 因此,范畴直观也好、立义也罢,其本质就是思想的同一性,先验自我"把非同一性的事态认作直接的意识被给予性、纯粹理智的某物。如此,事态的事实性存在也就变成了理想的观念或思想"④。就此而论,阿多诺认为现象学是与黑格尔哲学一样的"反思哲学",差别在于:在传统唯心主义把主体的综合视为先于经验个体的认知活动的地方,现象学要求把它视为先验主体的认知活动,在这个意义上,现象学依旧从属于笛卡尔以降的唯心主义传统。

我们看到,由于《观念》自身理论框架的制约,这一著作的核心其实并不是纯粹自我问题,而是对意识的意向性结构的描述,这一静态结构导致了构成分析的出现,但分析主要局限在纯粹自我的意向相关项上,自我自身的构成尚未得到阐明。正是纯粹自我的时间性及其生成问题导致了《笛卡尔式的沉思》中的生成现象学和单子自我的出场。单子自我的提出在使原先的问题得到解决的同时又产生了新的问题,首先是这个先验自我与经验自我的关系问题,其次就是先验自我与他人或者他我的关系问题。为了解决后者的唯我论困境,胡塞尔不得不首先给出"他人",其次给出"交互主体性的自然",然后给出"异己的文化",其最后的结论是:"能够现实地给予的只是一个关于所有共存着的唯一的单子共同体,因而只是一个唯一的客观世界、一个唯一的客观时间、一个唯一的客观空间,一个客观的自然"。⑤ 在对单子自我的唯我论困境进行了深

---

① 《马克思恩格斯选集》第 1 卷,人民出版社 1995 年版,第 81 页,并参见张一兵《我对我的环境的关系是我的意识》,载《天府新论》1992 年第 5 期。

② 参见 Adorno, Theodor W., *Against Epistemology: A Metacritique Studies in Husserl and the Phenomenological Antinomies*, trans., Willis Domingo, Oxford: Basil Blackwell, 1982, p. 197。

③ 参见 Adorno, Theodor W., *Against Epistemology: A Metacritique Studies in Husserl and the Phenomenological Antinomies*, trans., Willis Domingo, Oxford: Basil Blackwell, 1982, p. 199。

④ Adorno, Theodor W., *Against Epistemology: A Metacritique Studies in Husserl and the Phenomenological Antinomies*, trans., Willis Domingo, Oxford: Basil Blackwell, 1982, p. 210。

⑤ Husserl, *Cartesian Meditations*, trans., Dorion Cairns, The Hague: Martinus Nijhoff, 1977, p. 140。

入分析之后,①阿多诺得出结论:现象学没有终结唯心主义,它是唯心主义新的实现形式。当然,"唯心主义不是简单的非真理。它是自身的非真理中的真理。唯心主义幻觉在其起源和在其消逝中同样都是必然的。意识呈现一种单子式的形态,个人感到关于自己的知识要比关于所有他人的同样知识更加直接和确定,这是一个虚假的世界的正确显现。在这个世界中,人相互异化和相互感到不确定,每一个人只是在自己的特殊利益中才相互联系起来,但是在这里,普遍的本质规律却真的实现了:即如胡塞尔单子中的先验自我"。"在唯心主义历史上,幻觉和必然性的相互交织难得像在胡塞尔这里变得如此清楚。胡塞尔努力在似是而非的冷漠中把唯心主义定义为归纳的必然性幻觉和演绎的幻觉必然性的共同敌人。如果意识最终同时统治存在,似是而非的基础、人的单子论的建构将可以被扬弃,但它却被奠定在意识中,而只是与非真理相关联。"②——为了解决自我理论中的上述困境,晚年胡塞尔最后提出了交互主体性学说,③但在《元批判》中阿多诺对此并没有做出相应的回应,这的确是一种"缺憾"。不过,这绝不是说阿多诺没有或者忽视了这一理论发展的存在,事实上,他对这一问题的基本看法也已经包含在前引之评论中了,因为交互主体性从本质上不过是主体第一性幻想的一个继续,它是资本的抽象统治这个非真理中的真理性,是原子化的个人对这个虚假的世界的正确显现,在这个意义上,阿多诺从主客体最基本的关系角度出发对主体第一性的批判是可以同样适用于交互主体性的。④

---

① 参见 Adorno, Theodor W., *Against Epistemology: A Metacritique Studies in Husserl and the Phenomenological Antinomies*, trans., Willis Domingo, Oxford: Basil Blackwell, 1982, p. 212ff。

② Adorno, Theodor W., *Against Epistemology: A Metacritique Studies in Husserl and the Phenomenological Antinomies*, trans., Willis Domingo, Oxford: Basil Blackwell, 1982, p. 234。

③ 关于晚年胡塞尔的交互主体性学说,可以参见高秉江《胡塞尔与西方主体主义哲学》,武汉大学出版社 2000 年版,第八、九章;汪堂家《自我的觉悟——论笛卡尔与胡塞尔的自我学说》,复旦大学出版社 1995 年版,第四章。

④ 参见张一兵《无调式的辩证想象——阿多诺〈否定的辩证法〉的文本学解读》,生活·读书·新知三联书店 2001 年版,第三章第三节"主体第一性与客体优先性"。

第五章　座架黑格尔：否定性的力量之源

　　1963年，阿多诺出版了一部题为《黑格尔：三篇研究》的论文集，这是他多年来和霍克海默在法兰克福大学共同主持黑格尔哲学研讨班的一项成果。其中，第一篇研究"黑格尔哲学的诸方面"（Aspects of Hegel's Philosophy）的原型是阿多诺1956年11月在柏林自由大学为纪念黑格尔逝世125周年所作的演讲以及同时期所做的一些广播演讲，它曾于1957年出过一个单行本，尽管它的篇幅实际非常小。第二篇研究"黑格尔哲学的经验内容"（The Experiential Content of Hegel's Philosophy）的基础是他1958年10月在德国黑格尔学会法兰克福会议上的演讲，次年，该文在《哲学档案》（Archiv für Philosophie）杂志上公开发表。最后一篇研究"朦胧，或怎样解读黑格尔"（Skoteinos, or How to Read Hegel）则是他1962—1963年冬季创作的未刊手稿。[①] 从该书的序言来看，阿多诺本人实际上是怀着一种迫切的心情出版自己的这些研究成果的，并对它们赋予了非常高的期望："作为一个整体，这一

[①] 关于这三篇论文的具体情况，可以参见阿多诺本人为出版而亲自撰写的"文本说明"，Adorno, Theodor W., *Hegel: Three Studies*, trans., Shierry Weber Nicholsen, Cambridge, MA: The MIT Press, 1993, pp. xxxvii – xxxviii。

著作想要成为一种修正了的辩证法观念的理论准备。"①事实上,这一著作也确实发挥了这样的功能,因为正是通过与海德格尔的论战,阿多诺从被他座架的黑格尔辩证法中"拯救"出了它的真理性内容即否定性,从而使自己已然形成的非同一性理念寻找到了生长点,"否定的辩证法"也因此完成了在"崩溃的逻辑"中的孕育,即将迎来自己的诞生。

第一节 "我们是黑格尔的同时代人"

对于像阿多诺这样的受到《历史与阶级意识》深刻影响的所谓"黑格尔主义的马克思主义者"而言,研究黑格尔可以说是一件非常自然的事情,但这绝不意味着阿多诺研究黑格尔就一定是像卢卡奇那样仅仅是出于对"理论与实践的关系"的关注。② 事实上,在《启蒙辩证法》之后,阿多诺与霍克海默共同关注黑格尔,其最深刻的命意不过是为了对变形了的"崩溃的逻辑"进行新的理论定位和理论整合。③ 不过,这只是阿多诺研究黑格尔的必要条件,而非充分条件。真正促使阿多诺决定以如此明确的方式来表明自己对黑格尔的立场的其实还是海德格尔。因为后者在同时期的一些出版物中已经开辟出了一条

---

① Adorno, Theodor W., *Hegel: Three Studies*, trans., Shierry Weber Nicholsen, Cambridge, MA: The MIT Press, 1993, pp. xxxvi.

② 1967年,已故英国著名马克思主义理论家利希特海姆在《泰晤士报》的文学副刊上撰文介绍阿多诺,他极具洞见地发现了黑格尔研究对阿多诺的重要意义,却错误地认为阿多诺研究黑格尔的旨趣与卢卡奇一样是出于对"理论与实践的关系"的关注(George Lichtheim, *From Marx to Hegel*, New York: The Seabury Press, 1971, pp.125－142)。

③ 《黑格尔哲学的诸方面》一文的1957年版本有一句在1963年版本中被删去的话:"关于黑格尔的这样一个出版物提供了一个让我们重申如下一点的机会,即作者的哲学与马克斯·霍克海默的哲学思想是完全一致的。这使得我们放弃个别的参考文献成为可能。"(Adorno, Theodor W., *Hegel: Three Studies*, trans., Shierry Weber Nicholsen, Cambridge, MA: The MIT Press, 1993, p. xxxix)阿多诺这话显然是就《启蒙辩证法》而言的。

存在主义的黑格尔解读"林中路"。① 当阿多诺尾随海德格尔进入黑格尔的复兴事业中时,他立刻发现:黑格尔的此次复兴是沿着两条重点有所不同的路线展开的,②其中一条由克罗齐(Bendetto Croce)发端而至海德格尔为集大成,这一路线主张在当代条件下"复活"黑格尔具有现实性的某些命题。对于这些复兴者来说,黑格尔哲学无疑已经成为历史,却具有某种为我而用的现实意义,就此而论,"黑格尔是我们的同时代人"。与此针锋相对的是,阿多诺"黑格尔哲学的诸方面"演讲的主题就是:虽然黑格尔已经死去,但他的哲学却依旧活着,因为其本质是资本主义社会的自我意识,就此而论,"我们依旧是黑格尔的同时代人"。

一、是"思辨"的唯心主义,还是"思辨"的现实主义?

对于黑格尔哲学,它的第二种复兴者们所愿意做的往往是参照现实,对它进行评价(appreciation)。然而,所谓评价不外乎是从上面或从下面出发来讨论,因为它并不在其中。阿多诺就此发问:我们为什么不将问题反过来问一问呢?"面对黑格尔,当下意味着什么? 在黑格尔的理性试图通过恰好在现存中获得的理性让实存的重负运动起来的时候,在黑格尔的绝对理性之后,一个人

---

① 在1930—1931年的冬季研讨班上,海德格尔专题讨论了黑格尔的《精神现象学》并写下了完全的手稿(Martin Heidegger, *Hegel's Phenomenology of Spirit*, trans., Parvis Emad and Kenneth Maly, Bloomington: Indiana University Press, 1988)。在1942—1943年的冬季研讨班上,海德格尔继续讨论了《精神现象学》并完成了《黑格尔的经验概念》一文,该文后收录于1950年出版的《林中路》([德]海德格尔:《林中路》,孙周兴译,上海译文出版社1999年版,第111—215页)中。

② 1906年,克罗齐出版了一本篇幅并不大的著作《黑格尔哲学中的活东西和死东西》(王衍孔译,商务印书馆1959年版)。一年后,继承了黑格尔曾经主持过的柏林大学哲学讲席的狄尔泰也出版了一部篇幅不大的小册子《黑格尔的青年时代》。这两部著作就此共同拉开了20世纪黑格尔复兴的序幕。就像它的起点是由两个人标示出来的一样,黑格尔的这一次复兴事实上也是沿着两条重点有所不同的路线发展的。一条由狄尔泰肇始,提倡通过重新考察黑格尔早期那些未刊手稿来探索黑格尔思想的发展过程及其本质,这条路线在很大程度上是一条哲学史研究的路线。近百年来,始终有学者在这条道路上孜孜以求地进行着严谨科学的探索,并积累起了数量巨大的成果,从而使黑格尔的思想发展日益清晰地呈现在人们面前。1980年代以前,这一路线的研究成果应当说是最为丰硕的,See James Schmidt, "Recent Hegel Literature", I *Telos* 46, (Winter 1980-81); II *Telos* 48, (Summer 1981)。虽然目前取得的成果已经越来越少,但我们有理由相信,黑格尔在这个意义上的复兴是会继续下去的。

第五章　座架黑格尔：否定性的力量之源

所能设想达到的理性是否在很久之前就实际倒退到黑格尔的绝对理性之后并顺应那纯粹实存的事物了？"①在现时代,我们研究黑格尔,决不应执着于其显而易见的非真理性,而应克服对其神秘方法的畏惧,深入其整体之中,从其非真理性中扭出其中的真理。当阿多诺提出这样的要求的时候,他实际上隐含了"黑格尔是不可超越的"这样一个判断。那么,为什么"黑格尔是不可超越的"呢？这不仅是因为"在当今,对于在某种范围中正确处理意识经验——实际上不仅仅是意识经验,而且也包括物化的人类经验——的理论观念而言,没有将黑格尔哲学的某些东西吸收到自身中来,这几乎是不可想象的",更重要的是,黑格尔哲学是对"资产阶级社会矛盾不可调和性"的洞见。② 如果我们按照当代术语对阿多诺的这一思想进行转换,那么,它在某种意义上就是哈贝马斯30年后所说的那句著名的判断：黑格尔之所以还是不可超越的,是因为他是使现代性成为哲学问题的第一人。③ 在阿多诺看来,黑格尔对现代性的这种洞见恰恰是与其最受当代实证主义哲学诟病的"思辨"(speculation)联系在一起的。④

在日常语境中,"思辨"一词具有"含混不清"的意思,往往被等同于"单纯主观的"。但是,"'思辨'一词在黑格尔笔下却并不包含含混不清的意思,相反,它意味着肯定、确定性。在黑格尔看来,正是在'思辨'中包含着理性的原则,即对立的和解。……对黑格尔来说,把一种哲学称之为思辨的,这是一种高度的称赞"⑤。在《小逻辑》中,黑格尔因此说："思辨的真理不是别的,只是经过思想的理性法则(不用说,这是指肯定理性的法则)……思辨的真理,就其真义而言,既非初步地亦非确定地仅是主观的,而是显明地包括了并扬弃了知

---

① Adorno, Theodor W., *Hegel: Three Studies*, trans., Shierry Weber Nicholsen, Cambridge, MA: The MIT Press, 1993, p. 1.
② 参见 Adorno, Theodor W., *Hegel: Three Studies*, trans., Shierry Weber Nicholsen, Cambridge MA: The MIT Press, 1993, p. 2.
③ 参见 Habermas, *The Philosophical Discourse of Modernity: Twelve Lectures*, trans., Frederic Lawrence, Cambridge: Polity Press, 1987, p. 16.
④ 参见 Adorno, Theodor W., *Hegel: Three Studies*, trans., Shierry Weber Nicholsen, Cambridge, MA: The MIT Press, 1993, p. 2.
⑤ [英]斯退士：《黑格尔哲学》,鲍训吾译,河北人民出版社1986年版,第95页。

性所坚持的主观与客观的对立,正因此证明其自身乃是完整的。"①阿多诺对此的阐释是:"在黑格尔迫使他的内容说话的地方,主体与客体在'精神'中的原初同一、一种分而又合的同一的理念就在运转。"②这实际上是通常所说的辩证法的第三个环节"否定之否定",因而在一定意义上指的也就是辩证法本身。在黑格尔逝世后,他的哲学遭受非议最多的恐怕就是辩证法了,不管是反对还是赞同,人们在很多情况下都对他的辩证法进行了形式主义的阐释或歪曲,③把它作为一种单纯的形式,一种建构体系的建筑术,也就是我们通常所说的"正、反、合"公式。在这个问题上,阿多诺不点名地批评了青年时代也曾一度是一名新黑格尔主义者的罗素,因为后者在其1945年出版的影响非常巨大的《西方哲学史》(History of Western Philosophy)一书中,错误地宣布:在黑格尔的辩证法中,整体比部分具有更多的实在性。④ 从表面上看,黑格尔确实将整体设置为了有限的部分的基础,因为后者是不充分的且与整体相对立和冲突的。不过,阿多诺指出,黑格尔一方面并不像罗素所宣称的那样,从总体性的抽象原则中推导出一个形而上学来,另一方面也没有让作为整体的要素的部分具有相对于整体而言的自主性。"作为浪漫派的批评者,他知道,整体只有在并且通过部分,只有通过非连续性、异化,简单地说,就是通过精神理论所诅咒的一切,方才能够实现自身。如果黑格尔的整体确实存在,那么,它只是作为——总是超越自身,一个接一个地被产生出来的——部分要素的典范而存在,它决不作为在它们之外的某物而存在。这正是他的总体性范畴所要传达的内容。"⑤

就没有康德哲学就不会有黑格尔哲学这一点而言,罗素无疑是正确的,⑥

---

① [德]黑格尔:《小逻辑》,贺麟译,商务印书馆1980年版,第183页。
② Adorno, Theodor W., *Hegel: Three Studies*, trans., Shierry Weber Nicholsen, Cambridge, MA: The MIT Press, 1993, p. 3.
③ 人们对黑格尔辩证法的形式主义误解的原因和类型不尽相同,具体可以参见陶秀璈《黑格尔认识论研究》,中国人民大学出版社1999年版,第1—12页。
④ 参见[英]罗素《西方哲学史》下卷,马元德译,商务印书馆1976年版,第277—281页。
⑤ Adorno, Theodor W., *Hegel: Three Studies*, trans., Shierry Weber Nicholsen, Cambridge, MA: The MIT Press, 1993, p. 4.
⑥ 参见[英]罗素《西方哲学史》下卷,马元德译,商务印书馆1976年版,第275页。

但我们是否能够就此推出：黑格尔的唯心主义和他之前的唯心主义（康德、费希特、谢林）、他之后的生存本体论一样都是形式主义的呢？在阿多诺看来，虽然黑格尔将主体扩张为了绝对精神，但在他这里，主体和客体却并没有相互分离，而是互为本质、相互需要，获得了令人羡慕的"内容的丰富性"，这恰恰应归功于他的"思辨"，"因为正是他的思辨思想帮助他不仅触及认识工具的本质，而且触及认识的本质对象的本质，而没有（像胡塞尔的现象学那样——引者注）将意识的批判的自我反思悬搁起来"。阿多诺认为，这就是黑格尔哲学中与唯心主义相伴而行的现实主义，正是它使得黑格尔的唯心主义倾向具有了超越自身的趋势。[①]

为了阐明自己的上述看法，在接下来差不多 10 页的篇幅里，阿多诺就黑格尔对康德唯心主义传统的批判与继承问题进行了一番相当深入细致的学院化阐述。[②] 在他看来，黑格尔像康德一样强调了主体的首要性，但他并没有像后者那样将认识归结为纯粹主观的；黑格尔始终服从于客体自身的本质，从而使认识变得丰富，但它却不是通过排除主体而是在主体最充分的运动中获得的；黑格尔通过将运动机制引入康德哲学而使它得到了自己该得到的东西，但他的否定、中介并不像传统形而上学那样是从自身中演绎出来的，而是在并通过主体与客体这两极发生的；虽然黑格尔不承认与思维过程同一的形式上不变的第一性事物的存在，从而与康德的唯心主义传统形成了区别，但是他的主客体终究不过还是主体，一个力图消灭经验之我（世界）然而最终还是没有能够消灭掉经验之我（世界）的纯粹之我；也就是说，在肯定主体的首要性的同时，黑格尔也力图对客体的优先性给予某种肯定，这就是其思想中的现实主义，但是他最终为了主体的首要性、同一性、连续性而拒绝承认客体（世界）的

[①] 参见 Adorno, Theodor W., *Hegel: Three Studies*, trans., Shierry Weber Nicholsen, Cambridge, MA: The MIT Press, 1993, p. 5。

[②] 关于黑格尔是从什么方面出发实现对康德的批判继承问题，学术界历来争论颇多，阿多诺所主张的绝对主体性说实际上是其中非常有代表性的一种（参见［德］克劳斯·杜辛《黑格尔与哲学史——古代、近代的本体论与辩证法》，王树人译，社会科学文献出版社 1992 年版，第 177—194 页），这种观点能够非常好地说明《精神现象学》中两者的关系问题，但似乎在黑格尔青年时代两者的关系问题上说服力要小一些。

非同一性。①——如果我们对阿多诺的上述阐述进行横向考察,那么就会发现,较之于英国新黑格尔主义者芬德莱(J. N. Findlay)同时期的研究,②阿多诺这次对黑格尔辩证法的"再考察"并不算非常成功,③主要原因在于阿多诺自己:他所基本认同的卢卡奇解读路线,即在思想与社会(资本主义经济)的相互中介中来考察黑格尔的哲学和辩证法,④无疑具有重大的合理性和理论优越性,因为它能够特别成功地揭示思想的真实起源,在这一点上,它与就体系来论思想的学院派解读形成了鲜明的对比,但是他却没有能够像卢卡奇那样清晰地标示出这种本质差别,使得自己建立在资本主义经济学批判之上的重大的元结论未能清晰凸现出来,从而与一般的学院结论混同起来了。⑤ 这从一个非常深刻的方面说明:虽然在此时的"崩溃的逻辑"中,同一性观念和非同一性观念俱已形成,但从这里到"否定的辩证法"还有许多工作需要去完成。

二、黑格尔的劳动概念与资本的统治

如果说黑格尔哲学的本质是一种思辨的现实主义,那么,这种现实主义是从哪里来的呢?阿多诺事实上接受了卢卡奇的观点,认为这正是青年黑格尔研究政治经济学的积极成果。⑥ 以此为出发点,他认为,黑格尔从康德的知觉

---

① 参见 Adorno, Theodor W., *Hegel: Three Studies*, trans., Shierry Weber Nicholsen, Cambridge, MA: The MIT Press, 1993, pp. 6–16。

② 参见 J. N. Findlay, *Hegel: A Re-examination*, chapter three "The dialectical method", London: George Allen & Unwin LTD, 1958。

③ 从具体的理论结论来看,阿多诺此时对思辨、辩证法、主体的首要性、客体的优先性等问题的基本看法与1960年的"主体与客体"、《否定的辩证法》第二部分"'否定的辩证法':概念和范畴"中的看法是基本一致的,但在这里,我们却实在难以获得像后两者中那样的理论震撼力。

④ 1948年,卢卡奇出版了《青年黑格尔:辩证法与经济学的关系研究》(*The Young Hegel: Studies in the Relations between Dialectics and Economics*, trans., Rodney Livingstone, London: Merlin Press, 1975)一书,这本书体现了西方马克思主义对黑格尔解读的一般思路。

⑤ 我们特别注意到,评论者们往往很难理解阿多诺的解读的深意,而总是从一般的学院立场上来评论他对黑格尔的批判,参见[德]卡森《德国理性哲学史——从康德起的德国认识论史纲》,汤镇东译,兰州大学出版社1994年版,第209—222页;Michael Rosen, *Hegel's Dialectic and Its Criticism*, Cambridge: Cambridge University Press, 1982, chapter 7 "A negative dialectic?"。

⑥ 参见 Lukács, *The Young Hegel: Studies in the Relations between Dialectics and Economics*, trans., Rodney Livingstone, London: Merlin Press, 1975, pp. 168–178, 319–337。

综合中抽取出了自己神秘的精神劳动概念,而"这种神秘不过就是社会劳动"①。紧接着,他引证了马克思《1844年经济学哲学手稿》中论《精神现象学》的那一句著名的话:"因此,黑格尔的《现象学》及其最后成果——作为推动原则和创造原则的否定性的辩证法——的伟大之处首先在于……他抓住了劳动的本质,把对象性的人、现实的因而是真正的人理解为他自己的劳动的结果。"②阿多诺这么做显然不是像弗洛姆(Erich Fromm)那样想确证一种游离于历史发展根基的抽象的人道主义,③而不过是为了以马克思为中介将黑格尔与资本的逻辑及其正在展开的统治贯穿起来,从而确证我们与黑格尔的同时代性。

对于黑格尔的劳动概念,具有马克思主义背景的学者大都认同卢卡奇的判断,将它归结为日常意义的一般生产劳动,④而阿多诺则认为,这种劳动概念的现实原型只能是创造价值的抽象的社会劳动!众所周知,不管对于康德还是对于黑格尔,先验主体都是一种与个别的、孤立的、偶然的经验主体相对立的普遍性,那么,应当怎样理解这种普遍性呢?在学院派学者力图在哲学之中给出一个解答的地方,阿多诺却将问题投射到哲学赖以形成的社会生活之中,他指出:"这种普遍性是对劳动的社会本质的一种表达,是一个既精确又为了普遍的唯心主义论题的缘故而将自身遮蔽起来的表达,只有当劳动成为其

---

① Adorno, Theodor W., *Hegel: Three Studies*, trans., Shierry Weber Nicholsen, Cambridge, MA: The MIT Press, 1993, p. 18.

② 《马克思恩格斯全集》第42卷,人民出版社1979年版,第163页。

③ 弗洛姆始终强调一种类似于青年马克思的抽象人道主义(参见张伟《弗洛姆思想研究》,重庆出版社1996年版),而这与霍克海默、阿多诺等在《启蒙辩证法》中确立的后人学的理论基础是格格不入的。

④ 卢卡奇认为"外化"这种一般性的劳动概念是《精神现象学》的核心哲学范畴(Lukács, *The Young Hegel: Studies in the Relations between Dialectics and Economics*, trans., Rodney Livingstone, London: Merlin Press, 1975, p. 537ff),具有马克思主义背景的欧洲学者和中国学者大都认同了这一看法,参见柏耶尔的《黑格尔的实践概念》(中国社会科学院哲学研究所西方哲学研究室编:《国外黑格尔哲学新论》,中国社会科学出版社1982年版,第1—42页)、奥伊则尔曼的《辩证唯物主义和黑格尔包罗万象的实践观》(中国社会科学院哲学研究所西方哲学研究室编:《国外黑格尔哲学新论》,中国社会科学出版社1982年版,第203—224页)、施蒂勒的《〈精神现象学〉论劳动与人》(朱亮等编译:《国外学者论黑格尔哲学》,南京大学出版社1986年版,第184—198页)和王树人的《历史的哲学反思——关于〈精神现象学〉的研究》(中国社会科学出版社1988年版)。

他事物的尺度而超越了个人主体的偶然性的时候,它才成为劳动。"①也就是说,阿多诺反对抽象地讨论劳动,而要求站在马克思已经揭示的劳动二重性学说基础上去重新审视黑格尔的劳动概念,②这样,他就将后者与资本主义生产方式联系在一起,从而将先验主体与经验主体的对立转换为了抽象的社会一般劳动与具体的私人劳动之间的对立:"因此,私人劳动应该直接表现为它的对立面,即社会劳动;这种转化了的劳动,作为私人劳动的直接对立面,是抽象的一般劳动,这种抽象的一般劳动因此也表现为某种一般等价物。"③很显然,阿多诺这里的研究是存在一个未经言明的前提的,即不理解马克思的《资本论》就不可能真正理解黑格尔哲学。虽然我们不能将阿多诺的这一设定作为黑格尔研究的一般原则,但可以肯定的是,从这个原则出发,黑格尔哲学中一系列令学院派学者难以说清楚的问题就可以得到一种合理的说明。这一系列问题中最核心的一个就是社会与精神的关系问题:作为社会劳动,精神应当是社会的产物,但是,"在黑格尔那里,社会,作为经验个人的功能复合体,也就是康德称为构成性的东西,是存在的一部分,然而,在黑格尔《逻辑学》中,它却反过来成为被黑格尔称为精神的绝对的产物了"④。在阿多诺看来,这种颠倒的实质不过是形成了的资本与其历史条件之间的关系的颠倒,是抽象成为统治之后社会关系物化的必然表现。在这种"社会本质上是概念,就像精神本质上是概念一样"的社会中,进行统治的是资本的等价交换原则,它使得具体劳

---

① Adorno, Theodor W., *Hegel: Three Studies*, trans., Shierry Weber Nicholsen, Cambridge, MA: The MIT Press, 1993, p. 18.
② 在《资本论》第一卷第六章的手稿中,马克思写道:"我以前已经讲过,在所有以前的经济学家那里,把商品归结为'劳动'的分析,都是模棱两可的、不完全的。把商品归结为'劳动'是不够的,必须把商品归结为具有二重形式的劳动:它一方面作为具体劳动表现在商品的使用价值中,另一方面作为社会必要劳动以交换价值的形式被计算。……只要把劳动看作是形成价值的要素,把商品看作是劳动的物化,那么劳动的特殊有用性、劳动的特定性质、方式和方法就完全被抽象掉了。这种劳动本身是无差别的、社会必要的、一般的劳动,同一切特殊内容完全无关,因为这种劳动在自己的独立表现即货币中,在商品的价格中,取得了一切商品形式所共有的、仅仅是量上有差别的表现。"(《马克思恩格斯全集》第49卷,人民出版社1982年版,第51—52页)。
③ 《马克思恩格斯全集》第26卷Ⅲ,人民出版社1974年版,第146页。
④ Adorno, Theodor W., *Hegel: Three Studies*, trans., Shierry Weber Nicholsen, Cambridge, MA: The MIT Press, 1993, p. 19.

动与抽象劳动、事物的自然属性与社会属性、使用价值与交换价值的发生学关系彻底颠倒过来,"使得现代资产阶级意义上的社会既是抽象的事物,又是最真实的事物"。自然事实向着第二性的沉沦、抽象向着真实生成,意味着劳动已经从对象性的实践活动变成了"自身被反思的形式,一个纯粹的精神行为,精神的生产性统一"。在这种同一性中,一方面是"没有事物外在于精神",但另一方面,"在总体化精神观念中消失了的东西却又作为一种逻辑强制回到了那个观念之中"。也就是说,资本主义依旧是一个无法避免的"冲突的社会",它的"和解"不过是精神性劳动、同一性依赖强制造就的"假象"。①

阿多诺肯定,《精神现象学》中的劳动概念要比后来的劳动概念丰富一些,非常重要的一点就是它以某种方式"承认了劳动的自发性"。② 但这是不是意味着黑格尔就像某些马克思主义者以为的那样认为劳动是现实的了?阿多诺认为,黑格尔的劳动概念只是以思辨的方式保存了人类的劳动,在他的体系中劳动注定是要被抽象精神的抽象活动移走的:"那非本质的意识努力以求达到统一的运动,按照它与那表现为形态的彼岸的三重关系,本身也具有三个环节:第一,作为纯粹的意识,第二,作为个别的存在,这存在以欲望和劳动的形式对待现实性,第三,作为对它自己的自为存在的意识。"③也就是说,它最终在"对自然的统治"中变成自主的并因此与它对自身的认识即"人获得生存手段的延长的手臂"相异化:"当唯心主义错误地将劳动的总体性转变为存在于自身中的某物的时候,当它将自己的原则升华为一个形而上学的原则、精神的纯粹活动,并带有倾向性地将人类所产生的某物、易错的和有条件的某物、伴随着劳动自身而作为人类的痛苦的某物,转变成永恒的和正确的某物的时候,它就错了。"④在阿多诺看来,黑格尔之所以将历史地发生的异化永恒化了,正

---

① 参见 Adorno, Theodor W., *Hegel: Three Studies*, trans., Shierry Weber Nicholsen, Cambridge, MA: The MIT Press, 1993, p. 20。
② 参见 Adorno, Theodor W., *Hegel: Three Studies*, trans., Shierry Weber Nicholsen, Cambridge, MA: The MIT Press, 1993, p. 21。
③ [德]黑格尔:《精神现象学》上卷,贺麟等译,商务印书馆1979年版,第143页。
④ Adorno, Theodor W., *Hegel: Three Studies*, trans., Shierry Weber Nicholsen, Cambridge, MA: The MIT Press, 1993, pp. 21-22。

是因为他坚持了一种与自然相脱离的抽象的精神劳动,而马克思在《哥达纲领批判》中已经指出,一旦劳动与自然相分离,它就成了一种资产阶级的说法,①或者说"劳动变成了意识形态"。也就是说,在阿多诺看来,黑格尔的劳动概念对劳动进行的是资产阶级式的颂扬,"不管非同一性事物在对特殊判断的反思中怎样得到了它的应有权益",这一概念终究是"对作为主—客体的主体的掩饰,和对总体性中非同一性事物的否定",②而在他的同一性的形而上学体系中,"生产的自我忘却本性,交换社会的不知足的、具有破坏性的扩张原则得到了充分了说明"。③

既然黑格尔哲学的本质是"劳动意识形态",那么,我们是否能够就此得出结论,认为他对现实社会历史的理解就是错误的呢？通过对黑格尔市民社会学说的简短分析,阿多诺指出:恰恰相反,黑格尔的法哲学正确地揭示了市民社会是一个"只有在并通过对抗才得以存在下去,而不能解决它们"的"对抗的总体性"。④ 之所以会产生这种奇异的理论后果,原因还是在于他的劳动概念！——就黑格尔的本意而言,劳动应当是其唯心主义的动力源泉,因为"在现实中,这一非同一性具有同一性的形式,是一个不能被第三者、和解的要素统治的无所不包性。这种具有欺骗性的同一性是意识形态的本质,必然有社会地产生的幻觉的本质"。也就是说,他力图通过对客体的否定来实现对体系整体的肯定,但实际的效果却是整体本身也必然要遭到否定,"因为主体与客体、概念和事物、观念和社会最终的非同一性,已在他的哲学中不可抑制地浮现出来了。因为它最终在绝对否定性中消解了,尽管它已经赎回了它的前提,真实地与其被诱骗进入陷阱的主观事物同一了"⑤。由此,阿多诺也就深化了

---

① 参见《马克思恩格斯全集》第19卷,人民出版社1963年版,第15页。
② 参见 Adorno, Theodor W., *Hegel: Three Studies*, trans., Shierry Weber Nicholsen, Cambridge, MA: The MIT Press, 1993, p. 24。
③ 参见 Adorno, Theodor W., *Hegel: Three Studies*, trans., Shierry Weber Nicholsen, Cambridge, MA: The MIT Press, 1993, p. 28。
④ 参见 Adorno, Theodor W., *Hegel: Three Studies*, trans., Shierry Weber Nicholsen, Cambridge, MA: The MIT Press, 1993, p. 28。
⑤ 参见 Adorno, Theodor W., *Hegel: Three Studies*, trans., Shierry Weber Nicholsen, Cambridge, MA: The MIT Press, 1993, pp. 31-32。

恩格斯对黑格尔哲学的体系的判断,①认为黑格尔的真理性并不在其体系之外,而就在这个体系本身,因为这个相互冲突的体系就是资本主义制度的本质。② 他这样就得出了一个非常重要的结论:作为认识到启蒙辩证法的第一个现代哲学家,黑格尔并没有离我们远去,因为他正确揭示了资本主义体制而非他那个时代的自由资本主义的本质,就此而论,我们依旧是他的同时代人。

三、黑格尔与海德格尔:面对资本主义的两种不同姿态

如果我们依旧是黑格尔的同时代人,那么,一个非常现实的问题是:黑格尔与海德格尔这两个当代的"先知"的关系怎样呢?阿多诺非常自然地将话题转到了他最关注的这个问题上来。从阿多诺自己的说明来看,他本人此时应当已经对这个问题形成了某种系统的认识,但由于这一演讲的纪念性质,他不得不以一种含蓄的和学理化的形式来表达自己的基本看法:就"生存本体论"与"先验唯心主义"对存在问题的高度关注而言,它们之间确实存在一种天然的"亲合性",但更重要的是,两者之间同时存在着本质分歧。③

首先,黑格尔与海德格尔对存在的不同理解方式表明了两者对资本主义体制的永恒性的不同立场。我们知道,存在是黑格尔逻辑学的起点,"纯存在或纯有之所以当成逻辑学的开端,是因为纯有既是纯思,又是无规定性的单纯的直接性,而最初的开端不能是任何间接性的东西,也不能是得到了进一步规定的东西"④。这种纯有与纯无在对立统一中最终经过变易过渡到定在,也就是说,"黑格尔否定存在具有对所有思想或概念的绝对性、优先性,而这正是新近的形而上学复活所希望确保的东西"⑤。与对存在的态度一致的是,黑格尔

---

① 参见《马克思恩格斯全集》第21卷,人民出版社1965年版,第310—311页。
② 参见 Adorno, Theodor W., *Hegel: Three Studies*, trans., Shierry Weber Nicholsen, Cambridge, MA: The MIT Press, 1993, p.32。
③ 参见 Adorno, Theodor W., *Hegel: Three Studies*, trans., Shierry Weber Nicholsen, Cambridge, MA: The MIT Press, 1993, p.32。
④ [德]黑格尔:《小逻辑》,贺麟译,商务印书馆1980年版,第189页。
⑤ Adorno, Theodor W., *Hegel: Three Studies*, trans., Shierry Weber Nicholsen, Cambridge, MA: The MIT Press, 1993, p.32。

反对直接性,强调中介性,因为"活的实体,只当它是建立自身的运动时,或者说,只当它是自身转化与其自己之间的中介时,它才真正是个现实的存在,或者换个说法也一样,它这个存在才真正是主体"①。存在、资本的这种否定性和非直接性实际是由劳动的中介性所决定的。与此截然不同的是,海德格尔的存在所追求的正是黑格尔所反对的那种原初性和直接性。在点出这个关键之后,阿多诺将海德格尔与自己已经全面批判过的胡塞尔联系到一起,指出海德格尔的存在概念实际是对胡塞尔原初直观概念的继承,这是一种绝对的直接性,但就像黑格尔已经批判过的那样,②这是一种没有内容的空洞的同义反复。③ 胡塞尔以降的德国现代哲学在归根结底的意义上是从抽象的主观内在性、从意识推演出了自己的全部体系,正像黑格尔所说的那样,这是"复制的现实主义",是对资本的抽象统治的直接颂扬。在这里,阿多诺特别指出,青年海德格尔也是主张从现实而不是从某一个原初前提出发推导出一切的,④但事实上他却这么做了,这是因为他和胡塞尔一样,对资本主义、存在这个直接性的当下持一种非批判的态度,"把主观的概念抽象、存在的至上性结果实体化了",从而将在历史中形成的事物永恒化了,所以,"身陷唯心主义而不自觉"是他和胡塞尔共同的命运。⑤

其次,黑格尔与海德格尔不同的真理观表明了两者对资本主义体制的不同立场。真理问题是海德格尔哲学中显而易见的核心问题之一。⑥ 在某种意义上,阿多诺赞同海德格尔对传统符合真理论的批判,将真理与存在关联起来

---

① [德]黑格尔:《精神现象学》上卷,贺麟等译,商务印书馆1979年版,第11页。
② 参见[德]黑格尔《逻辑学》上卷,杨一之译,商务印书馆1976年版,第87—88页。
③ 参见 Adorno, Theodor W., Hegel: Three Studies, trans., Shierry Weber Nicholsen, Cambridge, MA: The MIT Press, 1993, pp. 34 – 35。
④ 阿多诺指的是海德格尔在1915年的教职论文《邓·司格特的范畴学说和意义理论》中的观点,参见靳希平《海德格尔早期思想研究》,上海人民出版社1995年版,第147—148页。
⑤ 参见 Adorno, Theodor W., Hegel: Three Studies, trans., Shierry Weber Nicholsen, Cambridge, MA: The MIT Press, 1993, pp. 35 - 36。
⑥ 关于海德格尔的真理观,参见陈嘉映《海德格尔哲学概论》,生活·读书·新知三联书店1995年版,第162—239页。

考察,认为真理就是"去蔽"的,①因为他肯定:"与纯粹有限事物相对,精神的无限性意图证明真理的绝对性,这真理被从纯粹的看法、所有的意图和主观的'意识事实'那里移走了,而这正是黑格尔哲学的顶点。"②但他对海德格尔的赞同仅仅到此为止,因为在他看来,海德格尔的真理观与黑格尔的(毋宁说就是他自己的)真理观在各个基本方面都是截然对立的。第一,真理与主体的关系问题。不管海德格尔是否能被判定为主观主义的,但他确实将真理交付给了主体,此在:真理"是此在的一种存在方式"。③ 当海德格尔这么说的时候,他实际上就将此在(人的现实存在状态本身)设定为真理,从而将资本主义这种历史性的存在设定为永恒真理了。而在阿多诺看来,真理不过就是通过对主观运动的自我意识、反思的反思,实现"对绝对的认识",因此,真理必然是一个过程,一个与自我运动着的自在的实体即存在相联系的过程,正是这里蕴藏着黑格尔反对唯心主义的关键。④ 第二,真理与时间的关系。《存在与时间》中的时间理论是非常繁难的,"论时间性的后半部,不仅明显地行文仓促,而且常常不过把时间论作成模式,用以复写前半部的内容",只是到了1970年代以后,学术界才真正开始关注它。⑤ 由于阿多诺对《存在与时间》的兴趣始终局限在前半部,所以我们完全有理由相信此时的他对时间问题同样缺乏系统全面的理解,但他却非常敏锐地抓住了一点:海德格尔一方面从将来出发界定时间,另一方面又把永恒设定为非时间的,⑥由此他就将存在的真理这个本质的永恒世界放置在了时间之上。然而,"黑格尔的真理并不像唯名论的真理那样在时间之中,也不像在存在论模式中那样在时间之上,时间反倒在真理之中。

---

① 参见[德]海德格尔《存在与时间》,陈嘉映等译,生活·读书·新知三联书店1987年版,第264—265页。
② Adorno, Theodor W., *Hegel: Three Studies*, trans., Shierry Weber Nicholsen, Cambridge, MA: The MIT Press, 1993, p. 36.
③ 参见 Adorno, Theodor W., *Hegel: Three Studies*, trans., Shierry Weber Nicholsen, Cambridge, MA: The MIT Press, 1993, p. 36.
④ 参见 Adorno, Theodor W., *Hegel: Three Studies*, trans., Shierry Weber Nicholsen, Cambridge, MA: The MIT Press, 1993, pp. 37-38.
⑤ 参见陈嘉映《海德格尔哲学概论》,生活·读书·新知三联书店1995年版,第117页。
⑥ 参见叶秀山《思·史·诗——现象学和存在哲学研究》,人民出版社1988年版,第153—170页;黄裕生《时间与永恒——海德格尔哲学中的时间问题》,社会科学文献出版社1997年版。

作为一个过程,真理是'经过所有要素的乐段'……它有一个暂时性的内核"。用阿多诺本人更愿意用的方式来讲,真理所要面对的决不是主体性、命题自身静态的永恒等同,而是通过"精神的自我反思"去"模仿"客观历史过程本身,①这实际上是对马克思唯物主义立场的一次重申。②

再次,黑格尔和海德格尔对理性的不同理解决定了他们对资本主义条件下获得自由的不同道路选择。阿多诺指出:黑格尔的理性概念和"当今以存在的名义发生的概念拜物教"是截然不同的,因为后者实际上通过胡塞尔的范畴直观回到康德的立场上,而黑格尔所理解的理性实际上是一种"在思想的方面开展的自我批判的运动"。③ 在确立了这个出发点之后,阿多诺在自己的马克思主义立场上对黑格尔进行了系统的再"考察",从而得出了一系列直接指向海德格尔的结论。第一,黑格尔的理性并不封闭在自身结构之中,而是与自然、外在现实处于辩证的冲突之中,并在这种冲突中达成自己的"狡计"、实现自身。④ 第二,自由与理性也就是现实的社会运动本身是不能相互脱离的,自由只能是现实的运动提供的现实的结果。⑤ 因此第三,个人只能够生活于社会之中,是社会中的个人,这实际上也就意味着对自由的取消,因为市民社会中的个人,他不得不服从外在必然性,但在黑格尔自觉地充当资产阶级意识形态捍卫者的地方,⑥海德格尔实际上是不自觉地这么在做的。

在演讲的最后,阿多诺说,尽管黑格尔是一名资产阶级哲学家,但他却缺

---

① 参见 Adorno, Theodor W., *Hegel: Three Studies*, trans., Shierry Weber Nicholsen, Cambridge, MA: The MIT Press, 1993, pp. 40-41。

② "整体,当它在头脑中作为思想整体而出现时,是思维着的头脑的产物,这个头脑用它所专有的方式掌握世界……实在主体仍然是在头脑之外保持着它的独立性……因此,就是在理论方法上,主体,即社会,也必须始终作为前提浮现在表象面前。"[《马克思恩格斯全集》第 46 卷(上),人民出版社 1979 年版,第 39 页]

③ 参见 Adorno, Theodor W., *Hegel: Three Studies*, trans., Shierry Weber Nicholsen, Cambridge, MA: The MIT Press, 1993, p. 41。

④ 参见 Adorno, Theodor W., *Hegel: Three Studies*, trans., Shierry Weber Nicholsen, Cambridge, MA: The MIT Press, 1993, pp. 41-42。

⑤ 参见 Adorno, Theodor W., *Hegel: Three Studies*, trans., Shierry Weber Nicholsen, Cambridge, MA: The MIT Press, 1993, p. 43。

⑥ 参见 Adorno, Theodor W., *Hegel: Three Studies*, trans., Shierry Weber Nicholsen, Cambridge, MA: The MIT Press, 1993, pp. 44-46。

乏资产阶级的"礼节",这在他对道德的不完善性的规定中得到了最直接的阐明,①从而在这个问题上与他的前人康德、同时代的批评者叔本华、后来的批评者克尔凯郭尔形成了鲜明的对立。问题的关键也正在这里,因为正是拥有"经验财富"的黑格尔打破了"资产者个人能够从善"的幻象! 黑格尔的私人生活或许谈不上雅致,但他却在反思中、在对精神—历史进行的概览中,"真实地拥有了生活","黑格尔的生活的意义是与其哲学的本质联系在一起的。没有哲学如此深邃丰富,也没有哲学能够如此坚定不移地坚守它毫无保留地将自己托付于其中的经验。因此,就是其失败的痕迹也被真理自身所穿透了"。②

就这样,在经过与克尔凯郭尔、胡塞尔和黑格尔的艰难搏杀后,阿多诺最终清除了海德格尔在自身周围设置的种种迷障,让他直接面对自己。两者延宕了30年的正面交锋就此拉开了序幕。

第二节 黑格尔的"经验":否定性的力量之源

阿多诺题为"黑格尔哲学的经验内容"的第二篇研究无疑是直接针对海德格尔的,确切地说,是直接针对海德格尔在《林中路》之"黑格尔的经验概念"一文中对黑格尔哲学所进行的存在主义解读的。在黑格尔是西方形而上学的终结者这个基本判断上,阿多诺与海德格尔并无大的分歧,但问题的关键在于如何理解这种终结。当海德格尔在"黑格尔的经验概念"的开头宣称"'经验'所说的就是'现象学'之所是"的时候,③他实际上是力图证明自己在学理上对黑

---

① 参见[德]黑格尔《精神现象学》下卷,贺麟等译,商务印书馆1979年版,第144页。
② Adorno, Theodor W., *Hegel: Three Studies*, trans., Shierry Weber Nicholsen, Cambridge, MA: The MIT Press, 1993, pp. 47-51.
③ 参见[德]海德格尔:《林中路》,孙周兴译,上海译文出版社1999年版,第111页。

格尔的"客观精神"遗产的继承或他与黑格尔的同在性。① 而当阿多诺在研究的开头以同样简洁明了的方式宣布了自己与海德格尔在经验问题上的原则对立的时候,②他不过是重申整个学派在 1940 年代初期就达成的一个基本认识:黑格尔对唯心主义的突破或者说对形而上学的终结,源于他将"具体的历史的因素"引进到了哲学之中。③ 也就是说,在阿多诺看来,**黑格尔否定性辩证法的力量源泉并不在于抽象的否定概念自身,而在于被引入黑格尔哲学中来的经验的历史自身**,因此,他明确指出:"我的论题是黑格尔哲学的经验实质,而不是存在于黑格尔哲学中的经验内容。我想说的其实更接近于黑格尔在《哲学全书》的导论中所说的'思想对客观性的态度'……我感兴趣的不是黑格尔在主观上是如何获得这个或那个学说的,而是在黑格尔的精神中,已经在他的哲学中得到反映并积淀在他的哲学中的客观现象的推进力量"④。

一、黑格尔的"经验"对经验主义和唯心主义的双重超越

关于"经验",在《精神现象学》的导论中黑格尔其实说得挺明白:"意识对它自身——即对它的知识又对它的对象——所实行的这种辩证的运动,就其替意识产生出新的真实对象这一点而言,恰恰就是人们称之为经验的那种东西。"⑤对于这种经验科学意义上的经验概念和当代现象学理性直观意义上的经验概念的本质区别及其独特性,海德格尔在 1930 年代初的研讨班上曾做过

---

① 伽达默尔沿着海德格尔所开启的这一理路,对黑格尔与海德格尔的关系问题进行了多次系统阐发,参见[德]伽达默尔《黑格尔与海德格尔》,载《伽达默尔论黑格尔》,范进等译,光明日报出版社 1992 年版,第 136—157 页;[德]伽达默尔《黑格尔的遗产》,载《科学时代的理性》,薛华等译,国际文化出版公司 1988 年版,第 32—60 页。伽达默尔的这种解释路径得到了英美学界的广泛认同,在某种意义上已经成为阐释黑格尔与海德格尔关系的标准解答,参见韦克迈斯特《黑格尔与海德格尔》,载施泰因克劳斯编《黑格尔哲学新研究》,王树人等译,商务印书馆 1990 年版,第 176—192 页。
② 参见 Adorno, Theodor W., *Hegel: Three Studies*, trans., Shierry Weber Nicholsen, Cambridge, MA: The MIT Press, 1993, pp. 53-54。
③ 参见[美]马尔库塞《理性和革命——黑格尔和社会理论的兴起》,程志民等译,重庆出版社 1993 年版,第 14 页。
④ Adorno, Theodor W., *Hegel: Three Studies*, trans., Shierry Weber Nicholsen, Cambridge, MA: The MIT Press, 1993, p. 54。
⑤ [德]黑格尔:《精神现象学》上卷,贺麟等译,商务印书馆 1979 年版,第 60 页。

深入而明确的剖析,①但在 10 年后的"黑格尔的经验概念"中,他显然是**出于哲学的而非哲学史的意图**将它重新纳入康德—胡塞尔的传统之中,强调了它的直接性。② 阿多诺认为,在这个问题上,当代资产阶级哲学(实证主义、胡塞尔和柏格森)最终合流,从纯粹哲学角度来看,这是对黑格尔已然批判过的康德意义上的唯心主义传统的复归,而在元哲学的层面上,这实际上是资本(唯心主义)成为绝对精神之后人们对于自身存在丧失独立性与直接性的一种自发反应,"人类的直接性被无所不在的交换体制容忍得越少,温顺的哲学就越是狂热地肯定它在直接性中拥有事物的基础"③。与此截然不同的是,黑格尔克服了这种幻觉,从而实现了对休谟(David Hume)传统的经验主义和以此为渊源的康德传统的唯心主义的双重超越。

阿多诺肯定,现代科学技术的发展事实上已经在很大程度上证明了黑格尔意义上的辩证法的陈旧性,但这是否就意味着辩证法是非真理的呢? 情况恰恰相反,因为当代资本主义社会的发展已经越来越多地证明,辩证法要比批判它的那些思想具有更多的"当代性"。这充分说明:在"复兴"黑格尔,具体地说在面对黑格尔的"经验"的时候,不能抽象地停留在黑格尔的言词上,而是要深入他从中找到了"能阐释的精神"的"世界自身的经验"中,去理解他的思想,因为"在他这里,这些经验是以密码化的方式存在的,其真理性是被遮蔽的"。④ 基于这种方法论的扭转,阿多诺非常自然地超越了黑格尔自己的论说方式,⑤在自己已然确立的同一性观念基础上重新讨论了黑格尔的"经验"对休谟传统的经验主义和康德传统的唯心主义的超越。

---

① 参见 Heidegger, *Hegel's Phenomenology of Spirit*, trans., Parvis Emad and Kenneth Maly, Bloomington: Indiana University Press, 1988, pp. 18–23。

② 参见[德]海德格尔《林中路》,孙周兴译,上海译文出版社 1999 年版,第 118—131 页。

③ Adorno, Theodor W., *Hegel: Three Studies*, trans., Shierry Weber Nicholsen, Cambridge, MA: The MIT Press, 1993, p. 55.

④ Adorno, Theodor W., *Hegel: Three Studies*, trans., Shierry Weber Nicholsen, Cambridge, MA: The MIT Press, 1993, p. 56.

⑤ 在"逻辑学概念的初步规定"中,黑格尔是将以休谟为代表的经验主义和康德的批判哲学并列起来,作为"思想对客观性的第二态度"的两种表现加以批判的,其基本切入点是思维与存在的关系问题,参见[德]黑格尔《小逻辑》,贺麟译,商务印书馆 1980 年版,第 110—151 页。

阿多诺指出,在休谟传统的经验主义哲学中,与主体相关的直接性是经验概念的本质特征,黑格尔则破除了这种经验概念的三个神话:首先,天地之间根本没有不被中介的东西,直接性自身本质上是被中介的;第二,直接性并不是被给予的,而是主体建构的产物;因此第三,直接性在本质上不是客观的而是主观的。① 阿多诺同时肯定,尽管黑格尔批判了经验主义的经验概念,但他并没有因此简单地抛弃直接性,而是正确地揭示了两者之间的辩证的统一关系:直接性是间接性的产物和结果,就像找不到不被中介的直接性一样,没有直接性的中介性也是不存在的,它们相互生产和再生产出对方,只有在整体的联系中,双方才都在新的阶段上形成、消失和和解。② 在对经验主义的经验概念的批判就要结束的时候,阿多诺引用了黑格尔的一段原话:"但是要指出事实上有一种知识的进展,既不偏于直接性,也不偏于间接性,这就须以逻辑学自身和全部哲学作为样本",③并由此得出结论认为"只是对它在黑格尔那里并且根据黑格尔才可能成为一个问题的事物的'经验',方才决定性地改变了经验概念的通常用法"④。坦率地说,阿多诺这个结论的得出让人觉得非常突兀,但要是我们将他对胡塞尔的批判联系起来看的话⑤就会发现,他的意思不过是说:在将经验的主体从原子式的个人向着社会中的个人、将经验的对象从不可知的物自体向着作为一个过程的存在(资本)的双重还原中,黑格尔最终超越了经验主义的经验概念。

不管黑格尔最后怎样批判和超越了康德,但有一点是必须承认的,即他的哲学思考起步于康德哲学。在阿多诺看来,黑格尔的经验概念也同样起步于康德的思考,因为他的经验内容或者说那个与自我对峙的非我,"是一个黑格

---

① 参见 Adorno, Theodor W., *Hegel: Three Studies*, trans., Shierry Weber Nicholsen, Cambridge, MA: The MIT Press, 1993, pp. 57–58。

② 参见 Adorno, Theodor W., *Hegel: Three Studies*, trans., Shierry Weber Nicholsen, Cambridge, MA: The MIT Press, 1993, p. 59。

③ [德]黑格尔:《小逻辑》,贺麟译,商务印书馆1980年版,第168页。

④ Adorno, Theodor W., *Hegel: Three Studies*, trans., Shierry Weber Nicholsen, Cambridge, MA: The MIT Press, 1993, p. 59。

⑤ 参见本书第四章第三节。

尔与德国古典哲学作为一个整体的后康德体系运动、特别是费希特和谢林共同分享的理论财富"①。这个运动的一个显著特点就是对物化意识的抗拒和对总体性的追求："后康德的德国唯心主义经验概念是对庸人的狭隘，对与劳动分工相一致的生活和有机知识的分化的反动……在知识领域，唯心主义呈现为这样一种洞见：专门知识的总和不是一个整体，知识和人类精神之最优异者已经从劳动分工的网眼中滑走了"②。按照阿多诺的理解，这实际上是黑格尔与费希特和谢林所分享的真正的也是唯一的理论财富，因为以此为出发点，彻底沉浸在"总体性成了一种极端的罪恶"的"总体性社会"之中的黑格尔，最终形成了与后者具有本质差别的经验概念。之所以如此，是因为第一，黑格尔的经验概念摧毁了唯我论个人意识的幻觉之网和直接性的"第一"事物的神话，将经验的主体还原到了不断再生产出他的生活的社会之中，使经验朝着与所有人类经验相互依赖的正确方向发展，从而对后康德唯心主义传统的纯粹个人经验进行了反向的校正。③ 第二，黑格尔的经验的主体与世界历史进程是一致的，这种哲学活动的动态化引导哲学超越形式走向本质，从而使贯彻康德哲学始终、在费希特那里得到最初质疑的先验世界与经验世界的分离得到彻底消除。④ 第三，黑格尔的经验概念要求超越抽象的概念，直接面对现实的社会生活本身，从而与先于自己的康德唯心主义传统和后于自己的海德格尔的存在主义阐释都形成了鲜明的对比。⑤

基于上述分析，阿多诺指出，黑格尔的经验概念毫无疑问是具有"当代相关性"的，这种相关性基础就是它在反对后康德的唯心主义传统的过程中与

---

① Adorno, Theodor W., *Hegel: Three Studies*, trans., Shierry Weber Nicholsen, Cambridge, MA: The MIT Press, 1993, p. 60.
② Adorno, Theodor W., *Hegel: Three Studies*, trans., Shierry Weber Nicholsen, Cambridge, MA: The MIT Press, 1993, p. 62.
③ 参见 Adorno, Theodor W., *Hegel: Three Studies*, trans., Shierry Weber Nicholsen, Cambridge, MA: The MIT Press, 1993, pp. 63-64。
④ 参见 Adorno, Theodor W., *Hegel: Three Studies*, trans., Shierry Weber Nicholsen, Cambridge, MA: The MIT Press, 1993, pp. 64-66。
⑤ 参见 Adorno, Theodor W., *Hegel: Three Studies*, trans., Shierry Weber Nicholsen, Cambridge, MA: The MIT Press, 1993, p. 67。

"社会唯物主义"所建立起来的"联盟":"它滋养了这种经验,即没有任何东西能够脱离人类的产生而存在,没有任何东西能够完全脱离于社会劳动。即使从表面上看与劳动没有关系的自然,也只有从通过劳动才能被定义为是自然的,在这个意义上,它是被劳动中介的。……如果没有在劳动中消失的自然要素,存在着的事物就几乎都是劳动产品了。就像在黑格尔那里,在那个所有东西都终将沦为作为绝对精神的主体那样,因为在主体被等同为不同的某物、主体的过程中,没有任何差别能得以保存,所以唯心主义取消了自身。一旦客体成为绝对中的主体,那么,客体也就不再是一个与主体相对的低级存在了。在它的极端上,同一性成了非同一性的代理人。在防止这一步最终发生的界限在黑格尔哲学中被牢固地树立起来的时候,毫无疑问,这一步对它的哲学内容而言就变得非常重要了。……对于辩证法而言具有真实性的是,黑格尔哲学为了保存哲学就必须否定自己,这是一种自我反思。"[1]

二、"修正了的辩证法观念"

在我们看来,阿多诺这一篇研究的写作不可谓不艰难:就其本意而言,他实际上是想借助对黑格尔的阐发来彰现自己"修正了的辩证法观念",就此而论,非情境化的解读自然是最适宜的,然而公开演讲的学院性质与纪念性质却要求他不能完全脱离黑格尔的内在理路;另一方面,海德格尔对黑格尔经验概念的存在主义解读已经摆在那里了,他又必须从黑格尔出发来表明自己的不同立场。这样,黑格尔的本意、海德格尔对黑格尔的存在主义解读、阿多诺对黑格尔的理解以及对海德格尔解读的批判等多重视域就纠缠在一起了,使得他难以直抒胸臆。到目前为止,文章行文的艰涩足以说明这一点。但我们注意到,阿多诺接下来的论述突然变得流畅起来,原来他终于暂时地搁置与黑格尔及海德格尔的多重对话关系,直接点出了自己对黑格尔辩证法的本真看法。——这一段论述虽然不长,却非常要紧,因为它直接预告了《否定的辩证

---

[1] Adorno, Theodor W., *Hegel: Three Studies*, trans., Shierry Weber Nicholsen, Cambridge, MA: The MIT Press, 1993, pp. 68-69.

法》第二部分的一些核心要点。

首先,黑格尔唯心主义辩证法的概念因为经验而保持了流动性,因此,他也就在事实上承认了事物的不可分解性。阿多诺肯定,黑格尔的唯心主义和一切唯心主义一样都是从概念出发,力图最终实现主体与客体在主体基础上的同一。作为唯心主义的集大成者,就其体系本身而言,黑格尔始终试图阐释主体的首要性,甚至连最微不足道的非同一性的痕迹都不能忍受。① 但问题的关键在于,由于其哲学的经验实质,在实现同一的过程中,他的唯心主义却不像康德—胡塞尔传统的唯心主义那样"专横"。经验科学与康德—胡塞尔传统的唯心主义都过分强调了概念的权能,但却忘记了如下事实即"概念意图使之臣服的事物的生命并没有在概念化的描述中被穷尽"。"Begriff"(概念)由"greifen"(抓住)演化而来,这就意味着"Begriff"需要"greifen"现成在手的事物及其本质,然而却不一定就能"greifen"它们。② 从表现上看,黑格尔的辩证法是反经验的,但在本质上它却是真正经验的,因为它"指示了现成在手事物、认知客体和它的科学复本之间的差异",也就是说它肯定了客体与主体的差异及其不可分解性。是概念就要"进行抽象、分类和限制",黑格尔辩证法的概念也必须如此,尽管他厌恶这样做。不过,经验让他知道,虽然概念最终能够抓住事物,因为这本质上是精神的自我认识,但这个结果不是一次就能完成的,而是一个过程,所以,"概念的意义既是确定的,因为这样它们才能成其为概念,又是流动的,它们会因为客体的指示而改变自身,而不是反过来扭曲对方"。在凝固的概念和流动的概念的矛盾运动中,"非同一性——概念与事物自身并非同一这一事实——就在定义的逻辑形式所要求的概念和事物自身的同一性中变得自明了"。换言之,同一性是黑格尔辩证法的目的,但是,为了达到这个目的,它就必须肯定事物自身的不可分解性和与概念的非同一性。③

---

① 参见 Adorno, Theodor W., *Negative Dialectics*, trans., E. B. Ashton, London: Routledge & Kegan Paul, 1973, p.135/132。

② 参见 Adorno, Theodor W., *Hegel: Three Studies*, trans., Shierry Weber Nicholsen, Cambridge, MA: The MIT Press, 1993, p.69。

③ 参见 Adorno, Theodor W., *Hegel: Three Studies*, trans., Shierry Weber Nicholsen, Cambridge, MA: The MIT Press, 1993, pp.70–71。

第二，黑格尔在对反思的反思中，揭示了主体第一性的幻想。我们知道，在其哲学思考的起点之处，阿多诺就反对主体第一性的观念，并最终在对胡塞尔的元批判中彻底颠覆了这一观念。① 如今，当他力图从黑格尔这里开发出一种"修正了的辩证法观念"的时候，他就必须面对的一个问题就是：从黑格尔哲学这个最强制的同一性体系中，寻找到对抗主体第一性的力量，因为作为德国古典哲学的终结者，黑格尔同样处于康德所开启的认识论传统中之中，而"认识论的反思的主导倾向是越来越将客观性回溯到主体"。② 对此，阿多诺认为，黑格尔对反思的反思或"对反思的批判"，正是他及其后继者与康德彻底划清界限的关键所在。③ 在同一时期稍后一些的《主体与客体》一文中，阿多诺曾非常清楚地指出，主体与客体的分离及其绝对化正是主体第一性观念得以形成的基础。④ 而在对反思的反思过程中，黑格尔将反思运用到了"作为知识的条件的意识"身上，从而使"两种意识——哲学的批判意识和从事直接的对象认识的意义——的关系"这一从不被康德所考虑的问题得到了主题化的讨论，因此使康德视之为必然的主客体的划界成为"意识的朴素性、需要被批判的东西"。⑤

在他看来，不管黑格尔的绝对精神有多么可疑，但在人的意识的有限性和主客体的辩证关系这两个问题上，它显然是正确的。同时，在《精神现象学》中，通过自我反思，意识最终让我们看到了"它是何以未能掌握现实，它如何以其命令性概念毁坏事物并将它们简化为最靠近上缴它的'质料'的事物的偶然状态"的，一句话，它最终让我们看到了主体第一性在何种意义上是主体自身的幻想！但是，阿多诺同时提醒人们注意：对理性的反思与批判只能交由理性

---

① 请分别参见本书导论和第四章中的相关论述。
② 参见 Adorno, Theodor W., *Negative Dialectics*, trans., E. B. Ashton, London: Routledge & Kegan Paul, 1973, pp. 176/174。
③ 参见 Adorno, Theodor W., *Hegel: Three Studies*, trans., Shierry Weber Nicholsen, Cambridge, MA: The MIT Press, 1993, p. 71。
④ 参见 Adorno: "Subject and Object", Andrew Arato and Eike Gebhardt, ed., *The Essential Frankfurt School Reader*, New York: Urizen Books, 1978, pp. 498–503。
⑤ 参见 Adorno, Theodor W., *Hegel: Three Studies*, trans., Shierry Weber Nicholsen, Cambridge, MA: The MIT Press, 1993, p. 71。

自己去完成,像柏格森那样的非理性主义批判,即"对一个物化的、分裂的、疏离的、仅仅从外部建立起了一种不同的知识来源的意识的批判,都不过是'它是虚弱的'这一判断的简单对照,取代理性的理性观念因为其自身的标准而必定会无希望地失败。……只有通过反思,反思的思想才能超越自身"①。

第三,在对物化的批判中,黑格尔将对认识论的批判与对资产阶级社会的批判统一了起来。阿多诺肯定,黑格尔批判理性科学,决不是要回到前康德的形而上学那里去,而不过是力图证明:理性科学对对象的把握本质上不过是按照自己的标准对对象的裁减,"它是为了自己的规范性概念、它的内在实用性和矛盾的缺乏而这么做的",而"哲学意识之最简单的任务不过就是通过自我反思,解决那被科学遮蔽和冻结的事物,把科学从它那里拿去的东西还给它"。阿多诺进而指出,黑格尔对理性科学、对非反思精神劳动的批判其实是对工具理性偏执化发展的预先批判,"黑格尔使用认识论的语言和从它推论出来的思辨形而上学的语言,表达了这样一个思想,即物化和合理化的资产阶级社会将成为一个值得人类去努力奋斗的社会,在其中,统治自然的理性已经实现;这一点不是通过退回较早之先于劳动分工的不合理的阶段来实现的,而是通过把它的合理性运用于自身,换言之,通过它自身理性中对无理性的市场具有疗治功能的意识和不合理事物中那些具有合理成分的踪迹来实现的。从此之后,无理性的要素就在现代合理性的后果中变得清晰可见了,这意味着普遍的灾难"。从本质上讲,黑格尔哲学是一种"从已经成为非真理的社会中拯救出真理性成分的绝望的尝试",尽管他在具体的言说层面上保持了对资本主义社会的忠诚,但"在哲学意识中,黑格尔关于主体的自我反思观念实际上就是社会对自身之最初的批判意识"②。

---

① Adorno, Theodor W., *Hegel: Three Studies*, trans., Shierry Weber Nicholsen, Cambridge, MA: The MIT Press, 1993, pp. 72-73.
② Adorno, Theodor W., *Hegel: Three Studies*, trans., Shierry Weber Nicholsen, Cambridge, MA: The MIT Press, 1993, pp. 73-75.

三、否定性：辩证法的力量之源

在插入了自己对"修正了的辩证法观念"的基本理解之后，阿多诺重又回到黑格尔身上来，在与同时代的诸多流俗观点的辩论中，对"矛盾"这个"黑格尔哲学最重要的原则"进行了一次具有现实针对性的解读，[①]从而对"否定性"这个核心进行了全面阐述。

第一，矛盾运动、否定不是字面游戏，而是经验的、现实的。阿多诺知道，在第二国际特别是斯大林主义之后，辩证法实际上已经被"凝固化为观念的商标"，"被还原为一种被选择出来用以对抗黑格尔厕身其间、能够导向毁灭性批判的批判哲学的世界观"，在这种"辩证唯物主义"中，矛盾运动、否定与否定之否定实际上已经蜕变为一种像康德的先验认识图式那样的东西，它从外部给对象留下印记，只要愿意，任何人都可以学习并运用它。[②] 这种"辩证唯物主义"之所以令人厌恶，是因为它将否定之否定这一正确的原则凝固化为"字面的教条"和"信仰的官样文章"。可在黑格尔那里，辩证法的运动实际上是由经验来推动的，"黑格尔证明：概念、判断和结论，都是通过意识探知存在的事物之难以舍弃的工具，但它们总是要因为与现存事物的冲突而终止；按照一种断然的真理理念的标准，所有个别判断、所有个别概念和所有个别结论都是错误的。"[③]与康德相比，黑格尔辩证法中否定性的首要理由是，"它的批判的自我反思所导致的知识的界限，不是外在于知识的某物，不是仅仅可以从外部加以谴责的某物，它们其实是内在于知识的要素之中的"。第二条但或许是更重要的一条理由是，"在康德那里，批判依旧是理性批判，而在批判康德的理性与现实的分离观念的黑格尔这里，理性批判同时也是对现实事物的批判。所有孤立的特殊定义的不充分性，也就是在这些定义中被把握的现实事物的不充分

---

① 参见 Adorno, Theodor W., *Hegel: Three Studies*, trans., Shierry Weber Nicholsen, Cambridge, MA: The MIT Press, 1993, p. 75。

② 参见 Adorno, Theodor W., *Hegel: Three Studies*, trans., Shierry Weber Nicholsen, Cambridge, MA: The MIT Press, 1993, p. 75。

③ Adorno, Theodor W., *Hegel: Three Studies*, trans., Shierry Weber Nicholsen, Cambridge, MA: The MIT Press, 1993, p. 76。

第五章 座架黑格尔:否定性的力量之源 255

性。即使这个体系最终使理性、现实、主体和客体等同起来了,辩证法还是通过运用它自己的概念、自己的理性转而尖锐反对纯粹存在的非理性、自然持久的状态。只要它依旧不和解、不充分合理,现实就将揭示自身为一个被诅咒的现实。因为那个使黑格尔同尼采以及所有非理性主义的陈述区别开来的'确定的否定'的概念,黑格尔并不仅仅单纯地反对抽象的包容性概念,其中包括否定概念。因为,否定同时也介入到了作为自我批判的概念的内容的现实即社会之中"①。

第二,否定是总体之中的否定,是对总体的否定。阿多诺指出,矛盾的辩证法运动只能在对社会的经验中被经验,在黑格尔看来,这个社会是一个因为统治原则和分工原则而建立起来的"对抗的总体性概念"。在黑格尔的形而上学体系中,他实际上是希望"通过和解得到自身,也就是说他通过彻底经受自己的矛盾而扬弃自身的矛盾性质并不再成为总体性",即他希望通过否定达成肯定,达成对资本主义理想本身的肯定。② 在讨论这个问题的时候,阿多诺专门提到了黑格尔最为人诟病的国家理论,③针对时代的偏见,阿多诺引申了恩格斯关于黑格尔的体系与他的辩证法之间存在矛盾冲突的正确指示,④他指出:黑格尔的经验是对资产阶级社会的边界的一种探测,作为一名资产阶级哲学家,他因为站在边界的这一侧而没有看到历史前进的力量,最终在国家概念的绝对化中放弃了自己的辩证的否定,但是否定终将否定它栖身其中的社会总体,"因为矛盾的事物、作为整体的社会终将超越自身",所以,马克思在《资本论》的序言中对黑格尔的辩证法的颠倒,⑤决不是与黑格尔的调情,而是"将

---

① Adorno, Theodor W., *Hegel: Three Studies*, trans., Shierry Weber Nicholsen, Cambridge, MA: The MIT Press, 1993, pp. 77 – 78.
② 参见 Adorno, Theodor W., *Hegel: Three Studies*, trans., Shierry Weber Nicholsen, Cambridge, MA: The MIT Press, 1993, pp. 78 – 80。
③ 长期以来,人们始终相信黑格尔的法哲学是效忠于普鲁士封建国家的,"资产阶级和封建贵族联合专政"是它的根本立场。这种观念在阿多诺去世后的 1970 年代,方才得到根本性的扭转,参见 Z. A. Pelczynski, ed., *Hegel's Political Philosophy: Problems and Perspectives*, Cambridge: Cambridge University Press, 1971;郁建兴的《自由主义的批判与自由理论的重建——黑格尔政治哲学及其影响》,学林出版社 2000 年版。
④ 参见《马克思恩格斯全集》第 21 卷,人民出版社 1965 年版,第 305—314 页。
⑤ 参见《马克思恩格斯全集》第 23 卷,人民出版社 1972 年版,第 23—24 页。

黑格尔哲学回译成了它已经投射到绝对的语言中去的现实"①,是对辩证法的否定精神的彻底阐扬。

第三,作为辩证法的核心,否定的本质是对现存事物的改造。否定毫无疑问是黑格尔辩证法的核心或者说灵魂,对此,人们可以在认识论、逻辑学和本体论等多种层面上加以理解。由于学院派学者设定黑格尔的逻辑学与他的本体论是分离的,所以他们自然地认为这种多义并存的状况是一个"似乎没有解决的问题"。②而在青年马克思以后的马克思主义传统中,这并不是一个问题,因为黑格尔的认识论、逻辑学与本体论是内在统一的,所以,"在黑格尔那里,否定不单纯是一种主观思维的逻辑陈述('否定判断'),同时也是,并且本质上是客观事物(客观精神)内在运动的根据,或'自己运动的灵魂',主观陈述不过是对这一客观能动的否定性的表述而已"③。在接下来的篇幅里,阿多诺由表及里地讨论了三个层次的问题。首先,他指出,黑格尔辩证法"通过帮助客体实现自我而保卫了客体",从而完成了一次"生产性的转折",这种转折让人们看到了一个事实,即"在传统安顿它的地方,哲学知识并不在家……只有在哲学转向传统思想认为是不透明的、不可渗透的,向个别化的纯粹产物的事物敞开的地方,哲学知识才真正开始起步"④。其次,尽管黑格尔辩证法关于存在的就是合理的论断后来为现实社会主义的滥用提供了可能性,但它的核心命意是要强调,变革只能是现实的可能性在现实的运动中的结果。⑤再次,整体是不真实的,"那在其全部要素中将整体揭示为不真的光线毋宁说也是一个乌托邦,一个关于依旧要被实现的整体真理的乌托邦"⑥。

---

① Adorno, Theodor W., *Hegel: Three Studies*, trans., Shierry Weber Nicholsen, Cambridge, MA: The MIT Press, 1993, p. 80.
② 参见亨利希《黑格尔逻辑学中的否定形式》,载中国社会科学院哲学研究所西方哲学研究室编《国外黑格尔哲学新论》,中国社会科学出版社1982年版,第43—59页。
③ 邓晓芒:《思辨的张力——黑格尔辩证法新探》,湖南教育出版社1992年版,第146页。
④ Adorno, Theodor W., *Hegel: Three Studies*, trans., Shierry Weber Nicholsen, Cambridge, MA: The MIT Press, 1993, pp. 80-81.
⑤ 参见 Adorno, Theodor W., *Hegel: Three Studies*, trans., Shierry Weber Nicholsen, Cambridge, MA: The MIT Press, 1993, pp. 82-87。
⑥ Adorno, Theodor W., *Hegel: Three Studies*, trans., Shierry Weber Nicholsen, Cambridge, MA: The MIT Press, 1993, p. 88.

在《否定的辩证法》的序言中，阿多诺曾预言自己的"否定的辩证法"将遭受来自柏林墙两边的双重攻击。① 这预言不幸被言中了。两个阵营中的人们都因为否定性这个概念而断定他正在忏悔，但事实上人们并没有真正理解他的这个概念：柏林墙东面的人们认为它攻击唯物辩证法，宣扬一种与现实社会主义国家中的马克思主义相左的异端邪说，从而在沦为相对主义的同时暴露了自己的资产阶级本质；②柏林墙西面的人们则认为它不过是一种具有马克思主义信仰的无害的辩证修辞而已。可实际上对于阿多诺本人来说，这个概念所要申明的不过是马克思关于社会主义是资本主义现实运动的现实结果这一科学论断，只是在这个前提的基础上，它才主张自己作为一种非体制化的异质性经验的哲学立场的必要性和现实性，因为在资本的现实运动已然无期限地延宕了革命的发生并将革命意识从人的意识深处抹去的条件下，通过这种否定的哲学或辩证法来保存人们对于现实的否定性运动规律的认识能力，对于那"因为没有希望，希望才给予我们"的社会主义乌托邦而言，这显然是必不可少的。

第三节 解读黑格尔或《否定的辩证法》的方法

"Skoteinos"是希腊文，意思是"在黑暗之中"、"不清楚"。当阿多诺将"Skoteinos"与"怎样解读黑格尔"并列起来的时候，不过是想表明：黑格尔依旧处于朦胧之中，没有得到正确的解读。这不免让人疑惑，觉得阿多诺好像将一百多年来黑格尔研究的成果都抹杀了似的。事实上，如果我们仅仅局限在这个论文集本身，是很难理解这份长达60页、占据了整个文集超过40％篇幅的文献的。可如果我们将这一文献与《否定的辩证法》反文本的论说文形式和阿多诺1954—1958年间创作的题为"作为形式的论说文"(Essay as Form)联

---

① 参见 Adorno, Theodor W., *Negative Dialectics*, trans., E. B. Ashton, London: Routledge & Kegan Paul, 1973, pp. xx-xxi /2-3。

② [苏]科尔涅耶夫主编：《唯心辩证法观批判》，贾泽林等译，东方出版社1991年版，第97页。

系起来,就立即会发现:阿多诺之所以将这份自己于 1962—1963 年冬季可以说是匆忙完成的文献加到文集中来,不过是想对自己已然决定创作的《否定的辩证法》的反文本形式的合理性进行一种先行辩护或说明。因此,处于"朦胧"之中的就不是真实的黑格尔,而是即将出场的《否定的辩证法》,而"解读黑格尔的方法"本质上也就是解读《否定的辩证法》的方法!——为了能够将阿多诺的自我辩护清晰完整地呈现出来,我们将搁置他有关黑格尔的论述,直接从中"扭出"他自己要说的话来。

一、清晰性的暴力本质

在阿多诺看来,自己构想中的《否定的辩证法》将分享黑格尔《逻辑学》那种与众不同的"抗拒理解的方式"。[1] 它们之所以会如此,首先是因为,作为一个过程,它们所希望再现的真理存在于文本整体之中,个别的文本片段只有在这个整体中方才能够获得自己的真理性和确切意义,面对这种流动的真理,习惯于在静态的文本片段中与真理遭遇的理解期待不得不总是落空,最终一无所获;其次是因为,再现这种流动的真理的文本整体实际上是以认识中的客体(实在、客观世界)为中心来进行动态布展的,它从根本上颠覆了经验的理解方式赖以运转起来的主体轴心。对于受到德国古典哲学深刻影响的国内学术界来说,阿多诺的这一表白很难被接受,因为我们既不认为《逻辑学》抗拒理解,更不能将《否定的辩证法》就此与《逻辑学》等同起来。可要是我们排除自己因为长期灌输而获得的有关《逻辑学》的理解,或者干脆从与黑格尔对立的英美实证主义的角度来重新审视这一表白,那么就不难发现:它们不仅具有共同的文本特征,而且的确抗拒理解,因为它们都缺乏必要的清晰性,有时甚至只是在玩弄辞藻。正是以这种实证主义的清晰性原则为标准,我们看到,现代英美学者将黑格尔哲学视为 20 世纪哲学必须叛离的起点,[2]同时将《否定的辩证

---

[1] 参见 Adorno, Theodor W., *Hegel: Three Studies*, trans., Shierry Weber Nicholsen, Cambridge, MA: The MIT Press, 1993, p. 89.

[2] 参见[英]艾耶尔《二十世纪哲学》,李步楼等译,上海译文出版社 1987 年版,第一章"哲学的遗产"和第二章"叛离黑格尔"。

法》判定为不可移译的和难以理解的。

毫无疑问,在日常生活中,清晰性是可以成为判断一个人的理智水平高低的标准的,但这是否意味着它因此同样具有衡量哲学的真理性的权能呢? 以阿多诺之见,当前问题的关键就在于搞清楚什么是清晰性。

对于人们日常所使用的实证主义清晰性标准,阿多诺尖锐地指出,其原型不过就是黑格尔《精神现象学》之注定要被扬弃的批判的出发点即感性确定性。[①] 在笛卡尔传统中,这种"清晰性理想要求知识先行归整和塑造它的客体,因此客体不得不成为一个静态的数学对象。这里的清晰性标准就在于,假定客体自身就像他所看到的几何对象一样"[②]。但是,认识主体决不是三脚架上的照相机,而是不断发展变化着的社会中的个人,所以这种清晰性注定是陈旧的。作为一种物化意识,清晰性"将客体冻结在事物自身之中,这样,作为为他的事物,它们对于科学和实践而言就是可以致获的了"[③]。——由于论题的限制,阿多诺并没有能够充分展开对清晰性的元批判,而在一年后出版的《单向度的人》(One Dimensional Man)中,马尔库塞吸收了他在《元批判》中获得的成果并延续他的理路,对以清晰性为要求的肯定性思维与资本的同构性及其意识形态本质进行了一次影响非常大的论述。[④]——如果哲学对我们不能言说的事物就必须保持沉默,那么首先,能够被清晰地说出来的东西不过就是"冒充为客体"的"主体","因为真正的非同一性,客体越是远离主体,主体就越想'构成'客体";[⑤]其次,哲学真正应当关注的对象,即那些"在诸如理性主义的想象的质朴性中预先给定的理念与对象的秩序中没有位置的东西"、"不能简单地将那种秩序作为自己的整理体系并被图画在上面的东西"却在这种想象

---

① 参见 Adorno, Theodor W., *Hegel: Three Studies*, trans., Shierry Weber Nicholsen, Cambridge, MA: The MIT Press, 1993, p.97。

② Adorno, Theodor W., *Hegel: Three Studies*, trans., Shierry Weber Nicholsen, Cambridge, MA: The MIT Press, 1993, p.98。

③ Adorno, Theodor W., *Hegel: Three Studies*, trans., Shierry Weber Nicholsen, Cambridge, MA: The MIT Press, 1993, p.100。

④ 参见[美]马尔库塞《单向度的人》,刘继译,上海译文出版社1989年版,第129—152页。

⑤ 参见 Adorno, "Subject and Object", Andrew Arato and Eike Gebhardt, ed., *The Essential Frankfurt School Reader*, New York: Urizen Books, 1978, p.507。

的暴力中失去了,然而,"如果哲学是能被定义的,那么,它一定就是一种帮助人们表达不能言说的事物、非同一性事物的努力,虽然表达同时也就是同一"①。

由于阿多诺深知《否定的辩证法》未来必须面对的主要是受胡塞尔现象学启蒙的当代德国学界,所以,他在引证了英国哲学家怀特海(A. N. Whitehead)关于清晰性的本质就是自明性的论述之后,②就将批判的矛头重又指向了胡塞尔。"在胡塞尔看来,自明性是知识的最高标准,这是从《逻辑研究》开始胡塞尔思想中无处不在的一个课题。"③由是观之,晦涩和含混就是一种不能容忍的过失。在阿多诺看来,这种很容易得到日常意识认同的观点在刻意抨击某些哲学的时候实际上忘记了一个根本性的问题,即这些哲学为什么是晦涩的。从赫拉克利特(Heraclides)、黑格尔到即将问世的《否定的辩证法》,这些哲学之所以晦涩是因为它们力图理解运动和变化,这正是胡塞尔的局限性所在。因此,真正的清晰不能只是一种语言学的要求,如果这样的话,最终建立起来的不过就是主体自身;真正的清晰必须与思想对客观性的态度相联系,如果思想还不能完全抓住事物,那么,它就只能是晦涩和含混的,在辩证法中,晦涩和含混与其说是一种弱点,倒不如说是推动思想承认自己的非真理性从而把握到总体真理的一种力量。④ 所以,清晰性不应当成为评判哲学的标准,更不用说最高标准了。因为既然思想的目的是把握与自身非同一的客体,而不是在对客体的认识中建立自己的强权,那么,具体片段的不清晰又有什么关系呢? 对此,具有双语体验的阿多诺举了一个非常妙的例子:阅读一篇外文文献,只要整体意义明白了,其中一些单词的具体含义不清楚又有什么关系呢?⑤ 反之,如果人们借助字典搞懂了每一个生词的每一种含义,但却不

---

① 参见 Adorno, Theodor W., *Hegel: Three Studies*, trans., Shierry Weber Nicholsen, Cambridge, MA: The MIT Press, 1993, pp. 101-102。
② 参见[英]怀特海《观念的冒险》,周邦宪译,贵州人民出版社2000年版,第203页。
③ [美]施皮格伯格:《现象学运动》,王炳文等译,商务印书馆1995年版,第182页。
④ 参见 Adorno, Theodor W., *Hegel: Three Studies*, trans., Shierry Weber Nicholsen, Cambridge, MA: The MIT Press, 1993, pp. 104-105。
⑤ 参见 Adorno, Theodor W., *Hegel: Three Studies*, trans., Shierry Weber Nicholsen, Cambridge, MA: The MIT Press, 1993, p. 107。

二、含混性中的解放兴趣

如果说在对清晰性的批判中，阿多诺与现代英美哲学和胡塞尔现象学划清了界限，那么，他接下来必须澄清的一个问题就是未来的"否定的辩证法"与海德格尔—伽达默尔（H-G Gadamer）存在论诠释学传统的区别问题，因为在面对不可清楚言说的东西的时候，它们都反对让自己的阴影投射到处于黑暗之中的客体身上，而是希望自己就像突然亮起的灯光一样，将客体照亮。① 综观阿多诺本人的论述，似乎这个问题并没有得到说明，也正因为如此，萨弗兰斯基才会说阿多诺对海德格尔的批判具有嫉妒的成分。可如果我们将阿多诺的这一文献放置在哈贝马斯与伽达默尔即将发生的争论中重新进行审视，② 就会发现，其中隐含着与哈贝马斯的三种认识兴趣学说相对应的区分：现代英美哲学和胡塞尔现象学对应于技术的兴趣，海德格尔存在论诠释学对应于实践的兴趣，"否定的辩证法"则对应于解放的兴趣。③ 海德格尔存在论诠释学从某种意义上讲也试图使人们从普遍的物化和意识形态束缚中解放出来，以

---

① 海德格尔—伽达默尔存在论诠释学传统无疑是从胡塞尔现象学那里发端的，但正如伽达默尔所说，在诠释学的历史上，海德格尔完成了一次根本的转向，"海德格尔与胡塞尔的差别主要在于：海德格尔不是在与世界对立的先验自我中，而是在特殊在者即此在的'在世存在'中寻找此在的内在结构，即不是在孤立的自我中，而是在具有特殊存在类的在者中去寻求存在的意义"（洪汉鼎：《诠释学——它的历史和当代发展》，人民出版社2001年版，第190—191页），"对于海德格尔曾经引导他的思想到'转向'的东西，我则试图把它描述为……效果历史意识，而这种效果历史与其说是一种意识倒不如说是一种存在。……哲学必然要求科学和方法认识到它们在人类存在及其理性整体中的微不足道"（[德]伽达默尔：《真理与方法》下卷，洪汉鼎译，上海译文出版社1992年版，第790页）。这确实是向着黑格尔的一种回归，并因此与"否定的辩证法"具有了某种家族相似性。

② 作为伽达默尔的同事，海德堡时期的哈贝马斯曾从伽达默尔的诠释学那里获得了许多有益的东西并得出结论，他认为批判理论必须摆脱认识论哲学的概念体系，但我们不能由此认为哈贝马斯此时已然脱离了批判理论。事实上，在1960年代中后期与伽达默尔的争论中，他所承袭的依旧是批判理论的传统思路，尽管很快他就按照自己的方式远离了。

③ 哈贝马斯将认识的兴趣分为技术的兴趣、实践的兴趣和解放的兴趣三种，在此基础上则分别建立起了自然科学、精神科学和批判的社会科学这三种科学（具体参见[德]哈贝马斯《认识与兴趣》，郭官义译，学林出版社1999年版）。虽然阿多诺分析的是三种哲学，哈贝马斯分析的是三种科学，但其中的一致性则是显而易见的。

确保个人和集团的自我理解及相互理解,但由于它在对物化的批判中将现实中自有其根源的事情推给了理智本身,从而在批判中与所批判的市场体制达成了共谋。① 就此而论,"否定的辩证法"并不排斥这种实践兴趣,但它自觉地知道,只有将主体从同一性的力量中解放出来,这种理解和相互理解才是真正可能的。这种解放的兴趣正是"否定的辩证法"的含混性与海德格尔"说不可说之神秘"的本质差别所在。

具体地说,含混性中的解放兴趣首先表现为对主客体同一性中的"客体的优先性"的承认。后来"否定的辩证法"最让人感到困惑的就是它的布展形式的星丛构造,在这里,一个片段与另外一个片段之间、一句话与另外一句话之间都不存在逻辑的连续性,而像天空中的星丛或大海中的群岛一般,是非连续的和跳跃的。从渊源上看,星丛是本雅明从天文学中引进的一个概念,在《德国悲苦剧的起源》中,它主要用以描述主体与客体、理念与世界之间非同一性的平等关系:"理念之于客体犹如星丛之于群星。首先,这意味着理念既不是客体的概念,也不是客体的法则。它们并不促进对现象的认识,因此,后者决不能成为判断理念是否存在的标准。……(理念实际上是观察现象的外部辅助工具)理念是永恒的星丛,根据在这个星丛中作为各个点的诸因素,现象在被细分的同时被救赎。"②在这里,本雅明所要否定的并不是理念和实在之间的辩证决定关系,而是理念之于实在的强权关系,用阿多诺的话来说,就是主体之于客体的同一性暴力。以本雅明的用法为基础,阿多诺则更多地强调了星丛中要素之间的平等关系:"星丛不是体系。一切都没有变成被解决了的,甚至一切也都没有被生产出来;相反,一个要素照亮另一个要素,个别要素共同形成的构形不过是一个明确的记号和容易辨读的手稿罢了。"③在清晰性的这种彻底决裂中,含混性完全颠覆了"自称为是整体"的主体,使客体从前者的

---

① 参见 Adorno, Theodor W., *Negative Dialectics*, trans., E. B. Ashton, London: Routledge & Kegan Paul, 1973, pp. 87 – 91/84 – 89。

② Benjamin, *The Origin of German Tragic Drama*, trans., John Osborne, London: NLR Press, 1977, p. 34.

③ Adorno, Theodor W., *Hegel: Three Studies*, trans., Shierry Weber Nicholsen, Cambridge, MA: The MIT Press, 1993, p. 109.

同一性强权下解放出来,从而使"对客体的优先性的探索"得以呈现。①

含混性不仅要解放客体,而且还要将同样处于同一性强权之中的主体解放出来。在对客体的统治中,主体自身也被自己创造出来的同一性所统治,这就是启蒙的辩证法。如果说主体统治客体表现为主体按照自己的形象对客体进行伪造的话,那么,主体自身的被统治则体现为主体的静态化和绝对化。而在"对客体的优先性的探索"中,含混性迫使主体进入客体自身的运动之中,从而使主体也获得了解放。这种双重解放自然是对逻辑学意义上的同一律的毁灭,因为当它被运动原则所限制的时候,或者说被纳入主体与客体的双向运动中的时候,它就不断地形成新的意义,从而对其原先形成的意义构成了自我否定。② 就此而论,"否定的辩证法"和黑格尔的著作一样都是"反文本"的:它们不是为了让人阅读然后获得某种主题,而是等待人们去进行不断的注释,这种哲学的"实质是过程,它希望将自己表达为永恒变动中的过程……是思想的电影而不是思想的文本"③。——这让我们立刻想到了阿多诺最初的哲学引路人克拉考尔的名著《电影的本性——物质现实的复原》:"'复原'一词在基督教中是指个人得到'拯救'的方式,即一个人以一种新的、脱胎换骨的方式在宗教上找到自我的过程。……根据克拉考尔的观点,电影作为一种媒介物可以弥合异化了的主体(或异化了的群众)与物质环境间的裂痕。"④——所以,正确对待这种含混性和反文本的态度就绝不该把它当作纯粹的弱点加以谴责,"而是在这种弱点中理解它的冲动,理解这个那个不可理解的东西,然后因此理解"⑤。这正是阿多诺对其未来著作的读者的要求。

---

① 参见 Adorno, Theodor W., *Negative Dialectics*, trans., E. B. Ashton, London: Routledge & Kegan Paul, 1973, p. 183/181。

② 参见 Adorno, Theodor W., *Hegel: Three Studies*, trans., Shierry Weber Nicholsen, Cambridge, MA: The MIT Press, 1993, p. 113。

③ Adorno, Theodor W., *Hegel: Three Studies*, trans., Shierry Weber Nicholsen, Cambridge, MA: The MIT Press, 1993, p. 121。

④ [美]布朗:《电影理论史评》,徐建生译,中国电影出版社1994年版,第64—65页。

⑤ Adorno, Theodor W., *Hegel: Three Studies*, trans., Shierry Weber Nicholsen, Cambridge, MA: The MIT Press, 1993, p. 123。

三、论说文:"修正了的辩证法观念"的实现形式

如果"修正了的辩证法观念"准备以反体系的方式来实现自身,那么,它将以何种面目出现在它所反对的这个同一性世界中呢?经过深思熟虑之后,阿多诺告诉人们:它就是我在1930年代初的"崩溃的逻辑"中已经标示出来的论说文。

"Essay"是一个具有法语渊源的英文词,从事文学翻译的译者一般将它译为小品文或随笔,因为它的形式的非严整性与中国传统的性灵小品文确有异曲同工之妙。但在另一方面,大约不会有哪位译者敢将培根(Bacon)的"Essays"译为"小品文集"。之所以培根的哲学作品能够与蒙田(Montaigne)的文学作品一样被称为"Essay",是因为"Essay"在本质上具有"验证"和"试图验证"的规定性。对于上述两种不同的"Essay",卢卡奇在其1910年题为"论Essay的本质和形式"的文献中曾进行过详尽的比较,[1]基于他的这种论述,我们认为,在哲学语境中,将"Essay"译为论说文是比较贴切的。作为由尼采、西美尔、青年卢卡奇和本雅明重新发扬光大的论说文传统的支持者,青年阿多诺不仅肯定了论说文的形式特征,而且认为它是探索历史真理的必要道路,因为在精心设置的论说文中,自主理性的假设被搁置,读者不断地被迫进行思想实验,被正确选择的、真实的客体由此被提供出来,思想与历史就在这种模型中建立起了真实的交往。[2]

但是,亲眼见证了本雅明《德国悲苦剧的起源》的失败的阿多诺非常清楚地知道,在德国,论说文是受人敌视的。但是,它为什么受人敌视呢?当阿多诺下定决心也采用这一形式来实现自己"修正了的辩证法观念"的时候,他提出了这样一个问题。论说文之所以受人敌视,并不是因为它反传统,而是因为它"唤起了理智的自由"。[3] 启蒙运动之后,人类理智在形式上获得了自由,但

---

[1] 参见 Lukács, *Soul and Form*, trans. A. Bostock, London: Merlin Press, 1974, pp. 1–18。

[2] 参见 Adorno, Theodor W., "The actuality of philosophy", *Telos* 31 (Spring 1977), p. 132。

[3] Adorno, Theodor W., *Notes to Literature*, Vol. 1, trans., Shierry Weber Nicholson, New York: Columbia University Press, 1991, p. 3.

理智自由从来都没有真正发展起来,因为理智总是宣称自己从属于某个外在权威。论说文则拒绝从上帝、从亚当夏娃开始自己的言说,而是从它要讨论的东西开始言说,言说在那个具体语境中发生在它身上的事情,并随着事情的结束而结束。[1] 它因为革命性地让理智围绕客体去旋转,从而就像日心说颠覆了地心论一样,颠覆了资本的逻辑让人们经验地接受下来的唯我论神话。虽然实证主义可以寻找到一千条批判论说文的理由,但论说文只需要引用歌德的一句话就可以表明自己的立场:"目的是去看那被照亮的东西,而不是光线。"[2]

如果说作为一个新的传统,论说文以前只是成功地引起了人们对方法的绝对特权的怀疑,那么,人们现在应当看到,它所思考的始终就是非同一性问题。就其美文学的外观而言,它似乎是非激进的;但在本质上,它无疑是激进的,因为它始终在抵抗同一性的还原、总体对部分的暴力。[3] 在这个全面被管理的世界中,它是唯一能够暂时挣脱同一性的牢笼,让事物自身非同一性的真理得以崭露的"逻辑一致性手段"。它之所以能够如此,是因为思想能够达到的深度,并不取决于思想能在多大程度上将客体还原为别的什么原则,而在于它能够渗透到客体中有多深,就此而言,以客体为中心、希望尽可能深地进入客体的论说文构成了形式历史上一个真正的转折点。[4] 论说文在形式上是碎片化的,但这绝不意味着它是非概念的,而是说它占有概念的方式不同:传统的文体犹如一个人在母语环境中说外语,他实际上是根据自己所掌握的语法原则一点点地去拼装外语,这种外语最终不得不带有母语的痕迹,乃至为母语所座架;论说文则将我们抛弃在一个完全陌生的外语环境中,我们被迫说外

---

[1] 参见 Adorno, Theodor W., *Notes to Literature*, Vol. 1, trans., Shierry Weber Nicholson, New York: Columbia University Press, 1991, p. 4.

[2] Adorno, Theodor W., *Notes to Literature*, Vol. 1, trans., Shierry Weber Nicholson, New York: Columbia University Press, 1991, p. 3.

[3] 参见 Adorno, Theodor W., *Notes to Literature*, Vol. 1, trans., Shierry Weber Nicholson, New York: Columbia University Press, 1991, p. 9.

[4] 参见 Adorno, Theodor W., *Notes to Literature*, Vol. 1, trans., Shierry Weber Nicholson, New York: Columbia University Press, 1991, p. 11.

语,虽然此时的外语还不流畅,但它却是真正的外语。① 如果我们根据笛卡尔为现代西方科学及其理论所制定的那四条思维原则来衡量的话,②那么,论说文确实挑战了我们不容置疑的确定性理想,但是这是一种怎样的确定性呢? 在本质上,它不过是主体的伪造。③ 从形式上讲,论说文是流动的,没有一个固定的视角,但它却不能因此被指控为相对主义的,因为它不过是在拒绝承认在它自身之外拥有什么可靠的视角,在这里,就像在黑格尔那里一样,凝固的真理观念已然被摧毁了,"它想通过将(思想的)专横反思地合并到自己的道路中而不是将它伪装为直接性来治愈思想的专横"④。

从《德国悲苦剧的起源》到《否定的辩证法》,阿多诺的"反体系"文本实践其实并没有给论说文在形式上增添什么新东西,但另一方面,这种实践却实实在在地刻画出了论说文形式历史上的另外一个转折点:在此之前,它主要是一种与众不同的文本策略;在此之后,它则上升为一种哲学立场,或者说成为一种实践着的哲学。用阿多诺自己的话来说,它所处理的是"文化和自然的关系",通过对资本(自然)这个无始无终、终结了的、颠倒的世界的模仿,它以一种"异端"的方式抗拒了思想的教条,"客体中的某物——它是思想教条的秘密,思想交通始终试图遮蔽它——就此变的可见了"⑤。

那这个某物是什么呢? 这就是资本自我否定的发展趋势。

---

① 参见 Adorno, Theodor W., *Notes to Literature*, Vol. 1, trans., Shierry Weber Nicholson, New York: Columbia University Press, 1991, p. 13。

② 参见笛卡尔《方法谈》,载北京大学哲学系外国哲学史研究室编译《十六—十八世纪西欧各国哲学》,生活·读书·新知三联书店1958年版,第110页。

③ 参见 Adorno, Theodor W., *Notes to Literature*, Vol. 1, trans., Shierry Weber Nicholson, New York: Columbia University Press, 1991, pp. 14-17。

④ Adorno, Theodor W., *Notes to Literature*, Vol. 1, trans., Shierry Weber Nicholson, New York: Columbia University Press, 1991, p. 19。

⑤ Adorno, Theodor W., *Notes to Literature*, Vol. 1, trans., Shierry Weber Nicholson, New York: Columbia University Press, 1991, p. 23。

结束语：哲学何为？

作为一名哲学家，阿多诺对广播这种传媒情有独钟：他不仅在流亡美国期间从事过关于广播的项目研究，而且喜欢利用广播演讲来传布自己的思想。这很可能与他愿意"用耳朵来进行思考"的习性有关。1962年，他又一次利用广播，对"哲学何为？"这个当时最令人关注的哲学问题发表了自己的看法。从某种意义上讲，阿多诺的回答并没有什么新意，他不过是在学派既有成果的基础上，以一种相对通俗易懂的方式揭露了实证主义和海德格尔基础本体论的肯定性，并为建立一种批判的否定的新哲学提供了一个内容广泛的议程。[①]真正具有重要性的是他建立了一种新哲学的意向本身。

在《关于费尔巴哈的提纲》中，马克思指出："哲学家们只是用不同的方式解释世界，问题在于改变世界。"[②]也就是说，马克思主义哲学决不是要在对世界的解释中确立自己绝对无误的世界观地位，而是要在对世界的改造中实现自身、消灭自身。当霍克海默在1931年的就职演讲中为学派未来的理论发展确立了"哲学与社会科学联盟"这个基本任务的时候，他不过是在重申马克思的指示，力图推进哲学通过社会科学向实践进行转化。作为这种转化的第一

---

① 参见 Adorno, Theodor W., "Why Philosophy?", *The Adorno Reader*, ed., Brian O'Connor, New York: Blackwell Publishers Ltd, 2000, pp. 41–53.

② 《马克思恩格斯选集》第1卷，人民出版社1995年版，第57页。

阶段成果,批判理论"仍然把自己看作一门哲学",[①]但只是相对于服从社会分工的现代具体科学而言,它才是"一门哲学";如果相对于"用不同的方式解释世界"的旧哲学,它则是"哲学本身"即批判精神的"传人"。[②] 从旧哲学的角度来看,"哲学本身"、批判理论与其说是哲学,倒不如说是非哲学:一方面,它必然要"在对当下社会条件的深刻分析中,成为对经济的批判",进而成为"将人从奴役中解放出来"的现实活动;另一方面,它必然会在对批判对象的否定过程中否定自身的完整存在,成为爆炸后插在对象残体上的弹片。

与同时期其他人的批判理论相比,虽然"崩溃的逻辑"更多地盘桓在旧哲学的思辨天空中,与无产阶级革命实践保持了更大的张力与距离,但它同样是非哲学。在它对克尔凯郭尔、胡塞尔和黑格尔的批判实践及其碎片化存在形式中,我们清楚地看到了这一点。然而,阿多诺如今准备建立的新哲学即"否定的辩证法"却正在改变这一点:它将从批判中回收自己的碎片,恢复成为一只完整的爆炸装置;它与世界保持对立,应当爆炸却没有爆炸,从而在没有触动世界的同时保存了自身作为哲学——尽管是否定的、反体系的哲学——的完整性。在20世纪六七十年代那些相信革命高潮已经到来的新左派看来,这自然是一种退步乃至背叛!

斗转星移,当40年后的今天我们再一次面对阿多诺的这一演讲的时候,我们看到,他之所以会对"哲学何为?"这个(西方)马克思主义已经解决过的问题重新发表见解,是因为他意识到:在变化了的世界历史情势中,这个问题再一次成为一个问题。

在"哲学何为?"之前,我们看到,阿多诺始终被一种浓重的悲观主义所笼罩,对革命高潮的来临充满怀疑,不过,即使在"启蒙辩证法"已经证明"资本主义的新发展将无期限地延宕自己的崩溃"的条件下,他也没有认为哲学已经失去了实现自己的时机而可以继续幸存下去。但在经过了足够长时间的观察与

[①] Horkheimer, *Critical Theory: Selected Essays*, trans., Matthew J. O'Connell and Others, The Continuum Publishing Corporation, 1982, p. 247/233.

[②] 参见 Horkheimer, *Critical Theory: Selected Essays*, trans., Matthew J. O'Connell and Others, The Continuum Publishing Corporation, 1982, p. 246/232.

思考之后,他不得不说服自己相信:如果说现时代依旧是从资本主义向社会主义的过渡时期,那么,资本主义的新发展已经让这个"过渡"变成了一个新的"时期"。虽然这个新的"时期"并没有从根本上改变资本主义的性质与发展趋势,但它却通过收编革命的条件而将革命的发生推迟到遥远的地平线的那一边。革命就此成为一项需要重新发明的事业。因为革命成了一个问题,所以哲学不得不继续幸存下去,作为同一性体制中一枚期待着革命高潮降临的脚步声的触发式地雷,看守否定这个人类理性不能丧失的底线。让哲学成为批判理性的看守者,绝不是说要让它永远存在下去,而不过是为了让它恢复或保存自己的革命性(否定性),因为这种革命性正是它能够实现自身、消亡自身的前提条件。

就此而论,我们可以将"哲学何为?"视为"崩溃的逻辑"历史建构的终点与"否定的辩证法"本义历史的起点。

主要参考书目

一、外文著述

1. Adorno, Theodor W. *Kierkegaard: Construction of the Aesthetic*. trans., Robert Hullot-Kentor. Minneapolis, MN: University of Minnesota Press, 1989

2. Adorno, Theodor W. *Minima Morlia: Reflections from Damaged Life*. trans., E. P. N. Jephcott. London: NLB, 1974

3. Adorno, Theodor W. *Philosophy of Modern Music*. trans., Anne G. Mitchell and Wesley V. Bloomster, New York: Sheed & Ward, 1973

4. Adorno, Theodor W. *Prisms: Culture Criticism and Society*. trans., Samuel and Shierry Weber. Cambridge, MA: The MIT Press, 1981

5. Adorno, Theodor W. *Against Epistemology: A Metacritique Studies in Husserl and the Phenomenological Antinomies*. trans., Willis Domingo, Oxford: Basil Blackwell, 1982

6. Adorno, Theodor W. *Notes to Literature*. trans., Shierry Weber Nicholson, New York: Columbia University Press, 1991

7. Adorno, Theodor W. *The Positivist Dispute in German Sociology*.

trans., Glyn Adey and David Frisby. London: Heinemann Educational Books, 1976

8. Adorno, Theodor W. *Hegel: Three Studies*. trans., Shierry Weber Nicholsen. Cambridge, MA: The MIT Press, 1993

9. Adorno, Theodor W. *The Jargon of Authenticity*. trans., Knut Tarnowski and Frederic Will. Evanston, Illinois: Northwestern University Press, 1973

10. Adorno, Theodor W. *Negative Dialectics*. trans., E. B. Ashton. London: Routledge & Kegan Paul, 1973

11. Adorno, Theodor W. *Aesthetic Theory*. trans., C. Lenhardt, London: Routledge & Kegan Paul, 1984

12. Adorno, Theodor W. *Beethoven: The Philosophy of Music*. trans., Edmund Jephcott. Cambridge: Polity Press,1993

13. Adorno, Theodor W. *Gesammelte Schrifen I*. Frankfurt am Main: Suhrkamp Verlag,1973

14. Adorno, Theodor W. *The Adorno Reader*. ed., Brian O'Connor. New York: Blackwell Publishers Ld, 2000

15. Adorno, Theodor W. *Metaphysics: Concept and Problems*. ed., Rolf Tiedemann. trans., Edmund Jephcott, Cambridge: Polity Press, 2000

16. Adorno, Theodor W. and Walter Benjamin. *The Complete Correspondence 1928—1940*. trans., Nicholas Walker. Cambridge: Polity Press, 1999

17. Agger, Ben. *The Discourse of Domination: From Frankfurt School to Postmodernism*. Evanston, Illinois: Northwestern University Press, 1992

18. Arato, Andrew, and Gebhardt, Eike, ed. *The Essential Frankfurt School Reader*. New York: Urizen Books, 1978

19. Bauer, Karin. *Adorno's Nietzschean Narratives*. Albany: State

University of New York Press, 1999

20. Benjamin, Andrew, and Osborne, Peter, ed. *Walter Benjamin's Philosophy: Destruction and Experience*. London: Routledge, 1994

21. Benjamin, Andrew, ed. *The Problems of Modernity: Adorno and Benjamin*. London: Routledge, 1989

22. Benjamin, Walter. *The Origin of German Tragic Drama*. trans., John Osborne. London: NLR Press, 1977

23. Buck-Morss, Susan. *The Origin of Negative Dialectics: Theodor W. Adorno, Walter Benjamin, and the Frankfurt Institute*, New York: The Free Press, 1977

24. Cleaver, Harry M. *Reading "Capital" Politically*. Austin: University of Texas Press, 1979

25. Dallmayr, Fred. *Life-world, Modernity and Critique: Paths between Heidegger and the Frankfurt School*. Cambridge: Polity Press, 1991

26. Deleuze, Gilles. *Nietzsche and Philosophy*. trans., Hugh Tomlinson. London: The Athlone Press, 1983

27. Dew, Peter, ed. *Autonomy & Solidarity: Interviews with Jürgen Habermas*, London: Verso, 1986

28. Dubiel, Helmut. *Theory and Political: Studies in the Development of Critical Theory*. trans., Benjamin Gregg. Cambridge, MA: The MIT Press, 1985

29. Eagleton, Terry. *Walter Benjamin or Towards a Revolutionary Criticism*. London: Verso, 1981

30. Findlay, J. N. *Hegel: A Re-examination*. London: George Allen & Unwin LTD, 1958

31. Goldmann, Lucien. *Lukács and Heidegger: Towards a New Philosophy*. trans., William Q. Boelbower. London: Routledge & Kegan

Paul, 1977

32. Grumley, John E. *History and Totality: Radical Historicism from Hegel to Foucault.* London: Routledge, 1989

33. Habermas, Jürgen. *The Philosophical Discourse of Modernity: Twelve Lectures*, trans., Frederic Lawrence. Cambridge: Polity Press, 1987

34. Habermas, Jürgen. *The Theory of Communicative Action.* trans., Thomas McCarthy. Cambridge: Polity Press, 1986

35. Habermas, Jürgen. *Postmetaphysical Thinking: Philosophical Essays.* trans., William Mark Hohengarten. Cambridge: Polity Press, 1992

36. Heidegger, Martin. *Hegel's Phenomenology of Spirit.* trans., Parvis Emad and Kenneth Maly. Bloomington: Indiana University Press, 1988

37. Howard, Dick. *The Marxian Legacy.* London: The Macmillan Press, 1977

38. Held, David. *Introduction to Critical Theory: Horkheimer to Habermas.* London: Hutchinson & Co. (Publishers) Ltd, 1980

39. Horkheimer, Max. *Between Philosophy and Social Science: Selected Early Writings.* trans. G. Frederick Hunter, Matthew S. Kramer, and John Torpey. Cambridge, MA: The MIT Press, 1993

40. Horkheimer, Max. *Dawn and Decline: Notes 1926—1931 and 1950—1969.* trans., Michael Shaw. New York: The Seabury Press, 1978

41. Horkheimer, Max, *Eclipse of Reason.* New York: Oxford University Press, 1947

42. Horkheimer, Max, and Theodor W. Adorno. *Dialectic of Enlightenment.* trans., John Cumming. New York: The Continuum Publishing Corporation, 1972

43. Horkheimer, Max. *Critical Theory, Selected Essays.* trans.,

Matthew J. O'connell and Others. New York: The Continuum Publishing Corporation, 1982

44. Howard, Dick, and Karl E. Klare. *The Unknown Dimension: European Marxism since Lenin*. New York: Basic Books, 1972

45. Husserl, Edmund. *Cartesian Meditations*. trans., Dorion Cairns. The Hugue: M. Nijhoff, 1977

46. Jameson, Fredric, *Late Marxism, Adorno, or, The Persistence of the Dialectic*, London: Verso, 1990

47. Jay, Martin. *Marxism and Totality: The Adventure of a Concept from Lukács to Habermas*, Berkeley, Calif.: University of California Press, 1984

48. Jay, Martin. *Force Fields: between Intellectual History and Cultural Critique*, London: Routledge, 1993

49. Johnson, Pauline. *Marxist Aesthetics: The Foundations within Everyday Life for an Emancipated Consciousness*. London: Routledge & Kegan Paul, 1984

50. Jarvis, Simon. *Adorno: A Critical Introduction*. Cambridge: Polity Press, 1998

51. Kellner, Douglas. *Critical Theory, Marxism and Modernity*. Cambridge: Polity Press, 1989

52. Kierkegaard. *Either/Or*. trans., David F. Swenson and Lillian Marvin Swenson. Princeton, N. J.: Princeton University Press, 1971

53. Kierkegaard. *Concluding Unscientific Postscript*. trans., David F. Swenson and Walter Lowrie. Princeton, N. J.: Princeton University Press, 1968

54. Kierkegaard, *Fear and Trembling* and *Repetition*. trans., Howard V. Hong and Edna H. Hong. Princeton, N. J.: Princeton University Press, 1983

55. Lichtheim, George. *From Marx to Hegel*. New York: The Seabury Press, 1971

56. Loewenstein, Julius I. *Marx against Marxism*. trans. , Harry Drost. London: Routledge & Kegan Paul, 1980

57. Love, Nancy S. *Marx, Nietzsche, and Modernity*. New York: Columbia University Press, 1986

58. Löwith, Karl. *From Hegel to Nietzsche: The Revolution in Nineteenth-Century Thought*. trans. , David E. Green. Gorden City, N. Y. : Anchor Books, 1967

59. Lukács, Georg. *The Theory of the Novel*. trans. , A. Bostock. London: Merlin Press, 1971

60. Lukács, Georg. *Soul and Form*. trans. , A. Bostock. London: Merlin Press, 1974

61. Lukács, Georg. *The Young Hegel: Studies in the relations between dialectics and economics*. trans. , R. Livingstone. London: Merlin Press, 1975

62. Lunn, Eugene. *Marxism & Modernism: An Historical Study of Lukács, Brecht, Benjamin and Adorno*, Berkeley. Calif. : University of California Press, 1982

63. Marcuse, Herbert. *Hegel's Ontology and the Theory of Historicity*. trans. , Seyla Benhabib. Cambridge, MA: The MIT Press, 1987

64. New Left Review, ed. *Western Marxism: A Critical Reader*. London: NLB, 1977

65. NLB, ed. , *Aesthetics and Politics*. London: NLB, 1977

66. O'neill, John, ed. *On Critical Theory*. New York: Seabury Press, 1976

67. Paddison, Max. *Adorno's Aesthetics of Music*. Cambridge:

Cambridge University Press, 1993

68. Pelczynski, Z. A., ed. *Hegel's Political Philosophy: Problems and Perspectives*. Cambridge: Cambridge University Press, 1971

69. Redmond, Dennis. *Global Storm: Theodor Adorno' Negative Dialectics*. http://efn.org/~dredmond/GS.html

70. Rochlitz, Rainer. *The Disenchantment of Art: The Philosophy of Walter Benjamin*. trans., Jane Marie Todd. New York: The Guiford Press, 1996

71. Rose, Gillian. *The Melancholy Science: An Introduction of Theodor W. Adorno*. London: The Macmillan Press, 1978

72. Rose, Gillian. *Judaism and Modernity*. Malden, MA: Blackwell, 1993

73. Rosen, Michael. *Hegel's Dialectic and Its Criticism*. Cambridge: Cambridge University Press, 1982

74. Rosenzweig, Franz. *The Star of Redemption*. trans., W. W. Hallo. Holt, New York: Rinehart and Winston, 1970

75. Simmel, Goerg. *The Philosophy of Money*. trans., D. Frisby. London: Routledge, 1990

76. Simmel, Goerg. *Essays on Sociology, Philosophy, and Aesthetics*. Columbus: Ohio State University Press, 1959

77. Simmel, Goerg. *Simmel on Culture: Selected Writings*. ed., David Frisby and Mike Featherstone. Thousand Oaks: SAGE Publications, 1997

78. Slater, Phil. *Origin and Significance of the Frankfurt School: A Marxist Perspective*. London: Routledge & Kegan Paul, 1977

79. Tar, Zoltán. *The Frankfurt School: The Critical Theories of Max Horkheimer and Theodor W. Adorno*. New York: Schocken Books, 1985

80. Taylor, Mark C. *Journeys to Selfhood: Hegel & Kierkegaard*.

Berkeley, Calif.: University of California Press, 1980

81. Thulstrup, Niels. *Kierkegaard's Relation to Hegel*. trans., George Stengren. Princeton, N.J.: Princeton University Press, 1980

82. Waldenfels, Bernhard, ed. *Phenomenology and Marxism*. trans., J. Claude Evans. London: Routledge & Kegan Paul, 1984

83. Weber, Max. *The Rational and Social Foundations of Music*. trans., Don Martindale, i.e. Carbondale: Southern Illinois University Press, 1958

84. Wellmer, Albrcht. *The Persistence of Modernity: Essays on Aesthetics, Ethical, and Postmodernity*. trans., David Midgley. Cambridge, MA: The MIT Press, 1991

85. Wiggershaus, Rolf. *The Frankfurt School, Its History, Theories, and Political Significance*. trans., Michael Robertson. Cambridge, MA: The MIT Press, 1994

86. Williams, Alastair. *New Music and the Claims of Modernity*. Burlington, VT: Ashgate Publishing House, 1997

87. Witkin, Robert W. *Adorno on Music*. London: Routledge, 1998

88. Wolin, Richard. *Walter Benjamin: An Aesthetic of Redemption*. New York: Columbia University Press, 1982

89. Wolin, Richard. *The Terms of Cultural Criticism: The Frankfurt School, Existentialism, Poststructuralism*. New York: Columbia University Press, 1992

90. Zuidervaart, Lambert. *Adono's Aesthetic Theory: The Redemption of Illusion*. Cambridge, MA: The MIT Press, 1991

二、中文著述

1. [德]阿多诺:《否定的辩证法》,张峰译,重庆出版社1993年版

2. [德]阿多诺:《美学理论》,王柯平译,四川人民出版社1998年版

3.［法］阿达利:《噪音——音乐的政治经济学》,宋素凤等译,上海人民出版社 2000 年版

4.［苏］阿凡纳西耶夫:《马克思的伟大发现——劳动二重性学说的方法论作用》,李元亨译,山东人民出版社 1992 年版

5.［美］阿格尔:《西方马克思主义概论》,慎之等译,中国人民大学出版社 1991 年版

6.［英］安德森:《西方马克思主义探讨》,高铦译,人民出版社 1981 年版

7. 艾四林:《哈贝马斯》,湖南教育出版社 1999 年版

8.［英］艾耶尔:《二十世纪哲学》,李步楼等译,上海译文出版社 1987 年版

9.［美］巴雷特:《非理性的人——存在主义哲学研究》,杨照明等译,商务印书馆 1995 年版

10. 北京大学哲学系外国哲学史研究室编译:《十六——十八世纪西欧各国哲学》,生活·读书·新知三联书店 1958 年版

11.［德］本雅明:《本雅明文选》,陈永国等编,中国社会科学出版社 1999 年版

12.［德］本雅明:《经验与贫乏》,王炳钧等译,百花文艺出版社 1999 年版

13.［德］本雅明:《本雅明:作品与画像》,孙冰等编译,文汇出版社 1999 年版

14.［德］贝克:《音乐的故事》,马立等译,江苏人民出版社 1998 年版

15.［美］贝斯特、［美］凯尔纳:《后现代理论——批判性的质疑》,张志斌译,中央编译出版社 1999 年版

16.［苏］别索诺夫:《在"新马克思主义"旗帜下的反马克思主义》,德礼译,中国人民大学出版社 1983 年版

17.［美］宾克莱:《理想的冲突——西方社会中变化着的价值观念》,马元德等译,商务印书馆 1983 年版

18.［美］布朗:《电影理论史评》,徐建生译,中国电影出版社 1994 年版

19.［德］布罗德森:《本雅明传》,国容等译,敦煌文艺出版社 2000 年版

20. ［德］卡西尔:《语言与神话》,于晓等译,生话·读书·新知三联书店 1988 年版

21. ［德］卡西勒:《启蒙哲学》,顾伟铭等译,山东人民出版社 1988 年版

22. 陈嘉映:《海德格尔哲学概论》,生话·读书·新知三联书店 1995 年版

23. 陈振明:《法兰克福学派与科学技术哲学》,中国人民大学出版社 1992 年版

24. 陈胜云:《星丛:理性的修复——阿多诺的批判理论研究》,南京大学 1999 年博士论文

25. 陈永国:《文化的政治阐释学——后现代语境中的詹姆逊》,中国社会科学出版社 2000 年版

26. 陈立胜:《自我与世界——以问题为中心的现象学运动研究》,广东人民出版社 1999 年版

27. 成伯清:《格奥尔格·齐美尔:现代性的诊断》,杭州大学出版社 1999 年版

28. ［德］克劳斯·杜辛:《黑格尔与哲学史——古代、近代的本体论与辩证法》,王树人译,社会科学文献出版社 1992 年版

29. ［意］克罗齐:《黑格尔哲学中的活东西和死思想》,王衍孔译,商务印书馆 1959 年版

30. ［美］多尔迈:《主体性的黄昏》,万俊人等译,上海人民出版社 1992 年版

31. ［荷］德布尔:《胡塞尔思想的发展》,李河译,生话·读书·新知三联书店 1995 年版

32. 邓晓芒:《思辨的张力——黑格尔辩证法新探》,湖南教育出版社 1992 年版

33. ［英］伊格尔顿:《美学意识形态》,王杰等译,广西师范大学出版社 1997 年版

34. ［英］伊格尔顿:《二十世纪西方文学理论》,吴晓明译,陕西师范大学

出版社 1986 年版

35. [德]法里亚斯:《海德格尔与纳粹主义》,郑永慧等译,时事出版社 2000 年版

36. [南]弗兰尼茨基:《马克思主义史》,生活·读书·新知三联书店 1963 年版

37. [法]福柯:《知识考古学》,谢强等译,生活·读书·新知三联书店 1998 年版

38. 傅有德等:《现代犹太哲学》,人民出版社 1999 年版

39. 高秉江:《胡塞尔与西方主体主义哲学》,武汉大学出版社 2005 年版

40. [德]贡尼等:《霍克海默》,任立译,中国社会科学出版社 1992 年版

41. [法]戈德曼:《文学社会学方法论》,段毅等译,工人出版社 1989 年版

42. [美]戈尔曼主编:《"新马克思主义"传记辞典》,赵培杰等译,重庆出版社 1990 年版

43. [美]戈登:《塞缪尔·贝克特和他的世界》,唐盈等译,敦煌文艺出版社 2000 年版

44. [德]哈贝马斯:《作为"意识形态"的技术与科学》,李黎等译,学林出版社 1999 年版

45. [德]哈贝马斯:《认识与兴趣》,郭官义译,学林出版社 1999 年版

46. [德]哈贝马斯:《重建历史唯物主义》,郭官义译,社会科学文献出版社 2000 年版

47. [俄]古雷加:《德国古典哲学新论》,沈真等译,中国社会科学出版社 1993 年版

48. [德]海德格尔:《存在与时间》,陈嘉映等译,生活·读书·新知三联书店 1987 年版

49. [德]海德格尔:《林中路》,孙周兴译,上海译文出版社 1999 年版

50. [德]黑格尔:《精神现象学》,贺麟等译,商务印书馆 1979 年版

51. [德]黑格尔:《逻辑学》,杨一之译,商务印书馆 1976 年版

52. [德]黑格尔:《费希特与谢林哲学体系的差别》,宋祖良等译,商务印

书馆 1994 年版

53. ［德］黑格尔:《小逻辑》,贺麟译,商务印书馆 1980 年版

54. ［德］黑格尔:《法哲学原理》,范扬等译,商务印书馆 1961 年版

55. 洪汉鼎:《诠释学——它的历史和当代发展》,人民出版社 2001 年版

56. 侯才:《青年黑格尔派与马克思早期思想的发展》,中国社会科学出版社 1994 年版

57. ［英］怀特海:《观念的冒险》,周邦宪译,贵州人民出版社 2000 年版

58. 黄裕生:《时间与永恒——海德格尔哲学中的时间问题》,社会科学文献出版社 1997 年版

59. ［德］霍克海默:《批判理论》,李小兵等译,重庆出版社 1989 年版

60. ［德］霍克海默:《霍克海默集》,曹卫东编,渠东等译,上海远东出版社 1997 年版

61. ［德］霍克海默、［德］阿多诺:《启蒙辩证法》,洪佩郁等译,重庆出版社 1990 年版

62. ［法］让·华尔:《存在哲学》,翁绍军译,生活·读书·新知三联书店 1987 年版

63. 胡大平:《后革命氛围与全球资本主义——德里克"弹性生产时代的马克思主义"研究》,南京大学出版社 2002 年版

64. ［德］胡塞尔:《逻辑研究》,倪梁康译,上海译文出版社 1994、1998、1999 年版

65. ［德］胡塞尔:《胡塞尔选集》,倪梁康选编,上海三联书店 1997 年版

66. ［德］胡塞尔:《纯粹现象学通论:纯粹现象学和现象学哲学的观念,第一卷》,李幼蒸译,商务印书馆 1992 年版

67. ［德］胡塞尔:《经验与判断》,邓晓芒、张廷国译,生活·读书·新知三联书店 1999 年版

68. ［德］伽达默尔:《哲学解释学》,夏镇平等译,上海译文出版社 1994 年版

69. ［德］伽达默尔:《真理与方法》,洪汉鼎译,上海译文出版社 1992 年版

70. [德]伽达默尔:《科学时代的理性》,薛华等译,国际文化出版公司1988年版

71. [德]伽达默尔:《伽达默尔论黑格尔》,范进等译,光明日报出版社1992年版

72. 靳希平:《海德格尔早期思想研究》,上海人民出版社1995年版

73. [美]詹姆逊:《快感:文化与政治》,王逢振等译,中国社会科学出版社1998年版

74. [美]杰姆逊:《政治无意识》,王逢振等译,中国社会科学出版社1999年版

75. [美]詹明信:《晚期资本主义的文化逻辑》,张旭东编,陈清侨等译,生活·读书·新知三联书店1997年版

76. [美]詹姆逊:《马克思主义与形式》,李自修译,百花洲文艺出版社1995年版

77. [美]詹明信:《马克思主义:后冷战时代的思索》,张京媛译,牛津大学出版社1994年版

78. [美]杰姆逊:《后现代主义与文化理论》,唐小兵译,北京大学出版社1997年版

79. [美]马丁·杰:《法兰克福学派史》,单世联译,广东人民出版社1996年版

80. [美]马丁·杰:《阿多诺》,瞿铁鹏等译,中国社会科学出版社1992年版

81. [法]杰木乃兹:《阿多诺:艺术、意识形态与美学理论》,栾栋等译,远流出版社事业股份有限公司1990年版

82. [美]考夫曼编著:《存在主义》,陈鼓应等译,商务印书馆1987年版

83. [德]卡森:《德国理性哲学史——从康德起的德国认识论史纲》,汤镇东译,兰州大学出版社1994年版

84. [苏]科尔涅耶夫主编:《唯心辩证法观批判》,贾泽林等译,东方出版社1991年版

85. 江天骥主编:《法兰克福学派》,上海人民出版社 1981 年版

86. [丹]克尔凯戈尔:《克尔凯戈尔日记选》,晏可佳等译,上海社会科学院出版社 1992 年版

87. [捷]昆德拉:《背叛的遗嘱》,孟湄译,上海人民出版社 1995 年版

88. [法]朗多尔米:《西方音乐史》,朱少坤等译,人民音乐出版社 1989 年版

89. [英]莱斯诺夫:《二十世纪的政治哲学家》,冯克利译,商务印书馆 2001 年版

90. [加]莱斯:《自然的控制》,岳长龄等译,重庆出版社 1993 年版

91. 李忠尚:《"新马克思主义"析要》,中国人民大学出版社 1987 年版

92. 李鹏程:《信仰与革命——对 19 世纪上半叶德意志精神世俗化的理论考察》,人民出版社 1993 年版

93. 李超杰:《理解生命——狄尔泰哲学引论》,中央编译出版社 1994 年版

94. [美]利文斯顿:《现代基督教思想》,何光沪等译,四川人民出版社 1999 年版

95. [苏]列宁:《列宁选集》,人民出版社 1972 年版

96. [匈]卢卡奇:《历史与阶级意识——关于马克思主义辩证法的研究》,杜章智等译,商务印书馆 1992 年版

97. [匈]卢卡奇:《理性的毁灭》,王玖兴等译,山东人民出版社 1997 年版

98. 陆俊:《理想的界限——"西方马克思主义"现代乌托邦社会主义理论研究》,社会科学文献出版社 1998 年版

99. [美]迈尔:《音乐的情感与意义》,何乾三译,北京大学出版社 1991 年版

100. [德]马克思、[德]恩格斯:《马克思恩格斯全集》第一版,人民出版社

101. [德]马克思、[德]恩格斯:《马克思恩格斯选集》,人民出版社 1995 年版

102. 马驰:《"新马克思主义"文论》,山东教育出版社 1998 年版

103. ［美］马尔库塞:《理性和革命》,程志民译,重庆出版社 1993 年版

104. ［美］马尔库塞:《审美之维》,李小兵译,生活·读书·新知三联书店 1989 年版

105. ［美］马尔库塞:《单向度的人》,刘继译,上海译文出版社 1989 年版

106. ［美］马尔库塞:《现代文明与人的困境》,李小兵等译,上海三联书店 1989 年版

107. ［美］马逵斯:《二十世纪的音乐语言》,蔡松译,人民音乐出版社 1992 年版

108. ［法］马尔松等:《爵士乐》,商务印书馆 1998 年版

109. ［美］摩根斯坦:《作曲家论音乐》,茅于润译,人民音乐出版社 1986 年版

110. ［美］那坦森:《胡塞尔》,高俊一译,允晨文化实业有限公司 1982 年版

111. ［德］尼采:《权力意志》,张念东等译,商务印书馆 1991 年版

112. ［德］尼采:《曙光》,田立年译,漓江出版社 2000 年版

113. ［德］尼采:《偶像的黄昏》,周国平译,湖南人民出版社 1987 年版

114. ［德］尼采:《快乐的科学》,余鸿荣译,中国和平出版社 1986 年版

115. 倪梁康:《现象学及其效应——胡塞尔与当代德国哲学》,生活·读书·新知三联书店 1994 年版

116. 倪梁康:《胡塞尔现象学概念通释》,生活·读书·新知三联书店 1999 年版

117. 欧力同、张伟:《法兰克福学派研究》,重庆出版社 1990 年版

118. ［英］帕金森:《格奥尔格·卢卡奇》,上海人民出版社 1999 年版

119. ［德］普林茨:《爱这个世界:汉娜·阿伦特传》,焦洱译,社会科学文献出版社 2001 年版

120. ［英］罗素:《西方哲学史》下卷,马元德译,商务印书馆 1976 年版

121. ［德］萨弗兰斯基:《海德格尔传》,靳希平译,商务印书馆 1999 年版

122. ［德］索伦:《犹太教神秘主义主流》,涂笑非译,四川人民出版社 2000

年版

123. [英]斯退士:《黑格尔哲学》,鲍训吾译,河北人民出版社 1986 年版

124. [德]齐美尔:《桥与门——齐美尔随笔集》,涯鸿等译,生活·读书·新知三联书店 1991 年版

125. [美]施皮格伯格:《现象学运动》,王炳文等译,商务印书馆 1995 年版

126. [美]施泰因克劳斯编:《黑格尔哲学新研究》,王树人等译,商务印书馆 1990 年版

127. [德]施太格缪勒:《当代哲学主流》,王炳文等译,商务印书馆 1986 年版

128. [德]施蒂纳:《唯一者及其所有物》,金海民译,商务印书馆 1989 年版

129. [德]施密特:《马克思的自然概念》,欧力同等译,商务印书馆 1988 年版

130. [俄]舍斯托夫:《旷野呼告》,方珊等译,华夏出版社 1999 年版

131. 宋祖良:《青年黑格尔的哲学思想》,湖南教育出版社 1989 年版

132. 陶秀璈:《黑格尔认识论研究》,中国人民大学出版社 1999 年版

133. 孙伯鍨:《探索者道路的探索》,安徽人民出版社 1985 年版

134. 孙伯鍨:《卢卡奇和马克思》,南京大学出版社 1999 年版

135. 孙伯鍨:《马克思主义哲学史》第二卷,北京出版社 1992 年版

136. 孙周兴:《说不可说之神秘——海德格尔后期思想研究》,上海三联书店 1994 年版

137. [美]斯威齐:《资本主义发展论》,陈观烈等译,商务印书馆 1997 年版

138. [美]瓦里美:《爵士乐》,王秋海译,生活·读书·新知三联书店 1987 年版

139. 王逢振主编:《摇滚与文化》,天津社会科学院出版社 2000 年版

140. 王岷:《终极关怀——蒂里希思想引论》,新华出版社 2000 年版

141. 王齐:《走向绝望的深渊——克尔凯郭尔的美学生活境界》,中国社会科学出版社 2000 年版

142. 王树人:《历史的哲学反思——关于〈精神现象学的研究〉》,中国社会科学出版社 1988 年版

143. 汪晖等主编:《公共社会与晚期资本主义》,马音等译,社会科学文献出版社 1999 年版

144. 汪堂家:《自我的觉悟——论笛卡尔与胡塞尔的自我学说》,复旦大学出版社 1995 年版

145. [美]沃林:《存在的政治——海德格尔的政治思想》,周宪等译,商务印书馆 2000 年版

146. 徐崇温:《"西方马克思主义"》,天津人民出版社 1982 年版

147. 徐崇温:《法兰克福学派述评》,生活·读书·新知三联书店 1982 年版

148. [德]雅斯贝尔斯:《尼采——其人其说》,鲁路译,社会科学文献出版社 2000 年版

149. 姚亚平:《西方音乐的观念——西方音乐历史发展中的二元冲突研究》,中国人民大学出版社 1999 年版

150. 杨大春:《沉沦与拯救——克尔凯戈尔的精神哲学研究》,人民出版社 1995 年版

151. 叶秀山:《思·史·诗——现象学和存在哲学研究》,人民出版社 1988 年版

152. 杨建平:《马克思的劳动概念》,南京大学博士论文 1998 年

153. 杨小滨:《否定的美学——法兰克福学派的文艺理论和文化批评》,上海三联书店 1999 年版

154. 俞可平主编:《全球化时代的"马克思主义"》,中央编译出版社 1998 年版

155. 张一兵:《马克思历史辩证法的主体向度》,河南人民出版社 1995 年版

156. 张一兵:《回到马克思——经济学语境中的哲学革命》,江苏人民出版社 1999 年版

157. 张一兵:《张一兵自选集》,广西师范大学出版社 1999 年版

158. 张一兵:《无调式的辩证想象——阿多诺〈否定的辩证法〉的文本学解读》,生话·读书·新知三联书店 2001 年版

159. 张英进等编:《现当代西方文艺社会学探索》,海峡文艺出版社 1987 年版

160. 张伟:《弗洛姆思想研究》,重庆出版社 1996 年版

161. 赵林:《黑格尔的宗教哲学》,武汉大学出版社 1996 年版

162. 中国社会科学院哲学研究所西方哲学研究室编:《国外黑格尔哲学新论》,中国社会科学出版社 1982 年版

163. 周国平:《尼采和形而上学》,湖南人民出版社 1990 年版

164. 周宪:《20 世纪西方美学》,南京大学出版社 1999 年版

165. 朱立元:《法兰克福学派美学思想论稿》,复旦大学出版社 1997 年版

166. 朱亮等编译:《国外学者论黑格尔哲学》,南京大学出版社 1986 年版

附　录

哲学的现实性[①]

[德]泰奥多·W.阿多诺

今天,任何一个选择以哲学为志业的人,都必须首先抛弃以往执行哲学计划时怀有的幻想:思想的力量足以把握真实事物的总体。在一种其秩序和构造打消了理性要求的实在里,并没有正当的理性;理性只是强辩地向认识者呈现自身为总体实在,同时,它只是提供如此希望:有朝一日进入正确和正当的实在。今天,把实在呈现为如此的哲学作用无他,只是遮蔽了实在,并使它的现存条件永恒化了。在一切回答之前,这样的功能已经被置入了一个问题之中了——那个被认为是激进的而实际上最不激进的问题:关于存在(Sein)自

[①] "哲学的现实性"(Die Aktualität der Philosophie)一文是阿多诺于 1931 年 5 月 7 日在法兰克福大学哲学系所做的就职演讲。在这篇演讲中,阿多诺表达了自己对从胡塞尔到海德格尔的现象学运动的总体看法,以及对未来具有现实性的哲学发展的一般构想。从这篇演讲中,我们可以清晰地看到本雅明《德国悲苦剧的起源》一书对阿多诺的强烈影响。该演讲在阿多诺生前没有正式发表,后被编入《阿多诺全集》第 1 卷。

身的问题。这一被新本体论纲领明确地表述出来的、①尽管有很多矛盾却是诸唯心主义体系的基础的问题,据说已经被克服了。这一问题将其可能的回答假定为前提:思想绝对适应于存在并能进入存在;存在者(des Seienden)观念是能够问明的。可是,思想对于作为总体的存在的适应性已经朽烂了,随后,存在者的观念自身也不再能让提问进入自身。因为,自从我们的生活形象仅仅能够通过历史得到保证,这一思想便独自高居于完满的、封闭的实在之上,有如高悬于纯净的、透明夜空中的星辰,并且它现在或许已经永远从人们的视野中消失了。也就是说,存在的观念在哲学中已经变得苍白无力;它不过是一个空洞的形式原则,这一原则的古代尊严有助于覆盖任何内容。作为总体性,真实事物的丰富性不能任其被归置在将意义赋予自己的作为总体性的存在观念之下;而存在者的观念也不能从实在的要素中被建构出来。相对于哲学,它(存在的观念)失落了,因此,它之于真实事物总体的要求就在它的源头处被否除了。

哲学史本身见证了这一切。唯心主义的危机同时就成为哲学之于总体性的要求的危机。自主理性(autonome ratio)——这是每一种唯心主义体系都要涉及的论题——被假定能够使实在概念得以形成,并使得全部实在都从其本身形成。马堡学派的新康德主义艰辛劳作,力图从逻辑范畴中得到实在的内容,它的确保存了自己作为一个体系的独立完整形式,可也因此放弃了对实在的一切权力并退缩到一个形式领域,在这个领域中,对内容的每一个确定实际上都逃逸到了一个虚拟的过程的最远端。在唯心主义内部,与马堡学派对

---

① 阿多诺在这里指的是海德格尔《存在与时间》中的存在哲学。自 1927 年出版后,《存在与时间》对德国的知识界(包括形成中的法兰克福学派中的很多成员)发生了非常重要的影响,在某种意义上,它实际构成当时人们思考、言说哲学之必须面对的前提。1930 年之前,阿多诺、马尔库塞等人认为应当以海德格尔的存在哲学去补充、发展马克思主义哲学,这一点在马尔库塞 1928 年向海德格尔提交的教职论文《黑格尔的本体论与历史性理论》中得到了最明显的体现。不过,海德格尔最终以沉默拒绝了这种发挥,同时,法兰克福学派也意识到它不可能构成有现实性的马克思主义哲学的基础,而只可能是其批判的出发点。作为一个在现象学运动中成长起来、直接感受过《存在与时间》的理论震撼力的青年学者,阿多诺自然明了"ontology"这个术语在海德格尔那里的存在论新义,不过,从他的批判中,我们不难发现,其实他认为海德格尔并没有跳出或逃出黑格尔本体论的唯心主义窠臼。因此,在本文中,我们将相机翻译这个词。——译者注

立的是西美尔具有心理学和非理性主义倾向的生命哲学，虽然保留了与自己所应对的实在的接触，可如此也就失去了对强加给它的经验世界的赋予意义的所有权利，屈服于"生活"这个盲目而蒙昧的自然概念，它徒劳地希冀将此概念提升为"非常生活"的、含混的、虚幻的超越。最后，执两用中的李凯尔特西南学派自称，较之于马堡学派的理想，自己拥有在价值上更具体、更便于应用的哲学标准，并且形成了一种方法，该方法在与那些价值有着一如既往的可疑的关系中设置了经验实在。然而，价值的地点和来源依旧悬而未决，它们居于逻辑必要性和心理杂多之间的某处，既不在实在中紧密相连，又不具有精神内的明晰性，不过是一个既不能回答价值由何而来，也不能解决价值为了什么的现象本体论。与唯心主义哲学的宏伟解决方案有所不同的是科学哲学，它在起点上就放弃了关于实在的构成的唯心主义基本问题，并在解释性的初级学科尤其是自然学科的框架里使之成为行之有效的前提。因此，在被给予的事物中找到安全保障的基础，要么是意识的关联，要么是对个别学科的探索。因为脱离了哲学史问题，所以它们忘了：在每一个前提中，它们自身的确定性都难以分割地与历史的问题和问题的历史相关联，不可能与后两者分开独立存在。

　　落入这种形势中的就是哲学精神今天在现象学的名义下为我们所知的一种努力：该努力力图在唯心主义体系瓦解之后沿用唯心主义的工具即自主理性，获得超主观的有约束力的存在秩序。一切现象学意图的最深刻悖论在于，它们通过从主观的后笛卡尔思想而生产出来的相同范畴，却竭力想获得与这些范畴的原初意图相反的客观性。因此，胡塞尔的现象学始于先验唯心主义这一事实绝非偶然，新近的现象学著作越是试图掩盖这一点，就越是不能掩盖这一起源。胡塞尔在理性与实在的关系的基本问题意义上认识到了非演绎被给予性概念（该概念正是实证主义发展而来的），并使之有益，这是他真正创新的发现，其重要性超过了表面上更具有效力的"本质直观"方法。他从心理学中拯救了"源初给予直观"概念，并在哲学描述方法的发展中，赢回了在个别学科那里老早就失落了的有限分析的确定性。胡塞尔率直地表达自己的看法这一事实本身，证明了他伟大而清明正直的品质；但也不能否认，胡塞尔对被给予事物的每一个分析涉及一个隐含的先验唯心主义体系,胡塞尔最终是这么表达其思想的:"理性的裁决"(Rechtsrechnung der Vernunft)是对理性和实在的关系的最终裁决,因此,胡塞尔的所有描述都发生在理性之中。胡塞尔从无节制的思辨中纯化了唯心主义,使之达到它所能企及的最高实在性的标准。可他没能够冲破它。与科亨和纳托普一样,他的领域也是由自主精神统治的,重要的差别在于,不管怎样,他放弃了精神生产力要求以及康德和费希特的自发性,就像康德那样满足于拥有他能充分企及的领域。对近30年来哲学发展史的普遍解释,将会在胡塞尔现象学的自我满足中看到其局限性,把它看作能最终引向阐明存在秩序的计划的进程的起点,而在胡塞尔对意向活动和意向相关项的关系的描述中,这一秩序是能被正式制定出来的。我明确反对这一解释。实际上,以牺牲一种研究结果的确定性(只有这种确定性才能为现象学方法提供合法性基础)为代价只是获得表面上的成功。如果说,在舍勒的发展中,永恒的基本真理在突然变化中轮换替代,为的是被放逐到了先验性的无能为力中,那么,我们当然就能从其中看到一种思考的无休止追问的冲动,这种思考在从错误到错误的运动中唯一地分有了真理。不过,相比于单纯的个人精神命运的范畴,我们必须对舍勒令人困惑不安的发展做出更严格的理解。相反,它指出:现象学从形式的唯心主义向质料的客观的领域的成功转变,既不是无迹可寻,也不是没有疑义的;舍勒的哲学曾经那样诱人地在封闭的天主教理论的背景上设计出超历史的真理的图景,可一旦在实在中被找寻到了,那么,它也就变得混乱,然后瓦解了,"质料现象学"纲领就是对它的理解。对我而言,舍勒本人从质料形而上的角度认可了永恒理念与实在之间的跨越,并克服了这种跨越,现象学因此进入了物质领域,于是舍勒把实在让给了一个盲目的"欲望"(Drang),该欲望与理念天空的关系是晦暗不明且问题丛生的,只给希望留下了最微薄的空间,舍勒最后的转向似乎拥有它真正模范的合法性。对于舍勒,质料现象学已经辩证地取消了自身。在本体论预谋中只剩下了欲望形而上学;他的哲学所拥有的最后永恒性是无边际的、无法支配的动力学的永恒性。就现象学的这种自我取消方面来看,海德格尔理论无非是将其理论以起点的痛苦出现,该痛苦能够说明其外在作用。

哲学的现实性

对于海德格尔，至少在他已经出版的著作中，对客观理念和客观存在的追问已经被主观理念和主观存在问题置换了。质料本体论的要求已被缩减到主观性领域内，它沉潜于主体性的深处去寻找，却对实在开放的丰富性熟视无睹。就此而言，海德格尔回转到了由西方思想产生出来的最新主观本体论计划即索伦·克尔凯郭尔的存在哲学①绝非偶然，至少不是哲学历史意义上的偶然。但是，克尔凯郭尔的计划已经不可挽回地被粉碎了。没有任何被坚实奠基的存在能够达到克尔凯郭尔无休止的内在主观辩证法，向着它敞开的最后深渊就是主观性崩溃于其中的绝望的深渊，这个绝望是一个把主观性之中对存在的谋划魔化为对地狱的谋划的客观的绝望。它知道，除了跳入先验性之外，再也没有办法能逃脱这地狱般的所在了。这跳跃是一种非真实的、无内容的、本身为主观性的思想行为，并在以下这个背反中发现了它最高的规定性：此处的主观精神必须为自己牺牲，并为此保留一则信念，该信念的内容独独源自于《圣经》中的语词，且对于主观性而言是偶然的。只有通过假设一个本质上是非辩证的、历史上是前辩证法的"上手的"现实，海德格尔才能逃避如此后果。但不管怎样，对主观存在的跳跃和非辩证的否定是海德格尔唯一的辩护理由。借着对发现之物的分析，海德格尔因此保持了和现象学的关联，并在原则上和克尔凯郭尔的唯心主义思辨划清界限，避免了信仰先验性及信仰先验性对主观精神牺牲的自发介入，反过来，他承认，只有在死中才能实现对生机论的"如在"(Sosein)盲目而晦暗的超越。凭借着海德格尔的死亡形而上学，现象学就此保证了舍勒已以其欲望理论宣布开始的发展。我们不能隐瞒这一点：现象学正要结束其生机论，而这生机论正是它最初向之宣战的对象。西美尔的死亡的超越性与海德格尔的不同之处就在于它始终是心理范畴，而海德格尔是在本体论意义上言说它的。不过，在事实中，例如在对焦虑现象的分析中，要发现区分这两者的可靠方法非常困难。

与对现象学向着生机论变迁的解释相一致，海德格尔能够通过历史主义

---

① 在1930年提交并获得通过的教职论文《克尔凯郭尔：审美对象的建构》中，阿多诺曾专门讨论过克尔凯郭尔与海德格尔的关系问题，其基本结论是：海德格尔哲学与作为其思想起源之一的克尔凯郭尔存在哲学的本质都是唯心主义的。——译者注

逃避现象学本体论的第二个巨大威胁的途径是他将时间本身本体论化，并将时间确定为人的构成本质。因此，在人之中发现永恒事物的质料现象学的努力也就悖谬地自我解除了，作为永恒，只有暂时性被保留下来。仅有若干范畴能满足本体论的要求，现象学正要把思想从这些范畴的独断统治——纯粹的主观性和纯粹的暂时性——下解放出来。因为"被抛"概念被设定为人的存在的最后条件，所以，生命自身才在生命哲学中变得盲目和意义空虚，而死亡不论是在这里还是在那里都无法赋予生命肯定的意义。思想对总体性提出的要求被抛回思想自身，并在这里最终又破灭了。我们现在所需要的就是去理解海德格尔生存论范畴里诸如被抛、焦虑和死亡的狭隘性，这些范畴不能消除生命的丰富性，而纯粹生命概念恰好完全抓住了海德格尔的本体论计划。如果这一切不是在骗人，那么，对现象学的进一步发展而言，现象学哲学随着这次扩大已经准备了自身最终的解体。现在，哲学第二次苍白无力地面对着对存在的追问。与早先能从自身展开相比，它同样不能把存在描述为一种自立的奠基性。

我方才讨论了最近的哲学史，但这不是为一般的思想史而定位，而是因为哲学的现实性问题仅仅是从问题与解答的历史纠葛中精确地产生出来的，并且是在用简单的形式建立一个宏伟的总体哲学的努力失败之后产生出来的：哲学自身还是现实的吗？我们不应在关于一般思想境遇的、没有束缚力的观念的基础上，将"现实性"理解为哲学暧昧的或不成熟性，而应在更准确的意义上来理解它，即：在最后的伟大努力失败之后，在哲学问题和它们被根本解决的可能性之间，是否存在适当性？这些问题的新近历史的真正结果是否说明，它们首要的哲学问题在本质上是不可回答的？尽管这个问题绝不是一个修辞学问题，但也应当被逐字逐句地对待。如今，不是使自己依托于当下的精神条件和社会条件的安全性而是真理之上的每一种哲学，都面对着一个对哲学本身进行清算的问题。科学，尤其是逻辑学和数学科学，已经以前所未有的严肃开始了清算哲学的工作。这种严肃相当重要，因为包括精确的自然科学在内的个别科学，早就摆脱了自然主义概念工具。而在19世纪，它们曾将这种概念工具置于唯心主义认识论之下，并完全获取了认识论批评的事实内容。在锐利的批判性认知方法的帮助下,最先进的逻辑学——我指的是从石里克开始的新维也纳学派,如今在卡尔那普和杜布斯拉夫的继续领导下与罗素及其逻辑分析学家建立了紧密联系——正企图把经验之所有可靠的、可广泛达及的知识保存在一个隐秘的处所,仅仅在同义反复和分析命题中找寻所有超越了经验循环及其相对性的命题。据此,康德对绝对先验综合判断的构成的追问就成了无本之木,因为这样的判断根本不存在;所有对借助于经验的可验证之物的超越都被排除了,哲学变成了仅仅整顿和控制个别科学的职能,而不允许从它自身及个别科学的成果中添加本质的东西。对于这种纯然的科学哲学的理想而言——不是对于维也纳学派而言,而是对于这样一种见解:企图面对单纯的科学性要求为哲学辩护并且自行认可这种要求的见解——哲学诗性的概念被归类为补充和附录,这种概念独自在真理面前的约束力缺乏被其不懂艺术和美学的低下所超过。但较之于用诗性理想作为清算哲学的辅助手段,一劳永逸地清算哲学、把它溶解到个别科学之中,倒是更加可取的,因为前者无非是对错误思想拙劣的粉饰。

我们在这里必须说的是,这个主题,即原则上所有哲学追问能被化解为个别科学的追问,即使在今天,也绝不是确凿无疑可以成立的。首先,它绝不是像它表现的那样没有前提。我只是想提醒大家注意两个问题,这两个问题是建立在那种无以克服的主题基础上的。第一,就是"被给予之物"自身的意义问题,一切经验主义的基础范畴问题,在这样的范畴下对于相关主体的追问不时产生,并且只能用历史哲学来回答:因为被给予之物的主体不是非历史地同一的和先验的主体,而是呈现为随着历史而改变的、可以历史地理解的形式。这个问题恰好没有在经验批判主义甚至在最现代的形式的框架之中被提出来,反过来,它天真地接受了康德的出发点。另一个问题对它来说也是一个常见的问题,只不过被武断地、以没有任何说服力的方式解决了。对经验批判主义而言,未知的意识、异化的自我的问题只要通过类比就是可以获致的,并随之在一个人自己的经验基础上被构成;可事实上,经验批判方法已经必然地在它拥有的语言中及其可验证的假定中预设了陌生的意识。仅仅把这些问题摆出来,维也纳学派的理论就被拖入了它想与之远离的哲学发展的连续性。但这无损于这个学派非同一般的重要性。我之所以看重它，倒不是因为它成功地完成了计划中哲学向科学的转换，而是因为它借助于它在表达哲学之中的科学时的严密性，使一切不从属于逻辑和个别科学的哲学内容的轮廓线变得清晰了。哲学不会变为科学，但是在经验主义攻击的压力下，它将从自身中放逐所有追问，这些追问因其特殊科学的属性正当地从属于个别科学，并使哲学问题的提出变得模糊。我的意思不是说：哲学将再度放弃或放松它与个别科学的联系，这样的联系是它最终重新获得的，并且这种联系的获致是最新精神史进展所获得的最杰出的成就。正相反，我认为，单单从个别科学的各自状况之中，哲学就能理解问题的质料内容和具体化。它不会因为它将自己的"结果"当作完成的"结果"接受下来，也不会因为它保持一个安全的距离对此"结果"进行冥思而允许自身凌驾于科学之上。但哲学问题依旧在于——并且在某种意义上是不可替代的——把自己锁定在个别科学最具体的问题之中。哲学与科学的区别并不像今天平庸的见解所认为的是依据一个更高层次的普遍性来决定的。哲学与科学的甄别既不是通过其范畴的抽象，也不是通过其质料的本质。核心区别在于，个别科学把它们的发现或最后的和最深刻的发现理解为不可分解的静态之物，而哲学则致力于把它所遭遇的第一个发现理解为需要解谜的标志。简单地说：科学的理念是研究，哲学的理念是解析。这样，就保留了一个巨大的乃至是持久的矛盾：哲学从未掌握过一把可靠的解析钥匙，它却不懈地并以真理的名义从事解析；在存在之物谜一般的形象和它们令人吃惊的纠缠中的，被给予的不过就是稍纵即逝、消逝着的踪迹。哲学史不过就是这种纠缠的历史。因此，它几乎没有获得什么"结果"。它必须不断地重新开始，而且不能缺少先前纺织出来的哪怕最短的线头，因为可能正是这样的线头充当了文学，使密码转换成了文本。

接下来要说的是，解析的理念决不和"意义"问题相一致，两者在一起通常变得更令人困惑。一方面，积极地呈现这个意义，把实在描绘为一个意义丰富的事物并为其辩护，这绝不是哲学的任务。对存在着的事物的每一个如此的辩护，都为存在自身中的碎片化所阻止。我们的知觉图景可能是精神的，我们生活于其中的世界则不然，它是由纯粹知觉图景之外的东西构成的。哲学必须阅读的文本是未完成的、矛盾的、碎片化的，其中的很多东西已经被移交给了盲目的精灵(Dämonie)[①]，事实上，对它进行解读就是我们的任务，通过解读，我们能学会更好地认识精灵的力量并学会驱逐它。另一方面，解析的理念并不要求假想一个第二性的背后世界，这个背后世界只有通过对显现事物的分析才能被打开。精神和经验的二元论是康德系统阐述出来的，只是经过后康德主义视角的整理它才被归结到柏拉图那里，他的理念天国是无伪装的、对精神敞开的——二元论可以更好地归类于探索理念而非解析理念；在除了回答之外没有什么是必要的地方，探索理念期待着问题向着被给予和被认知的要素的还原。从事解析的人在现象世界的背后探索构成其基础和支撑的自在世界，他们的举止好比有人想在谜中发现一个藏于其后的存在的映像，谜面反映出此映像，反映出它承载了什么。相反，解谜的功能就是如闪电一般照亮那谜并扬弃它，而不执着于谜后面的事物并模仿它。纯粹的哲学解析不是偶遇已存在于问题之后的确定的意义，而是突然地、暂时地照亮它，同时毁灭它。恰如解谜之构成是因为，问题之单个的被分散的要素被导入各种派别的时间已经足够长了，直到它们聚凑为一个能使问题得到解决的图形——同时，问题也就消失了。因此，哲学不得不把它从科学中得到的要素长久地导入变化中的星丛，不是按照星相学的方式而是按照科学之当下更流行的方式来说，就是导入变化中的实验组合，直到它们进入一个能被解读为答案的图形中，同时，问题也就消失了。哲学的任务不是探索实在之被隐匿的和显明的目的，而是去解析非意向性的实在，因为，借助于从实在之孤立的要素中构造图形或表象的结构，它扬弃了问题，对这些问题简明清晰的把握即是科学的任务。[②] 对这个任务，哲学总是保持着义务，因为它的光度只能照亮这些坚实的问题。在这儿，我们可以发现如此惊人和令人奇怪的亲和性：它存在于解析哲学与一种思

[①] 在现代西文中，Dämonie 通常都是些只具有消极意义的恶魔恶鬼。不过，阿多诺显然是在歌德的意义上来理解这个词的，着重强调了它的积极意义。参见[德]爱克曼辑录《歌德谈话录》，朱光潜译，人民文学出版社 1978 年版，第 231—233 页。——译者注

[②] 参见 Walter Benjamin, *Ursprung des deutschen Trauerspiels*, Berli：Ernst Rowohlt, 1928, S. 9-44, especially S. 21,23。

想之间:这种思想最强烈地把意向性观念和意义观念从实在中排斥出去,这就是唯物主义。通过把在分析中被孤立起来的要素并列起来,以及假借这样的解析对实在的阐明,对非意向性事物的解析就成了每一个真正的唯物主义知识论的纲领。对于这种纲领而言,唯物主义的程序越公正,它就越是远离自己的对象的"意义",其自身和一个含蓄的准宗教的意义的关联就越少。因为解析早就把自己和对意义的所有追问分开来了,换言之,哲学符号败坏了。如果哲学必须学着去放弃总体性问题,它就意味着:它必须学会在没有符号功能的情况下运作,到目前为止,至少是在唯心主义中,特殊好像代表普遍。它必须牺牲宏大问题,过去总体性曾想确保其伟大,虽然在今天,解析已经从宏大问题的大网眼之间滑掉了。如果真实的解析只有通过把最小的要素并置起来才能成功,它就不再参与传统意义上的宏大问题,或者说它仅在一种方式上参与宏大问题,这个方式就是它把总体性问题安顿在一个具体结果上,这个总体性问题是它从前似乎象征性代表过的。最小的和非意向性的要素的建构,因而属于哲学解析的根本性诸前提;向着弗洛伊德所宣称的"对物理世界的拒绝"(*Abhub der Erscheinungswelt*)的转向,因此拥有了超越精神分析领域的合法性,犹如进步的社会哲学向着经济学的转向,不仅仅产生于经济学的经验优越性,而且同样产生于哲学解析本身的内在需求。今日之哲学应当追问物自体和现象的绝对关系,但现实情况是,为了直截了当地追寻存在的意义,抓住当下更加流行的表述,它要么徒具形式、毫无束缚力可言,要么分裂成许多可能的和武断的世界观立场。

假如——不谈它的实际可操作性,我仅仅举一个思想经验的实例——一种社会分析的要素可能被如此编排:它的联系形成一个形象,而该形象的每一个要素却都在此被扬弃了。此种形象当然不是有机地呈现,而必须是被制造出来的,即商品形式。这无以解决物自体问题,即使在所谓社会条件被揭示、物自体问题出现的情况下也不行——这正是卢卡奇以前认为找到的解决之道,因为一个问题的真理内容在原则上与它赖以产生的历史条件和心理学条件是不同的。不过从对商品形式的充分建构出发,物自体问题的绝对消失倒是可能的:就像光源一样,商品和交换价值的历史形象可以使一种实在的构型揭示出来，物自体对此的隐蔽之意的发掘努力只能是徒劳的，因为它根本不具有能被从前和第一时间的历史现象所取代的隐蔽意义。在这儿我不打算给出任何实质性的阐述，只想指出我认为是哲学解析的任务的方向。如果这些任务表述得正确，就要树立若干关涉这些哲学原则的问题的事物，而对此问题的明白的立场这是对我力图回避的。也就是说，传统哲学研究对于超历史的、被象征性地表达出来的理念的期待，将在历史中被构建，非象征地完成。由此，本体论和历史的关系也应以不同的方式来定位，而无须动用艺术，无须在单纯的"历史性"构型中将历史本体化为总体性，如若这样，解析及其对象之间的每一个特殊的张力就失落了，而仅仅留下了一个带面具的历史主义。以我之见，历史不应当再是这些观念产生、独立地凸显出来和重又消失的处所。相反，历史表象同时就是它们自身的观念，这些观念的关系构成了非意向性的真理，而真理并不是作为意向性显现在历史之中的。

但我要在这儿打断这个思想：因为一般陈述没有比在一个要求驱除抽象和一般陈述，只是在转变的必要性中需要它们的哲学中更加可疑的了。对此，我想指出解释哲学和唯物主义的第二个本质关联。我说过，在这两者可同时存在的方式上，谜的答案并不是谜的"意义"。答案包含在谜之中，谜只不过描绘它自己的显现并把答案作为目的包含在自身中。进而，答案就作为谜的严格反题而走出来，它需要从谜的要素中被建构出来，去毁灭谜，而一旦答案被决定性地给予了谜，那它也就不再意义丰富而是无意义的了。在此过程中发生的运动被唯物主义以认真的方式执行了。认真在这里意味着详情没有停留在封闭的知识领域，而是被赐予它的实践。对现有实在的解析及其取消相互关联，实在并不是在概念中被取消的，但是在实在构造的建构意义上，紧随其后马上产生了对这个实在进行真实改变的要求。谜的过程之导致改变的姿态——不是它向这样的纯粹解决提供了一个解决的原始表象，只有唯物主义实践独自具有这种解决。唯物主义以哲学证明的方式为这个关系取了个名字：辩证法。对我来说，哲学解析才是唯一可能辩证的。当马克思谴责哲学家们仅仅以各种各样的方式解释世界的时候，并反驳他们说哲学的任务应当就是改变它的时候，这个判决不仅是从政治实践，同时也是从哲学理论中获得了合法性。只是在取消问题的过程中,哲学解析的真实性才被证明是有效的,单纯的思想并不能展开它;因此,问题的取消使实践成为必要。由是观之,把对实用主义观念的理解(在此理解之中,理论与实践的纠缠如同在辩证法中一样)清楚地剔出来,纯粹是多余。

我清楚地知道推动我提呈给你们的纲领的不可能性———一种不是根源于时间的局限性,而是普遍存在着的不可能性,因为作为一个纲领,它无法在完全性和一般性中推行。当然,我也清楚地看到我的责任即在于给你们一些提示。首先,哲学解析的观念不会从哲学清算中缩回来,这个清算对我而言是以最近哲学对于总体性的要求的崩溃为信号的。对所有传统意义上的本体论问题的严格拒斥,对不变的一般概念(也包括人的概念)的回避,对精神自足的总体性的每一个构想的拒斥或对自我包含的"精神史"的拒斥,哲学问题集中在具体的、内在于历史的、不可拆分的复杂性之上,这些假定的确与迄今以来被认为是哲学的事物的分解变得极其相似。虽然(至少是官方的)当代哲学思考到目前与这些要求保持了相当距离,或它无论如何企图以稀释了的形式单一地吸收它们,然而首要的和最现实的任务之一,似乎就是对占统治地位的哲学思考的激进批判。我并不害怕有人批评我的否定性毫无成果,这个说法曾被高特富瑞德·凯勒定性为"华而不实的表达"。如果哲学解析事实上可以辩证地一枝独秀,那么,第一个辩证的攻击点就是由一个曾化育了那些问题的哲学提供的,较之于给老问题增加一个新答案,这些问题的排除显得更具有紧迫的必要性。一个本质上非辩证的哲学,一个旨在获得非历史的真理的哲学,很可能错误地认为:通过忘却和在新起点上重新开始,老的哲学问题就可以被排除掉。起点的欺骗,事实上正是海德格尔哲学最先受到诟病之处。只有在与最新的哲学解决企图和哲学术语的最严格的辩证交往过程中,哲学意识的真实改变才能成功。因为解析的组合过程要求把那些细小的、非意向性的、依旧与哲学材料关联的要素具体化,所以这种交往将从中,首先是从社会学中获取了个别科学的质料。

当代最有权威的学院哲学家对哲学和社会学的关系问题大约会做如是回答:如果哲学家像一个设计和执行房屋蓝图的建筑师,那么,社会学家就好比一个蟊贼，他从外面爬进来，偷走他能拿到的东西。我愿意接受这个类比，并站在有利于社会学功能的立场上为哲学家做一番解释。这所房子、大房子，它的基础很久以前就腐朽了，有可能会使保存在其中的所有东西都被毁灭，因为其中很多东西是拿不走的。如果这个蟊贼偷走了这些事实上快被忘却殆尽的珍宝，那么，这些物品得到了拯救；因为它们对他的价值，他不可能将这些珍宝保存得很久。当然，由哲学解析来评价社会学需要做一些限制。解析哲学的关键在于打造好钥匙，在这样的钥匙面前，实在霍然开启。至于关键概念的尺寸，都是专门按照订单来制作的。旧唯心主义挑选的概念太大，因此根本就插不进钥匙孔。纯粹哲学唯社会学论选得又太小，插进去了，门却打不开。许多社会学家在唯名论的道路上走得太远，以至概念太小，不能使其他概念与它们自己很好地合作，和它们或可作"构成星丛"。留下的是单纯的这个在这里决定因素之非逻辑因果关联，它嘲笑每一个认识分类，决不提供批判的标准。例如，阶级概念被废弃，由无数对单独集团的描述取而代之，由此，它们不再能被安排进具有重要意义的单位，虽然它们在经验中是如此显现的。再如，人们把最重要的概念之一，即意识形态概念，剥夺了其锋芒，他们的做法是将此概念正式地界定为按照某集团而做的某意识内容的归类，而不再允许对内容的真假性质疑。这种社会学把自己划分为一种一般的相对主义，它的一般性和其他一般性一样，都不能被哲学解析所承认，因为哲学在辩证的方法中拥有一个充分的方法，能校正它。

关于哲学对概念质料的控制，我有目的地论及了组合和实验安排、星丛和建构。并非构成此在的意义但又消解和解决它的问题的历史表象，不是简单的自我给予。它们并不有机地现成地存在于历史之中，需要被意识到的不是展示(Schau)或直觉。它们也不是被接受和被尊崇的魔术的历史神性。相反，它们必定是人类生成的，并且仅仅因为在令人信服的证据中，实在聚集在它们的周围，从而使它们获得了合法性。在这里，它们最主要的是使自己与由心理分析所发现的古代的神秘的原型(Urbilder)相分离，路德维希·克拉格斯希望把它们作为我们的知识范畴保存下来。即使它们(历史表象)与它们有一百个相同点，它们也在人类的一边描述它们宿命论的轨道这一点上使自己与之区别开来了。即使在它们作为客观存在的磁力中心使自己客观地整齐一致的地方，历史表象也是容易管理和可以理解的，是人类理性的工具。它们是模型，通过它们理性试探地、尝试着接近那拒绝服从规律的实在，如果影响是正当的，这规律就会不时地模仿模型的式样。我们在这里可以看到重建旧哲学概念的企图：发明的艺术（ars inveniendi）的概念——这个概念由培根系统表述，在莱布尼茨时代曾被热烈地争论过，是一个被唯心主义作为古怪念头加以嘲弄的概念。模型的每一个其他构想应是有灵知的和无法辩护的。但是，这种发明的艺术的推理法就是幻想。一种正确的幻想，一种严格地停留在科学提呈给它的质料中，并且只有在最小的特征上超越了它们的幻想。如果我为你们发展的哲学解释观念是有效的，那么，它可以被表达为一个不时用想象来回答关于每次被预先给予的实在的问题的需要，这个想象重新组合问题的诸要素而又不超越要素的规模，在这个问题的消失中可以控制这些要素的正确性。

我知道，你们中的许多人并不赞同我所提供的东西。不仅科学思考进而基础本体论，都与我对当前哲学任务的确信相抵触。但是，旨在把握事实关系而非在事物本身中孤立的有效性的思想，习惯用以证明自己存在的权利的渠道，不是反驳那些暴露了自己对立立场的批评，也不是声称自己是无可驳倒的，而是假手于歌德所使用的术语意义上的丰产性。但是，我可能还要对最近的反对意见多说一句，不是像我已经分析的那样，而是像基础本体论的代言人们表述它们的那样，就像他们第一次让我按照到那时为止都仅仅局限在哲学阐释的实践中的方法来进行理论的表述。

核心反对意见是一个以我的理解为基础的人的概念、此在的纲领；只是出于在历史的权能面前的盲目恐惧，我不敢把不变的东西清楚地、连贯地呈现出来，而是任其被遮蔽。我取而代之地给予了历史事实性或它的排列以一种属于不变的事物、属于本体论大地的力量；以历史生产出来的存在进行偶像崇拜褫夺了哲学中的每一个永恒不变的标准，让它在一个美学的画片游戏内蒸发，把第一哲学（prima philosophia）转换成为哲学的论说文主义。

我在回应中只能采取如此办法：我承认它们在内容陈述上的大部分事实，

但是我要把它们作为哲学的合法性加以保卫。至于关于人类和此在的理解是否以我的理论作为基础,对此我将不做出裁决,但我一定要否定诉诸这一构想的必需性。它是一个唯心主义的要求,一个具有绝对起点的要求,因为只有纯粹的思想才通过它自身得以实现。它是一个笛卡尔式的要求,相信对思想的前提形式和公理的形式进行思考是必要的。可是,哲学不再对自主性进行假设,不再相信实在能在理性之中被奠基,但是它转而永远假定通过存在实现对自主理性的规律制定机制的突围,这个存在对它而言是不充分的,并不能作为总体性被设计出来,这样的哲学将不能走完理假定的路径,而是在不可还原的实在打断它的地方停了下来。如果它继续进入假定领域,它将只能够以牺牲它的实际任务被储备于其中的实在为代价,在形式上达到它们。但不可还原的事物的中断却具体地历史地发生了,因此历史要求思想向着它的预设运动。思想的生产性只能在历史的具体性中辩证地证明自身。思想和历史二者在模型中建立交往。鉴于为了如此交往而获得一个形式的努力,我很高兴忍受对论说文主义的攻击。英语世界像莱布尼茨那样的经验主义者把他们的哲学著作称为论说文,因为新开发的实在的力量(他们的思想与此力量相碰撞)不断强迫他们去冒实验的风险。直到后康德主义的世纪,实验的风险才连同实在的力量一块消亡了。因此,从伟大哲学的形式出发,论说文成为一个小的美学形式,在此形式的表象中,解析的具体性找到了避难所,在它的问题的大的维度上,真实的哲学早就不具有具体性了。

　　随着伟大哲学之中所有安全感的瓦解,实验也就进入其中了。如果它因此与对美学论说文被限定的、被划出轮廓线和非象征的解释捆绑在一起,那么,如果对象选择得正确,美学论说文也就不再显得是可以指责的了:精神真的不能制造或抓住真实实在的总体性,但是它却能够渗透到细节之中,小规模地突破大群的单纯存在物。

(张亮 译)

自然历史观念①

[德]泰奥多·W.阿多诺

在开始说正题之前,我首先申明,我的演讲既不会给出什么结果,也不提供什么系统的阐述。相反,我不得不说,它将依然保持在论说文层面上,其意图无非是着手解决并进一步发展所谓"法兰克福讨论"所涉及的问题。我承认,关于这场讨论已有许多贬损真相的事情被传扬出来了,但我同样明白:这反而有助于正确地接近问题;从原来的起点重新开始反倒是错的。

首先请准许我就术语问题说两句。虽然论题是自然历史,但它既不关涉传统的前科学意义上的自然历史的理解,也不关涉作为自然科学对象的自然史。这里使用的自然概念与精确科学所使用的那个概念毫无联系。我不能预先展开下文将叙及的自然和历史的意义。然而,如果我说本文的真实意图即在于辩证地克服自然和历史之间的普遍对立,那么,我倒也没有无所事事。因此,不管我在什么地方运用自然和历史概念,都不意味它们有了最终的定义;

---

① 《自然历史观念》(Die Idee der Naturgeschichte)一文是阿多诺 1932 年 7 月 15 日在康德学会法兰克福分会一次集会上所作的讲演。该演讲的主旨是对本雅明《德国悲苦剧的起源》一书的核心哲学观念进行阐释,并在马克思主义的方向上予以推进。这篇演讲的重要性不仅在于它比较全面地展现了阿多诺此时以"崩溃的逻辑"为旗帜的基本哲学观念,而且还清楚地呈现了阿多诺与本雅明对《德国悲苦剧的起源》中的哲学遗产的差异性理解,从而为正确理解两者 30 年代中后期的争论提供了重要的支撑背景。该文献在阿多诺生前未发表,后于 1973 年在《阿多诺全集》第 1 卷中首次公开出版。——译者注

相反，我始终都在捕捉那个推动这两个概念，使之在纯然的差异中相互扬弃的点。如果我要解释这个我意欲消解的自然概念，那么，我能做的就是把这个概念翻译为一般的哲学概念语言，而与之最切近的就是神话概念。不过，这个概念同样含混不清，其确切的含义不能提前得到界定、而只有在分析过程中才能被给出。我指的是从来就存在之物，即背负了人类历史的命定的、先行规定的存在，这样的存在在历史中具有实质意义。被上述表达所界划出来的就是这里我用"自然"所意指的东西。由此产生了这个自然与我们对历史的理解之间的关系问题；在这里，历史意指在传统中建立起来的行为方式，而所谓传统行为方式的首要特征就是新质出现在其中，它不是一个在单纯的同一中、在既成事物的简单再生产中发生的运动，相反，是一个在新事物不断涌现中发生的运动，是一个通过在其中出现的新事物而获得自己真实特征的运动。

我希望能够在对当前争论中的本体论问题的分析或者说是正确的综述的基础上，展开我所说的自然历史观念。这得要从"自然的"开始谈起。因为对本体论的提问恰如今天所提的问题那样，无外是我对自然所持的看法。我将从另一点开始，并力图在历史哲学的问题域之外展开自然历史概念。在讨论中，这一概念将能实质性地获得自己的内容和具体性。在上述两个问题的清晰表述得到勾勒之后，我将尝试着说清楚自然历史概念本身的含义，并为诸位分析它的显性特征。

I

首先应加以考虑的是当前本体论的形势问题：如果你要把捉的本体论问题，是在所谓现象学语境尤其是后胡塞尔的现象学语境中展开的，那么，从舍勒开始就可以说，此本体论提问的原本出发点意在克服哲学的主观主义立场。它意味着取代意欲把所有存在规定努力消解于思想规定之中的哲学。这一哲学相信自己能够通过这样的提问获取另一种原则上有差别的存在、一种超主观性的、实在的存在领域，而把全部客观性奠定在主观性的特定基础结构中。

只要逻各斯(λόγος)是从存在(ὄν)之中发展而来的,本体论就是这个意思。所有现代本体论思想的基本矛盾就在于,用以获取超主观性存在的手段无外还是那个主观理性,即早先确立了批判的唯心主义结构的主观理性。既然其他手段和语言都不可利用了,现象学的本体论思想因而就把自己呈现为一种以自主理性及其语言为手段,以图为获取超主观存在提供保证的尝试。现在,追问存在的这一本体论问题可以以两种形式清晰地描述出来:在一种形式中,它是关于存在自身的问题,自康德第一批判以来,这一关于物自体的问题已经被击退到哲学研究的范围之外去了,而现在却又卷土重来。同时,这个问题又变成了对存在的意义、对存在者的深意的追问,或者,简单地说,是对作为可能性的存在的意义的追问。正是这双重形式有力地证实了我的那个观点,即我们今天涉及的本体论问题的双重形式,坚持把自主理性作为自己的出发点:只有当理性察觉呈现在自己面前的现实是某种陌生的、迷失的和实在的东西的时候,换言之,只有当实在不再直接可得、实在和意义的理性不再有共同之处的时候,存在的意义问题才是可以追问的。意义问题是由理性的出发点所决定的,但同时,现象学早期(舍勒)的轴心问题,即存在的意义问题,通过它的主观性起源也产生出了一个甚为广泛的问题域。因为意义的产生不过就是意义的插入,而这意义本身其实已经被主观性所设定了。意义问题不过就是主观向存在者的插入,这一洞见导致了现象学第一阶段的危机。对这一危机最明确的表达就是:理性不得不在自己为存在秩序提供保证的企图中,经验基础本体论范畴显而易见的不稳固性。就像它在舍勒著作中已经显示出来的那样,作为基础性的有深意的东西而被接受的因素,是从不同领域里生发出来的,它们根本不是存在之中的可能性,而是从存在者中被推论出来并事实上为存在者之所有未定性所浸润,这样,在现象学中,整个关于存在的问题就问题重重了。就对意义的追问能被呈现而言,它并不意味着与经验事物相隔绝的领域可以获得有效的并且总是可以通达的意义;进而,意义问题其实不过就是本质(τί ἦν ὄν)问题,追问存在本身到底为何物的问题。换言之,在这些语境中,意义和符号等表达都是含混不清的。意义可以是一个处于存在背后并通过分析显现而出的先验内容,也可以是存在者本身对什么是存在的典型特征的解释,而这种解释过了的存在却没有因此被证明是有意义的。把存在的意义问题当成存在范畴的符号，对存在的真正所是进行追问，因此成为可能。但以原来的问题观之，存在者不是呈现为有意义，而是无意义，正如很大程度在今天发展的意义上表现的那样。

如果存在问题的这一反转已经发生，那么，最初的本体论反转的唯一原初意图，即朝着非历史性的转折，就消失了。这就是舍勒著作至少是他有着决定性影响的早期著作的情况。在这些著作中，他试图在对无历史的永恒内容的纯粹理智观照的基础上建构起一个观念的天国，它凌驾于经验事物之上，放射出自己的光芒，并具有一种经验事物允许进入的规范特征。但同时，在这个现象学的起源中，在有深意的和本质的事物——它位于历史地显现出来的事物背后——与历史领域之间，存在着一个根本的紧张关系。在现象学的起源中，存在着自然和历史的二元论。这种二元论（在这个语境中，"自然"意味着非历史的、柏拉图式的本体论中的事物），和它所体现的本体论反转的最初意图，已经矫正了它自己。存在问题不再具有柏拉图所问及的存在理念及质的差别理念之范围的意义，这些理念与存在者、经验相对照，处于一种规范关系或张力关系之中。进而，张力消失了：存在者自身变成了意义，超越历史的存在的基础训练被作为历史性的存在纲领（Entwurf）所取代。

如此一来，问题的状况就已经发生变化了。首先，本体论与历史主义之间的问题域至少在表面上暂时消失了。从历史或历史的批评的立场来看，本体论似乎要么仅仅是一个对历史的内容无话可说，可以在具体事物周围任意建立起来的形式框架；要么，就如在舍勒的质料本体论形式中那样，本体论的意图表现为内在历史事实（这些或许出于意识形态的目的的事实保有永恒的、普遍的价值）的任意绝对化。从本体论观点看，问题恰恰是颠倒的，它正是支配我们法兰克福讨论的问题的反题：对本体论者而言，所有激进的历史思想，也就是所有旨在把内容严格还原到历史条件的思想，必须预定一个存在自身的纲领，通过这个纲领，历史已经作为一个存在结构被给予了；只有如此，在这个纲领的框架内，特殊现象和内容的历史排列在某种程度上才是可能的。

如今现象学的最新转向——如果有人还是愿意将之称作现象学的话——

已经开始通过祛除历史和存在之间的纯粹对立来修正这一点了。一方面,放弃柏拉图理念天国,另一方面,在观察存在时把存在指认为鲜活之物,这样,形式主义就连虚假的静态平衡一起被祛除了,因为纲领似乎吸收了存在规定性的丰富性,对偶然事物向绝对的转化的怀疑也消散了。此刻,于极端扰动之中的历史本身已经变成了本体论的基本结构。同时,历史思想自身似乎也经受了一次基础性的反转。它被还原为一个至少作为人类此在之基础规定的历史性的哲学奠基结构。这一结构第一步使得类似于这样的历史成为可能:虽然历史是作为与这个完成了的、固定的、外在的结构相对立的存在而被建立起来的。这就是法兰克福讨论所达及的高度,我将从这里切入,开始引入批判的主题。

对我而言,我们在历史性范畴下已经达到的使本体论问题与历史问题同一化的起点,同样没能抓住具体问题;或者说,只是通过修正自己的逻辑,将那些并不能必然性地从设计好了的原则中产生的主题当作内容吸收进自身。我将从两个要点上说明这个问题。

首先,这一纲领被限定在一般范畴之中。历史偶然性问题并不能被历史性范畴所把握。人们可以建立一个关于生活的普适的结构范畴,但是,如果人们试图解释诸如法国大革命这种特殊现象,纵然能在解释中发现生活结构的每一个可能要素,例如记录下了复辟的紧要性及其实现,确定导源于人的自发性的意义,发现因果联系等,也不可能在最真实的存在之中建立起法国革命的事实性与其范畴之间的关联。相反,在最广大的规模下,却发现一个不能为其所容纳的"事实性"领域。这当然不是我的发现,而是在本体论讨论的框架中早就已经被阐明了的。但以前它并没有像在这里直截了当地说出来,而且它还曾被问题域里的一种权宜之计加工过:就其本质而言,一切不能被装进本体论纲领的事实性被挤入了偶然性、偶发性范畴,而这个范畴却为作为历史事件的决定性因素被吸收进本体论纲领。无论它具有怎样的逻辑连续性,它都包括了一个供认,即:掌握经验世界的企图已经失败了。同时,理论中的这一转向为本体论问题内的新转向提供了一个实施纲要。这就是向着同义反复的转变。

我不过是认为,满足于经验事物的不可致获性的新本体论思想,持续按照如下方案在进行:确切地说,在要素不能进入思想的决定性所消解、不能被透明化的地方,它保持住了自身纯粹的"停滞",而现象的停滞被转换为了一个普遍概念,这样的停滞被赋予了本体论的尊严。这和海德格尔"向死而在"及历史性概念本身是完全一致的。在新本体论对问题的阐述中,历史性的结构只是对自然和历史的和解问题提供了一种表面上的解决,因为在这里历史被承认为奠基性的现象,它的本体论决定性或本体论解释被破坏了,因为它自身被美化成了本体论。海德格尔的情况是这样的:被理解为存在的广泛结构的历史,与其本体论是一个意思。因此在历史和历史性之间虚弱的对立中无有他物,只有在此在中看得见的存在的质,而这种质已经被存在者夺取输送进了本体论的范围,成为本体论之规定。这种对立是有助于解释那些从根本上还将被提及的东西而设立的。这种重复的要素不是语言形式的巧合,而是嵌入本体论的必然性之中的。它坚持本体论努力,但因为自己的理性起点不能在本体论上解释它自己是什么:那就是一个与唯心主义理性(ratio)起点意义相关的产物。这需加以解释。如果有一条能走得更远的路,那么,它实际上就只能被"问题的修正"所预先规定。当然,这种修正不仅可以应用于历史问题,也可以用于新本体论问题自身。它能提示,为什么我觉得问题源于这样的事实,即唯心主义的起点甚至还没有在新本体论思想中被抛弃,因为这里呈现出了两种特属于唯心主义思想的规定性。

首先是与被统摄于整体之下的特殊事物相面对、关于广泛的整体的定义。虽说它不再被把握为一个体系化的整体,可它还是一个结构性的整体、结构性的单位或总体性范畴。人们相信即使在一个结构中也能够毫不含糊地合并所有现实,即使在对一切现实合并于一个结构的一种可能性中,他也暗示那个将一切存在者综合于这一结构下的人有权利和力量充分地认识存在者自身,并将之吸纳进那个形式之中。当如此要求没有被提出的时候,谈论结构整体就变得不可能了。我知道,新本体论的内容和我刚才所说的有很大差别。现象学的最新转向与其说是理性主义的,倒不如说表明了一种在"生活"范畴下以一种全新的方式引进非理性因素的企图。如果非理性内容被嵌入了以自动原则为基础的哲学之中,如果不再假定实在是可以充分接近的,那么,它就产生了巨大的差异。我只要指出,像叔本华那样的哲学家正是通过严格坚持理智唯心主义的基本主题,即费希特的先验主观性的基本主题而达到他们的非理性主义的。以我之见,这正是具有非理性内容的唯心主义何以可能的明证。

第二个要素是对与现实相对立的可能性的强调。事实上,它是在新本体论思想的语境中所能够察觉到的最大困难,即可能性与现实的关系问题。在这里,我要小心处理,不愿把这种新的本体论圈定于这个本体论本身就饱受争议的困境之内。但是,在存在的"纲领"至少较之受其处理的事实性具有优先性问题上,双方是一致的;作为一种后思并在其并非如此的时候被匹配进入存在的纲领的事实性服从于批评。在可能性领域的优势中,我发现了唯心主义的因素,因为在纯粹理性批判的语境中,可能性与实在的对立不过就是概念的主观结构和感性杂多之间的对立。新本体论与唯心主义立场的关系,不仅能够解释它的形式主义和它的范畴不可避免的、事实性无法顺从的普遍性,而且为理解同义反复提供了一把钥匙。海德格尔说,进入圈子不是什么错误,唯一要紧的是以正确的方式进入。我倾向于赞同他。但如果哲学为了忠实于自己的任务的可靠性,那么,正确地进入圈子就无非是说存在把自身规定或解释为存在,该存在在通过解释它自身如此这般的解释活动中弄清楚了那些要素。如我所见,同义反复的趋势只能通过旧唯心主义的同一性主题得以澄清。它通过历史性存在被归类于历史性的主观范畴得以产生。被历史性的主观范畴所归类的历史的存在应该与历史是同一的。它应当顺从于历史性所留给它的规定性。对我而言,同义反复与其说是语言在神秘的最深处的自我奠基,倒不如说是古典唯心主义主客体同一性观点的新伪装。海德格尔向着黑格尔的新转向似乎确认了这个解释。

问题修正了,它的出发点势必也要修正。我们已经把世界分裂为自然存在和精神存在或自然存在和历史存在两个部分,这一自主观唯心主义确立以来所通用的传统必须被克服。它所留下的位子必须由世界在自身中所达到的自然和历史的具体统一来填补。无论如何,具体的统一不是以真实存在和可能存在的对立为导向的,而是从真实存在自身的发展中生成的统一。如果不是被指引到存在的可能性,而是在具体的内在于历史的界定中被极端地指引到了如此的存在者,那么,新本体论中的历史纲领只是为赢得本体论的尊严、获得对存在的现实解释创造了机会。每一次把自然静止状态从历史动力中排除出来的做法都导向了错误的绝对,每一次把历史动力学从它之中不可克服地设下的自然性中孤立出来的做法都导向了糟糕的唯灵论。新本体论的系统表述的成就,就是彻底地阐明了自然要素和历史要素之间不可超越的相互交错性。另一方面,无所不包的整体必然清除这一纲领,进而,从现实的立场批评现实和可能的分离就成为必需了,而以前它们完全是没有关联的。它们首先是一般的方法论要求。但还有更多的东西要假定。如果自然和历史的关系问题是被严肃地提出来的,如果历史性存在在其最具有历史规定性之外也就是最具有历史性之处做到了把自己理解为一种自然的存在,或者,如果在自然看似最深入地固执于己的地方做到了把自然理解为一种历史性存在,那么,它就给解决问题提供了机会。问题不再仅仅取决于在历史性范畴之下(包括它自己)把历史事实正相反对地(*toto caelo*)构想为自然事实,而是要把历史之中的事件的被嵌入状态还原为自然事件的被嵌入存在。不再有居于历史之下的存在,也不再有居于历史之中的纯粹的存在,历史性存在应被理解为像自然存在那样的本体性存在。具体历史还原为辩证自然,是历史哲学本体论再定位的任务:自然历史观念。

II

我现在从那已经引向自然历史概念的建构的历史哲学问题出发。这个概念并不是从天上掉下来的。到目前为止,在关于特殊质料尤其是美学质料的历史哲学著作的语境中,它拥有有约束力的身份。说明像自然这类历史的观念之最简便的方式就是引用自然历史概念的源文本。我指的是卢卡奇和本雅明的著作。在《小说理论》中,卢卡奇在这个方向上使用了第二自然概念。卢卡奇所使用的第二自然概念的框架,是对一个有意义世界和一个无意义世界

(一个直接的世界和一个异化的世界——商品世界)的一般历史哲学观念,他力图表现这个异化世界。他称那个由人创造然而人却失去了对物的支配的世界为"传统世界"。"在目的没有直接给定之处,那些在成长为人的过程中,心灵所遭遇到的、作为它的发生地和基础的构成物,失去了它们在超出个人的、理当如此的必然性中的明显根基;它们是简单的存在物,可能强大,可能脆弱,但是,它们既不携带对绝对的奉献,也不是灵魂的过度内在性的自然承载者。它们形成了传统世界,是只有灵魂的最深处才能逃避其万能的力量的世界,是一个在一望无际的多样性中无所不在的世界;它在生成和存在中的严格的法则对于认知主体必然是明显的,在一切合法性下,它既不将自己作为意义呈现给探索目标的主体,也不将自己作为材料以感性直接的方式呈现给行动的主体。它是像第一自然一样的第二自然(对卢卡奇而言,'第一自然'类似异化的自然,自然科学意义上的自然——作者注),那样,它只是作为众所周知然而无感觉的化身而能被界定,因此,在真实的实质中,它是不可理解、无可认知的。"①传统世界被历史地生产出来这一事实,和不能被解码然而可以以密码的形式面对我们的陌生化的事物世界,就是我这里所要讨论的问题的起点。从历史哲学的角度来看,自然历史问题首先是认识和解释这个异化的、物化的、死亡了的世界何以可能的问题。卢卡奇已经看到了这个问题的陌生性和谜状的特征。如果我可以成功地给诸位说清楚自然历史的观念,那你们就不得不首先经验一种这个问题本身所意味的震惊(θανμάζειν)。自然历史不是自然的方法和历史的方法的综合,而也有可能是视角的彻底改变。兹把卢卡奇触及这个概念的段落抄录如下:"人构造的第二自然没有感情的实在性,它的形式太僵化以致不能使自己适应具有象征创造性的时刻;它的规则的内容反映被如此僵硬地界定,以致不能使自己从那些要素——这是一些在抒情诗中生成小品文作家的创造冲动得以生成的要素——中解放出来,确实,这些因素排他地享受规则的恩泽,甚至不具有独立于它们之外的感性亲和力,以至于没有这些规律,它们就会消弭于无形。这个自然不是静默的、显明的、像第一自

---

① George Lukács, *Die Theorie des Romans*, Berlin: Paul Cassirer, 1920, S. 52.

然那样无感知的,它是一个感觉综合体,但已变得僵化和陌生。它是一个腐烂了内心的陈尸所,因此如果可能,只有借助心灵之物——因为心灵之物在其早期或应然如此的存在中创造或保存了它——的再次苏醒的形而上行动才能唤醒它,其他任何内心都不具备体验的能力。"①

这里的觉醒问题被当作形而上的可能性,该问题正是此处被理解为自然历史的问题。卢卡奇展望了作为存在过的历史性的事物化为自然的演变;石化了的历史就是自然,或者说,自然的石化了的生命是历史发展的一个纯粹产物。谈到陈尸所,里面包含的密码要素是:每一个事物都有所意味,但必须首先被选取。卢卡奇只能以神学复活的术语,在末世论的语境中思索这个陈尸所。

面对自然历史问题,本雅明完成了具有决定意义的转折,他的做法是把第二自然的复活从无限的遥远带入了无限的内在,同时使之成为哲学解释的对象。哲学着手唤醒密码化和石化了的客体的主题,从而形成了自然历史概念。有两段本雅明的文字对卢卡奇的论述起了补充的作用。一段是:"自然是永恒的瞬时飘荡在他们(寓言诗人)面前,在这永恒的瞬间,只有那几代人远古的目光认出了历史。"②另一段是:"如果历史随着悲苦剧步入舞台,那也是以书面的形式。在自然的面貌上,瞬时的'历史'字样赫然可见。"③针对卢卡奇的历史哲学在新增了本质上不同的东西。历史和自然交会的最深点就在这短暂的要素中。如果卢卡奇使历史的事物实现了向自然的还原,那么,现象的另一边就是自然本身呈现为转瞬即逝的自然即历史。

作为普通的结构是不可能对自然历史提问的,只有作为对具体历史的解释才可能提出此问。本雅明认为,寓言不是纯粹次要要素的关系,也不是此概念之下内容的偶然符号。在寓言和寓言的意指之间存在一种事实关系,"寓言

---

① George Lukács, *Die Theorie des Romans*, Berlin: Paul Cassirer, 1920, S. 54.

② Walter Benjamin, *Ursprung des deutschen Trauerspiels*, Berli: Ernst Rowohlt, 1928, S. 178.

③ Walter Benjamin, *Ursprung des deutschen Trauerspiels*, Berli: Ernst Rowohlt, 1928, S. 176.

就是表达"①。寓言通常被用来表示一个概念的感性表达,因此它被标记为抽象的和偶然的。但寓言之显现与其所喻之意的关系并不是一个偶然的符号含义,而是特殊性的展示;它是表现。在寓言领域中所展现的不过就是历史的关系。可以通过寓言表达的主题就是历史。关于显现之物、自然与它的所喻之意、短暂性的关系,是这样解释的:"象征和寓言的关系可在具有决定性的时间范畴之下加以有力的和公式化的规定。此时间范畴导入符号学领域是这些思想家最具浪漫主义色彩的洞见。与此同时,在象征中,带着毁灭的容光,变形了的自然在救赎的光耀下匆匆地揭示了自身;而在寓言中,观察者面对着的是历史经受了最大苦难的面容,一个石化的原始图景。一开始,和延迟的、悲伤的、失败的历史有关的每一事物,就在面目——不,是在死人的头上——表现出来了。虽然如此之物缺乏所有属于表现的'象征的'自由、所有经典的构型协调、所有属于人的东西,然而,不仅一般人类存在的本质,而且个别人的传记历史性,却都在这个以本性最弱的手法、在这个像谜一样的形式中,充满意义地说了出来。这就是巴洛克寓言观的核心——把历史作为世界痛苦史的巴洛克式的世俗展示,它只是在它的衰朽之处才有意义。含义越深广,死亡的虚弱程度就越大,因为死亡对自然事物($physis$)和含义的犬牙交错的分界线进行了最深入的挖掘。"②这里的"短暂性"和"意义的原始历史"说明了什么?我不能以传统的方式展开这些概念。我们正在讨论的东西与从一种"纲领"的推演具有实质不同的逻辑形式,这些概念以普遍的概念性结构为其根本性的基础。非此即彼的逻辑结构在这里不能被分析。这是一个星丛结构。这里不存在以彼概念对此概念的解释,而关涉观念的星丛,也就是由短暂性观念、含义、自然观念和历史观念等观念构成的星丛。对此星丛不可当作"不变性"去回溯。当下这个论题不是要去寻访这些思想,相反,这些概念聚拢在具体的历史事实性周围,该事实性在一个存在于其唯一性的要素的语境下开放自身。这些要素

---

① Walter Benjamin, *Ursprung des deutschen Trauerspiels*, Berli: Ernst Rowohlt, 1928, S. 160.

② Walter Benjamin, *Ursprung des deutschen Trauerspiels*, Berli: Ernst Rowohlt, 1928, S. 164 ff.

是怎么聚在一起的？在本雅明看来，这是因为，作为造物，自然带有短暂特征的标记。自然本身就是易逝的。因此，它包含着历史这个要素。历史的要素无论在何时显现，它都要反过来指向在它之中消逝了的自然要素。反之，无论"第二自然"在何时显现，当传统世界向我们接近之时，它都能够被解码，因为它的意义被清楚地显示为它的短暂性。正如本雅明所首先理解的那样——这里的讨论必须被进一步推进——存在着有某种原初历史的基础现象，它们原初地定在，但已经消逝，然而现在却在寓言中被意指，从而在寓言创作中作为文字依据返回。它不可能仅仅指出如下问题，即：在历史本身中，不仅原初历史的主题一再出现，而且作为短暂性的原初历史在自身中含有了历史主题。尘世的短暂性的基本性质意指着的无非就是自然和历史的这种关系：所有存在或存在者将被把握为历史的存在和自然的存在的交织。如短暂性一样，全部原初历史都被绝对地呈现。它以"含义"的形式被呈现。"含义"说明自然的要素和历史的要素没有相互融合在一起，相反，它们既相互分离又相互交织在一起，在历史最历史地呈现为自然标志之处，自然要素就表现为历史标志和历史。所有存在，至少是业已生成的存在，都把自己转换为了寓言；由此寓言不再是一个单纯的艺术史范畴。就像"含义"一样，它本身从历史哲学的解释学问题，从先验意义的问题，转变为构成性地把历史超实体化为原初历史的要素。这就是"原初历史的含义"。例如，在巴洛克语言中，暴君的垮台等同于太阳下山。这种寓言关系已经包含对某种程序的预感在内了，这种程序将能成功地在其历史的特征中将具体历史解释为自然，并接着把自然在历史的符号下辩证化。这一构想的实现就是对自然历史观念的再一次说明。

Ⅲ

在勾勒出自然历史观念的起源之后，我想深化讨论。卢卡奇、本雅明和自然历史观念的相互位置，在陈尸所形象的问题上被联系起来了。对卢卡奇而言，它是谜状的事物；对本雅明而言，它则是需要解读的符码。对于激进的自然历史思想来说,无论如何,一切存在者都把自身转变为废墟和碎片以及陈尸所,自然和历史在此处交会,历史哲学在此处获得其意向性解释的任务。因此,双重转向得以形成:一方面,我把本体论问题转化为了一个历史公式,并试图在本体论被具体地历史地激进化的方式中显示它;另一方面,我已经揭示出,在短暂性的面目之下,历史本身是如何在一定意义上压向了本体论转向的。我对本体论转向的理解完全不同于人们以普遍方式对该术语的理解。因此,我由于自己的原因而要求重新申明这个表述,但将辩证地引入它。浮现在我眼前的自然历史不是"历史的本体论",也不是下面这个企图:把历史环境的语境遴选出来,并辩证地使之实体化,它们作为一个时代的意义和基本结构应该把握了全部,狄尔泰大约就是这么做的。因为他对事实性的处理没有足够的严肃,所以狄尔泰建构历史本体论的企图搁浅了。他仍旧处于精神历史的领域中,用无约束力的思想时尚概念的方式完全不能灌满物质性的现实。问题的关键既不是精神历史,也不是试图重建一个时代接着一个时代发生的历史的原始图像的结构,而是在作为自然历史的历史性自身中洞见历史的事实性。

为了说清楚自然历史观念,我将从相反的方面开始论述第二个问题。(这是法兰克福讨论意义上的直接继续。)人们可以反对我,说我正在提出一种历史妖术,并在它所有的偶然性中,用历史的东西来冒充自然的和原初历史的东西。因为显现为寓言,所以与历史相遇的东西就被圣化为有深意的东西。这怎么着也不是我的意思。当然,问题的系统表述的起点,即历史的自然特征是令人惊奇的东西。但是,如果哲学想成为的不过就是这种对震惊的默许,即作为历史的东西同时表现为了自然,那么,这一哲学将同样适用黑格尔对谢林哲学的批评:在无从区分的黑夜里,所有猫都是灰色的。人如何能逃避这个黑夜?那就是我将澄清的事情。

这里的起点是,当位于我们面前的时候,历史呈现自身为彻底的非连续性,不仅因为它包括完全不同的环境和事实,而且因为它包括结构性的不相等。如果茨勒(Riezler)列举出了关于历史性的三个既互为矛盾又互相交叠的范畴(那就是,命运女神 tyche、厄运 ananke 和自发性),那么,我并不打算用所谓的统一体来综合被划分为各种规律的历史结构。我相信,新本体论主义者确实已经在他们关于这一结构的构想中获得了丰富的成果。现在,如我所言,不能被合法地转变为一个结构整体的非连续性,不能首先把自身呈现为两种物质——已是之物的关于历史的神秘仿古的自然物质,和作为辩证地、被着重强调的新事物而浮现到历史表面的物质——之间的任何一个。这些范畴的问题性特征对我而言是清晰的。当它们在哲学语言中发生时,有差别的程序需要达到自然历史,而不预想它作为一个统一体,首先是人们接受并默许在它们的矛盾性中有两种有问题的、不确定的结构。这是合法的,因为通过研究呈现出来的结果,它表现为历史哲学时时发生为原初存在和新近生成之间的这种交错。请大家回忆一下,在心理分析研究中一切矛盾都以最清晰的状态呈现出来:不同于古代的象征(与它们无法建立起联想),也不同于内在于主体的、动态的、内在于历史的象征(它们能被消除殆尽,也能转化为心埋现实和当下所知)。现在,历史哲学的首要任务就是摘选、区分这两个要素,并将两者对立起来。只有在这种对立变得清晰可见的地方,才存在成功地完成自然历史构造的契机。在人们观察到古代神话和历史的新事物的时候,实用主义的发现才暴露出来,它们指明了这一发展进程的方向。很显然,作为基础的神秘远古,所谓坚持物质性的神话决不是这种方式下的一个静态的基础。而且,在所有伟大的神话和我们的意识依旧承载着的神秘表象中,都存在一个具有历史动力的要素,而且其形式是辩证的。神秘的基础要素自身是充满矛盾的并矛盾地运动着(这让人想起了双重人格现象和原始词汇的"相反意义")。克罗诺斯神话就是这样的神话:极其令人崇敬的造物主的创造力是合二为一的,因为他是毁灭自己的造物、自己的孩子的神灵。同样,为悲剧奠基的神话学自身总是辩证的,因为它一方面使有罪的人的堕落和自然联系在一起,同时,它又从自身出发与这一命运和解:人把自己作为人从自己的命运中超拔出来。这里的辩证要素就是,悲剧神话本身带有向罪恶和自然的堕落,同时还包含了和解的要素,该要素本质上超出了自然关系。不仅是静态的非辩证的理念世界的观念,而且是那使辩证法突然中断的非辩证的神话观念,回指出了在柏拉图那里的起源。① 在柏拉图那里，现象世界潜存着；它被抛弃，且为理念可见地统治着。自从理念不再分有现象世界，它们就不再参与现象世界的活动了；作为理念从人的经验世界的异化出来的结果，为了面对世界的动力学而维持自己，它们必然要转换他乡。观念变成静态的——冻结住了。可是，这已经是对意识作为直接性失去它的自然本质这一意识状态的表达了。在柏拉图时代，意识已经屈服于唯心主义的诱惑：自世界放逐而出，并与历史异化的精神以生命为代价变成了一个绝对。如果我们要获得对自然历史的具体表征，就必须使自己从关于神秘要素的静态品格的虚幻中解脱出来。

另一方面，辩证地产生出来的"新事物"，在历史中现实地把自己表现为远古。历史"在它最历史的地方是最神秘的"。这提出了重大的难题。例如"貌似"（Schein）——我指的是先前所说的第二自然意义上的貌似。这个第二自然就是貌似的自然，它显得意义丰富，而其貌似却是历史地被生产出来的。要么因为我们失去了现实，并且我们在它虚化的时候还能把它理解成是富有意义的，要么因为我们如同在寓言中发生的那样，把主观意图作为含义插入了这个变得异在的现实，所以第二自然是虚幻的。现在，非常值得注意的是，内在于历史的本质就是这类神秘事物的貌似。正如貌似的要素存在于一切神话之中，正如形式为渎神和瞎眼的神秘命运的辩证法总是由貌似开创一样，被历史地生产出来的貌似的内容总是神秘的。这不仅因为它们回到了古代原初历史之物，在艺术中每个幻觉要素总是与神话相关（这可以想想瓦格纳的例子），更重要的是，神秘的特征在貌似的历史现象之中自我回归了。它的澄清将是一个真正的自然历史问题。这包括阐释，例如，在特定的房子中你感受到了貌似的某一特征，然后"曾经如此"和"被重新认出"的想法就随着貌似相伴而生。"似曾相识"（deja-vu）和"重新认出"这两个现象将在这里被分析。焦虑的神秘原始现象继续回到这个内在于历史的异化的貌似的前面。在传统的表象世界面对我们之处，远古的焦虑到处为害。此外，凶兆这个要素也是貌似所特有

---

① Cf. Sören Kierkegaard, *Begriff der Ironie*, Berlin, Müchen: H. H. Schaeder, 1929, S. 78 ff.

的。貌似有一个特征是把任何东西就像拖入漏斗一样拖入它自身,这也是神秘要素众多特征中的一个。貌似的现实性要素与它的简单图画正相反,在遭遇它的任何地方我们把貌似感知为表现,它不仅是能被丢弃的幻觉,而且还表达了在其内部发生然而独立于其貌似因而无以描述的某物——这也是貌似的一个神秘要素。最后,我们可以做如下总结:神话的决定性的主题即和解主题,亦为貌似所独有。情感总是与最微末而非最伟大的艺术作品相伴,这一点值得记住。我指的是和解的要素,它就在世界最虚幻之处显现出来的地方:在世界同时被所有"意义"最紧密包围的地方,和解的希望被最完美地给予了。由此,我提示你们注意貌似自身中的原初历史的结构,在它的如在(Sosein)中,貌似证明自身是历史地被生产出来的:或者用传统哲学术语说貌似是主客体辩证法的产物。第二自然在真理中就是第一自然。历史的辩证法不仅仅是对被重新解释过的原始历史质料的再度提及,而且历史质料把自己向着神秘之物和自然历史的事物转换。

我其实想要谈论的是这些事情与历史唯物主义的关系问题,但我只能说:它不是用一个理论来补充另一个理论的问题,而是理论的内在解释问题。也就是说,我服从唯物辩证法的裁判。这可以证明:这里所说的,只是对唯物辩证法某些基本要素的一种解释。

(张亮 译 吴勇立 校)

胡塞尔与唯心主义问题[①]

[德]泰奥多·W.阿多诺

哲学家的功绩,即他真正的哲学功绩而非他作为一个教师或发起人所可能具有的功绩,不应由他在思维中所获得的"成果"来界定。那个胡塞尔自身曾确然分有的观念——哲学家必须形成固定的一套不可辩驳的结果——假设:他为自己设立的所有任务都能被切实完成,他所提出的每一个问题都存在一个答案。不管怎样,这个假设极易引发争论。存在不能实现的哲学任务这倒是可能的,尽管这个任务是在一个自洽的思维过程中被提出来的;它们因此导致僵局,这既不是哲学家的过错,也不是一个应当由哲学史的偶然性来解释的意外事件,而是源于问题自身的内在的二律背反。我将要讨论的唯心主义问题就在此列。人们可以把这里的唯心主义理解为一种哲学,它试图把实在或真理这样的观念置于意识分析基础之上。像在最新例子中那样,它把"能建立一种主客体同一性"这样的一般假设作为自己的出发点。从体验

[①] 留学英国期间(1934—1937年),阿多诺曾以胡塞尔现象学为主题创作过"一部内容广泛的手稿",本意是想以此申请牛津大学的哲学博士学位。不过,阿多诺最终因为移居美国加入流亡中的社会研究所而放弃这一计划。后来,阿多诺曾从牛津手稿中拆分出四个部分独立发表,1940年用英文发表的《胡塞尔与唯心主义问题》("Husserl and the Problem of Idealism", *The Journal of Philosophy*, Volume xxxvii, No.1, 1940)一文就是其中的一篇。该文提纲挈领地表明了阿多诺对胡塞尔现象学的唯心主义本质的看法,可以作为他1956年出版的《认识论的元批判:胡塞尔和现象学二律背反研究》一书的理论预告来阅读。——译者注

(Erlebnis)领域中而来的观念最终陷入僵局,这是唯心主义哲学的宿命。这可以由被给予性(Gegebenheit)观念和直接内在经验观念来解释。在思想发展的最后阶段,胡塞尔最终还是批判地处理了这种观念。在《形式逻辑和超验逻辑》一书中,他说:"即使在这里,在能够以某种更加精确的描述和限定的方式,来谈论在建构性体验中实际呈现出来的内在素材的地方,也必须警惕这样的错误,仿佛这个作为对象的素材已经伴随着它的实际呈现而被完全建构起来似的。"①另一方面,很显然,没有意识分析能像洛克感觉理论中发生的那样离开被给予性观念。人们必须承认,在某种意义上,较之康德的先验综合观念或胡塞尔作为过程的明证性理论中的高度区分和中介的诸观念,直接给予概念更接近人类精神的心理学操作和行为。被给予性观念不能被最终确认这一事实,并不起因于它与确定体验不符合这一事实;它导致胡塞尔所描述的那种困难,因为他假定真理的终极源泉是意识统一。胡塞尔对任何给予性观念的异议,都关涉在那种统一之中的被给予之物的功能和每一被给予性在那种统一的语境之中必然假定的关联性,这非常有特点。很清楚,像胡塞尔对被给予性的批评这样的分析,在当前词语意义上没有产生任何结果;胡塞尔既没能以更充分的术语来替代被给予性观念,也没能像以基础事实术语来表达明证性的意向过程那样,表达据以阐释如此过程的理论假说。不管怎样,整个程序的价值在于它扭转了"主客体存在最终同一性"这个唯心主义预设。对我而言,胡塞尔哲学确切地说就是一个从内部摧毁唯心主义的尝试,一个以意识工具去击穿先验分析之墙同时力图尽可能完成这一分析的尝试。从胡塞尔哲学中选择出来的少量分析,将在胡塞尔的立场上阐明这一违背唯心主义传统的尝试,进而阐明他因此遭遇的困难,因为他从来都没有从唯心主义预设中充分解放出来。

我认识到,像"问题自身的内在对抗性"这样的短语听起来容易招致反对,同时,详述包括上面提到的被给予性观念在内的观念运动的方法总是与黑格

---

① Edmund Husserl, *Formale und transzendentale Logik: Versuch einer Kritik der logischen Vernunft*, Tübingen: Max Niemeyer Verlag, 1929, S. 251.

尔式的思辨有关。胡塞尔确实曾分有过这种猜疑，因为他不仅夸张地认为自己不曾理解黑格尔所说的任何一句话，而且，在讨论黑格尔拒绝矛盾原则这一事实的时候，他认为黑格尔是一个不能分清天才和疯子的糊涂蛋。对我而言，更有趣的是胡塞尔无意中为黑格尔的方法提供了一个实例。除了胡塞尔的最后时期之外，在他同时代的其他哲学家的思想中，"动力学"或"过程"这样的术语，再也没有像在胡塞尔哲学中那样微不足道了。他不是把思维解释为活动，而解释为对事物的观看（looking at things），就像在博物馆欣赏绘画作品那样面对它们。他不是想通过精神过程使思想相互联系，而是想尽可能干净彻底地使它们相互分离。从他讨论算术问题的开端到最近，他关注的只是对永恒的实录法（vérités éternelles）的正当性的证明；对于消逝着的现象，他与古典理性主义者一样轻蔑。简言之，他是同时代最关注静态思维的思想家，这把他带到柏格森的基本对立面上。因为他使用的观念直观（ideation）或本质直观概念经常与柏格森的直觉联系起来，所以人们经常会拿他与柏格森进行比较。尽管如此，他的思想还是在相反的形式中发展起来了，直到最后，一个和他所归属的时代的整个思想领域相对立的反题也发展起来了。胡塞尔起先是奥地利哲学家弗朗茨·布伦塔诺的学生，一种与布伦塔诺有关的类似性贯穿了他的整个哲学生涯。布伦塔诺哲学分别得到罗马天主教亚里士多德传统和英国经验主义的滋养。他终其一生都试图把这些来源调和为一个自洽的思想体系，也就是说，他试图把严格本体论的客观先验论和庞大的心理学认识论融合起来。布伦塔诺的这一尝试一开始就具有一种强烈的反康德主义倾向。对布伦塔诺而言，真理中的先验要素不能被主观地构成，而具有严格的客观品格，同样的观点在他的道德哲学中特别是著名的《道德知识的起源》一文中得到了坚持，在这里，他试图以正确与错误术语，就是说以爱的客观正义或与问题中的观念相关的憎恨等术语去描述美德。听起来有些自相矛盾，不过，正是先验性的客观本质这一表述使之倾向于经验主义心理学。如果与我们的知识相关的实质（essence）是客观地被给予的，而非由我们的思维过程所构成，那么，思维过程就失去了它康德式的尊严和令人注目的特征：它可以在严格经验基础上被处理。不管怎样，布伦塔诺没有使自己满足于独断论和与批评相对的怀疑主义的崇高结合。他试图统一自己思想中的本体论和经验主义倾向，也正是这一统一的尝试使他对整整一代奥地利思想家都产生了深远影响。为了表达这种综合，他起用了一个学者的古老概念，据我所知，它首先是由邓·司各脱发展出来的。这就是指向特定精神活动——"体验"（experiences）——的意向性（intentionality）概念，它从基础上被描述为具有超越它们的"意义"。在导入这个概念的过程中，人们可以看到一种向着自己的对立面转化的激进的经验主义倾向。就这一看法而言，休谟关于观念在某种程度上要微弱一些且为印象所修正的学说就不那么靠得住了。在分析古典经验主义称为观念的经验的时候，我们有权以"体验"术语来解释它们，而"体验"不是印象。保持在严格的表述水平上，我们只能说它们意味着它们不是的某物。例如，如果我现在想起昨天的牙痛，那么我现在的体验，即思维活动，就与其目标即牙痛不同；同时，另一方面，某种意义上，在我现在的思维行为中，我昨天的牙痛被精神地暗示为它的意向对象，而与它的超验实在或非实在没有什么关涉。意向性稍后成为胡塞尔的一个主要工具。他从他的老师布伦塔诺那里接手了这一概念，以及实质的客观特征观念和结合客观实质学说与对主观思维过程的分析这一欲望。胡塞尔起先是个数学家。他的思想材料一开始就与主观反映的相对性分离了，这一材料具有超越一切可能产生的怀疑的客观性。而且，在布伦塔诺的影响下，他试图把那个时代的心理学认识论运用到这一领域中，并给他的算术哲学一个适宜于算术的心理学基础。当他的算术批评者使之意识到这一尝试的必然失败时，他思想中的那个相反的动机才第一次被感受到。在第一次论及它的时候，黑格尔的术语"过渡"（transition）逐步转化成胡塞尔自己的语言，这一点意义重大："思维的心理联系如何过渡到思维的内省的逻辑统一（理论的统一）上去，在这个问题上我却无法获得足够的连续性和清晰性。"[①]从此之后，胡塞尔尝试着从心理学的反映中把数学——不仅是数学而是作为整体的逻辑合法性——解放出来，以证明它是一个自为的领域。胡塞尔在他的时

---

① Edmund Husserl, *Logische Untersuchungen*, Bd 1, Halle a. D. S.: M. Niemeyer, 1913, S. 12.

代中所拥有的巨大影响应归功于如下尝试:重新占有真理的客观性以反对相对主义的心理主义。人们应当看到,90年代早期,除了新康德主义之外,没有一个德国哲学家不宣称自己是心理主义的。为什么胡塞尔的《逻辑研究》能产生如此巨大的影响?答案是:胡塞尔所代表的方向在实证主义之中自有根源,正是因为这些方向,胡塞尔成为他那个时代的心理学实证主义的敌人,当然这是与现在的逻辑实证主义极为不同一种实证主义。即使在他的成熟时期,在《观念》中,胡塞尔也坚持认为:"如果说'实证主义'是指一切科学均绝对无偏见地建立在'实证之物'即原初地成为可把握之物之上的话,那么,我们就是真正的实证主义者。"[1]也就是说,当他批评对数学进而对逻辑学的心理学接近时,他的动机不是一种形而上学的沉思,而是因为他发现:在人们科学分析数学真理(例如在实证的数学科学中被给予的数学真理)的实质的时候,它不可能被还原为与这些真理相关的心理行为。当胡塞尔哲学一再强调与事实观念相反的实质概念时,这一强调的来源是一种科学的来源。胡塞尔认为他正在坚持事实本身,即数学真理与任何事实存在无关的理想统 这个"事实"。在被给予之物必须如其所是地被接受,不能被任何说明性的假设所修正的意义上,这些真理自身必须被理解为事实。虽然胡塞尔自己不首先想保存一个更高级的世界——可这正是它所暗示的东西——然而,在德国战后的知识氛围中,他的哲学还是有力地成为一个通过实证科学自身而重建某种价值等级制的方法。他实际想展现的是:一个由数学程序训练出来的真正科学的进步的方法不可能使自己满足于心理学方法,而必须寻求不同的证明。对他而言,逻辑的心理学基础是假言的、思辨的,在某种意义上甚至是形而上学的。

他反抗心理主义的斗争并不意味着独断论的偏见的重新引入,而是把批判理性从包含在朴素的、非批判的、他挑战其心理学形式的"事实"领域里的偏见中解放出来。胡塞尔哲学中的这一要素,就是我今天所看到的它的"真理"。

我所归因的这一点如此重要,以至我希望更具体地展现的实际就是《逻辑

---

[1] Edmund Husserl, *Ideas: General Introduction to Pure Phenomenology*, translated by W. R. Boyce Gibson, London: Macmillan, 1931, p. 86.

研究》第一卷所从事和再生产出来的核心证明,虽然与成熟的现象学哲学相比,胡塞尔显得尚不够成熟。这个核心证明被标示出来以反对那个假设,即作为"思维规律"的形式逻辑规律与"自然规律"或依据关于事物的心理过程是相互结合的因果规律是同一的。他坚持认为:根据实际思维必须以和理想的逻辑标准一致的方式进行的这个原则,因果性标准决不与这些理想形式自身等同。① "一个生物被如此地建构起来,以至于它在进行统一的思维时不会作出任何矛盾性的判断,或者说,它不会得出任何违反三段论得结论和判断。但在这些事实中并不包含着这样一个论点,即矛盾律、完全三段论等是一些能够解释这种[生物]建构的自然规律。"胡塞尔以计算器为例说清楚了这一点。"未解决的数字的相互结合的建立所依据的是机器的规律,这种'自然规律'根据被假定的算术原则的意义加以调节。不管怎样,没有人会以算术规律取代机器规律以按照物理学的方式来解释机器的工作原理。"胡塞尔在这里用以与机器进行比较的物理行为领域,就像加法机的机器工作原理可以根据数字出现的数学规则加以解释一样,可以从逻辑标准领域中推导出来。正如胡塞尔所说:"心理主义的逻辑学家忽视了在观念规律和实在规律之间、在规范性规定和因果性规定之间、在逻辑必然性和实在必然性之间、逻辑基础和实在基础之间所具有的和那种根本性的、永远无法消除的差别。无法想象能够在观念和实在之间建立沟通。"② 逻辑真理向着心理学还原的不可能性,把胡塞尔带到实在和观念的总体的割裂,因为,以他之见,不假设在逻辑的和数学的原则自身中存在不可能的基础而把它们连接起来,是不可能的。柏拉图之后,通过思维曾被暗示出来的可能正是这个最极端的分离,因为思想本身就暗示一个心理行为——不过,它根植于一个严格的、想使纯粹数学免除经验所带来的污染的科学真理概念。

　　胡塞尔像以往任何哲学家一样不容忍这种分离——实在和观念之间这种

---

　　① 参见 Edmund Husserl, *Logische Untersuchungen*, Bd 1, Halle a. D. S.: M. Niemeyer, 1913, S. 68。

　　② Edmund Husserl, *Logische Untersuchungen*, Bd 1, Halle a. D. S.: M. Niemeyer, 1913, S. 68。

极端的不可调和的二元论。他的反题的发展的第二步就是试图把它们合起来。现在很显然,"实在"、人的心理学实在和观念、逻辑和数学真理的合法性相互结合的唯一道路就是思维过程,这是在《逻辑研究》第一卷中作为证明方法而被拒绝的同一个原则。因为观念真理是且仅是思维的真理。没有数学命题或逻辑命题能以异于可能存在的思想的术语被构想。另一方面,思维意味着人的思维,那种不预定现实生动的个人的现实的物理思维行为的思想,是我们所不能了解的。因此,下一步,胡塞尔的哲学就不得不在其实在和观念之间的含混性中集中考察思维自身的本质。胡塞尔经常被责备在《逻辑研究》第二卷中重新引入了心理学,它的副标题是"关于现象学和知识论的探究"。我不想对胡塞尔是否实际地堕落到了心理学之中这一问题进行裁决。《逻辑研究》的第二卷是他著作中最晦涩的部分,大段大段的作品,即使是最有耐心的读者也很难确立起明晰的意义,特别是因为在这本书中,胡塞尔没有在思维结构的实际描述和专门的术语讨论之间做出足够清楚的界划,尤其是没有分析当代认识论中的一些主要术语的双关含义。相当程度上,这可以归结为裁决"这些分析与实际的心理学过程究竟隔了多远"的难度。我发现,不管怎样,相似的困难也为康德哲学所遭遇,这特指《纯粹理性批判》第一版、第二版中的范畴演绎。对我而言,似乎事实领域和思维领域以某种方式纠缠在了一起,这种方式既企图分离它们又企图把世界还原为二者中任何一个原则,注定是要失败的。非常吸引人的是,实在的反面和观念所暗示的极度抽象转义到如此程度,以至我们无权认为这一抽象是可以归因于存在实质自身的基本原则。试图把世界还原为事实或实质的任何一个人,终将这样或那样地陷入敏希豪森的境地,他试图拽自己的辫子把自己从泥沼中拉出来。人们必须承认:在他完全摆脱事实性的敏希豪森式的企图中,当他把观念作为被给予的某物、能被给予的事实的时候,胡塞尔面临着不可超越的困难。我不打算进入《逻辑研究》第二卷的迷宫。这些研究之中最有影响力的思想,就是最后被称为"知识的现象学启蒙的要素"部分。它实际假设为理想和现实提供了一座桥梁。它尝试建立一种知识方法,通过它我们能直接意识到那些逻辑客观性和理想的统一。这桥梁,这达到,通过它我们可以"思想"不是由我们产生出来的、把绝对合法性贯注到理性明证性之中的理想现实性,胡塞尔称为范畴直观。这个观念对后来所有现象学尤其是对孔拉德—马修斯、舍勒的现象学都具有奠基性,但正如海德格尔所暗示的,后来被称为直观(wesensschau)的本质直观(intuition of essence),或吉布森所翻译的 essential insight,事实上只是在第二卷的最后一个研究中才发展出来。在胡塞尔的《观念》中,这一观念或多或少被认为只是导引性的或第一章的基础部分。那些听说过胡塞尔的名字的人可能认为这一观念是第一性的。它导向胡塞尔哲学中唯心主义问题的核心。对我而言,自从胡塞尔的所谓主要著作即《观念》有了可以获致的英译本之后,而在范畴直观理论实际展开的《逻辑研究》没有被翻译过来之前,考察这个问题似乎是最明智的。

胡塞尔真的是一个极其谨慎的人。作为形而上学沉思的革新者,使他声誉崇隆又声名狼藉的范畴直观观念在最后一个研究中只扮演了一个有限的角色,在它被引入之后,它变得有限并被废弃以致实际再也没有什么是留给它的了。他的整个直观理论是从比它实际证明的更无害的地方出发的。如果在胡塞尔那里仍旧存在一些独裁主义的动机,那么,能够认可的仅仅是那个证明真理是一个超人的客观性的欲望,在它那里依旧有相反的东西存在———一种批判态度,同时伴随着对把它交付给不能被承认是永恒绝对的确定的几乎夸张的恐惧。胡塞尔是非理性主义的理性主义者,关于他的似非而是的性质已经由他的范畴直观理论所揭示。

使自己满足于作为预先被给予的某物之真理的纯粹发现物的思想所拥有之似非而是的结构,在特定意义上,导源于胡塞尔《逻辑研究》第一卷的逻辑绝对主义的本质。人们可以认为,范畴直观学说是与思维主体相关的逻辑绝对主义的必然后果。因此,即使在第一卷,我们也发现了一段包含了全部学说的文字:"他可以被心理主义证明欺骗,甚至依旧与一般模糊考虑保持密切联系。就其真实意义和它赖以被统觉为自身中的真理的明证性而言,对任何逻辑原则的纯粹的观看[Hinblick auf]都倾向于摆脱一种持续性幻觉。"①范畴直观理论的主题是:"自身中的真理"、如其所是的客观地被预先给予之理想条目,因"纯粹的观看"[blossem Hinblik]而自明。这些真理被称为"事态"。翻译这些术语的困难在问题自身的困难上有所指示。我在这里用"条目"(item)来翻译它,这是可以得到的最抽象的术语,它在自身中不包含任何指向问题中的"事态"的事实性本质的暗示。"事态"的字面意义是事实的相关性。它在这里所意味着的东西事实上极其似非而是。一方面,它意味着像一个事实的某物,因此它是被给予的某物,是我们自己没有增加的某物,我们不能改变的某物,我们对它没有权能的某物,简言之,是使你记起"顽固的事实"这一英语短语的某物;另一方面,"事态"就是事实:它们就是像数学原则一样的纯粹理想规律。在胡塞尔的"事态"观念据以建立的模式之后,它就不再涉及算术原则,不管是否还存在什么现实的、"世俗的"、能够依照这些原则点数的客体。它们仅仅描述了如此客体的可能性、决不因为它们可以与之联系的现实性而受影响的合法性。胡塞尔说:"当感性客体与感性直觉相关的时候,'事态'或多或少与意识着它的给予行为相关。我们被推到如此远的地方,以至我们要说,'事态',纯粹的逻辑真理,就像感性客体与感性知觉相关那样,与它的知性知觉相关。"②理性主义者胡塞尔想通过范畴直观证明那对实证主义者胡塞尔显现成为知识的唯一合法源泉的直接被给予性的价值。一方面,他采用了布伦塔诺的"自身中的命题",即合法性的纯粹统一;另一方面,他假定对洞察力的所有可能证明得以导源的意识领域是存在的,同时,还假定被给予之物、经验、生动经验领域的存在。这两个领域仅仅通过意向性得以连接。[直接给予性]象征性地被意味,并由实际经验所表示。以胡塞尔之见,意向易于导致直接,即完全不主体化和关系化它们。在直接自身中的存在被假定"显现"。它不能被解释为由主观反思或抽象生产出来的存在,但可以被解释为自身被给予和可知

---

① Edmund Husserl, *Logische Untersuchungen*, Bd 1, Halle a. D. S.: M. Niemeyer, 1913, S. 64.

② Edmund Husserl, *Logische Untersuchungen*, Bd 2/T 1 Halle a. D. S.: M. Niemeyer, 1921, S. 140.

觉的某物。不管怎样,它们不能被强迫以成为纯粹事实性和偶然性这样的方式去承受那个惩罚——一个简单的感性知觉必须承受的惩罚。在胡塞尔哲学中,范畴直观是突然出现的救星,通过这个救星它试图使其哲学中相互矛盾的两个动机达成和解。这两个动机一个是拯救真理的绝对客观性这一欲望,另一个就是他对实证主义证明之迫切需要的接受。

现在,这么一个似非而是的成果是不能从意向性观念、从纯粹意义中要求孕育的。因为意向性观念仅仅暗示:我们能够在我们的意识之流中意指客观本质;它没有对它们的本质做出任何暗示。意指某物,意指像算术语句那样的理想条目,肯定不能与"是自明的"等同。人们也可以意指错误的某物。胡塞尔因此以"直观的实现"(intuitive Erfullung)来补充意向性。"一个首先象征性地发挥功能的陈述,稍后,将被一个对由这个陈述所意指的东西的或多或少是充分的直观所跟随。如果这发生了,我们就将经验一个自成一类的实现'意识'。假如这个意图是指向某个目的或预谋的,那么,纯粹意指行为、纯粹意图就将在它的直观表征行为中发现自己的实现。"① 整个范畴直观学说的核心就是实现理论。让我们举一个不像胡塞尔学说那么抽象的例子:"国家社会主义和法西斯主义不是政府的唯一可能形式。"这是一个意图,就是说,我依据一个单独的意义排列了一组单词。可能对有些人而言这个意义不够自明,虽然他们可以理解它的意思。他们将不得不通过对它整个意义的直观以尝试着实现它。它的一些要素,例如在这个句子中提到的政府,将通过感官知觉在最后的分析中被实现。命题的其他要素,如"和"、"不"、"唯一可能",就不是这样。胡塞尔担心的正是这些要素。但在他对命题真理的客观性的研究中,他拒绝如下观念:它们是我们自己思维的功能。他希望它们不仅是主观的要素。他归因于实现这个术语的意义。他说:它不能由自己的直观、一个非感性然而直接的察觉来实现。

"'一个'和'那个','和'和'或者','如果'和'因此','所有'和'非—','某

---

① Edmund Husserl, *Logische Untersuchungen*, Bd 2/T 2 Halle a. D. S.: M. Niemeyer, 1921, S. 32.

物和无物',数量的形式,等等,所有这些都是命题的重要因素。但是,即使我们完全有权把它们归因为相互关联的,它们客观的相互关联也不能在真实客体领域中被发现。这意味着与可能感觉直观客体领域相同的东西。"①范畴直观概念发现了如下极端的公式:"如果我问,若不是在我们在说感性一词时所暗示的狭义直观知觉中,意向的范畴形式将在何地发现它们的实现。答案将由上面的考虑清晰地呈举给我们。首先,只有当我们预设它为一个当然的事物时,任何一个对任一关于一个先行知觉的忠实命题的描述,将使它超越那个怀疑即形式将能发现它们的实现。"或者:"必定存在一个行为,一种经验,它对意向的范畴要素提供了一种相同的服务,这是一种简单的感官知觉曾让渡给意向的纯粹物质要素的服务。"②为像"如此"与"和"这样的词提供服务的行为,导致胡塞尔称整个语句的自明性为"范畴直观",而当我们对红或绿有了一个感性知觉的时候,它也为这样的词提供类似的服务。只有当不仅是它之中的质料而且是它意义的整体能通过知觉被完成时,陈述才是显明的。严格地说,胡塞尔没有能通过现象学方法达到范畴直观,他没有描述任何范畴直观的实际行为,但他以某种假设的形式把它们演绎了出来。人们几乎可以说,他与其说通过观察事物自身不如说通过讨论术语而获得它们。在意义分析的标题下,胡塞尔及其部分门徒古怪地相信他们能够通过观看词汇的纯粹意向而发现真理。虽然胡塞尔始终提防遁词,但在这里他还是成了自己遁词的牺牲品:"范畴直观"术语在自身中是含混的。胡塞尔归因于对事态的意识或声称隐匿在像"如此"与"和"术语之后的理想现实的直接性特征,正是实际判断行为的直接性。这可以系统表述如下:被主观地观看的判断是一个行为、一种经验,是直接被给予的某物。判断或意识到一个被判断的事态是相同的,或更准确地说,第二个表达是第一个的隐喻的划界。不存在意识到人已经判断的东西的、附加于实际判断自身的第二个行为,当然,除非一个人在反思这个判断。

---

① Edmund Husserl, *Logische Untersuchungen*, Bd 2/T 2 Halle a. D. S. : M. Niemeyer, 1921, S. 139.

② Edmund Husserl, *Logische Untersuchungen*, Bd 2/T 2 Halle a. D. S. : M. Niemeyer, 1921, S. 142.

不管怎样，这个反思必然要超越实际判断行为的直接性，这个判断自为地将成为反思的客体。判断的直接性由胡塞尔对事态的意识观念暗示出来。但对事态的意识对胡塞尔而言，也意味着向自己再次保证判断的真理。在"意识某物的给予行为"术语中，[1]遁词严格地说，(1) 对一个事态的意识，即实现对判断的综合，因此(2) 使这个判断绝对显明。没有表达的意义能被解释成为范畴直观。判断综合不是范畴直观，因为根据胡塞尔的说法，自发思维中的判断通过某种直观寻求其完成。按照胡塞尔的说法，反思——作为由范畴直观所保证的显明性的必然条件——既不是直接的，也不是直观的。反思把事态放置到与其他事态的关系之中：它自己的结果是一个新的范畴化。即使最后分析中的反思回到感性、知觉要素，它也将在自身中容纳非知觉的反思、概念形式。胡塞尔称之为中介的直接，因为他相信那个材料：他想从谬误的纯粹可能性中拆除中介，即范畴直观。转而，他把普遍性和必然性归因于仅仅通过中介和反思过程是不能达到的直接性。

人们经常谈论胡塞尔柏拉图式的实在论。当然，在胡塞尔著作中，这种实在论伴随着极端认识论唯心主义：就是说，他归因于柏拉图的那种现实的本质，就是与现实、事实、在时空中构成世界完全没有联系的本质。当我们进一步观察胡塞尔调和他的准柏拉图实在论的本质和唯心主义思维理论的企图时，可以看到，他堕落到了那被称为朴素逻辑实在论的东西之中。他使只是在与思维相关中才具有现实合法性的逻辑原则实体化了，就好像它们是有第二种力量的事物。如果它们是事物，那么，被指向它们的思想将退化为纯粹被动的接受。胡塞尔把康德思想的自发性观念降低到了纯粹被动性的水平上。对胡塞尔而言，思想更多的是受影响，而不是康德关于我们的感觉是受先验的物自体影响理论的类似物。当康德试图把我们的经验奠定在对意识形式的唯一性分析之上时，他由于其先验物自体观念而陷入困境。我希望已经说清楚：胡塞尔由于坚持那个具有第二性力量的物自体而陷入的困境，就是说，他的独立

---

[1] Edmund Husserl, *Logische Untersuchungen*, Bd 2/T 2 Halle a. D. S.：M. Niemeyer, 1921, S. 140.

于它们的主观构成的真理观念和他对这些思想向着纯粹消极直观的还原,并不比康德遇到的小。换言之,整个范畴直观观念实际上并不是一个现象学的发现,但它不仅对德国哲学而且对整个现代哲学都产生了非同一般的影响。范畴直观学说是一趟辛苦的旅行,它力图使意识分析和自身中的真理的结合成为一件杰作。

为什么胡塞尔在这个杰作中找到了避难所?值得指出的是,他的整个哲学都为像范畴直观这样自相矛盾的观念所充斥;甚至在他的最后著作中,人们也可以发现像先天偶然性或本质自我这样的观念,这些意味着严格的个人、身体化的可仍然被假定为是绝对的非事实性的意识、纯本质,意味着不能从任何个体意识的多数性导源出来。这些自相矛盾的观念明确地指向一个方向。用胡塞尔自己的话说,他给自己安排了一个无法解决的任务。术语的自相矛盾正是问题的不可解决性的表达。他的问题大约可以表述如下:在试图以纯粹唯心主义的工具即思想和意识结构的唯一性分析去贯穿唯心主义的围墙的时候,他造了唯心主义思维的反。在扭转心理主义的方向时,胡塞尔赋予这一术语以较之于通常理解以更宽广的意义,这一点是基本的。他对心理主义的攻击直接指向一个主体的观念,这个主体导源于"世俗"存在被预设为一个"世界",要多抽象有多抽象。对他而言,即使是笛卡尔的自我也是"一丁点世界"(bit of world),因为它是由我们对"无可怀疑之物的"世俗经验的界划过程所得到的,而非像胡塞尔所希望的那样,是由"我在"相关联的"改变了的态度"所得到的,这个"我在"不是一个现实,而仅仅是一个纯粹可能性。如果康德讨论"我们的"意识,如果对他而言,知性工具的功能发挥必定是事实性的,没有范畴是空洞的现实印象因此缺乏合法性,那么,对胡塞尔而言,康德也是一个心理主义者。事实上,胡塞尔在《哲学》期刊上的最后出版物已经把整个文艺复兴之后的现代哲学都谴责成了心理主义。换言之,他的攻击不仅指向实证主义、经验主义,同时也指向唯心主义,他的影响主要来自"反唯心主义哲学家"这一称号。

"回到事物自身"这一口号已经成为一种攻击,他坚持诸如直观这样的观念的动机,事实上就是回到质料自身的欲望。他想摧毁纯粹思维行为和意义的所有假设的上层建筑,摧毁所有出自体系化偏见的任意构造。如果我可以说的话,他的战役指向了所有哲学装饰和不属于事物自身的所有东西。对于所有德国唯心主义的宏伟体系而言,思想的自发性是全部真理的源泉,但对他而言,则就是思辨谬误的主要源泉。他在这个特定意义上是反唯心主义者。

但在胡塞尔哲学中,"回到事物自身"这一口号暗示出了最大的困难。他想达到事物,不仅仅是为了避免任意概念构造的谬误,而且是为了坚持一个绝对安全的、不可动摇不可置疑的真理。坚持绝对者的欲望、在最后的分析中用一种绝对的严格性从绝对的点上把万物演绎出来的欲望,是一个栖身于反唯心主义哲学之中的唯心主义欲望。一旦试图建立一个绝对哲学,他就被抛回自我的相同原则、他所拒斥的自发性。很清楚,他的哲学最后回到的观念是唯心主义的。以胡塞尔之见,赖以把捉事物自身的原则的原则,就是他如下话语:"最原始的直观是知识权威的米源,在原始形式中(就像在它的身体性现实中),在直观中展现自身的东西将作为它所展现出来的东西而被简单地接受下来,虽然只是在它展现自身的界限之内。"[1]在这一原则的后面,除了陈旧的唯心主义原则之外,没有任何东西,这一原则就是:我们意识的主观资料是所有知识最终的源泉,因此任何奠基性的哲学分析必然是意识分析。另一方面,在胡塞尔那里,被给予性的反面,纯粹观念或胡塞尔称为本质的东西,通过向纯粹主观意识的还原而得到自己的证明,而与所有事实性和偶然的东西隔绝开来。被认为是胡塞尔反唯心主义的最后一击的本质学说却揭示自身为唯心主义的顶点:纯粹本质,似乎驱除了任何主观构成的客观性,不过就是它的抽象性之中的主观性,思维的纯粹功能,康德意识统一意义上的"我思"。

(张亮 译 张廷国 校)

---

[1] Edmund Husserl, *Ideas: General Introduction to Pure Phenomenology*, translated by W. R. Boyce Gibson. ,London: Macmillan, 1931, p. 92.

什么是现代艺术的本质？

——阿多诺的艺术真理论及其与海德格尔的潜在对话

1990年，当代西方新左派的理论旗手杰姆逊出人意料地出版了一部向阿多诺致敬的书：《晚期马克思主义：阿多诺，或对辩证法的坚持》。在这里，他一改20年前的尖锐批判立场，宣称阿多诺的思想正是当代新左派所需要的马克思主义。[①] 该书甫一出版就遭到一些学者的质疑，因为人们觉得杰姆逊实际上是在借阿多诺之名阐发自己的理论主张。姑且不论这其中的是非，一个不争的事实是，正因为杰姆逊的大力阐扬，阿多诺方才赢得了自己的当代复兴。[②] 针对此前学界对阿多诺的遗著《美学理论》评价不高的状况，杰姆逊特别指出：《启蒙辩证法》、《否定的辩证法》和《美学理论》是"同时'围坐在大英博物馆的书桌边'"的、"一个正在展现的体系的各个部分"，[③] 从而将该著作一下子推到了当代左派理论舞台的光亮处。正如阿多诺自己所说，"残篇就是死亡

[①] F. Jameson, *Late Marxism, Adorno, or, the Persistence of the Dialectic*, Verso, 1990, p. 5.
[②] 参见张亮：《国外阿多诺研究模式述评》，载《哲学动态》2001年第3期。
[③] F. Jameson, *Late Marxism, Adorno, or, the Persistence of the Dialectic*, Verso, 1990, p. 1.

对作品的入侵"，[1]它意味着作品之作为独立客体的尊严与完整性的丧失或被剥夺。作为一部未完成的遗著，《美学理论》的遭遇大抵如此。从"艺术的终结"到"文化工业"，形形色色的当代研究者对这一"残篇"的诸多方面进行了细致的勘探，大多满意而归，然而很少有人去追问：在阿多诺无法得到实现的表述形式构想中，这一原本要比《否定的辩证法》更符合星丛理念——换言之，应当更加具有抗拒性、更能够抵抗同一性思维的暴政——的文本丛林，[2]究竟要达成何种理论目的？抑或在这个文本丛林中，阿多诺计划展现出来的"思想中的决定性内容"究竟是什么？[3] 我以为，这就是伊格尔顿曾以华美的文字、风行水上地触摸过的现代艺术的理论特权，即现代艺术与真理的关系问题。[4] 伊格尔顿解读的缺失在于它没有能够还原出阿多诺在此问题上与海德格尔的潜在对话关系，而本研究的目标即在于弥补这一缺憾。

一、"尽管是一条歧路，但它与我们的道路相距并不遥远"

1950年上半年，因纳粹问题而被迫远离社会生活五六年之久的海德格尔出版了一部题为《林中路》的文集。该文集收录了海德格尔创作于1935年至1946年间的6篇论文，集中体现了海德格尔后期思想发展中的诸方面。其中展现海德格尔艺术之思的《艺术作品的本源》一文尤其引人注意，因为该演讲（1935、1936年）当年就曾"引起了一种哲学的轰动"[5]。同年11月，1年前返回德国的阿多诺给法兰克福学派的掌门人霍克海默写了一封信，建议后者写一篇关于《林中路》的评论，因为《林中路》"尽管是一条歧路，但它与我们的道

---

[1] T. W. Adorno, *Aesthetic Theory*, trans., R. Hullot-Kentor, The Athlone Press, 1997, p. 361.
[2] T. W. Adorno, *Aesthetic Theory*, trans., R. Hullot-Kentor, The Athlone Press, 1997, p. 364.
[3] T. W. Adorno, *Aesthetic Theory*, trans., R. Hullot-Kentor, The Athlone Press, 1997, p. 361.
[4] [英]伊格尔顿：《美学意识形态》，王杰等译，广西师范大学出版社1997年版，第340—364页。
[5] [德]伽达默尔：《哲学解释学》，夏镇平等译，上海译文出版社1994年版，第212页。

路相距并不遥远"①。阿多诺为什么会有如此建议呢？这是一个非常关键的问题。

在哈贝马斯的印象中，阿多诺当年从没有和学生、助手谈论过海德格尔，他因此怀疑阿多诺是否读过海德格尔的"只言片语"。② 这无疑是一种误解。就像同时代很多德国青年哲学家一样，20世纪20年代末30年代初的阿多诺也是海德格尔《存在与时间》的热烈追随者，他也曾经赞同马尔库塞的主张，认为应当用《存在与时间》去更新、发展马克思主义哲学。③ 但他的观念很快发生了转变，最终在1931年5月7日的"哲学的现实性"就职演讲中得出一个对其后来哲学思想发展产生决定性影响的结论：海德格尔的存在哲学为新的具有现实性的哲学的诞生提供了一个起点，但它只是一个起点而不是新哲学自身，只有用马克思主义哲学去改造、充实海德格尔的存在哲学，哲学的真实变革才能成功。④ 从此之后，阿多诺就自觉地将海德格尔确立为自己哲学对话的批判对象。在某种意义上，阿多诺之于海德格尔，犹如马克思之于黑格尔。阿多诺30年代至60年代初期的一系列哲学论著都是围绕海德格尔展开的，而1966年的《否定的辩证法》则是他与海德格尔之间延宕了30多年的理论对决的最终实现。⑤ 这也就是说，阿多诺关注海德格尔实际是其内在的理论需要，至于他的关注是否被别人观察到则另当别论了。

但是，对于阿多诺和霍克海默这两个当时已经开始具有世界性声望的西

---

① R. Wiggershaus, *The Frankfurt School: Its History, Theories, and Political Significance*, trans., M. Robertson, The MIT Press, 1994, p. 593.

② "我到法兰克福的时候，印象最深的是阿多诺和霍克海默并不很关注我在波恩研习的当代哲学。我从未有过阿多诺专注地阅读海德格尔的印象。我甚至至今也不明白他是否读过海德格尔的只言片语。" P. Dew, ed., *Autonomy & Solidarity: Interviews with Jürgen Habermas*, Verso, 1986, pp. 95–96.

③ 在加入法兰克福学派之前，马尔库塞曾是海德格尔的学生。他当年的教职论文《黑格尔的本体论和历史性理论》传达出了一种引起同时代不少年轻的马克思主义者共鸣的海德格尔式的马克思主义，参见 H. Marcuse, *Hegel's Ontology and the Theory of Historicity*, trans., S. Benhabib, The MIT Press, 1987.

④ T. W. Adorno, "The actuality of philosophy", *Telos* 31 (Spring 1977).

⑤ 参见张亮《"崩溃的逻辑"的历史建构：阿多诺早中期哲学思想的文本学解读》，中央编译出版社2003年版。

方马克思主义者来说,关注《林中路》与评论《林中路》并不是一回事。在返回德国之前,阿多诺通过先期回过德国的马尔库塞弄到了海德格尔出版于纳粹统治时期的其他一些著作,但都没有做出过应当进行评论的意思表示。① 那么,他现在为什么会这么重视《林中路》呢?

第一,《林中路》对主体中心主义的扬弃与《启蒙辩证法》对工具理性的批判在大方向上是一致的。不管海德格尔是否承认,他以《存在与时间》为代表的早期存在哲学并没有超越近代西方主体形而上学传统。在《存在与时间》之后,海德格尔对此已有自觉体察,并开始酝酿"转向"。按照海德格尔自己的说法,这种"转向"开始于30年代中期终结于1947年,前后"振荡了我的思想10年之久",②其间,海德格尔的主要工作就是围绕"存在之真理"对艺术和诗的本质进行沉思,形成了系列成果,其中最著名、最重要的当属《艺术作品的本源》。正像人们普遍肯定的那样,海德格尔的艺术之思"明显地构成了对近代以来的以'浪漫美学'为其标识的主观主义(主体主义)美学传统的反动;而这明显也是海氏对其前期哲学的主体形而上学立场的一个自我修正"③。就此而论,海德格尔的理路与《启蒙辩证法》对近代启蒙精神、工具理性的批判路向无疑是一致的,尽管海德格尔没有后者那么深入、全面和激进。正是在这个意义上,美国学者多尔迈认为海德格尔和阿多诺的理论取向本质上是一致的。④

第二,《林中路》中的艺术之思与阿多诺、本雅明同时期的艺术理论都共同指向真理这个核心问题。在《林中路》的6篇文献中,集中展现了海德格尔艺术之思的精髓的《艺术作品的本源》一文无疑是最重要的。对于海德格尔在标题中所提出的问题,我们可以用其正文中的一段话加以回答:"真理之发生在作品中起作用,而且是以作品的方式起作用。因此,艺术的本质先行就被规定为真理之自行设置入作品。但我们自知,这一规定具有一种蓄意的模棱两可。

---

① R. Wiggershaus, *The Frankfurt School: Its History, Theories, and Political Significance*, trans., M. Robertson, The MIT Press, 1994, p.593.
② [德]海德格尔:《海德格尔选集》,上海三联书店1996年版,第1275页。
③ 孙周兴:"编者引论:在思想的林中路上",载海德格尔:《海德格尔选集》,孙周兴编译,上海三联书店1996年版,第14页。
④ [美]多尔迈:《主体性的黄昏》,万俊人等译,上海人民出版社1992年版,第15页。

它一方面说:艺术是自身建立的真理固定于形态中,这种固定是在作为存在者之无蔽状态的产生的创作中发生的。而另一方面,设置入作品也意味着:作品存在进入运动和进入发生中。这也就是保存。于是,艺术就是:对作品中的真理的创作性保存。因此,艺术就是真理的生成和发生。"①当阿多诺第一次看到上述文字的时候,他很可能会大吃一惊。因为青年本雅明很早就独立形成了一种类似的艺术真理观,②而在完成于1925年的《德国悲苦剧的起源》一书中,本雅明则通过"寓言"理论进一步探讨了通过艺术把握真理的现实性问题,③不仅如此,本雅明以及阿多诺本人在30年代研究现代主义艺术,其核心意图就是为了丰富和拓展前述之艺术真理论。④ 可未曾料及的是,在相互都不知道的情况下,他们竟然与海德格尔得出了类似的结论!

第三,《林中路》中的艺术之思使人们得以重新审视海德格尔的天命观,从而确证了海德格尔与纳粹的精神关联,同时也验证了阿多诺当年的判断,即海德格尔所提供的只是起点,而非道路本身,抑或是一条通向暴政的歧路。众所周知,80年代中后期,海德格尔与纳粹的关系问题被旧事重提,引起了国际学界的热烈讨论。有追随者极力为海德格尔开脱,认为海德格尔哲学在本质上与自由民主精神是一致的。⑤ 而对于海德格尔的同时代人,尤其是同时代的犹太思想家来说,海德格尔哲学与纳粹主义具有内在的精神一致性是无可争辩的。如果说法兰克福学派诸犹太裔思想家以及海德格尔的犹太学生卡尔·洛维特,当年只是从海德格尔与纳粹同流合污的具体事件、个别政治性言论上察觉到了这种内在一致性的话,那么,《林中路》的出版则使人们有可能将他的艺术之思与其同时期的天命观联系起来考察,⑥从而在学理上确证海德

---

① [德]海德格尔:《林中路》,孙周兴译,上海译文出版社2004年版,第59页。
② 吴勇立、姚继冰:"通向'救赎'的真理之路——青年本雅明的艺术真理观念",《福建论坛》2001年第4期。
③ W. Benjaming, *The Origin of German Tragic Drama*, trans., J. Osborne, Verso, 1977.
④ See E. Lunn, *Marxism and Modernism: An Historical Study of Lukács, Brecht, Benjamin and Adorno*, University of California Press, 1982, Part three.
⑤ [美]朱利安·扬:《海德格尔哲学纳粹主义》,陆丁等译,辽宁教育出版社2002年版。
⑥ 参见[美]沃林《存在的政治——海德格尔的政治思想》第四章,周宪等译,商务印书馆2000年版。

格尔与纳粹主义的共谋绝不是一时糊涂所为,而是其存在哲学内在的历史观主张。1953 年,洛维特出版《海德格尔:贫乏时代的思想家》一书,对这种历史观上的必然性进行了尖锐批判。阿多诺后来曾对此进行了有力的回应。①

很可能是因为考虑到社会研究所刚刚返回德国等一些客观原因,霍克海默和阿多诺当时都没有付诸行动对《林中路》进行评论。但这绝不意味阿多诺放弃自己的想法了。事实上,在建议霍克海默写评论之前,阿多诺其实已经采取某种行动了:1950 年夏季学期,以前并没有开设过美学课程的阿多诺首次开设美学讲座,以后又 4 次讲授美学——附带说明的是,阿多诺在法兰克福大学的教职是哲学、音乐社会学教授,他还曾长期担任德国社会学学会会长一职。这种巧合不能不让人联想到海德格尔和《林中路》。50 年代中后期,阿多诺还特别针对《林中路》中另一篇重要文章《黑格尔的经验概念》做了系列演讲加以批判,这些演讲稿后收录到题为《黑格尔:三篇研究》的论文集中。② 阿多诺曾说《美学理论》是一个"我终生推迟下笔"的研究计划。③ 我个人以为这个说法的可信度并不高。因为自 20 年代中后期登上德国的理论舞台以来,阿多诺关注的焦点始终聚集在对一些新兴的艺术现象、审美现象的研究和批判上,期间他并没有流露出要建构一个完整的美学理论体系的念头。另一方面,"一战"以后,德国的美学研究实际上进入了一个低谷期,既没有出现大师,也没有诞生名著,这种情况直到海德格尔的"转向"之后才出现根本改变,美学才重新成为当代德国思想家关注的中心话题之一。这也就是说,阿多诺形成创作《美学理论》的想法的时间很可能不早于 1950 年,即使他在此之前就形成这个想法,那么,它很可能与阿多诺后来的构想存在本质性的差异。

二、向海德格尔提两个问题:何种艺术? 何种真理?

1961 年 5 月,在延宕了 10 年以后,阿多诺开始口授《美学理论》的第一

---

① T. W. Adorno, *Negative Dialectics*, trans., E. B. Ashton, Routledge & Kegan Paul, p. 130.
② T. W. Adorno, *Hegel: Three Studies*, trans., S. W. Nicholsen, The MIT Press, 1993.
③ T. W. Adorno, *Aesthetic Theory*, trans., R. Hullot-Kentor, The Athlone Press, 1997, p. 362.

稿。选择这个时机开始创作《美学理论》是一件颇不同寻常的事情,因为在1960—1961年的冬季研讨班上,阿多诺已经开始就"本体论与辩证法"展开系列演讲,从而拉开了与海德格尔对决的序幕。① 阿多诺之所以会在酝酿《否定的辩证法》的过程中突然启动《美学理论》的创作,归根结底还是因为海德格尔:1960年,《艺术作品的本源》出版了单行本,伽达默尔特为此版撰写了一篇导言,高度评价了此文的意义和价值,及其对自己后来思想发展的决定性影响;②而在同年出版的、很快就被人誉为继《存在与时间》之后又一部经典的《真理与方法》的第一部分"艺术经验里真理问题的展现"中,尽管伽达默尔没有特别突出海德格尔,但他却在事实上将海德格尔的艺术之思作为艺术真理论承前(康德、席勒、德国浪漫派)启后(伽达默尔自己)的决定性环节提交到了当代读者面前。③ 也就是说,形势的发展使阿多诺一下子感受到了回应海德格尔的再次"流行"、正面阐述自己的美学主张的必要性和迫切性。

对于海德格尔"艺术就是真理的生成和发生"这一基本结论,阿多诺事实上并不反对,但他要追问的是:这种能够生成和发生真理的艺术究竟是何种艺术? 而被生成和发生出来的真理又是何种真理?

众所周知,海德格尔具有强烈的回归古希腊的情结,在讨论艺术作品的真理本质的时候,他征引的大多是神庙、群雕这样一些古典作品。这些古典作品的艺术属性是毋庸置疑的,但问题的关键在于,海德格尔认为它们体现了艺术的本质。可如果它们体现了艺术的本质,那么,与它们截然不同,甚至根本对立的现代主义作品是不是艺术呢? 如果现代主义作品不是艺术,那么,时代的真理又如何能够生成和发生呢? 也就是说,在阿多诺看来,当海德格尔追问什么是艺术的本质、艺术的起源,或者说力图给艺术下一个定义的时候,他就错了,起码表明他并不真正理解什么是艺术。"艺术概念只存在于要素星丛的历史变化之中,它拒绝定义。即使第一件作品是之后所有作品生生灭灭的根基,

---

① T. W. Adorno, *The Jargon of Authenticity*, trans., K. Tarnowski and F. Will, Northwest University Press, 1973, p. XIX.
② [德]伽达默尔:《哲学解释学》,夏镇平等译,上海译文出版社1994年版,第209—223页。
③ [德]伽达默尔:《真理与方法》,洪汉鼎译,上海译文出版社1999年版,第1—221页。

艺术作品的本质也不能从它的起源被推论出来。"① 惟其如此,是因为艺术具有自律性和社会性双重特征:"艺术既是自律的,也是社会事实(fait social),这种双重特征在艺术的自律性层面上不断地被再生产来出"。② 这就意味艺术必然是历史的。在"审美生产力"和"审美生产关系"的动态平衡中,艺术是不可能被一劳永逸地界定的,因此也就不可能存在永恒不变的艺术本质:"就像它向执着的目光自我揭示出来的那样,每一件艺术作品都是一个瞬间,每一件成功的艺术作品都是过程之中的一个停顿,或短暂的逗留"。③ 随着与艺术相对并发生互动的社会的发展变化,艺术自身也会发生相应的变化。在阿多诺看来,本雅明当年的判断是完全正确的,1910年是艺术的自我概念的发展史上的一个转折点,此后,"只有与艺术相关的一切不再是不证自明的这一点是不证自明的,此外如艺术的内在生命、艺术与世界的关系,乃至艺术的存在权力等等,都已然成了问题"④。换言之,在阿多诺看来,当海德格尔要求通过艺术把握真理的时候,他并没有错;但是,在现代主义艺术应运而生、历史已经无可挽回地走向现代的20世纪,当海德格尔全然不顾艺术与时代的根本变化、试图以昨日艺术把握今日之真理的时候,他无疑是在刻舟求剑!

正如有研究者所看到的那样,海德格尔与阿多诺的艺术哲学从某种意义上讲都是对黑格尔艺术终结论的回应,并且他们对黑格尔上述命题的理解都是准确的、深刻的,⑤差别在于:海德格尔认为艺术的死亡"发生得如此缓慢,以至于它需要经历数个世纪之久",⑥而阿多诺则认为黑格尔所说的艺术之死已经发生,⑦新的艺术形式或者说与传统艺术根本有别的"反艺术"已经诞生,⑧因此,海德格尔那种源于黑格尔的"艺术的纯粹精神性存在的幻想"必须

---

① T. W. Adorno, *Aesthetic Theory*, trans., R. Hullot-Kentor, The Athlone Press, 1997, p. 2.
② T. W. Adorno, *Aesthetic Theory*, trans., R. Hullot-Kentor, The Athlone Press, 1997, p. 5.
③ T. W. Adorno, *Aesthetic Theory*, trans., R. Hullot-Kentor, The Athlone Press, 1997, p. 6.
④ T. W. Adorno, *Aesthetic Theory*, trans., R. Hullot-Kentor, The Athlone Press, 1997, p. 1.
⑤ 参见薛华《黑格尔与艺术难题》,中国社会科学出版社1986年版,第146—167、191—224页。
⑥ [德]海德格尔:《林中路》,孙周兴译,上海译文出版社2004年版,第67页。
⑦ T. W. Adorno, *Aesthetic Theory*, trans., R. Hullot-Kentor, The Athlone Press, 1997, p. 3.
⑧ T. W. Adorno, *Aesthetic Theory*, trans., R. Hullot-Kentor, The Athlone Press, 1997, p. 81.

被终结。① 由是观之,在艺术和艺术史问题上,阿多诺显然要比海德格尔拥有更多的真理性。而他曾为《美学理论》准备的题词:"被称为艺术哲学的东西往往是二缺一:不是缺少哲学,就是缺少艺术",②则不能不让人联想到对海德格尔的隐射。

如果说海德格尔对艺术的理解是成问题的,那么,他据此把握到的真理又将如何呢?在海德格尔看来,真理其实就是存在自身,因为"真理是存在者之为存在者的无蔽状态。真理是存在之真理"③。如此我们就发现,虽然在《美学理论》中阿多诺并没有对存在—真理问题进行评论,但它却是与《美学理论》具有互文性的《否定的辩证法》的核心问题,且它的解答已经先行存在了:海德格尔让人们去把握的永恒不变的存在之真理从本质上讲是一个关于资本主义现实的新神话。④——这种互文性显然是阿多诺精心设置的。阿多诺如此安排不过是希望表明:第一,《存在与时间》是海德格尔思想发展的顶点同时也是德国现代哲学的逻辑终点,就像马克思的出现中断了黑格尔学派的哲学史价值一样,以他自己的"否定的辩证法"为代表的具有现实性的马克思主义哲学也已中断了海德格尔的哲学史价值,尽管在《存在与时间》之后海德格尔依旧在思想;第二,不管后期发生了怎样的转向,海德格尔哲学的本质并没有改变,它依旧是一种需要警惕和批判的同一性哲学。——对于阿多诺的这种结论,海德格尔的追随者们自然不能满意,伽达默尔后来甚至准备挑起一场论战,因为他认为阿多诺根本就不理解海德格尔。⑤ 伽达默尔的话多少有些过分了:尽管阿多诺年龄比他小,但进入现象学运动的时间却比他早! 因此,问题的正确提法并不是阿多诺是否理解海德格尔,而在于他是按照何种方式理解海德

---

① T. W. Adorno, *Aesthetic Theory*, trans., R. Hullot-Kentor, The Athlone Press, 1997, p. 8.
② T. W. Adorno, *Aesthetic Theory*, trans., R. Hullot-Kentor, The Athlone Press, 1997, p. 366.
③ [德]海德格尔:《林中路》,孙周兴译,上海译文出版社 2004 年版,第 69 页。
④ 参见张一兵《无调式的辩证想象:阿多诺〈否定的辩证法〉的文本学解读》第二章,生活·读书·新知三联书店 2001 年版。
⑤ [德]伽达默尔:《哲学生涯》,陈春文译,商务印书馆 2003 年版,第 165—166 页。

格尔的:第一,阿多诺坚持黑格尔开创的理论传统,认为真理所要面对的决不应是主体性、命题自身静态的永恒等同,而是通过"精神的自我反思"去"模仿"客观历史过程本身;①第二,阿多诺坚持马克思主义哲学的基本立场,认为哲学不应当满足于对世界、真理的认识或解释,而应当现实地改造世界、推进自身的现实化;②第三,阿多诺坚持自己的非同一的哲学立场,强调在这个被全面管理的世界中,思想如果希望自己成为真实的,那么它就必须同时是一种自我批判、自我反思的思想,否则它就会在不自觉的无动于衷之中被卷入兽行,正是在这个意义上阿多诺说在奥斯维辛之后写诗是野蛮的,③而这显然是针对海德格尔非批判的艺术之思的。

如果说阿多诺对海德格尔提第一个问题的目的是要求人们正确认识艺术的当代发展、正确评价现代主义艺术的历史进步性及其真理潜能的话,那么,他提第二个问题的目的则是为了提请人们注意,在当下这个被全面管理的体制化世界中,真理依旧存在于艺术之中,但它再也不是以过去那种显明的方式存在着了。

三、现代艺术的本质是"谜"(Enigma)

正如有论者指出的那样,阿多诺是西方马克思主义者中唯一能够合情合理地自称为现代主义作者的思想家,④惟其如此,是因为阿多诺同时还是一位严肃的音乐家和作曲家,曾亲身从事过现代主义(音乐)实践,并与之保持了终生的联系。因此,阿多诺对现代主义艺术的体认比同时代绝大多数思想家都要准确、深刻,也正因为如此,在《美学理论》中他才会不遗余力地回应卢卡奇等人的攻击,坚决捍卫以现代主义为代表的现代艺术的存在权利。要捍卫现

---

① T. W. Adorno, *Hegel: Three Studies*, trans., S. W. Nicholsen, The MIT Press, 1993, pp. 40-41.
② T. W. Adorno, *Negative Dialectics*, trans., E. B. Ashton, Routledge & Kegan Paul, p. 3.
③ T. W. Adorno, *Negative Dialectics*, trans., E. B. Ashton, Routledge & Kegan Paul, pp. 362-365.
④ [美]马丁·杰:《阿多诺》,瞿铁鹏等译,中国社会科学出版社1992年版,第12页。

代艺术的存在权利,首先自然要回答什么是现代艺术或现代艺术的本质是什么这个问题,对此,阿多诺在"谜语本质、真理内容、形而上学"章中给出了一个极其简单,然而又极其费解的解答:"谜"。为什么说现代艺术的本质是"谜"?要解决这个问题,我们就必须回到马克思、回到马克思的资本理论中去。

我们知道,模仿是阿多诺艺术理论的核心范畴。"艺术是模仿行为的庇护所。"[1]因此,一定形式的艺术的本质与其模仿的对象是密切联系着的。那么,现代艺术的模仿对象是什么呢?在"情境"章"新事物:它的历史哲学"节中,阿多诺告诉我们是发达资本主义社会。[2] 在我们看来,这一自我指认是极为关键的,因为它极为清楚地点明了阿多诺美学理论的社会批判本质。但遗憾的是,由于专业背景的差异,研究者们往往不能发现它与马克思的资本理论的精彩关联:作为一种历史性存在,资本由商品、货币逐步发展而成,最终变成了一种"决定其他一切关系的地位和影响"的"普照的光",不管人们是否愿意、是否喜欢,它都客观地发挥着自己的决定影响,[3]而作为一种历史地形成的"新事物",现代艺术已经决定性地改变了人们对艺术、特别是传统艺术的认识和评价方式,充分证明了自己的"不可抗拒性";作为历史发展的结果,资本一旦形成就与自己的历史构成了一种决然的断裂,并从根本上改变了自己与历史的关系,曾经是它产生条件的东西,如今已经变成了它的存在结果,[4]而现代艺术的一个重要特点就是它"丧失了自己的传统",并且不断地重构自己的传统;资本在本质上是"抽象成为统治",这种"抽象或观念,无非是那些统治个人的物质关系的理论表现",[5]而抽象性则正是"现代艺术自身本质的密码"。在上述评论的基础上,马克思进而指出,资本是以一种假象方式存在着的,因为它的本质是生产,但在现象上它却表现为交换,这当然是假象,"不过这是必然的

---

[1] T. W. Adorno, *Aesthetic Theory*, trans., R. Hullot-Kentor, The Athlone Press, 1997, p. 53.

[2] T. W. Adorno, *Aesthetic Theory*, trans., R. Hullot-Kentor, The Athlone Press, 1997, pp. 19 – 23.

[3] 《马克思恩格斯全集》第 46 卷上册,人民出版社 1979 年版,第 44 页。

[4] 《马克思恩格斯全集》第 46 卷上册,人民出版社 1979 年版,第 437 页。

[5] 《马克思恩格斯全集》第 46 卷上册,人民出版社 1979 年版,第 111 页。

假象"①。正如海德格尔后来所揭示的那样,所谓假象就是存在以其所不是的方式显现,②这就意味着:第一,存在并没有脱离假象而就在其中;因此第二,我们只能在并通过假象去把握存在之真理。正是以马克思和海德格尔的上述思想以及本雅明的"自然历史"观念为基础,早 30 年代初,阿多诺就形成了一个基本观点,即资本、资本主义本质上是一个"谜",而哲学的现实性就是"解谜":"答案包含在谜之中,谜描绘它自己的显现并把答案作为目的包含在自身中。进而,答案就作为谜的严格反题而矗立,它需要从谜的要素中被建构出来,去毁灭谜,而一旦答案被决定性地给予了谜,那它也就不再意义丰富而是无意义了。"③

由于资本是"谜",所以,模仿资本的现代艺术因而也就具有了"谜"的本质:"这里的谜并非'问题'之油滑的同义词,在由作品的内在构成所规定的任务这种严格意义上,它是一个在美学上具有重要意义的概念。在此严格意义上,所有艺术作品都是谜。它们包含解答的潜能:解答并不是外在地被给予的。每一件艺术作品都是一个画谜,一个等待被解答的谜,但这个谜是按照一种预先设计好的、注定要让观者心烦意乱的方式构成的。频见报章的画谜以嬉戏的形式点出了艺术作品努力实现的目标。在这个意义上,我们也可以说艺术作品都像画谜,因为它们隐藏起来的东西——像艾伦·坡的书信一样——既是可见的,又被可见的东西所隐藏。在对美学经验的原哲学描述中,德语的表达是准确的:我们理解了艺术中的某些东西,但我们不能说我们理解了艺术。艺术鉴赏其实是对素材的充分理解与对谜的一知半解的结合,被遮盖起来的恰恰是不能确定的。那些纯粹用理解去解读艺术的人往往将艺术简单化为一杯白开水,这与艺术的精神是背道而驰的。即如人们想更贴近地去观赏彩虹,而彩虹却因此消失了一样。在所有艺术中,音乐最能体现这一点:它既是完全的谜又是不言而喻的。它不能被解答,只有它的形式能被解码,这

---

① 《马克思恩格斯全集》第 46 卷上册,人民出版社 1979 年版,第 513 页。
② [德]海德格尔:《存在与时间》,陈嘉映等译,生活·读书·新知三联书店 1987 年版,第 36—37 页。
③ T. W. Adorno, "The actuality of philosophy", *Telos* 31 (Spring 1977), p. 129.

正好是对艺术哲学的呼唤。能够理解音乐的将是这样的人：他既能用纯粹音乐的方式去倾听，也能用完全非音乐的方式去倾听。也就是说，理解无论如何都不是音乐的谜语特质的全部。"[1]从表面上看，阿多诺关于"谜"的上述论述与海德格尔很难牵扯上什么关系，但经过我们的前期"发掘"，它与海德格尔的内在对话、继承与批判关系就已经昭然若揭。当阿多诺宣称"究其根本，艺术作品是谜一样的东西，这并非根据作品的构成，而是根据它们的真理性内容"[2]时，他实际上是在重申海德格尔"艺术就是真理的生成和发生"这一基本结论。当阿多诺指出"艺术作品在揭示某物的同时又遮蔽了它，它从语言的角度表达了这种谜语特质"[3]时，他实际上是在回应海德格尔的"aletheia"（解蔽）学说。当阿多诺强调艺术作品中的真理性内容"只能通过哲学的反思达到"、从而证明了"美学的正当性"时，[4]他依旧是在回应海德格尔。但是，当阿多诺说承诺谜具有唯一的答案是一种欺骗时，[5]他则将批判的矛头指向了海德格尔，因为在他看来，这唯一的答案只能是对资本主义现实的认同或默认。而作为对黑暗世界的抵抗，现代艺术本质上不是肯定而是否定，不是思而是乌托邦，[6]是一种关于尚未存在之物的渴望、一个关于幸福的或许永远不能实现的允诺。[7]

关于阿多诺的艺术真理论，长期以来，有一种观点一直很流行，即认为阿多诺基于对理性的绝望而最终将把握真理的权利交给了艺术。然而通过对阿

---

[1] T. W. Adorno, *Aesthetic Theory*, trans., R. Hullot-Kentor, The Athlone Press, 1997, pp. 121-122.

[2] T. W. Adorno, *Aesthetic Theory*, trans., R. Hullot-Kentor, The Athlone Press, 1997, p. 127.

[3] T. W. Adorno, *Aesthetic Theory*, trans., R. Hullot-Kentor, The Athlone Press, 1997, p. 120.

[4] T. W. Adorno, *Aesthetic Theory*, trans., R. Hullot-Kentor, The Athlone Press, 1997, p. 128.

[5] T. W. Adorno, *Aesthetic Theory*, trans., R. Hullot-Kentor, The Athlone Press, 1997, p. 127.

[6] T. W. Adorno, *Aesthetic Theory*, trans., R. Hullot-Kentor, The Athlone Press, 1997, pp. 32-33.

[7] T. W. Adorno, *Aesthetic Theory*, trans., R. Hullot-Kentor, The Athlone Press, 1997, pp. 134-136.

多诺"谜"论的阐扬,我们自然已经看到,这种观点显然是错误的。在资本已经实现自己的唯一统治、将整个世界都按照自己的方式组织起来的晚期资本主义条件下,被施魅的理性丧失了认识真理的原初能力,真理的火炬因此熄灭,现代艺术则因为它所包含着的真理火种而历史地变得重要和宝贵起来。但是,就像谜语包含答案,但它自身并不知道或者并不能说出答案一样,艺术仅仅是真理的保管者,它既不知道真理究竟是什么,也不知道如何打开自己看守的库房获得真理,有时候它甚至都不知道自己保管的是真理!它的职责或者使命不是行动,而是等待,等待理性的再次降临,以从它这里取出火种,让真理再次照亮大地。

福柯、阿多诺和跨文化研究观念
——谨以此文纪念阿多诺诞辰110周年

进入20世纪后,存在于文学和哲学之间的古老争论开始朝着有利于哲学的方向发展。正是这种变动趋势让德里达敢于逆潮流而动,在别人欢呼哲学的终结的时候公开宣称:"无论知道与否,甚至愿意与否,文学批评都已经被确定为文学的哲学"。[①] 在经历了最初的震惊与愤怒后,文学批评很快就意识到这就是自己当下必须采取的姿态,进而激情满怀地去探索与哲学的妥协或和解,而福柯则历史地成为文学批评家们最重要的哲学资源,文学研究就此进入了所谓的福柯时代。[②] 作为福柯时代的最新一波展开,进入21世纪后,有中国学者基于福柯的"异托邦"观念对比较文学进行"升级",提出了跨文化研究观念,并得到了来自西方汉学界的积极响应。于是乎,虽然作为学科的跨文化研究依旧处于形成之中,但跨文化研究观念却俨然具有了某种世界历史意义。

很清楚,福柯仅仅在1966年至1967年间的三处文献中论及"异托邦",且这些文字的性质更多地属于经验主义的描述,而非哲学的阐释。尽管如此,跨文化研究观念在如此稀薄基础上的横空出世并没有让作为哲学工作者的我感

[①] Jacques Derrida, *Writing and Difference*, trans., Alan Bass, Chicago: The University of Chicago Press, 1978, p. 28.

[②] Mark Edmundson, *Literature Against Philosophy*, *Plato to Derrida: A Defence of Poetry*, Cambridge and New York: Cambridge University Press, 1995, p. 153.

到太多的匪夷所思,因为它归根结底是要让研究主体自觉到并挣脱西方中心论的话语霸权,自由地进入作为研究客体的某种既有文化,以寻找到或建构出某种另类的客体空间或文化景观,即"文化异托邦"。这实际上是在文学批评领域中对福柯现代性批判理论的基本主张的一种重申。让我不解或者不安的是隐含在跨文化研究观念中的乐观情绪:因为我们已经想到了,所以"文化异托邦"就一定能够达成!如果"文化异托邦"真的能如此轻易地获致,那么,福柯等当代哲学家还有必要对启蒙、同一性、权力等进行长期而又艰苦卓绝的批判吗?《礼记·经解》云:"《易》曰:'君子慎始,差若毫厘,谬以千里。'"这提示我们应当回到福柯,重新理解"异托邦",以修正、完善对跨文化研究观念的理解。

一、阿多诺与"异托邦"的哲学阐释

根据英国学者彼得·约翰逊 2013 年 6 月整理的一份文献目录可以看出,[①]关注"异托邦"的学者并不多,且大多来自文学、艺术、建筑、博物馆学、社会学、文化研究、教育学等非哲学学科,尤为重要的是,人们主要关注如何将"异托邦"挪用到各自的领域中去,至于应当怎样正确理解"异托邦",则并不是人们的关注重点。在"异托邦"的理解问题上,占据主导地位的则是约翰逊的解释,[②]即认为"异托邦"是一种能够打破权力制约、通向被遮蔽的真理的异质空间或另类空间。如果经常标榜自己是经验主义者的福柯真的是一个经验主义者,那么约翰逊的理解堪称完美。但福柯首先并且最主要的是一位哲学家,"最关注实在的当代哲学家",[③]因此,我们必须向约翰逊提一个问题:福柯所说的能够发现"异托邦"的"我们"究竟是谁?是全部人类主体,还是部分有条件限定的主体?要想解答这个福柯本人并没有挑明的哲学问题,就需要引入

[①] 参见 http://www.academia.edu/3837680/Foucaults_Heterotopia_-_bibliography_under_topic_headings_165_items. 2013-7-20。

[②] Peter Johnson, "Unravelling Foucault's 'Different Spaces'", *History of The Human Sciences*, vol. 19 no. 4, pp. 75-90.

[③] Gilles Deleuze, *Negotiations, 1972—1990*, trans., Martin Joughin, New York: Columbia University Press, 1995, p. 95.

恰当的哲学维度。

在我看来,阿多诺(1903年9月11日至1969年8月6日)是我们借以对福柯"异托邦"进行哲学阐释的最佳借镜。首先,福柯的权力批判与阿多诺的历史哲学之间存在着极高的亲和性。在早期论著《权力的批判:批判社会理论反思的几个阶段》中,霍耐特承续哈贝马斯的思路,认为阿多诺和福柯代表着现代性批判理论的不同发展阶段,并且强调了阿多诺和福柯的差异,认为福柯构成了对《启蒙辩证法》中的历史哲学的某种解决。① 而随后发表的"福柯和阿多诺:现代性批判的两种形式"一文中,②他则更加强调了两者的亲和性,认为两者差别的根源主要在于对主体的不同理解传统,福柯与其说解决了不如说以系统理论化的简化方式重复了《启蒙辩证法》的逻辑。其次,福柯的权力批判理论和阿多诺的历史哲学都与黑格尔的辩证法保持一种潜在的对话关系。阿多诺与黑格尔的渊源自不必说。而在1970年题为"话语的秩序"的就职演讲中,福柯也借向依波利特致敬之机,专门点出了自己与黑格尔辩证法之间的张力关系:"我们的时代位于黑格尔的时代之后,……正努力逃离黑格尔。关于话语我努力想说的都是极其反黑格尔逻辑的。……不过,真的逃离黑格尔得对我们与黑格尔分离的代价做一准确评估。我们的逃离得以如下认识为前提:黑格尔离我们如此之近,甚至说他就伺机守候在我们身边;让我们得以思考反对黑格尔的思想依旧是黑格尔的思想;我们能够计量我们反对黑格尔的资源数量的能力或许不过还是黑格尔据以反对我们的诡计,而且到头来,我们会发现黑格尔一动不动地站在别的某个地方等着我们。"③最后,但也最重要的是,在与《词与物》同年出版的《否定的辩证法》中,阿多诺对自己的"星丛"观念进行了相当详细的阐释,而"异托邦"可以说就是"星丛"的福柯那里的直接对应物!

---

① Alex Honneth, *The Critique of Power: Reflective Stages in a Critical Social Theory*, trans., Kenneth Baynes, Cambridge, Massachusetts: The MIT Press, 1995, chapter 3, 6.

② Axel Honneth, *The Fragmented World of the Social: Essays in Social and Political Philosophy*, Albany, New York: SUNY Press, 1995, pp. 121-134.

③ Michel Foucault, "The Order of Discourse", *Untying The Text: A Post-structuralist Reader*, Robert Young, ed., Boston and London: Routledge & Kegan Paul, 1981, p. 74.

"星丛"原本是本雅明的《德国悲苦剧的起源》中的一个术语。星丛其实是古人在进行天文观察时根据主体的偶然性想象而建构出来的构型,因此,虽然它由星星组成,但它却不是星星的本质,且星星之间是平等的。本雅明引入这个术语的目的是形象地解释自己的真理理论。以卢卡奇《历史与阶级意识》中的物化和物化意识理论为出发点,《德国悲苦剧的起源》实际上是在追问:在工具理性占据统治地位的条件下,人类把握真理是否可能以及如何可能?本雅明的回答是:依然可能!但真理绝不是主客体之间的概念认识所能获致的,而只存在于客体利用概念所达成的自我呈现。也就是说,在本雅明看来,作为人类认识发展的成果,概念认识本身是不可取消的,能够取消的只是它所具有的主体强制性;当这种主体强制性被取消后,概念就获得了新生,客体就可以利用它们进行构型,建构出像"星丛"那样的理念,以向主体去呈现、表征存在于其中的真理。正是在这个意义上,本雅明说:"理念是永恒的星丛"。[①]

作为《德国悲苦剧的起源》的热情拥护者,阿多诺非常熟悉本雅明的"星丛"术语。不过,当在差不多 40 年后的《否定的辩证法》中较为系统地阐发这一术语时,他的"星丛"观念已经在理论的清晰性和深刻性方面极大地超越了本雅明。在阿多诺这里,第一,"星丛"观念的出场具有内在的历史必然性,实际上是资本主义制度、同一性逻辑发展到极端状态后的一种自我纠正需要的产物。因此,"我们不需要用什么认识论批判来推动我们去追寻星丛,是真实的历史过程在强迫我们去寻求它们"[②]。第二,"星丛"本质上是针对同一性暴力的一种抵抗策略。在同一性逻辑中,主体对客体的认识本质上成为主体的自我认识,即主体将自身关于客体的观念投射到客体身上并作为客体本身接受下来,而真实的个别存在的客体本身反倒被去除了。"星丛"就是要抵抗这种同一性的暴力,"从外部来表示被概念在内部切掉的东西:即概念非常想成为但又不能成为的'更多'。概念聚集在认识的客体周围,潜在地决定着客体

[①] Walter Benjamin, *The Origin of German Tragic Drama*, trans., John Osborne, London: Verso, 1998, p. 34.

[②] Theodor W. Adorno, *Negative Dialectic*, trans., E. B Ashton, London: Routledge, 1973, p. 166.

的内部，在思维中达到了必然从思维被切除的东西"[1]。第三，"星丛"的主要抵抗手段是"反体系"，就是"靠逻辑一致性手段、用那种不被同一性所控制的事物的观念来代替同一性原则，代替居最上位概念的至上性"，说得更通俗一点，就是人为地创造出新的、陌生的逻辑关系以迟滞、中断原有逻辑关系的运转，"运用主体的力量来冲破根本的主观性谬见"。[2] 第四，"星丛"的主要功能是呈现真理，而非真理本身。"真理，主体和客体彼此相互渗透的星丛，既不能还原为主体性，也不能还原为海德格尔视图模糊其同主体性的辩证关系的存在。"[3]也就是说，真理的把握最终还是要由主体来完成，但这个主体只能由那些具有"哲学经验"，即能够洞察这个"被管理的世界"的本质进而能够进行批评的少数精英来担当。[4] 这也就是阿多诺"星丛"观念的第五个要点。

以阿多诺的"星丛"为参考，我们再看福柯的"异托邦"，就不难发现：尽管描述对象存在着文本空间和社会空间的差别，但福柯对"异托邦"的理解和运用却是内在连贯一致的。第一，能够发现"异托邦"的主体只能是少数追求真理并且能批判权力、分析权力的思想精英，它犹如《哈利·波特》中的"九又四分之三站台"，只有巫师才能看到并通过。用福柯自己的话来说，"异托邦总是必须有一个打开和关闭的系统，这个系统既将异托邦隔离开来，又使异托邦变得可以进入其中"，即让该进入的人能够进入，而让不该进入的人虽在其中却被排斥在外。[5] 第二，"异托邦"是一种被再建构的、具有新异性的客观性。构成"异托邦"的要素，不管是言语、词句，还是公共墓地中的构件、空间，都是客观存在着的，并且原本是根据某种人们熟悉的逻辑或原则被安置妥当的。

---

[1] Theodor W. Adorno, *Negative Dialectic*, trans., E. B Ashton, London: Routledge, 1973, p. 162.

[2] Theodor W. Adorno, *Negative Dialectic*, trans., E. B Ashton, London: Routledge, 1973, p. XX.

[3] Theodor W. Adorno, *Negative Dialectic*, trans., E. B Ashton, London: Routledge, 1973, p. 127.

[4] Theodor W. Adorno, *Negative Dialectic*, trans., E. B Ashton, London: Routledge, 1973, p. 40.

[5] Michel Foucault, "Of Other Spaces", *Diacritics*, vol. 16, no. 1. (Spring, 1986), pp. 26-7.

然而,"异托邦有权力将几个相互间不能并存的空间和场地并置为一个真实的地方",①即根据新的逻辑或原则对原有的要素进行重新建构,并呈现在有权力进入"异托邦"的人眼前。因此,第三,"异托邦"总是个别的、因人而异的。"在一个社会的历史中,这个社会能够以一种迥然不同的方式使存在的和不断存在的异托邦发挥作用;因为在社会的内部,每个异托邦都有明确的、一定的作用,根据异托邦所处在的这个文化的同时性,同一个异托邦具有一个或另一个作用。"②第四,"异托邦"的作用是中断原有逻辑、原则的运行,进而引发人们的质疑。因此,"异托邦是扰乱人心的,可能是因为它们秘密地损害了语言……异托邦是言语枯竭,使词停滞于自身,并怀疑语法起源的所有可能性;异托邦解开了我们的神话,并使我们的语句的抒情性变得枯燥乏味"③。第五,"异托邦"作用在于在引发焦虑之后推动人们去发现一个原本没有被意识过的"原始事实",即"在其自发的秩序下面,存在着其本身可以变得有序并且属于某种沉默的秩序的物,简言之,这个事实就是存在着秩序",④进而对这种秩序本身及其替代性选择进行思考或想象。

二、走向理论实践的"异托邦学"

在 1967 年题为《其他的空间》演讲之后,福柯就再也没有使用过"异托邦"术语。甚至该演讲的文本也直到 1984 年他去世前不久才被允许公开发表。这不免让人怀疑"异托邦"可能不过是福柯为方便说教临时杜撰出来的一个词,说完了也就用完了,因此完全没有必要大作文章,进行无谓的过度诠释。无独有偶,"星丛"术语的使用也存在类似情况:在《德国悲苦剧的起源》之后,本雅明就再也没有使用过"星丛"术语,而是全力转向以"拱廊街计划"为代表的具体研究;至于阿多诺,虽然在《否定的辩证法》之前的多处文本中都曾零星

---

① Michel Foucault, "Of Other Spaces", *Diacritics*, vol. 16, no. 1. (Spring, 1986), p. 25.
② Michel Foucault, "Of Other Spaces", *Diacritics*, vol. 16, no. 1. (Spring, 1986), p. 25.
③ Michel Foucault, *The Order of Things: An Archaeology of the Human Sciences*, London, New York: Routledge, 1989, p. xix.
④ Michel Foucault, *The Order of Things: An Archaeology of the Human Sciences*, London, New York: Routledge, 1989, p. xxii.

论及"星丛",但集中的理论阐发也仅仅局限于《否定的辩证法》。不仅如此,阿多诺的相关论述虽然不系统但却包含足够的理论信息,从而使得我们正确理解"星丛"术语的"退场"成为可能,进而也为我们正确理解"异托邦"术语的"退场"提供了必要的参考维度。

关于"星丛",首先必须明确的是,阿多诺主要是结合"论说文"来谈论"星丛"的,或者说"星丛"主要是与"论说文"联系在一起的。所谓"论说文"指的是阿多诺在《否定的辩证法》和《美学理论》中所采用的那种"反体系"、"碎片化"的文体形式。阿多诺认为它源于尼采、克尔凯郭尔、西美尔以及青年卢卡奇的创作实践,并在本雅明的《德国悲苦剧的起源》之后经历了一次升华,从原先的那种与众不同的文本策略上升为了一种哲学立场,或者说成为一种实践着的哲学。因为"论说文"所处理的是"文化和自然的关系",通过对资本(自然)这个无始无终、终结了的、颠倒的世界的模仿,它以一种"异端"的方式抗拒了思想的教条,"客体中的某物——它是思想教条的秘密,思想交通始终试图遮蔽它——就此变的可见了"[①]。因此,在阿多诺那里,第一,"星丛"不过是"论说文"实践的结果或者说表征,有这种实践才会生产出这种结果或表征;第二,作为"否定的辩证法"的实现形式,"论说文"实践始终包含两个方面的努力:一方面用它的"碎片化特征"对抗"总体",反对同一性的暴力,另一方面则是对"非同一性"的思考;[②]第三,"论说文"实践发现了沉浸在历史之中的"真理"或者说"意义",并把它以密码或者谜的形式呈现出来,而"答案包含在迷之中,谜描绘它自己的显现并把答案作为目的包含在自身中";[③]就此而言,第四,"星丛"可以说是真理的"印记"或者"易于识别的手稿"。[④] 由上可见,对于阿多诺来说,"论说文"实践是原因或生产机制,而"星丛"则是结果或表征;真正重要的

[①] Theodor W. Adorno, "The Essay as Form", *Notes to Literature*, vol 1, trans., Shierry Weber Nicholsen, New York: Columbia University Press, 1992, p. 23.

[②] Theodor W. Adorno, "The Essay as Form", *Notes to Literature*, vol 1, trans., Shierry Weber Nicholsen, New York: Columbia University Press, 1992, p. 9.

[③] Theodor W. Adorno, "The Actuality of Philosophy", *Telos* 31, Spring 1977, p. 129.

[④] Theodor W. Adorno, *Hegel: Three Studies*, trans., Shierry Weber Nicholsen, The MIT Press, 1993, p. 109.

是"论说文"实践而非"星丛"表征;并且,只要"论说文"实践存在,"星丛"表征就会不断地被生产出来,而这与"星丛"术语的存在与否、使用与否并不相干。

以"星丛"为参考,再看"异托邦"就会发现:"异托邦"是福柯"考古学"的结果或表征,而"考古学"则是福柯权力批判的早期实践形态,在此之后的实践形态则是"系谱学";因此,尽管福柯很快就不再使用"异托邦"术语了,但是,由于他的权力批判在继续,所以"异托邦"生产也在继续,他后来关于话语、社会、性等的"系谱学"研究其实就是一些没有"异托邦"之名的"异托邦"!此时,我们回过头再看《其他的空间》中关于"异托邦学"的那段含混语句,就明白福柯的意图不过是在召唤人们像他一样走向权力批判实践,以建构出更多的"异托邦":"就本义而言,我们如何描述异托邦,异托邦有什么意义?我们可以假设,我并不是说一个科学,因为这是一个现今被糟蹋得不得了的词,我是说一种系统的描述,在一定的社会中,以对这些不同空间、这些其它地方的研究、分析、描述、'解读'(就像我们现在喜欢说的)为目标。作为一种我们所生存的空间的既是想象的又是虚构的争议,这个描述可以被称为异托邦学。"[①]

三、跨文化研究观念中的同一性魅影及其超越

无论如何,中国学者基于"异托邦"建构出跨文化研究观念都是一件令人振奋的学术事件。它表明,第一,经过改革开放后三十多年的"追赶",中国的比较文学研究已经获得长足发展,形成了自己的研究主体性,进而开始要求与西方学界的平等"对话权";第二,中国的比较文学研究已经深刻意识到"西方中心论"对学科发展的内在制约,进而日益强烈地要求打破这种外在桎梏,以发现或建构学术上的自我;当然,它也表明,第三,中国的比较文学研究遭遇学科发展的危机,已经出现某种焦虑,并试图通过一种革命性的行动来化解危机、消除焦虑。而跨文化研究观念在西方汉学界得到的积极响应则表明,中国和中国学术的崛起已经得到来自西方的初步确认,学术上的多元对话时代的曙光已经出现。

---

① Michel Foucault, "Of Other Spaces", *Diacritics*, vol. 16, no. 1. (Spring, 1986), p.24.

不过,从跨文化研究观念的创立及其当下的实践倾向中,作为哲学工作者的我却感觉到了一丝隐忧。在我看来,跨文化研究观念的创立者和支持者们对待"异托邦"的方式具有实用主义的嫌疑,即他们真正感兴趣或者着迷的其实只是作为表征的"异托邦",因为他们似乎相信仅仅这种表征本身就足以帮助他们达成目标,而对于"异托邦"的生产原理和机制这个更本质的问题,他们则表现得兴味索然,根本没有进行有深度的思考。因此,尽管在理论上也强调批判、扬弃"西方中心论"的重要性,但他们其实并不知道该如何开展这种至关重要的理论实践,从而导致事实上的无所作为。在理论上,他们唯一做到的就是抽象地强调"异托邦"的重要性。如前所述,"异托邦"要求走向理论实践,生产出具体的"异托邦"来。那么,按照目前的情形未来会生产出什么样的"文化异托邦"呢?虽然目前还没有具体"实物"可供分析,不过,我已经隐隐看到了阿多诺当年全力批判的"同一性"的重重魅影。[①]

首先,实存的同一性原则,即现代市场经济原则,或许会以不知不觉的方式实现自己向着古代的"穿越",成为关于前现代中国的"文化异托邦"的建构原则。跨文化研究观念的支持者主要由两类学者构成:来自中国的比较文学学者,尤其是那些原本积极向中国引进现当代西方文学理论的比较文学学者;来自欧洲的汉学家,特别是那些主攻中国古代文学、思想和语言学的汉学家。在学术上,他们原本"鸡犬相闻,老死不相往来"。不过,在从各自立场出发反

[①] 在现代哲学语境中,同一性具有多种含义。根据阿多诺的划分,同一性首先是指个人意识的统一性,即心理学层面上的 A=A;其次是指社会意识的统一性,即上升到逻辑学的 A=A;最后是指认识论上的主客体一致性,也即哲学唯心主义的另一种说法(Theodor W. Adorno, *Negative Dialectic*, trans., E. B Ashton, London: Routledge, 1973, p. 139)。当阿多诺说同一性是意识的首要形式,它的本质就是对纯存在物的强暴的时候,他显然不是在说第一种、第二种同一性,因为尽管它们本质上也具有暴力色彩,但是,它们却是人类思想得以形成、交流和发展的必要的心理基础和思维基础,只要人类继续存在,它们就会继续存在下去并发挥实际的作用。他要批判的其实是有意识的强暴即第三种同一性,换言之,就是现代资本主义社会中占据主导地位的同一性思维。这种同一性要求从概念出发,但是,这种要求不能从思维本身得到解释,而只能由社会事实来解释(Theodor W. Adorno, *Negative Dialectic*, trans., E. B Ashton, London: Routledge, 1973, p. 137),这就是作为同一性原则的交换原则即第四种同一性(Theodor W. Adorno, *Negative Dialectic*, trans., E. B Ashton, London: Routledge, 1973, p. 144)。因此,在《否定的辩证法》中,阿多诺的"同一性"批判主要是针对第三种、第四种同一性展开的,而这种批判也在客观上成为随后出现的、包括福柯权力批判在内的后现代哲学思潮的理论先声。

对"西方中心论"的过程中,他们最终"殊途同归",在中国想象这个问题上实现合流,而被想象的中国主要是前现代的中国。必须指出的是,对于前现代的中国,他们既无直接经验也无实证研究,主要是依靠不同类型的作品来间接地把握。在这种情况下,如果不经过自觉而彻底的清算,环绕在他们的日常生活中的同一性原则将不可避免地以"润物细无声"的方式影响他们对前现代中国的想象,进而使他们建构出来的相关"文化异托邦"不自觉地沦为同一性原则的改头换面。

其次,在同一性思维的惯性作用下,人们很容易按照现代的概念、范畴体系来想象、描述前现代中国,并把被这种同一性的暴力废墟现场当作客体自身接受下来,从而导致"废墟的审美化"。作为现代学院体制系统规训的产品,同一性思维对前述两类学者的影响是深刻而全面的,甚至可以说是深入骨髓的。当代思想史表明,只有经过类似阿多诺和福柯那种刮骨疗伤式的深刻反思与批判,同一性思维的消极影响才可能得到有效的扬弃。换句话说,尽管前述两类学者也会以某种方式对同一性思维进行反思与批判,但其深度和广度都存在内在的局限性,结果只能是治标不治本。因此,他们很容易会在思维惯性的作用下,用现代人的概念、范畴体系来想象、描述前现代中国,并导致对后者的暴力侵犯和毁坏而不自觉,最终导致"废墟的审美化"。在这个方面,胡适、冯友兰等现代中国哲学家按照西方哲学的范式建构出来的"中国哲学"就是最著名的一个案例。

最后,没有经过彻底的同一性批判的"西方中心论"犹如未除根的杂草,很容易以个人趣味等非中心论形式"春风吹又生",从而导致"趣味的暴政",即以个人趣味之名行"西方中心论"之实。在我看来,所谓莫言小说的"魔幻现实主义"风格很大程度上就可算作这种"趣味的暴政"的一个实例。

那么,怎样才能超越或克服这些同一性魅影呢?在阿多诺看来,具体的道路或许有多种,但归根结底还是要取决于哲学或形而上学自身,即哲学或形而上学能否通过否定性的自我批判克服自己施加于自身的束缚,实现自我的重生。所谓"物随心转,境由心造,烦恼皆心生",随着哲学的重生,一切也将由此变得不同。因此,《否定的辩证法》最后一段说:"思想的需要就是使我们去思想的东西。它要求思想否定自身;如果它真的想获得满足,就必须消失在思想中;进而在这种否定中得以幸存。表现在思想最深处细胞中的是最不像思想的东西。最微不足道的内在世界的标记恰与绝对相关,因为微观论的审视将拆除那种按照概括性的支配概念的标准被孤立无援地封闭起来的东西的外壳,进而破除它的同一性,即它只是一个样品的骗局。同一性衰落之时,也就是这种思维与形而上学重新团结一致之日。"①

---

① Theodor W. Adorno, *Negative Dialectic*, trans., E. B Ashton, London: Routledge, 1973, p. 408.

关于阿多诺哲学贡献的当代中国思考

西奥多·维森格伦德·阿多诺(1903—1969)是20世纪西方最重要的哲学家和社会批判理论家之一,也是20世纪最重要的"西方马克思主义"哲学家之一。1980年,《现代外国哲学社会科学文摘》第5期编摘译了苏联《哲学科学》杂志1972年第5期的书评《评阿多诺著〈否定的辩证法〉》,这大约是中国学界知晓阿多诺其人其作的起点。此后40余年间,中国学界一直保持着对阿多诺的研究热情,并以波浪式前进的方式一再掀起周期性研究高潮。2023年阿多诺诞辰120周年将至,全国哲学社会科学工作办公室分别于2020年、2021年,就阿多诺哲学文献的翻译与研究、文艺美学文献的翻译与研究设立了两个国家社科基金重大项目,这或许是偶然的,但无疑预告了新一轮阿多诺研究热潮即将来临。值此,我不禁自问:作为哲学家的阿多诺对20世纪哲学或者更准确地说20世纪马克思主义哲学的贡献究竟何在?之所以会有此问,主要是因为包括我自己在内的国内国际研究者长期以来一直在阿多诺有意识建构的哲学文本"迷宫"之中艰难探索,满足于对具体文本的解读,迄今为止尚未提出这种宏观总体评估问题。在21世纪成为完成时已近四分之一世纪的今天,提出并回答这一问题,显然是时候了!在我看来,阿多诺对20世纪哲学的贡献主要体现在四个方面:一是与霍克海默共同提出关于资本主义的历史哲学元批判,完成马克思主义资本主义社会批判理论的20世纪转型;二是提出"否定的辩证法",使马克思主义的哲学唯物主义获得了一种影响深远的20世纪新形态;三是在破旧中立新,就从黑格尔到海德格尔的近现代德国资产阶级哲学主流发出了马克思主义的批判强声;四是提出一种新的哲学美学理论,对现代主义艺术与真理的关系问题做出马克思主义的回答,深刻影响了20世纪80年代以后西方美学的当代发展。

一、阿多诺与马克思主义资本主义社会批判理论的20世纪转型

"资本来到世间,从头到脚,每个毛孔都滴着血和肮脏的东西。"[1]因此,资本主义诞生后不久,对它的批判就出现了。但只是到了19世纪40年代下半叶历史唯物主义创立之后,马克思恩格斯才通过政治经济学批判发现资本主义生产方式的根本秘密,揭示它的运动规律及历史命运,将资本主义社会批判理论升华为一门科学。一方面,马克思主义资本主义社会批判理论是一座无法逾越的纪念碑,"对于任何试图理解18世纪以来横扫整个世界的大规模变迁的人来说,马克思有关资本主义生产方式的分析仍然是一个必要的核心";[2]另一方面,这一科学理论不是一经形成就永恒不变的绝对真理,而是普遍性与特殊性的统一,"是一种历史的产物,它在不同的时代具有完全不同的形式,同时具有完全不同的内容"[3]。进入20世纪后,欧美资本主义出现一系列新变化新特征,当时的马克思主义者也努力探索,试图确立新的科学批判理论,为即将来临的革命高潮提供指引。但当第一次世界大战结束前后革命高潮如约而至时,除了俄国十月革命外,欧洲其他国家的革命都未能取得胜利。这让马克思主义者们意识到理论已经落后于实践的发展,必须对马克思主义资本主义社会批判理论进行与时俱进的20世纪转型升级,在客观上促成了"西方马克思主义"的形成与发展。

"西方马克思主义"对20世纪资本主义社会批判理论的探索始于卢卡奇

---

[1] 《马克思恩格斯文集》第5卷,人民出版社2009年版,第871页。
[2] Anthony Giddens, *A Contemporary Critique of Historical Materialism Vol. 1 Power Property and the State*, Berkeley and Los Angeles: University of California Press, 1981, p.1.
[3] 《马克思恩格斯文集》第9卷,人民出版社2009年版,第436页。

的《历史与阶级意识》。作为流亡维也纳的匈牙利共产党重要成员,卢卡奇创作《历史与阶级意识》的目的是回应欧洲共产主义运动内部的思想和政治争论,为新的历史条件下匈牙利共产党的组织建设提供理论指引。[①] 在分析现代工人阶级为什么革命意识淡漠时,卢卡奇回到马克思的商品结构批判学说,强调"在商品关系的结构中发现资本主义社会一切对象性形式和与此相适应的一切主体性形式的原形",[②]进而引入韦伯、西美尔的思想资源,批判地分析了现代资本主义社会中物化意识的形成及其对工人阶级的意识形态消极影响。也就是说,卢卡奇基于经济基础和上层建筑的辩证关系学说,力图探索资本主义生产方式的新变化及其对意识形态上层建筑、无产阶级个体意识的影响,开辟了20世纪资本主义社会批判理论的先河,为后续"西方马克思主义"者的探索创新指明了基本方向。

《历史与阶级意识》出版后,法兰克福大学社会研究所随即邀请卢卡奇和柯尔施参加了1923年的"马克思主义研究周"活动,[③]使他们的新观念新理论迅速为霍克海默、阿多诺、本雅明、马尔库塞、波洛克等年轻的左派学院知识分子所了解,推动他们先后实现向"西方马克思主义"的转变,并鼓舞他们沿着卢卡奇开启的方向去探索资本主义社会批判理论的当代形态。1931年,霍克海默出任社会研究所所长,明确提出要沿着马克思开辟的"哲学与社会科学的联盟"道路,在历史唯物主义的指导下对当代资本主义进行跨学科的社会科学研究:"当前的问题是把当代哲学问题所提出的那些研究系统地整合起来。哲学家、社会学家、经济学家、历史学家以及精神分析学家们因为这些哲学问题而集合为一个永远的合作团队,以共同着手解决这些问题。"霍克海默所说的哲学问题就是"社会经济生活、个人的心理发展以及狭义的文化领域的变迁之间

---

　　① 参见张亮《作为马克思主义"思想家"的卢卡奇——纪念卢卡奇逝世50周年》,载《马克思主义理论学科教学研究》2021年第2期。
　　② [匈]卢卡奇:《历史与阶级意识》,杜章智等译,商务印书馆1992年版,第145页。
　　③ Rolf Wiggershaus, *The Frankfurt School: Its History, Theories, and Political Significance*. trans., Michael Robertson, Cambridge: The MIT Press, 1995, pp.15-16.

的联系",①即现代资本主义社会的本质。此后,在霍克海默的卓越领导下,②社会研究所对现代资本主义社会进行了成果丰硕的创造性集体探索,创立"批判理论",实现马克思主义资本主义社会批判理论的20世纪转型。

在法兰克福学派20世纪资本主义社会批判理论的建构过程中,霍克海默毫无疑问是"精神领袖"和"主心骨",③不过,当阿多诺在1935年恢复与霍克海默的联系,进而在1938年抵达美国正式加入社会研究所后,阿多诺就在客观上与霍克海默共同发挥了双核心的作用。阿多诺和霍克海默都是新康德主义哲学家汉斯·科内利乌斯(1864—1947)的学生,早在1922年两人就结识并开始了终身的友谊。霍克海默非常看好阿多诺的理论直觉与创造力,希望自己的师弟能够跟随自己去创建学派。不过,阿多诺有自己的打算:1924年获得哲学博士学位后,先是想成为职业音乐家,1927年后希望成为哲学教授,1933年纳粹上台后则希望能够继续留在欧洲做哲学教授。因此,在霍克海默创建学派的初期,波洛克、马尔库塞、弗洛姆、洛文塔尔等发挥了比阿多诺更大的作用。1933年研究所开始流亡后,霍克海默与阿多诺一度失去联系,1935年初恢复通信,1935年底重逢,此后,双人重启合作,并在经历思想磨合后再次达成相互认同,④最终,阿多诺取代其他人成为霍克海默最重要的合作者:1938年阿多诺致信本雅明,说自己将在今后几年和霍克海默一起用不加分散的精力去写一本"关于辩证法的书",⑤这本书就是霍克海默和阿多诺在1938年11月到1944年5月共同创作完成的《启蒙辩证法》。——如果人们仅仅在工具理性的意义上来理解启蒙,那不免会认同哈贝马斯的批评,认为《启蒙辩

---

① Max Horkheimer, *Between Philosophy and Social Science: Selected Early Writings*. trans., G. Frederick Hunter, Matthew S. Kramer and John Torpey, Cambridge: The MIT Press, 1993, pp. 9, 11.

② 参见张亮《霍克海默与法兰克福学派的理论创新道路》,载《学术月刊》2016年第5期。

③ Jürgen Habermas, "Remarks on the Development of Horkheimer's Work", Seyla Benhabib, Wolfgang Bonß, and John McCole, ed. *On Max Horkheimer: New Perspectives*. Cambridge: The MIT Press, 1993, p. 49.

④ Rolf Wiggershaus, *The Frankfurt School: Its History, Theories, and Political Significance*. trans., Michael Robertson, Cambridge: The MIT Press, 1995, pp. 156-166.

⑤ Theodor W. Adorno and Walter Benjamin, *The Complete Correspondence 1928—1940*, trans., Nicholas Walker, Cambridge: Polity Press, 1999, p. 285.

证法》是一种激进的意识哲学批判。① 但只要人们认识到《启蒙辩证法》是法兰克福学派此前十余年集体探索的集大成产物,就会明白,在法兰克福学派这里,启蒙是资本主义的一个异名:"让我们先把韦伯著作中的资本主义、合理性和统治之间的联系反映出来。在它的最一般的形式中,这一联系可以表述如下:西方特有的理性观念在一个物质的和精神的文化(经济技术、'生活行为'、科学、艺术)系统中实现了自身,而这个文化系统在工业资本主义中得到了全面发展。这个系统旨在一种特殊的统治类型,这种统治已经成了现阶段的命运:这就是集权官僚政治。"② 也就是说,《启蒙辩证法》归根结底是直接针对资本主义制度的历史哲学元批判、20 世纪资本主义社会批判理论。

在《启蒙辩证法》中,阿多诺和霍克海默从三个方面对马克思主义资本主义社会批判理论进行了 20 世纪转型升级。

第一,将资本主义批判从核心的经济过程推广到资本主义社会整体。受 19 世纪资本主义社会矛盾暴露等客观因素的限制,马克思恩格斯的资本主义社会批判理论着重在经济过程这个最基本和最核心的层面上揭示了资本主义条件下"抽象成为统治"的本质及异化的现实必然性,对政治上层建筑和意识形态上层建筑中的"统治"及其异化问题并没有能够给予明确的阐述。从《历史与阶级意识》开辟的道路出发,法兰克福学派在经济、政治、文化和哲学等各个领域的集体研究最终证明了一点:资本的抽象统治已经从经济扩展到了政治、文化和人类理智等各个层面之中,实现了自己在各个领域的唯一统治,社会就此被整合为了一个同质的总体。基于这个根本认识,阿多诺和霍克海默指出,启蒙是"资产阶级正义和商品交换"的原则,③ 它不仅是"历史—文化

---

① Jürgen Habermas, "The Entwinement of Myth and Enlightenment: Max Horkheimer and Theodor Adorno", *The Philosophical Discourse of Modernity: Twelve Lectures*, trans., Frederic Lawrence, Cambridge: Polity Press, 1987, pp. 106 - 130.
② [德]马尔库塞:《现代文明与人的困境》,李小兵等译,上海三联书店 1989 年版,第 78 页。
③ Max Horkheimer and Theodor W. Adorno, *Dialectic of Enlightenment*, Stanford: Stanford University Press, 2002, trans., Edmund Jephcott, p. 7.

的",更是"现实的",是"作为一个整体的市民社会的现实运动"的观念表达,①也就是说,启蒙是资本主义在理性精神层面的一个异名,它的自反性就是资本的自反性的最新和最后的表现方式。

第二,以切合西方文化传统的方式深刻地阐述了启蒙的辩证法即资本主义走向自我毁灭的必然性。马克思恩格斯当年以符合19世纪欧洲科学传统的方式,基于对资本主义经济过程的批判分析,得出"资产阶级的灭亡和无产阶级的胜利是同样不可避免的"科学结论。② 在20世纪最强大的资本主义国家美国,作为流亡者的阿多诺和霍克海默应怎样阐述"两个必然"呢? 他们被迫借助奥德赛这一文学隐喻,曲折地揭示资产阶级走向自我毁灭的历史哲学宿命。奥德塞的英雄历险其实就是"资产阶级个人的原型"不断"自我确证"其主体统治地位的过程。③ 在神话故事中,诸神为什么会帮助奥德修斯摆脱波塞冬、重返家乡呢? 答案就在于他们曾经得到过人奉献的牺牲品。然而,人对神奉献的少但得到的自我保存却多。牺牲其实就是劳动的原型:劳动是"人和自然之间的物质变换的过程"④。在动物那里,这一变换过程是等价的;但在人这里,因为理性、科学技术的运用,劳动最终成了对自然的控制,并变得有利于人的生存与发展。因此,作为资产阶级个人的原型的奥德修斯必定是牺牲者和僧侣的统一,⑤劳动中的欺骗因素也必定会随着科学技术的不断增强而最终成为一种客观的意识形态力量。阿多诺和霍克海默指出,在对自然和他人的统治过程中,主体确立了自己的地位,但却失去了自己作为自然实体的本性,以自己的实体性、完整生活的消失为代价,真正获得永生的其实是资本主

---

① Max Horkheimer and Theodor W. Adorno, *Dialectic of Enlightenment*, Stanford: Stanford University Press, 2002, trans., Edmund Jephcott, p. xiv.
② 《马克思恩格斯文集》第2卷,人民出版社2009年版,第43页。
③ Max Horkheimer and Theodor W. Adorno, *Dialectic of Enlightenment*, Stanford: Stanford University Press, 2002, trans., Edmund Jephcott, p. 43.
④ 《马克思恩格斯文集》第5卷,人民出版社2009年版,第208页。
⑤ Max Horkheimer and Theodor W. Adorno, *Dialectic of Enlightenment*, Stanford: Stanford University Press, 2002, trans., Edmund Jephcott, p. 50/45.

义制度！所以,"文明的历史就是牺牲内在性的历史。换言之,就是放弃的历史"①。人被迫放弃自己的完整生活这一宿命,在奥德修斯随后的冒险片段中得到了进一步的说明。因为算计,奥德修斯既倾听了塞壬美妙的歌声,又避免了灾难。他这么做的后果是使精神劳动和体力劳动发生了分离、确立了他的主人地位,而代价是放弃了自己的劳动机会,从而放弃了劳动者"通过历史性的劳动实现乌托邦"的权力。② 奥德修斯与克耳刻的交往则表明,他这个资产者拥有纯真爱情的权力也被剥夺了,因为"随着奥德修斯这个人物的出现,男人与女人,追求与约束之间关系的双重性,已经表现为一种通过契约保护的交换形式。放弃则是它的前提"③。总之,通过牺牲,奥德修斯得到了他想得到的一切,但却不得不放弃他本当拥有的一切,这种"启蒙辩证法"实际上是被统治的自然对人展开的报复。更重要的是,这种报复其实才刚刚开始。

第三,揭示了工人阶级革命意识消退的根本原因其实在于社会大众已经被文化工业所操控,丧失了主体性。阿多诺和霍克海默指出,文化工业尽管表现出一种符合需求的表象,但是本质上仍然是由不合理的社会力量所控制的。现代工业社会越发达,文化的大众化程度越高,大众受到的文化的同化也就越深。令人非常遗憾的是,这种最根本的推动力量本质上不是别的什么东西,就是资本。资本是资本主义社会中维持文化工业运转的枢纽和动力,是后者存在的目的和根源。在资本的推动下,科技进一步发展发展,文艺作品制作的手段日渐普及,造成在发达资本主义社会里,科学技术推动实现文化产品的机械化、自动化成批生产和复制,文化正式获得了大工业生产的形式,也获得了堂而皇之笼络大众的功能,因为大众已经不再拥有任何"想象和思考的空间"。④

---

① Max Horkheimer and Theodor W. Adorno, *Dialectic of Enlightenment*, Stanford: Stanford University Press, 2002, trans., Edmund Jephcott, p. 55.

② Max Horkheimer and Theodor W. Adorno, *Dialectic of Enlightenment*, Stanford: Stanford University Press, 2002, trans., Edmund Jephcott, p. 63.

③ Max Horkheimer and Theodor W. Adorno, *Dialectic of Enlightenment*, Stanford: Stanford University Press, 2002, trans., Edmund Jephcott, p. 72.

④ Max Horkheimer and Theodor W. Adorno, *Dialectic of Enlightenment*, Stanford: Stanford University Press, 2002, trans., Edmund Jephcott, p. 100.

但是这种创造方式也预示了资本主义制度之下文化特色和表现力的丧失,因为其中的一切娱乐活动都是呆板无聊的,不仅剥夺了消费者的思想,也剥夺了他们的感情和主体意识,使他们成为一个与主体的本质相背离的物化存在。文化工业的存在和发展是资本主义社会衰退的标志,是一种严重的异化现象。表面上是大众塑造了大众文化,实际上是前者被后者塑造,"资本主义生产从身体和灵魂上都对他们进行了限制,使他们成为孤立无助的牺牲品"。[1] 于是,工人阶级革命意识就随着这种由大众化文化掩盖之下的资本力量不断稀释而逐渐淡去。

二、作为哲学唯物主义新形态的"否定的辩证法"

重视唯物辩证法是中国共产党的一项悠久理论传统。之所以如此,是因为中国共产党人深刻认识到,"主观主义与机械观这两种错误的理论与工作方法,常常在干部人员中间存在着,因此常常引导干部人员违反马克思主义,在革命运动中走入歧途。要避免与纠正这种缺点,只有自觉地研究与了解辩证法唯物论,把自己的头脑重新武装起来"[2]。受此传统的影响,中华人民共和国成立后,我国理论界在辩证法的译介与研究方面投入了很多精力,在改革开放初期依旧如此。不过,1993年阿多诺的哲学名著《否定的辩证法》中译本出版后,却遭到国内学界的长期冷遇,寂寥地躺在图书馆的角落里。为什么会如此呢?首先,该书名为《否定的辩证法》,但出乎国内读者意料的是,其核心思想更多属于本体论、认识论,而非辩证法!其次,极具颠覆性的"否定的辩证法"矛头直指卢卡奇《历史与阶级意识》中的总体性辩证法,对于当时的中国学界来说,总体性辩证法尚未能完全理解和把握,就更不说"否定的辩证法"了。再次,《否定的辩证法》的文本原本就抗拒读者的同一性理解方式,加之中译本质量欠佳,更加让人有读天书之感。最后,当时的欧美学界几乎一边倒地批评

---

[1] Max Horkheimer and Theodor W. Adorno, *Dialectic of Enlightenment*, Stanford: Stanford University Press, 2002, trans., Edmund Jephcott, p. 106.

[2] 《毛泽东著作专题摘编》上,中央文献出版社2003年版,第343页。

"否定的辩证法",认为它是"一个巨大的失败",①"阿多诺自觉地追随勋伯格的模式,企图在哲学内部发动一场革命,但实际上却屈从了同样的命运,他反体系的原则本身已变成一种体系。……当否定的辩证法成为总体的时候,哲学也将趋向静止,因而1960年代的新左派批评阿多诺把批判理论引向死胡同是公正的"。② 不过,进入21世纪以后,国内学界最终通过自己的努力,将"否定的辩证法"从被遗忘中拯救出来,③对其理论形成、实质及其思想史意义形成了更完整更深刻的认识。

西方学界曾有一种流行的观点,认为"否定的辩证法"早在阿多诺青年时代"没有同一性的辩证法"中就存在了,1966年的《否定的辩证法》不过是这一早已有之的理念的逻辑实现。④ 这种具有强烈目的论倾向的观点显然不符合阿多诺的思想发展实际。在20世纪20年代德国哲学和新音乐潮流的影响下,青年阿多诺确实很早就在主客体关系、第一性哲学的本质和个别性的乌托邦等问题上形成了明确的批判性意识,但只是在转向"西方马克思主义"之后,才于30年代初确立了"没有同一性的辩证法",强调现代的哲学家必须超越同一性思维,因为"没有证明理性能在现实中重新发现自身,它的规则和形势把每一个要求都限定给理性;理性只是强辩地向认识者呈现自身就是总体实在,同时,它只准备在踪迹和废墟中遭遇合乎标准的、应当如此的实在。今天,如此呈现为实在的哲学只是遮蔽了实在,并把它的现存条件永恒化了"。⑤ 他认为,现时代的历史已经变成一个异化的、物化的、死亡了的世界,即"第二自然",真理以一种密码的形式面对着我们,唯有通过本雅明所说的寓言才可能

---

① [美]詹姆逊:《马克思主义与形式》,李自修译,百花洲文艺出版社1995年版,第46页。

② Susan Buck-Morss, *The Origin of Negative Dialectics*, *Theodor W. Adorno*, *Walter Benjamin*, *and the Frankfurt Institute*, New York: The Free Press, 1977, pp. 189 - 190.

③ 这一时期的主要工作有张一兵的《无调式的辩证想象——阿多诺〈否定的辩证法〉的文本学解读》(生活·读书·新知三联书店2001年版)、张亮的《"崩溃的逻辑"的历史建构——阿多诺早中期哲学思想的文本学解读》(中央编译出版社2003年版)等。

④ 例如,1998年出版的《阿多诺:一个批判性的导论》中,西蒙·贾维斯就认为阿多诺的思想具有惊人的内在一致性,其不同时期的作品可以交叉起来阅读(Simon Jarvis, *Adorno: A Critical Introduction*, Cambridge: Polity Press, 1998, pp. 1 - 3)。

⑤ Theodor W. Adorno, "The Actuality of Philosophy", *Telos* 31, Spring 1977, p. 120.

获得其中的真理,因为寓言的本质就是运用事物谜一般的"貌似"(Schein)介入我们的认识活动,让真理以直接可见的方式冲击我们被施魅的理性,使之祛魅并重新获得活力、把握真理,"用传统哲学术语来说,貌似是主客体辩证法的产物。第二自然在真理中就是第一自然。历史的辩证法不仅对被重新解释的历史质料具有更新过的兴趣,而就是历史质料把自己向着神秘的历史和自然历史的转化"①。法兰克福学派20世纪三四十年代的集体建构使阿多诺的哲学思想得以升华,直至《启蒙辩证法》之后,"没有同一性的辩证法"方才开始主题化发展,并具有了明确的资本主义社会批判理论性质。在返回德国后的哲学史反思与批判中,阿多诺于50年代中期形成了明确的同一性和非同一性观念,但只是到了60年代初期,他才最终判定无产阶级革命的历史契机已经再次失去,"一度似乎过时的哲学因为实现它的时机被错过了而得以继续生存。简要的判决是:它只是解释了世界,在现实面前的退缩使它弄残了自身。在改变世界的尝试流产之后,这一判决变成了理性的失败主义"②。由此,原本要求促进哲学的现实化、取消哲学、瓦解哲学的阿多诺最终决定在"修正了的辩证法观念"的基础上建构一种批判的否定的哲学,③"否定的辩证法"这才迎来自己本义的形成史。

尽管是阿多诺的学生,但哈贝马斯却对"否定的辩证法"持批判立场,认为这是阿多诺基于对资本主义本质的不公正判断对形而上学发动的一次失败的攻击,因为阿多诺一方面否定理性,另一方面却不断返回理性,"否定的辩证法也只能从黑格尔那里诉求非同一性的复归,因为非同一性已经包含在黑格尔的程序之中了"。④"否定的辩证法"真如哈贝马斯所言仅仅是关于理性的意识哲学批判吗?答案当然是否定的!"否定的辩证法"确实包含对同一性思维

---

① Theodor W. Adorno, "The Idea of Natural History", *Telos* 60, Summer 1984, p. 124.

② Theodor W. Adorno, *Negative Dialectics*, trans., E. B. Ashton, London: Routledge & Kegan Paul, 1973, p. 3.

③ Theodor W. Adorno, *The Adorno Reader*, ed., Brian O'Connor, Oxford: Blackwell Publishers Ltd, 2000, pp. 41-53.

④ Jürgen Habermas, *Postmetaphysical Thinking: Philosophical Essays*, trans., W. M. Hohengarton, Cambridge: Polity Press, 1992, p. 130.

的哲学批判,但其核心与精髓是对资本主义同一性逻辑的社会批判,其基础与根本则是马克思主义的哲学唯物主义。

第一,"否定的辩证法"是在"改变世界"被暂时延宕条件下的"解释世界"理论,其核心关切是为什么"改变世界"的真理不再能够被社会大众把握。从马克思恩格斯以降,真正的马克思主义者们都渴望通过革命实际地改变世界,因为"哲学家们只是用不同的方式解释世界,问题在于改变世界"[1]。但当革命的契机被错失,马克思主义者们就不得不像马克思那样退回书斋,在探索"解释世界"的新理论中等待革命契机的再次来临,马克思主义理论的创新也由此得以成为可能。当20世纪60年代初决定创作《否定的辩证法》时,阿多诺想要解释的问题是:在马克思主义创立120年后,为什么社会大众反倒离"改变世界"的真理越来越远了?在《历史与阶级意识》认为问题出在物化意识和资产阶级意识形态的地方,阿多诺则基于《启蒙辩证法》之后的批判理论,认为问题表现在意识和意识形态领域,但其根源还是在社会的物质过程即资本主义生产与再生产过程。

第二,"否定的辩证法"所要批判的同一性是四位一体的,其基础是资本的同一性逻辑。《否定的辩证法》中的同一性有四种不同的所指,前三种与哲学有关:同一性Ⅰ是指个人意识的统一性,即心理学层面上的 A＝A;同一性Ⅱ是社会意识的统一性,即上升到逻辑学的 A＝A;同一性Ⅲ是认识论上的主客体一致性,也即哲学唯心主义的另一种说法。[2] 当阿多诺说同一性是意识的首要形式,它的本质就是对纯存在物的强暴的时候,他要批判的其实是同一性Ⅲ,即现代资本主义社会中占据主导地位的同一性思维。同一性Ⅲ要求从概念出发,但是,这种要求不能从思维本身得到解释,而只能由社会事实来解

---

[1] 《马克思恩格斯文集》第1卷,人民出版社2009年版,第502页。
[2] Theodor W. Adorno, *Negative Dialectics*, trans., E. B. Ashton, London: Routledge & Kegan Paul, 1973, p.142.

释,①这就是作为同一性原则的交换原则即同一性Ⅳ。②"交换原则,即把人类劳动向着平均劳动时间这一抽象的普遍概念的还原,从根本上讲与同一化原则是类似的。交换是这一原则的社会模式,没有这一原则也就不会存在任何交换。正是通过交换,非同一的个体和劳动成果成为可通约的和同一的。这一原则的扩展把成为同一的、成为总体的作为义务强加给整个世界。"③也就是说,阿多诺认为,在资本主义交换体制下,同一性Ⅳ使得交换价值压倒使用价值,成为事物的本质,而事物自身的本质却消失了;社会存在决定社会意识,从同一性Ⅳ生发出来的同一性Ⅲ即哲学唯心主义,看起来是主体与客体的统一,其本质不过是主体与主体自身(客体观念)的虚假统一,真实的客体(资本主义)及其真理性认识(两个必然)都从其中消退了。

第三,"否定的辩证法"所追求的是通过异质性的非同一性打破同一性的强制,使人的理性能够重新认识客体,进而认识真理。"否定的辩证法"要寻找的是能够打破同一性强制的非同一性,"他者对同一性的抵抗,这才是辩证法的力量所在"④。但非同一性只能在同一性体系之中而非之外去寻找,因为"非同一性就是事物自身的、反对它的同一化物的同一性"⑤。简单地讲,非同一性就是未被同一性同一化的客体本身,"客体的首要性是间接知觉(*intentio obliqua*)的间接知觉,而非再次提出的直接知觉(*intentio recta*)。它是对主体还原的纠正,而非对主体方面的否定。客体也是中介的,不过,它是按照自己的概念而不像主体依赖客体那样完全依赖主体。唯心主义忽视这些差别,结果使作为伪装服务于抽象的精神化变得粗糙了。这就导致对盛行于传统理论

---

① Theodor W. Adorno, *Negative Dialectics*, trans., E. B. Ashton, London: Routledge & Kegan Paul, 1973, p.140.

② Theodor W. Adorno, *Negative Dialectics*, trans., E. B. Ashton, London: Routledge & Kegan Paul, 1973, p.147.

③ Theodor W. Adorno, *Negative Dialectics*, trans., E. B. Ashton, London: Routledge & Kegan Paul, 1973, p.143.

④ Theodor W. Adorno, *Negative Dialectics*, trans., E. B. Ashton, London: Routledge & Kegan Paul, 1973, p.162.

⑤ Theodor W. Adorno, *Negative Dialectics*, trans., E. B. Ashton, London: Routledge & Kegan Paul, 1973, p.164.

中的对待主体的立场的修正"①。也就是说,阿多诺希望通过恢复对自然的记忆来重建主体和客体的平等的、伙伴式的星丛关系,以打破理性的同一性强制,最终依靠理性重新获得真理性认识。

1990年,曾经尖锐批评"否定的辩证法"的美国新左派思想家杰姆逊出版《晚期马克思主义:阿多诺,或,对辩证法的坚持》,彻底改变自己当年的看法,盛赞阿多诺的作品是"90年代的辩证法模型","在他自己建构时代精神的旨趣中,完全过时的垄断资本的学说,在我们自己的表象缺席的情况下,也许正是我们所需要的表象,因为它激励他对这种制度进行了最深入细致的探讨,少了些偏执,多了几分效率,仍然可以为那些因当前无中心的状况而萎靡不振的人们树立榜样"。② 这在引发热烈争论的同时促使人们开始思考"否定的辩证法"在20世纪西方思想史上的地位和意义问题。在我们看来,第一,"否定的辩证法"是法兰克福学派《启蒙辩证法》之后的社会批判理论的完成者,它源于卢卡奇等开辟的"西方马克思主义"传统,但同时构成了对《历史与阶级意识》中的"总体性辩证法"的反思与批判,标志着《历史与阶级意识》理论可能性空间的最终实现,预告了"西方马克思主义"的逻辑终结;③第二,"否定的辩证法"是"西方马克思主义"社会批判理论传统的哲学重述者,它在一系列现代西方哲学主流关注的重大问题上发出了马克思主义的强音,使马克思主义的哲学唯物主义获得了一种20世纪的现代形态,并在20世纪后期西方哲学的发展图景上占据了重要的一席之地;第三,"否定的辩证法"是"西方马克思主义"之后当代西方思想的重要哲学资源,福柯、哈贝马斯、利奥塔、杰姆逊、伊格尔顿以及更晚近的齐泽克等都通过对"否定的辩证法"的阐释、继承或批判,实现了自己的思想创新,从而以不在场的在场方式影响了当代西方激进思想的发展进程。

---

① Theodor W. Adorno: "Subject and Object", Andrew Arato and Eike Gebhardt, ed., *The Essential Frankfurt School Reader*, New York: Urizen Books, 1978, p. 502.

② Fredric Jameson, *Late Marxism: Adorno, or, the Persistence of the Dialectic*, London: Verso, 1990, p. 249.

③ 参见张亮《阿多诺和西方马克思主义的逻辑终结》,载《福建论坛》2000年第4期。

三、德国近现代资产阶级哲学主流的马克思主义批判强声

"任何真正的哲学都是自己时代的精神上的精华","是文明的活的灵魂"。① 在历史实践最终证明某一种哲学是本时代的"精神上的精华"之前,哲学家们通常选择与此前或同时代哲学家的对话、批判等方式破旧立新、自我证明。1801 年,黑格尔通过澄清《费希特与谢林哲学体系的差别》,找到自己的哲学道路,后在 1807 年的《精神现象学》中创立自己的哲学体系。1845 年,马克思恩格斯通过对"德意志意识形态"即青年黑格尔派的批判,阐明了自己的新哲学。1923 年,卢卡奇在《历史与阶级意识》中基于对德国古典哲学二律背反的批判性阐释,确立了自己新的马克思主义哲学观。20 世纪 50 年代中期,当阿多诺决意正面建构自己的否定性哲学时,他同样选择通过破旧来立新,在与德国近现代资产阶级哲学主流进行批判对话的基础上阐释自己的"否定的辩证法"。从 1956 年的《认识论的元批判:胡塞尔和现象学二律背反研究》到 1966 年的《否定的辩证法》,阿多诺先后对胡塞尔、黑格尔、海德格尔这三位最重要的德国近现代哲学家进行了系统的批判阐释,引发热烈的回应,让马克思主义的强声打破了这块专属资产阶级学术界的哲学领地的寂静。

阿多诺与胡塞尔现象学有不解之缘,一生中曾三次批判后者:20 世纪 20 年代攻读博士学位期间,他从新康德主义立场出发第一次批判了胡塞尔的先验现象学;30 年代初期确立"没有同一性的辩证法"后,他第二次批判胡塞尔,目的通过批判胡塞尔颠覆已然成为时尚的海德格尔存在哲学的方法论前提,并在 1934—1937 年间创作了"一部内容广泛的手稿"②;50 年代初,当他发现,海德格尔哲学作为垄断资本主义时代德国哲学发展的逻辑终点不仅没有解体反而得到复兴时,再次决定从胡塞尔开始批判海德格尔,以便让自己的"否定的辩证法"在海德格尔哲学的废墟上挺立出来,其成果就是 1956 年出版的《认识论的元批判:胡塞尔和现象学二律背反研究》。在该书中,阿多诺从三个方

---

① 《马克思恩格斯全集》第 1 卷,人民出版社 1995 年版,第 220 页。
② Theodor W. Adorno, *Against Epistemology: A Metacritique Studies in Husserl and the Phenomenological Antinomies*, trans., Willis Domingo, Oxford: Basil Blackwell, 1982, p. 2.

面批判了胡塞尔哲学。第一是揭露了胡塞尔的第一哲学神话。胡塞尔先验现象学的逻辑起点是"第一",这是"一切原则之原则","即每一种原初给予的直观都是认识的合法源泉,在直观中原初地(可说是在其机体的现实中)给予我们的东西,只应按如其被给予的那样,而且也只有在它在此被给予的限度之内被理解"①。在《启蒙辩证法》同一性观念的基础上,阿多诺分别从尼采、马克思和黑格尔三种视角出发,对胡塞尔第一哲学进行追问,指出第一哲学秉承古希腊以降的唯心主义传统,充满了对非观念的实在的强制,其本质是资本主义的物化逻辑,其现实性是非批判的"复制的现实主义"。第二是揭露胡塞尔逻辑绝对主义的同一性本质。在《逻辑研究》第一卷中,胡塞尔从自己的逻辑绝对主义立场出发批判了逻辑"心理主义"的过失,②从而为进入纯粹逻辑学设立了一个"导引"。阿多诺指出,当胡塞尔按照数学的原则来建构自己的逻辑绝对主义的时候,逻辑绝对主义在自己的基础中映照出来的只是科学的拜物教化。这是一种物化的逻辑或逻辑的物化,它在本质上是同一性的,是资本的哲学化身,因为它以自身的合法性取代了自己的历史起源,以自己的秩序图式取代了客体自身的秩序,现实的客体即世界,则作为不能忍受的偶然性被驱逐到了同一性的幻觉之外。第三是揭露了胡塞尔先验现象学走向绝对唯心主义的必然性。关于胡塞尔现象学从本质现象学到先验现象学的重大转变,阿多诺指出,由于在本质现象学中,胡塞尔把外在世界悬搁起来了,因此其逻辑规律的普遍性即刻就成了问题,为了在现象学的视域内解决这个问题,胡塞尔最终走到先验唯心主义,也就是绝对唯心主义。《认识论的元批判:胡塞尔和现象学二律背反研究》出版后引发很多争论与非议,③但不可否认的是,它是20世纪哲学史上唯一一部从马克思主义的立场出发系统批判胡塞尔现象学并取得世界性影响的著作,通过揭示并批判作为德国现代哲学主流的逻辑起点即

---

① [德]胡塞尔:《纯粹现象学通论:纯粹现象学和现象学哲学的观念,第一卷》,李幼蒸译,商务印书馆1992年版,第84页。
② 参见[美]施皮格伯格《现象学运动》,王炳文等译,商务印书馆1995年版,第143页。
③ 参见马迎辉《先验性的界限——对阿多诺〈认识论元批判〉的现象学审思》,中国社会科学出版社2018年版。

胡塞尔现象学的同一性本质，粉碎了整个现象学运动的神圣性表象，重申了马克思主义哲学的当代价值。

1963年，阿多诺出版题为《黑格尔：三篇研究》的论文集，与海德格尔隔空论战，从黑格尔辩证法中"拯救"出了它的真理性内容即否定性，从而使自己已然形成的非同一性理念寻找到了生长点："作为一个整体，这一著作想要成为一种修正了的辩证法观念的理论准备。"① 在第一篇研究"黑格尔哲学的诸方面"中，阿多诺批判仅仅希望"复活"黑格尔具有现实性的某些命题的海德格尔等资产阶级哲学家，强调黑格尔已经死去，但他的哲学却依旧活着，因为其本质是资本主义社会的自我意识，就此而论，"我们依旧是黑格尔的同时代人"。阿多诺尤其赞颂黑格尔拥有丰富的"经验财富"、"真实地拥有了生活"，"黑格尔的生活的意义是与其哲学的本质联系在一起的。没有哲学如此深邃丰富，也没有哲学能够如此坚定不移地坚守它毫无保留地将自己托付于其中的经验。因此，就是其失败的痕迹也被真理自身所穿透了"。② 海德格尔在《林中路》之"黑格尔的经验概念"一文宣称"'经验'所说的就是'现象学'之所是"，③ 力图证明自己存在哲学是黑格尔"客观精神"遗产的继承人。针对海德格尔的这种解读，在第二篇研究"黑格尔哲学的经验内容"中，阿多诺重申了法兰克福学派在1940年代初期就达成的基本认识：黑格尔对唯心主义的突破或者说对形而上学的终结源于他将"具体的历史的因素"引进到了哲学之中。④ 阿多诺强调，黑格尔否定性辩证法的力量源泉并不在于抽象的否定概念自身，而在于被引入黑格尔哲学中来的经验的历史自身，因此，他明确指出了自己与海德格尔的明显分野："我的论题是黑格尔哲学的经验实质，而不是存在于黑格尔哲学中的经验内容。我想说的其实更接近于黑格尔在《哲学全书》的导论中所说

---

① Theodor W. Adorno, *Hegel: Three Studies*, trans., Shierry Weber Nicholsen, Cambridge: The MIT Press, 1993, pp. xxxvi.

② Theodor W. Adorno, *Hegel: Three Studies*, trans., Shierry Weber Nicholsen, Cambridge: The MIT Press, 1993, pp. 47–51.

③ [德]海德格尔：《林中路》，孙周兴译，上海译文出版社1999年版，第111页。

④ [德]马尔库塞：《理性和革命——黑格尔和社会理论的兴起》，程志民等译，重庆出版社1993年版，第14页。

的'思想对客观性的态度'……我感兴趣的不是黑格尔在主观上是如何获得这个或那个学说的,而是在黑格尔的精神中,已经在他的哲学中得到反映并积淀在他的哲学中的客观现象的推进力量"。① 第三篇研究"朦胧,或解读黑格尔的方法"长达 60 页,在整个文集中超过 40% 的篇幅。在这篇文献中,阿多诺是想对自己已然决定创作的《否定的辩证法》的非同一性文本形式进行一种先行辩护或说明,因此,解读黑格尔的方法也就是解读《否定的辩证法》的方法。在受胡塞尔现象学启蒙的当代德国哲学界眼中,清晰性的本质就是自明性,"在胡塞尔看来,自明性是知识的最高标准,这是从《逻辑研究》开始胡塞尔思想中无处不在的一个课题"②。由是观之,晦涩和含混是一种不能容忍的过失。阿多诺指出,从赫拉克利特、黑格尔到即将问世的《否定的辩证法》,这些哲学之所以晦涩是因为它们力图理解运动和变化,这正是以胡塞尔为代表的现代资产阶级哲学的局限性所在。思想的目的是把握与自身非同一的客体,而不是在对客体的认识中建立自己的强权,因此,哲学上的真正的清晰必须与思想对客观性的态度相联系,如果思想还不能完全抓住事物本身,那么,它就只能是晦涩和含混的,而在辩证法中,晦涩和含混与其说是一种弱点,倒不如说是推动思想承认自己的非真理性、从而把握到总体真理的一种力量。③

  1964 年、1966 年,阿多诺先后出版《本真的行话》、《否定的辩证法》,对海德格尔哲学进行了严厉批判。阿多诺这么做果真如海德格尔研究者所言是出于一时的羡妒吗?④ 答案当然是否定的。1927 年《存在与时间》出版后,阿多诺、马尔库塞等人就意识到,海德格尔哲学代表了当代德国哲学的最新成就,它认识到了新哲学的使命,但并没有能够完成这一使命,只有在批判海德格尔哲学的基础上,真正的新哲学才可能实现。也就是说,从 20 世纪 20 年代末 30 年代初开始,阿多诺就把海德格尔哲学作为自己哲学对话的主要对手,在

---

  ① Theodor W. Adorno, Hegel: Three Studies, trans., Shierry Weber Nicholsen, Cambridge: The MIT Press, 1993, p. 54.
  ② [美]施皮格伯格:《现象学运动》,王炳文等译,商务印书馆 1995 年版,第 182 页。
  ③ Adorno, Hegel: Three Studies, trans., Shierry Weber Nicholsen, Cambridge: The MIT Press, 1993, pp. 104 – 105.
  ④ [德]萨弗兰斯基:《海德格尔传》,靳希平译,商务印书馆 1999 年版,第 543—557 页。

经过此前的一系列预备后,最终在60年代开始与海德格尔的正面对决。在《否定的辩证法》中,阿多诺着重从两个方面批判了海德格尔哲学。一是批判海德格尔在颠覆旧本体论之后留下了隐性"本体论的需要"。同时代的学院哲学通常认为《存在与时间》彻底颠覆了旧本体论,阿多诺则指出,海德格尔只是消解了传统的形而上学本体论之后提出了一种新的、在更深层面被更大限度强化的本体论。第一,海德格尔是沿着胡塞尔开辟的现象学道路去颠覆本体论的,但胡塞尔本身最终还是回到了绝对唯心主义,正是这个"胡塞尔的意向中——后来在《存在与时间》中被海德格尔变成'存在的'——全面地预先推定从局部领域直到最高领域原本是什么。这是古老的绝对哲学的第二次重演。其第一次是后康德的唯心主义"[①]。第二,海德格尔前脚颠覆本体论,后脚通过"把问题摆在比答案更高的地位"这种方式重建了本体论,因为"在哲学中真正的问题已经以某种方式包含了自己的答案","哲学的答案不是既定的、不是做出的、不是制定的:它们是在展开的透明问题中的突变"[②]。第三,海德格尔颠覆了传统主体哲学,但也剥夺了主体的权力,使之成为"第二自然"、存在的奴隶:"对存在的信仰、一种从批判的预感中派生的模糊的世界观正如海德格尔有一次轻率地确定的那样,实际上已退化成一种对存在的依附",[③]重新堕入旧本体论之中。二是揭露反本质主义的海德格尔哲学依旧是一种隐性的本质主义。阿多诺指出,海德格尔谴责形而上学,但在更深的层面上却保留了作为形而上学之根的本质主义,在海德格尔那里实际发生的是"残留在本真性的激情中的对物化意识的抵制已经被破坏了,剩下的批判被发动起来反对外表,即反对主体",真正的形而上学的"本质依然未受干扰,它自身产生的过失完全

[①] Theodor W. Adorno, *Negative Dialectics*, trans., E. B. Ashton, London: Routledge & Kegan Paul, 1973, p.70.

[②] Theodor W. Adorno, *Negative Dialectics*, trans., E. B. Ashton, London: Routledge & Kegan Paul, 1973, p.72.

[③] Theodor W. Adorno, *Negative Dialectics*, trans., E. B. Ashton, London: Routledge & Kegan Paul, 1973, p.75.

由主体的过失来表现并再生出来"。① 海德格尔追问存在、探求"本真的历史性",但其结果不过是与现实权力的妥协:"在存在学说的黑暗夜空中,不再有闪烁的星星。生存用不着神圣化的因素便被神圣化了。存在物应具有的或受其制约的永恒观念只剩下了善于存在物的赤裸裸的证明:对权力的赞同。"②"二战"结束后,马克思主义阵营开始酝酿对海德格尔哲学的批判。卢卡奇率先行动,结果遭到萨特的奚落,认为包括卢卡奇在内的马克思主义者都还没读懂海德格尔。③《否定的辩证法》之后,再也无人怀疑马克思主义者能否读懂海德格尔,阿多诺的海德格尔批判的重要意义由此可见一斑。

四、现代主义艺术与真理关系问题的马克思主义言说

1969年8月,阿多诺因心脏病突发去世,当时他正在全力修改一部手稿,并打算在1970年年中最后定稿,这部未完成的手稿就是《美学理论》。1970年,《美学理论》基本按照阿多诺手稿的状态编辑出版,但此后10年间,西方思想界和学术界对该书基本上没有什么系统研究。这一方面是因为阿多诺已经变得"不合时宜",另一方面则是因为"其所具有的系统性成为人们接受它的障碍"。④ 80年代初以后,在哈贝马斯与利奥塔就现代性问题展开影响深远的争论中,阿多诺出人意料地具有了一个全新的理论形象——现代主义美学家或原始形态的后现代理论家,于是《美学理论》被一下子推到当代西方理论舞台的光亮处,成为诸多当代理论家竞相评论、批判的对象,其中包括杰姆逊、伊格尔顿这两位当年远离阿多诺而去的欧美新左派思想家。重新回到阿多诺的杰姆逊、伊格尔顿关注的不再是《美学理论》中林林总总的具体观点,而是阿多

---

① Theodor W. Adorno, *Negative Dialectics*, trans., E. B. Ashton, London: Routledge & Kegan Paul, 1973, p.113.
② Theodor W. Adorno, *Negative Dialectics*, trans., E. B. Ashton, London: Routledge & Kegan Paul, 1973, p.131.
③ [法]萨特:《辩证理性批判》,徐懋庸译,商务印书馆1963年版,第29页。
④ [德]维尔默:《论现代和后现代的辩证法——遵循阿多诺的理性批判》,钦文译,商务印书馆2003年版,第6页。

诺计划展现出来的"思想中的决定性内容",[1]最终极为深刻地认识到:《美学理论》是阿多诺后期社会批判理论的有机组成部分,和《启蒙辩证法》、《否定的辩证法》和《美学理论》是"同时'围坐在大英博物馆的书桌边'"的、"一个正在展现的体系的各个部分";[2]《美学理论》作为哲学美学所关注的核心问题,或者说贯穿全书的系统性,是现代主义艺术的理论特权,即现代主义艺术与真理的关系问题,[3]对这一问题给出系统的、肯定性的马克思主义解答,是阿多诺对20世纪美学的最大贡献。

1910年前后,现代主义艺术以革命性的姿态闯进20世纪历史舞台,带来了颠覆性的思想冲击,从此之后"只有与艺术相关的一切不再是不证自明的这一点是不证自明的,此外如艺术的内在生命、艺术与世界的关系,乃至艺术的存在权力等等,都已然成了问题"[4]。现代主义艺术能够像此前的艺术那样生发真理吗？在1930年代末期表现主义争论中,卢卡奇等马克思主义者站在社会主义现实主义的立场上对此做出了旗帜鲜明的否定性回答。1950年代初,海德格尔公开了自己的艺术哲学之思,肯定"艺术就是真理的生成和发生"[5],但主要以古典艺术为对象阐释了自己的观点,从而在事实上否定了现代主义艺术的真理潜能。在阿多诺看来,卢卡奇、海德格尔等人不缺少哲学,但缺少艺术,是在艺术及其历史之外而非之中审视、把握现代主义艺术。就像马克思指出的那样,"法的关系正像国家的形式一样,既不能从它们本身来理解,也不能从所谓人类精神的一般发展来理解,相反,它们根源于物质的生活关系",[6]同样,艺术虽然具有自律性,但绝不是什么与世隔绝的单子,而始终与社会历史保持辩证的互动,具有自律性和社会性双重特征:"艺术既是自律的,也是社

---

[1] Theodor W. Adorno, *Aesthetic Theory*, trans., C. Lenhardt, London: Routledge & Kegan Paul, 1984, p. 361.

[2] Fredric Jameson, *Late Marxism: Adorno, or, the Persistence of the Dialectic*, London: Verso, 1990, p. 1.

[3] [英]伊格尔顿:《美学意识形态》,王杰等译,广西师范大学出版社1997年版,第340—364页。

[4] Adorno, *Aesthetic Theory*, trans., C. Lenhardt, London: Routledge & Kegan Paul, 1984, p. 1.

[5] [德]海德格尔:《林中路》,孙周兴译,上海译文出版社2004年版,第59页。

[6] 《马克思恩格斯文集》第2卷,人民出版社2012年版,第591页。

会事实(fait social)，这种双重特征在艺术的自律性层面上不断地被再生产来出"。① 因此，艺术总是在"审美生产力"和"审美生产关系"的动态平衡中被具体地历史地创造出来的，"就像它向执着的目光自我揭示出来的那样，每一件艺术作品都是一个瞬间，每一件成功的艺术作品都是过程之中的一个停顿，或短暂的逗留"②。艺术作为社会历史存在并不存在什么永恒不变的本质或定义，"艺术概念只存在于要素星丛的历史变化之中，它拒绝定义。即使第一件作品是之后所有作品生生灭灭的根基，艺术作品的本质也不能从它的起源从被推论出来"③。社会发展变化了，存在于其中并与之互动的艺术自然也会发生相应的变化。无论人们喜欢与否、接受与否，现代主义艺术都是当代资本主义的社会历史产物，关于当代资本主义的真理就以某种人们尚不熟悉的方式显现在其中，这种显现方式就是"谜"。

现代主义艺术的本质为什么是"谜"？这是因为现代主义艺术模仿的对象即当代资本主义本身是"谜"。马克思早在19世纪就深刻地指出，第一，资本作为一种历史性存在是由商品、货币逐步发展而成的，最终变成了一种"决定其他一切关系的地位和影响"的"普照的光"，客观地发挥着自己的决定性影响；④然而，第二，资本一经形成就否定自己的历史，将曾经是自己的产生条件的东西纳入自己的体系，变成自己的存在结果；⑤最终，第三，资本的存在方式是"必然的假象"，⑥因为其本质是生产，但在现象上却表现为其所不是的交换。由卢卡奇和法兰克福学派的20世纪资本主义社会批判理论观之，20世纪资本主义的"必然的假象"得到更加充分、更加精致的发展，最终成为社会大众眼中的难解之"谜"。因为当代资本主义是"谜"，所以模仿当代资本主义的

---

① Theodor W. Adorno, *Aesthetic Theory*, trans., C. Lenhardt, London: Routledge & Kegan Paul, 1984, p. 5.

② Theodor W. Adorno, *Aesthetic Theory*, trans., C. Lenhardt, London: Routledge & Kegan Paul, 1984, p. 6.

③ Theodor W. Adorno, *Aesthetic Theory*, trans., C. Lenhardt, London: Routledge & Kegan Paul, 1984, p. 2.

④ 《马克思恩格斯全集》第46卷上册，人民出版社1979年版，第44页。

⑤ 《马克思恩格斯全集》第46卷上册，人民出版社1979年版，第437页。

⑥ 《马克思恩格斯全集》第46卷上册，人民出版社1979年版，第513页。

现代主义艺术自然也就具有了"谜"的本质:"这里的谜并非'问题'之油滑的同义词,在由作品的内在构成所规定的任务这种严格意义上,它是一个在美学上具有重要意义的概念。在此严格意义上,所有艺术作品都是谜。它们包含解答的潜能:解答并不是外在地被给予的。每一件艺术作品都是一个画谜,一个等待被解答的谜,但这个谜是按照一种预先设计好的、注定要让观者心烦意乱的方式构成的。频见报章的画谜以嬉戏的形式点出了艺术作品努力实现的目标。在这个意义上,我们也可以说艺术作品都像画谜,因为它们隐藏起来的东西——像艾伦·坡的书信一样——既是可见的,又被可见的东西所隐藏。在对美学经验的原哲学描述中,德语的表达是准确的:我们理解了艺术中的某些东西,但我们不能说我们理解了艺术。艺术鉴赏其实是对素材的充分理解与对谜的一知半解的结合,被遮盖起来的恰恰是不能确定的。那些纯粹用理解去解读艺术的人往往将艺术简单化为一杯白开水,这与艺术的精神是背道而驰的。即如人们想更贴近地去观赏彩虹,而彩虹却因此消失了一样。在所有艺术中,音乐最能体现这一点:它既是完全的谜又是不言而喻的。它不能被解答,只有它的形式能被解码,这正好是对艺术哲学的呼唤。能够理解音乐的将是这样的人:他既能用纯粹音乐的方式去倾听,也能用完全非音乐的方式去倾听。也就是说,理解无论如何都不是音乐的谜语特质的全部。"[1]

现代主义艺术的"谜"本质,决定了现代哲学美学的任务就是去解"谜"。在30年代初期的"没有同一性的辩证法"中,阿多诺认为,具有现实性的哲学的使命是"解谜":"答案包含在谜之中,谜描绘它自己的显现并把答案作为目的包含在自身中。进而,答案就作为谜的严格反题而矗立,它需要从谜的要素中被建构出来,去毁灭谜,而一旦答案被决定性地给予了谜,那它也就不再意义丰富而是无意义了。"[2]《启蒙辩证法》之后,阿多诺意识到,资本已经实现自己的唯一统治,社会大众的理性已经丧失认识真理的原初能力,资产阶级哲学更是已经成为资本主义现实的共谋,在这种情况下,现代主义艺术因为它所包

---

[1] Theodor W. Adorno, *Aesthetic Theory*, trans., C. Lenhardt, London: Routledge & Kegan Paul, 1984, pp.121-122.

[2] Theodor W. Adorno, "The Actuality of Philosophy", *Telos* 31, Spring 1977, p.129.

含着的真理而历史地变得重要和宝贵起来,尽管真理是这里是以否定的方式存在的:"究其根本,艺术作品是谜一样的东西,这并非根据作品的构成,而是根据它们的真理性内容",①"艺术作品在揭示某物的同时又遮蔽了它,它从语言的角度表达了这种谜语特质"。② 因此,哲学美学的任务就是"通过哲学的反思达到"艺术作品中的真理性内容、证明"美学的正当性",③或者更准确地讲,就是由像他这样极少数能够抵抗同一性暴力的哲学精英面向社会大众去破解现代主义艺术之"谜",从而使社会大众能够挣脱同一性的控制,重新接受真理之光的照耀,重新成为具有革命意识的实践主体。正是在这个意义上,阿多诺认为现代主义艺术的本质是乌托邦,④是一种关于尚未存在之物的渴望、一个关于幸福的或许永远不能实现的允诺。⑤

---

① Theodor W. Adorno, *Aesthetic Theory*, trans., C. Lenhardt, London: Routledge & Kegan Paul, 1984, p. 127.

② Theodor W. Adorno, *Aesthetic Theory*, trans., C. Lenhardt, London: Routledge & Kegan Paul, 1984, p. 120.

③ Theodor W. Adorno, *Aesthetic Theory*, trans., C. Lenhardt, London: Routledge & Kegan Paul, 1984, p. 128.

④ Theodor W. Adorno, *Aesthetic Theory*, trans., C. Lenhardt, London: Routledge & Kegan Paul, 1984, pp. 32-33.

⑤ Theodor W. Adorno, *Aesthetic Theory*, trans., C. Lenhardt, London: Routledge & Kegan Paul, 1984, pp. 134-136.